市域社会治理现代化的
台州探索

Modernizing

Municipal Social Governance:

A Case Study of Taizhou

王春光 等 / 著

社会科学文献出版社
SOCIAL SCIENCES ACADEMIC PRESS (CHINA)

编委会

主 任

陈光金　中国社会科学院社会学研究所所长、研究员

芮　宏　中共台州市委副书记、政法委书记

委 员

王春光　中国社会科学院社会学研究所副所长、研究员

李晏子　中共台州市委政法委常务副书记

杨　典　中国社会科学院社会学研究所副所长、研究员

林喜军　中共台州市委政法委一级调研员

课题组

组　长

王春光　中国社会科学院社会学研究所副所长、研究员

成　员

吕　鹏	肖　林	张芝梅	王　晶	梁　晨	向静林
史云桐	李振刚	张文博	刘怡然	高晓雪	折　曦
曹　玲	单丽卿	向凌铁	张樹沁	张世玉	姜　瀚
刘翰韬	牛泽宁	王　雪			

联络负责人

梁　晨　彭　洁　李传喜

和合善治　同心安富

芮　宏[*]

　　《市域社会治理现代化的台州探索》经由中国社会科学院王春光研究员牵头的编写组辛勤笔耕、数易其稿，今天终于付梓了。这是台州市域社会治理研究工作的重要成果，值得庆贺。

　　市域社会治理现代化是国家治理体系和治理能力现代化的重要组成部分。党的十八大以来，习近平总书记从党和国家事业发展全局和战略的高度，就推进国家治理体系和治理能力现代化提出了一系列新理念、新思想、新战略，为我们加快推进市域社会治理现代化提供了行动指南。继党的十九届四中全会提出"加快推进市域社会治理现代化"之后，党的十九届五中全会又提出"加强和创新市域社会治理，推进市域社会治理现代化"，凸显了市域社会治理的重要性和紧迫性。

　　"市域社会治理现代化"是一个新的概念，从字面上看，是"市域 + 社会治理现代化"的组合，体现的是国家对推进社会治理现代化的总体要求在"市域"范围内的落实，对上关乎省域治理，对下关乎县域治理，决定着地方治理成效。可以说，抓住市域这个关键环节，就可以起到"一子落而满盘活"的效果。2020 年，台州市被中央政法委确定为全国市域社会治理现代化首批试点城市之一。一年多来，台州一直坚持和创新发展"枫桥经验"，把"和合文化"融入社会治理实践，大力倡导"和合"思想，积极探索解决矛盾纠纷的新思路、新方式，逐渐形成了以"同心圆"为主

---

[*] 中共台州市委副书记、政法委书记。

要内容的"和合善治"模式，并持续探索创新，努力将"和合善治同心圆"打造成具有深厚文化底蕴、成熟理论体系、扎实实践基础、鲜明地方特色的市域社会治理品牌。

"和合善治"是台州市域社会治理的文化根基与目标理念。台州作为中华和合文化的重要发源地，和合理念已经深入人心，成为最重要的思想文化资源和社会治理资源。台州社会治理诸多实践，如民主恳谈会、民主决策五步法、三化十二制、基层矛盾纠纷调处化解中心等，都充分体现了和合思想。在推进市域社会治理现代化试点工作中，我们始终坚持传承与弘扬和合文化，丰富其内涵，提升其品质，使其成为台州市域社会治理的文化形象，并将市域善治作为目标理念，从价值、工具、制度等三个层面推进市域社会治理实践。在价值层面，坚持"善的治理"。始终坚持"以人民为中心"，从人民群众的实际需求出发开展和创新社会治理，从而实现了治理理念、治理角色、治理手段、治理机制、治理路径的转变和提升。在工具层面，坚持"善于治理"。台州围绕智慧社会建设，推动群众智慧和人工智能"两智融合"，实现"数字化"和"网格化"互相结合，打造了"智慧智能、民本民治、共建共享"的社会治理新模式。在制度层面，坚持"和合善治"。打造纵向到底的善治指挥链，构建"一中心四平台一网格"三级联动机制，实现了矛盾不上交、社会治理水平不断提高。

"同心圆"是台州市域社会治理的结构论与方法论。"同心圆"的内涵包括"党委领导凝聚人心、政府负责主导中心、基层治理下沉重心、各方协同彰显齐心、数字赋能提升信心、群众满意赢得民心"等"六心"，既充分体现了"和合善治"理念，又高度契合了社会治理基本要求，从而为台州市域社会治理现代化打下了坚实的结构基础。一方面，我们从核心、中心、重心三个维度建构起市域社会治理的结构论。关于核心，推进市域社会治理现代化，坚持党的领导是根本核心和政治前提。我们把加强党的领导贯穿于市域社会治理全过程，充分发挥各级党组织在市域社会治理中的领导核心作用，更好发挥基层党组织在基层治理中的战斗堡垒作用。通过推动党建工作与市域社会治理工作有效融合，发挥基层党组织在服务改革、服务发展、服务民生、服务治理中的积极作用，把党建优势转化为治理优势，把党建资源转化为治理资源，把党建成果转化为治理成果。关于中心，在治理层级上移和治理重心下沉的双重逻辑下，市级层面就成为最重要的中心环节。我们不断加强治理体系的顶层设计，通过完善职能链、指挥链、责任链，在各层级、各部门之间构建系统集成、科学规范、运行有效的制度体系，开展跨部门、跨层级的市域社会治理实践。关于重心，我们推动社会治理重心向基层下移。城乡社区作为基层社会治理基本单元，其治理效果和水平事关基层和谐稳定，也事关市域社会治理成效。在实践中，我们加强城乡社区治理体系建设，进一步强化其预防和化解社会矛盾、提供公共服务的能力，并将资源、服务下沉到基层，不断提升城乡社区服务和管理能力，夯实社会治理基础。另一方面，我们从民心、同心、精心三个维度建构起市域社会治理的方法论。关于民心，坚持以人民为中心是市域社会治理的出发点和落脚点。我们牢固树立为民导向，注重解决好广大人民群众最关切的公平正义、基本民生、群众自治等问题，让人民群众有更多获得感、幸福感、安全感。注重维护公平正义，运用法治思维和法治方式解决市域社会治理中的顽瘴痼疾，更好地维护人民群众的合法权益。注重保障基本民生，集中力量做好基础性、普惠性民生工作，不断提高公共服务能力，切实解决人民群众的急难愁盼问题。注重不断健全和完善基层群众自治制度，充分激发人民群众的积极性、主动性和创造性，切实做到治理过程让群众参与、治理成效让群众评判、治理成果让群众共享。关于同心，多元主体的协同治理是市域社会治理现代化的内在要义。我们充分发挥党委、政府、群团、社会组织、公众等多元主体的作用，使利益相关者共同参与、协同行动。加强社会协同，积极探索和鼓励社会力量参与社会治理，充分发挥专业社团、社区社群、企业组织、社会公众等的作用，激发治理"集合效应"。加强部门协同，从制度建设入手，打破部门边界壁垒，推进跨部门跨领域治理协同合作，构建形成全领域覆盖、全方位协同、全要素联动的市域社会治理制度体系。加强纵向协同，充分发挥市级统筹谋划作用、县级衔接指导作用、乡镇执行落实作用，构建市、县乡、权责明晰、高效联动、上下贯通、运转灵活的体制机制。关于精心，精细化治理是市域社会治理现代化的发展方向。我们坚持把精细化作为推进市域社会治理现代化的战略目标与政策导向。推动治理理念精细化。通过市域社会治理理念、制度、手段和技术的精细化，转变政府职能，重塑行政理念，实现更加优质、更重细节、更富人性化的治理效果。推动治理手段精细化。深入推进"两智融合"，以全科网格为平台，通过整合政府力量与社会力量，打通基层社会治理的"神经末梢"。强化大数据、云计算、区块链、人工智能等前沿技术在治理、服务等领域的运用，不断提高智慧治理水平，提升市域社会治理效能。

习近平强调，"建设更高水平的平安中国意义重大。各地区各有关部门要认真贯彻党的十九届五中全会精神，落实总体国家安全观，坚持共建共治共享方向，聚焦影响国家安全、社会安定、人民安宁的突出问题，深入推进市域社会治理现代化，深化平安创建活动，加强基层组织、基础工作、基本能力建设，全面提升平安中国建设科学化、社会化、法治化、智能化水平，不断增强人民群众获得感、幸福感、安全感"。① 当前，顺应群众期待，推动共同富裕，高质量发展是基石，平安稳定是前提。我们将以建设全国市域社会治理现代化试点城市为引领，统筹发展与安全、富民与安民，完善市域治理安富，率先打造以"和合善治"为内涵的低风险社会，努力建设全国市域社会治理标杆市和平安中国示范城市。

以"和合善治同心圆"为统领，进一步强化顶层设计。聚焦市域社会治理的目标任务、思想理念、工作机制、工作布局、方式手段等五个方面，以更高站位健全顶层设计，不断推动和深化工作体系，进而形成体系贯通、体制顺畅、运行有效的市域社会治理格局。

以"和合善治同心圆"为理念，进一步强化行动规范。以市域社会治理系统化、社会化、精细化、法治化、智能化为指引，将"和合善治"理念贯穿到市域社会治理的各个方面，制定完善工作方案、项目清单和负面清单。以"和合善治"理念贯穿政府行政体制改革全过程，以数字化改革为抓手，建立纵向贯通和横向扩展机制，使政府在社会治理中的职能越来越清晰、责任越来越明确、指挥协调越来越顺畅。

以"和合善治同心圆"为抓手，进一步强化综合保障。通过建立健全

---

① 《习近平：全面提升平安中国建设水平 不断增强人民群众获得感幸福感安全感》，https://baijiahao. baidu. com/s？id = 1683035001217247165&wfr = spider&for = pc，最后访问日期：2021 年 9 月 24 日。

资源整合机制、条块协同机制、政策落实机制、督导考核机制等，层层传导压力、强化各方责任，推动实现市域社会治理的资源整合、力量融合、功能聚合、手段综合。加大理论研究力度，总结提炼市域社会治理的经验做法，进一步丰富完善"和合善治"模式的内涵，推动"和合善治同心圆"理念深入人心。

以"和合善治同心圆"为保障，进一步助推共同富裕。平安是共同富裕的基础。我们要立足"更高质量、更高水平"平安台州建设，构建完善"监测、预警、处置、反馈"风险闭环管控大平安机制，实现风险防范和矛盾化解变"后头"为"源头"、变"临时"为"平时"、变"治标"为"治本"，守住"共富"路上的安全底线，不断提高人民群众的幸福感、安全感和满意度，高质量发展建设共同富裕先行市。

是为序。

目 录

第一部分　市域社会治理现代化体系建设的理论和路径

第四部分 智治支撑：推动市域社会治理方式现代化

第一部分

市域社会治理现代化体系建设的理论和路径

第一章

市域社会治理现代化的时代性、实践性和创新性

党的十九届四中全会首次提出市域社会治理现代化建设，把其作为国家治理体系和治理能力现代化的重要组成部分，并认为，推进市域社会治理现代化，必须从总体思路、根本保证、活力源泉、价值基石、实践路径五个维度来完善党委领导、政府负责、民主协商、社会协同、公众参与、法治保障、科技支撑的社会治理体系，形成人人有责、人人尽责、人人享有的社会治理共同体。市域社会治理现代化虽然有了一些实践，但目前还处于探索之中，没有成熟的系统性设计和构建。从 2020 年开始，中央政法委在全国开展市域社会治理现代化试点工作。浙江省台州市就是全国市域社会治理现代化建设首批试点单位之一。按照中央政法委以及浙江省委的要求，结合台州市的具体社会经济乃至历史文化传统，台州市政法委统筹负责试点工作，在过去不到两年的时间里，试点工作取得了明显进展和效果。

中央在这个时候提出市域社会治理现代化建设，并不是随意的决策，而是有深远的时代考量的。那么，这个时代考量是什么呢？为什么会做出这样的决策呢？与此同时，市域社会治理现代化处于探索之中，试点势在必行，因为几十年的改革开放经验表明，试点是我国取得改革探索的必要环节。"试点"，顾名思义，意味着还没有成熟的经验和做法，或者说没有可以借鉴的经验和做法，只能依据一定的条件和要求来选择少数城市纳入试点，而不是把所有城市都纳入探索，目的就是在试点中积累经验，纠正不足，防止因事先没有考虑的因素出现而导致可以避免但又没有避免的失

败和损失。台州市有什么条件使之达到了作为市域社会治理现代化试点的要求呢？同时，台州市为什么有参与试点的积极性和内在动力呢？台州市的试点是怎样展开的呢？到目前为止，台州试点取得了什么样的效果，还存在什么样的不足？台州市的试点提供了什么样的经验以及支持经验的机制和原理是什么？台州在多大程度上可以为其他地方的实践提供有价值的启发甚至经验呢？等等，所有这些问题都是本书要深入探讨和求解的。

第一节　时代背景

每个时代会有每个时代的需求，会留下这个时代的印记。当我们在这个时空维度上而不是在其他时空维度上讨论市域社会治理现代化时，从理论上说，是紧跟时代的需求，是与印记和场景直接关联的，或者说，正是在这个时候，上自国家，下到地方乃至民众，对市域社会治理都有了越来越多的期待和需要，"中国之治"呼之欲出。

自新中国成立以来，特别是改革开放以后，中国在国家治理、政府治理、社会治理、市场治理等方面进行了不断的探索，虽然走过弯路，遭遇过挫折，但中国在治理中不断进行创新，积累了相当丰富的经验，促进了改革开放有序展开，社会主义现代化建设取得了巨大的成就，进入新时代新发展阶段，历史和社会经济再次对"中国之治"有了更高的要求和期待。市域社会治理现代化建设试点，无疑是对新时代新发展阶段的回应，进一步将"中国之治"向广度和深度推进。

一　治理理念的创新

在我国的政策文本中，社会治理是在进入新时代之后提出来的，以前没有社会治理之说，通常采用的是社会管理。社会治理与社会管理只有一字之差，但含义还是有相当大的差别的。社会管理指自上而下地对社会进行控制、疏导和服务，主体是政府，社会是对象，也就是说，政府是社会管理的单一主体。与此相比较，社会治理至少有三点不同于社会管理。第一，在方向上不仅是自上而下，而且包括自下而上，还有横向平等参与。第二，在主体方面，社会管理是单主体的，而社会治理是多主体的，社会既是治理对象，又是治理主体，也就是说，除了政府外，还有社会（包括社会组织、社区、村落、家族和家庭乃至个人）和市场（主要是企业）等，同样是社会治理的主体。奥斯特罗姆（2000）认为，社会治理就是多中心的一种治理，说的就是这个意思。第三，社会治理主体之间是平等的关系，各有其发挥作用的空间、机会和需要，形成互补互助的格局。

由此可见，"社会管理"背后对应的是一种传统的统治思维，它将政府视为唯一的决策主体，而经济社会诸领域则被视为控制和支配的对象。而与之相对的治理，则是"一种内涵更为丰富的现象。它既包括政府机制，同时也包括非正式、非政府的机制，随着治理范围的扩大，各色人等和各类组织得以借助这些机制满足各自想需要并实现各自的愿望"（罗西瑙，2001）。治理理论强调的是，将公共事务的管理权限和责任从传统的"政府"垄断当中解放出来，因此它也体现为一种重塑政府的努力。

在党的十七大报告中，强调的是"完善社会管理"，"要健全党委领导、政府负责、社会协同、公众参与的社会管理格局，健全基层社会管理体制。最大限度激发社会创造活力，最大限度增加和谐因素，最大限度减少不和谐因素"。在这一政策表述当中，政府仍被视作管理的主体，而社会和公众的作用分别体现在协同与参与方面，其背后仍然反映出一种政府控制的思路，或者说是在政府控制之下的社会发展。党的十八届五中全会则提出了"加强和创新社会治理"，有关政府角色的表述也从"负责"变为"主导"，并且对政府与社会的关系做出了更清晰的论述，提倡的"共建共享""居民自治"等理念带有很强的治理意涵。这些变化反映出，政府更加注重社会建设当中社会本身的角色和功能，在官方的认识中社会也逐步从"被治理的对象"转变为"治理的主体"。自上而下的治理转型在实践上推动了社会治理朝着多权力中心、多机制共治的方向发展。

社会治理现代化的核心命题是，国家和社会关系的重塑，运用多种机制去回应社会领域的问题，从而实现善治的目标。然而，"强国家、弱社会"是理解我国社会治理转型的基本起点。这也意味着，推动社会治理现代化，不仅需要厘清国家与社会的边界，还需要重视国家在培育和激发社会活力方面的角色与作用，这也是中央政策表述当中强调"党委领导、政府负责"的题中之意。因此，社会领域内的治理革命，旨在推动一种多元共治局面的形成，国家和社会之间不是此消彼长的零和博弈，而是要建构一种良性互动的伙伴关系。

自上而下的施政理念转型，成为理解市域层面社会治理创新实践的政策背景。尤其是，2020 年台州市被确立为市域社会治理现代化的首批试点地区，开始了为期三年的试点城市创建。试点创建意味着台州的社会治理创新承载着双重目标：既要解决和回应本地的问题，又要考虑试点经验的可操作性和可借鉴性。试点城市的设定，显然为台州的社会治理转型提出了更高的要求，这种压力也为政策创新提供了新的动力。

二 经济体制、规模与结构的变化

过去 40 多年，中国经济的发展不仅表现在总量或者规模的不断壮大，从 2010 年跃居为世界第二，而且体现在经济体制和结构的实质性变迁。就三次产业比例关系来说，第一产业占比已经下降到 7% 以下，第三产业已经超过第二产业，占比最高，而第二产业中传统制造业不断更新换代，高科技制造业占比越来越高。与此同时，经济体制趋于多元化，外资、民资、国资出现竞相发展、形成竞合格局，尤其是最近几年国有企业的比重出现明显提高，企业和公司的市场属性越来越明显。因此，不仅计划时代的许多管理办法出现失效，而且由于发展和变化过快，即使是改革开放初期的许多办法也不一定管用，乃至过几年就会出现一些新情况、新问题，需要探索新的治理体制、政策、手段和方式。事实上，在伴随社会经济快速发展而展开的管理和治理创新"大赛跑"中，台州市作为位于我国改革开放前沿的地区，在经济发展、体制改革以及结构变迁上同样处在前沿，由此衍生的治理问题，也具有一定的前沿性或者先发性。

与改革前不同的是，国家在经济体制上允许民营、个体和外资经济发展，因而出现了多元化的格局。不同的经济元素有着各自的运行逻辑，激发了经济的活力和动力，也增加了社会管理和治理的难度。原有的城市的单位制和农村的公社制度出现明显的失效，政府职能需要转变，更需要其他机制和方式来推进对多元经济元素的管理和治理。台州陆域面积为 10050 平方公里，海域面积为 8 万平方公里。在计划经济时代，台州由于缺少国有（当时叫国营）企业，经济非常不发达；改革开放后，台州的个体经济和民营经济快速发展起来，涌现了像吉利汽车等这样的大型民营制造企业，2020 年全市实现生产总值 5262.7 亿元，规上工业增长值达 1206 亿元，增长 4.4%。城镇和农村常住居民人均可支配收入分别达到 62598 元和 32188 元。但台州民营经济的主体是个体户或中小民营企业，对社会管理和治理来说，大量小型企业和个体户因为生产设备相对落后、厂房简陋以及管理水平不高，存在污染、消防隐患、噪声超标等问题。另外，企业之间经济往来多，由此伴生的民间经济往来也不断增加，与此相伴地会出现相应的债务纠纷问题，还有由用工条件差、工资拖欠、恶性竞争等引发的社会冲突、矛盾问题。所有这些问题对原先的管理体制机制以及管理理念都提出严峻的挑战。

三　社会形态的变化：流动与城镇化

与经济快速发展相伴而来的是我国社会结构形态发生巨大的变化。这一变化之明显、之快以及之大，出乎每个人的意料。改革开放前，社会体制不允许城乡之间、区域之间、城市之间、行业之间等存在明显的流动、迁移等现象。因此，当时的社会基本上是一个静止的样态，农村人很难转变为城市居民，此处的城市居民不能随便到它处的城市居住和工作，当然由此也存在有特色的两地分居问题。但是，改革开放的一个突出做法是，逐渐改革和解除了束缚人们自主择业、流动择业的限制，中国社会从原来的静态转变为流动。对静态社会管理和治理的做法自然是难以适应流动社会的管理和治理。仅仅农村涌向城市的流动人口就高达 1.7 亿人，他们过着流动的生活，没有真正融入城市社会（王春光，2006；杨菊华，2009；段成荣、吕利丹、邹湘江，2013；陈杰，2016）。

根据第七次全国人口普查公报，十年间，我国城镇人口比重上升了 14.21 个百分点，居住在城镇的人口已经达到 9.02 亿人，占全国总人口的 63.89%；并且，常住人口城镇化率远高于户籍人口城镇化率，2020 年我国户籍人口城镇化率为 45.4%；此外，我国人口还呈现流动增长以及人户分离的特征。在全国人口中，人户分离人口为 4.93 亿人，相比 2010 年第六次全国人口普查时，人户分离人口增加 2.31 亿人，增长 88.52%；流动人口增加 1.54 亿人，增长 69.73%。伴随着城镇化进程的不断推进，以及大规模、常态化的人口流动和日益普遍的人户分离现象，基于户籍管理思维的城乡二元体制面临着更加严峻的挑战。从"单位人"到"社会人"的转型，要求社会治理方式和手段的革新。

在东南沿海地区以及各个城市，由于经济发达，流动人口多，如何管理流动人口就成了挑战。台州市也是外来人口流入较多的地区，流动人口要租房子、其子女要上学、孩子课后要人照看，部分企业拖欠民工工资，农民工的感情和家庭纠纷、与本地居民的关系，等等，都成为社会治理要面对的问题。在访谈中，台州市政法委副书记指出，在平安建设中遇到的主要问题是："一把火、一条船、一辆车、一间房。"（政法委副书记，20210321）台州本地户籍人口 615 万人，流动人口 180 万人左右，这样的人口结构，使外来人口的社会融合、生产生活安全保障等问题倒逼地方政府在社会治理方面引入新的思路和手段。据台州市某区的有关负责人介绍，该区每年暑期，仅仅流动人员的孩子中就有上百人溺水身亡，给社会和家庭造成巨大的伤害。还有，流动人口中易隐藏一些犯罪分子，或者有流动人口因某种不可预料的因素走上犯罪道路，也成为像台州这样人口大量流入的地区的治理难题。人口流动不但给流入地带来需要解决的治理问题，而且给流出地造成一些不得不引起重视的治理问题，最重要的是留守儿童问题、留守老人养老问题以及村庄治理问题等。台州市下辖的一些县/市/区也有不少人长期在外务工经商，家乡大多是老人和留守儿童，成为社会治理所需要关照的对象（杨建科，2016）。

与之相关的是城市化发展对社会治理的挑战。我国城市化率从改革初期的 19% 左右，到现在的超过 60%，平均每年提高一个多百分点，也即每年至少有 1400 万人从农村人口转变为城镇人口。从社会转型角度来看，我国的社会形态在短短的四十年时间里从以农村社会为主，转变为以城市社会为主，或者说从乡城社会转变为城乡社会。具体地说，城市越变越大，不论是在建成区面积上还是在市区人口数量上，都出现倍增甚至翻几番的局面，由此而来的是城市社会治理的难度也跟着增大。除了前面所说的人口流动带来的城市治理难题外，城市的利益关系也越来越复杂，人际关系越来越疏离，城市社会变得越来越陌生。管理熟人社会，与管理陌生人社会，难度完全不同。在计划体制时代，每个城市居民都生活在一定的单位之中，所有资源都是单位配置的，从某种意义上说，单位就是一个熟人社会。但是，改革后出现"去单位化"，即使现在还存在单位，但与以前相比，单位人数在大量增加，福利没有以前那样完全由单位提供，因此，单位人之间也没有那么熟悉，更重要的是，越来越多的人生活在商品社区，而不是单位社区或者家属楼或社区之中（田毅鹏，2021a）。这跟城市单位制改革中的住房商品化和市场化改革直接相关。现在靠单位提供房子的城市居民越来越少了，而且原先的单位住宅大多实施了改革，出现商品化，所以，住在同一个单位住宅的人不一定都是同一个单位的人，彼此也不一定熟悉，更没有什么交往，出现明显的陌生化。

与之而来的是一系列社会治理问题。首先，住在小区里的人彼此是陌生者，没有交往，信任水平低，缺乏社区归属感，在这种情况下，小区的公共事务就缺少居民去关心，更谈不上参与治理了。那么小区的公共事务是不是不需要了？实际上并不是不需要，而是转向市场，由物业公司来承担。伴随小区公共事务管理"市场化"而来的不是公共问题减少，而是公共问题以新的方式出现，比如物业公司招标问题、物业服务价格和收费问题、物业服务问题、业委会监督问题，其中，物业公司与业委会、居委会以及居民的关系越来越复杂。随着时间的推移，原先不是问题的物业管理成为越来越难以解决的治理问题，或者说物业治理已经成为各地城市最难处理的问题，并将越来越难。虽然各地都想采用党建方式来解决物业管理问题，有的地方称之为红色物业，在台州一些街道、社区都有这样的叫法。红色物业虽然取得一些效果，但是，在绝大多数小区，还没有看到明显的效果。无论是从国家层面还是从社区或小区层面，各级政府和相关工作人员开始越来越重视物业管理问题，但是，物业管理的难度并没有降低，相反越来越难，在某些地方出现无法解决的尴尬状况。

城市的发展和扩大，不仅会碰到小区治理和物业管理问题，而且会面临更为系统性的治理问题，即局部与整体的关系会更加紧密，从治理角度来说，城市实际上变得更为脆弱，一个小问题很有可能导致整个城市的瘫痪。2019年一场超强台风带来的暴雨，让临海古城因下水道堵塞而成为"一片海"，交通瘫痪，居民生命财产和生活都受到严重威胁。城市内部各个部分联系越来越密切，存在着"牵一发而动全身"的问题。与此同时，城市居民越来越多样，对城市发展的要求也越来越高，尤其是对城市品质有更高的要求：起初，城市居民还只是在城市找个工作，有个住的地方，而后来人们对交通出行、生态环境、空气质量、小区管理、市场供给，还有教育、医疗卫生、社会安全等的要求越来越高，对政府治理水平的要求也越来越高。也就是说，城市居民对美好生活的追求与城市能否满足这样的需求之间的矛盾、冲突和张力，越来越成为城市社会治理现代化的压力和动力。但是，与之相悖的是城市居民之间的信任度越来越低、感情越来越淡漠，越来越趋于原子化、个体化。

正如上面所指出的，城乡关系不再是原先那样分割了，城乡之间的往来越来越密切。一方面，城市对农村的吸纳效应不但没有减弱，反而在加强；另一方面，城市向乡村的侵蚀、渗透和辐射也越来越明显。这两者似乎是矛盾的，实际上在现实中处于并存状态。尽管这几年农村的基础设施有了明显改善，社会保障制度初步建立，但是农村青壮年人口还是源源不断向城市迁移。与此同时，城市在向乡村扩张，更多的村庄转变为城中村和城市社区，城乡之间诞生了一个非城非乡和即城即乡的区域，而且这个区域在逐步扩大。还有一些与城市化相反的趋势：一是城市居民（特别是中老年居民）开始向乡村转移，在乡村租房子过着养老生活；二是一些城市年轻人向往农村生活，跑到乡村就业创业；等等。虽然这些仅仅是一种苗头，但是未来将会有更多的城市居民走出城市，前往乡村发展和生活。所有这些转变，从发展角度来说是有助于城乡均衡和乡村振兴的，而从治理角度来说，不论是流向乡村的城市居民还是依旧居住在乡村的农村居民，都会对现代化治理提出更高的要求，城市治理体制和机制越来越有可能向乡村扩散和传播，与乡村的文化和治理体制机制发生碰撞。

四　科技进步与社会治理

现代信息技术的快速进步是过去40多年发展的又一亮点，不仅成为经济发展的关键驱动力，而且已经深深地改变和影响着人们的生活世界。科技进步为社会治理提供了有力的支撑，可以说，社会治理现代化中专业化和智能化都是科技发展的体现，由此改变了社会治理的机制、方式和形态，为国家和社会关系的调整提供了新的可能性。尤其是，大数据开启了一次重大变革。海量的数据生产、更低成本的信息传输，能够实现一种双向赋权。一方面，政府掌握了大量的数据，可通过数据分析提升决策的科学性；另一方面，数据也带来某种透明性，为社会和公众提供政策监督和反馈的渠道。然而，这个信息爆炸的社会也存在着新的治理风险，比如，网络舆情已经成为各地社会治理的重要领域，许多治理事件通过网络，很快就能发酵，轰动世界。又比如，由于人们越来越依赖网络支付，街头巷尾以及公共交通要点的小偷还有入室盗窃等案件减少很多，但是电信诈骗越来越猖狂，而且跨国发生，方式和花样变化无穷，防不胜防，给社会治理带来很大的挑战。因此，信息时代的社会治理现代化在于最大限度地发挥技术的潜力，又能对技术的局限和边界有清醒的认识。

总而言之，与四十年前、二十年前乃至十年前相比，当下的社会治理情境已经发生了明显的变化，而且，这样的情境变化越来越快速，对社会治理的挑战也越来越大。具体地说，当前的社会治理情境至少表现在以下几个方面：一是经济发展对社会治理提出的要求越来越多，越来越高；二是随着经济的发展、人们生活水平的提高，人们对社会治理的要求同样越来越高、越来越多；三是城乡关系格局的变化给社会治理提出了前所未有的挑战；四是科技进步改变了社会治理形态。在这样的背景下，中央提出了社会治理现代化（社会治理理念现代化、社会治理工作布局现代化、社会治理体制现代化、社会治理方式现代化、社会治理能力现代化）以应对新时代的社会情境，显得非常及时、必要和重要。社会治理的"四化"（社会化、法治化、智能化、专业化）、社会治理共同体建设以及市域社会治理现代化构成当前我国社会治理现代化的三个重要维度。

第二节　市域社会治理现代化的内涵和特征

市域社会治理现代化，与以前提出的社会治理现代化是什么关系？为什么在其开头加上"市域"呢？有什么特殊含义呢？如何看待市域社会治理现代化的价值呢？

一 市域社会治理现代化的概念及其依据

"市域"，顾名思义，就是一个市范围，既是一个地理空间，又是一个行政管辖范围，还是一个社会经济和文化空间。当然，首先是一个行政体制概念，这个"市"在中国行政体制上是指地级市和副省级市，而不是其他市，因为在中国，尽管都称为"市"，但在行政级别上存在着副县级市、县级市、副地级市、地级市、副省级市、省级市或直辖市等。

为什么市域社会治理的"市域"是地级市或副省级市呢？至少有这样几个原因值得关注。第一，以前的社会治理基本上是在村/居、乡镇/街道，乃至县/市/区等层面展开的，或者说就是这些行政单位在执行社会治理，没有上升到地级市及以上单位，或者说地级市及以上单位仅仅是将中央的社会治理政策和任务向下传递的中介而已，尽管在实践中一些地级市也有相应的社会治理要求，但并不系统，也都在更低层级执行和落实。

第二，相比县/市/区以及乡镇/街道，乃至村/居，地级市乃至副省级市不仅拥有更大的权力，而且更主要的是，它们有相对独立的立法权，特别是地级市人大是有立法权的最低层级人大，而县/市/区的人大则没有这样的权力，乡镇/街道那就更没有了。有了立法权，地市级或副省级的市就可以根据本市的具体情况，并结合上级党政部门尤其是中央的要求，出台更有针对性的落实和推进社会治理现代化要求的法规条例，会有更多创新做法。

第三，中央、省部与县/市/区、乡镇/街道的行政距离过长，在运行、监督上难度更大。我国的行政级别从中央到地方，有五个行政层级加上村这个准行政层级，中间还有一系列副行政层级，如副省级城市、副地级层次等，如果加起来，层级更多。行政层级越多，意味着政策的落地和实施需要更多的人力成本、经济成本、信息成本、信任成本，也就面临着越多的风险和不确定性，尤其是对中央来说，政策的落实会增加更多的成本和更多的不确定性。减少成本成为治理系统和治理能力现代化建设要实现的目标之一。"市域"是合乎这一目标要求的比较好的一个层级：对上更容易越过省级，直接对接中央及各部门，对下能直接动员县级行政，而且辖区范围比较适中，管理的县/市/区数量不多，可以增强"市域"在治理上付出的注意力和精力。

第四，地级市在某种程度有其相对独立、独特以及共有的一些文化传统、标识和精神。特别是在南方，一个地市范围内，有共同或相似的方言，当地人彼此能交流，但是超出地市范围，方言就很不同，当然有的地级市内，县与县之间存在一些方言障碍，但是相较于辖区外，当地人或多或少还是可以开展有限的交流和理解的。另一个文化标识就是，地级市有其一些共同的文化精神和象征及身份认同。就拿浙江省下属的各个地级市来说，它们都有自己的一些所谓的地区精神，比如台州的共同文化精神和象征就是"和合二仙"及其所代表的"和合"精神；杭州有"六合"精神，嘉兴有红船精神。虽然这些精神中有的也可能被浙江省作为精神，也有可能被下辖县/市/区视为自己的精神，但是在一个地级市范围内的人们都会把它作为自己的精神和身份认同标志，台州市下辖的县/市/区大都认同"和合"是它们共同的精神理念。

第五，目前，有越来越多的社会问题难以在地级市以下的行政范围内得到有效解决，社会需求和服务也难以在地级市以下的行政范围内得到满足。从地级市行政部门来说，现有的考核制度给它们造成一定的压力：凡是本辖区发生的社会安全问题，一旦形成舆情或者造成重大财产生命伤害，那就要受到追责和处罚，这是地市级行政组织愿意推动和参与"市域"社会治理现代化建设的原因之一。与此同时，虽然辖区范围还是很大，但是交通设施和条件的快速改善以及人们有了更多的交通出行方式，因此，从村庄到县/市/区和地级市等更为便捷。由此而来的是人们在寻找更好的需求满足的时候，会更倾向于到地级市所在地来实现。有越来越多居住在县/市/区和乡镇的人都愿意在地市级买房子、办婚礼、看病，购物休闲、让孩子上学，等等，由此也会连带性地带来许多社会问题和矛盾，如医患纠纷、房产纠纷、消费纠纷等。值得指出的是，在市域层面的流动人口和非户籍常住人口明显多于县/市/区，流动性治理在台州这样的地级市成为重要的治理课题。

当然，还有其他更多的理由说明市域社会治理现代化试点的必要性、重要性和意义。社会治理现代化的根本目的是要更好地实现人民对美好生活的追求，社会治理一方面要为人们提供舒适、美好、温馨、友善、自由、公平公正和安全确定的社会、政策和体制环境，另一方面要为人们展现其自主性、主体性、参与性、表达性创造空间、机会和平台，因此，社会治理不应只是政府的事情，更是老百姓的事情，只有老百姓参与治理，才能更好地实现他们对美好生活的追求。这也是市域社会治理现代化建设要实现的理想目标。

二　市域社会治理现代化的特征及其表现

市域社会治理不仅仅是界面平台的改变，更是系统性、整体性的改革和创新。首先，正如上面所提及的，市域更有利于根据本地特点，在法治上做出有针对性的设计和安排，也就是说，让法治建设更能落地，强调本土性在法治建设的作用。这在一定程度上增大了地域自治的空间。市域社会治理现代化首先表现为法治建设的现代化，要注重法治在市域社会治理中的作用，更要注重立足本土的法治建设，而法治建设的核心是所有人有法治理念，乐意接受法治，对法治有高度的敬畏和重视，而法治也能满足人们的期望和需要，实现和维护社会公平与公正。没有法治、不重视法治的社会治理就不能算是现代化的社会治理。

与此同时，市域社会治理，意味着在更大的范围内整合资源，更强有力地支持社会治理。以前偏重于县/市/区以及街道/乡镇和村/居层面的社会治理。在这种情况下，县/市/区以及乡镇/街道/村/居等的社会治理尽管很需要资源，但得到的支持有限。现在就不同了，中央政法委直接抓市域社会治理现代化，既给了地市在社会治理领域表现的机会和空间，也给了它们压力，所以它们就被调动起来了。地级市在各方面都增加了投入和供给，从政策上做出了一些创新，推动了社会治理的现代化发展。

地级市对社会治理的重视，进一步提升了社会治理的系统化水平。有人认为，国家治理能力和治理体系现代化体现在三个层面：宏观层面、中观层面和微观层面，其中市域是中观层面（龚廷泰，2020）。因此当中央足够重视社会治理现代化时，基层就有了许多实践，并取得了一些不错的效果，如果市域这个中观层面跟不上，那么社会治理的系统性和体系化就难以达成。而从另一个角度来看，地级市可以涉及跨县/市/区的社会治理，具有更强的整合能力，更容易做出协调性、系统性安排，当然在监督上更有力和更直接。

与此同时，市域层面的地方文化，更能被认知、认可，能更好地融入社会治理，以至于成为市域社会治理的精神和灵魂。许多地方在市域层面提出了自己的社会治理理念。就拿浙江来说，嘉兴地区以红船精神作为社会治理理念，因为嘉兴南湖是中国共产党创立的两个地方之一（另一个是上海），红船精神就是中国共产党创立时为民族谋复兴和为劳苦大众谋幸福的初心，这也成为嘉兴推进市域社会治理现代化的精神理念。同样，杭州市在社会治理现代化方面确立了"平安六合"精神，建立"六和塔"工作体系，即"三级三层六和六能"组织架构和"党建领和、社会协和、专业维和、智慧促和、法治守和、文化育和"治理体系。台州则提出了"和合善治同心圆"的社会治理现代化理念，这"和合"两字取于天台山的"和合"两仙。也就是说，每个地级市都会提出有一定影响的社会治理理念，以引领本市的社会治理，也给其他地方提供了一定的启示和借鉴意义。

三　"和合善治同心圆"——台州市域社会治理现代化的精神理念

这里对台州市域社会治理现代化的精神理念再做进一步的展开和讨论。台州市将"和合善治同心圆"作为社会治理的精神理念，基于三个缘由。第一个缘由是，"和合"是台州优秀传统文化精神的集中体现。台州是和合传统文化的发源地，是和合圣地。第二个缘由是，善治是社会治理现代化的最高境界。第三个缘由是，同心圆是指在党的领导下多元主体参与社会治理而形成的治理格局，形象地体现了中央提出的"党委领导、政府负责、社会协同、公众参与"的社会治理格局。因此，"和合善治同心圆"也是台州市域社会治理现代化的模式。

台州市基于地方文化传统和现代治理理念的结合提出了具有自身特色的"和合善治同心圆"作为统领市域社会治理的综合性概念，包含"和谐"、"合作"和"融合"的基本理念，这既是市域社会治理的长远目标，也是市域社会治理的方法论和结构论。"和合善治"在社会治理中如何具体体现和深化呢？我们认为，应该直面社会治理体制机制和能力上的短板和不足，对"合"与"和"的传统和现代内涵以及两者关系做出必要阐释，以其作为市域视角下社会治理现代化的推进思路。

"合"最早见于甲骨文。其本义为盖合，后引申为闭合、聚合、结合、符合等义。"合"，一说象形字，一说会意字。象形观点认为合是由"亼"和"口"组成，就形体上看，像一个器皿，与它上面的盖子刚好相合。会意观点认为"合"从"亼"，从"口"，会意字。《说文·亼部》："合，合口也。"本义为闭合、合拢。将"口"视作一个较小的范围或区域。来自不同地方、不同方向的事物聚集在一起为"合"，此为聚集之意，如合资、合作、合力、合众、联合、聚合、整合等。

"和"与"龢"字音相同，意义相通。二字互为异体字。"龢"在甲骨文中就已经出现，左边是形旁"龠"，其字形像一排竹管合拼而成的乐器，是笙和箫之类的吹奏乐器。右边为"禾"字，此处表示读音。不同乐器一齐吹奏，声音悦耳动听，显得很调和、和谐，所以"龢"字的本义是指乐声调和、和谐。"和"字的出现比"龢"更晚，其左部为"口"，右部为"禾"。《说文解字》将"和"与"龢"分成不同意义的两个字，"和"指声音相应和、和谐地跟着唱或伴奏；"龢"指调和、和谐。

简言之，"合"（闭合、合拢、聚合、结合、整合等）是综合治理、协同治理、系统治理理念的具体体现。"和"（和谐、和睦、和善、和美等）是化解社会矛盾、促进公平正义、增强社会团结的体现。两者之间密切关联，"合"为路径、方法和手段，"和"为价值、目标和理想。它们的关系是以"合"求"和"、为"和"而"合"。

和合精神虽然是中国优秀传统文化理念，但是早已向日本、韩国、东南亚乃至美国传播，特别是在日本，"和合"两仙非常有名。每年，有不少日本人和韩国人来到天台山朝拜"和合"两仙。2018 年，天台山迎来了国际和合交流团；加拿大、日本、迪拜、菲律宾都建立了海外和合文化驿站。和合文化不仅是天台山和台州的文化名片，而且成为浙江三张 VIP 文化名片之一（其他两张名片是阳明文化和南孔文化）。和合理念已经融入当地人的日常生活和社会治理实践，人们在结婚、乔迁、改建新房等时都会有与和合精神有关的表现；有的乡镇推出了和合文化指数；有的法院也构建了合和指数；还有政法委和合调解团、和合法律服务团、妇联和合姐妹团、政协和合调解团、宣传部门"和合文化六进行动"等，还涌现出和合村居、和合社区；等等。和合不仅是一种精神，也是一种方法，尤其是社会治理方法。

台州是山海城市，这里的人既有山的刚毅，又有大海的心胸和大度，但是他们也有刚烈的性格，所以和合对于这样的性格和行动有着非常强的感召力，从另一个角度来说，和合精神也是当地社会和谐所迫切需要的。历史上有关"和合"两仙有不同的说法，人们对和合精神的源头也有不同的看法，而最通常的看法是，"和合"两仙分别是寒山和拾得，前者是和圣，后者是合圣，这是清朝雍正皇帝封给他们的名号，号称"两仙"，但是，寒山和拾得是唐代的两名智者。据说寒山是现在河北一带人，考试落第后就跑到天台山，过着与草木、老虎为伍的清苦生活，而拾得是丰干高僧在路上捡来的，丰干由此给他取名为"拾得"。寒山比拾得年长，拾得在国清寺的厨房当厨子，寒山经常到国清寺要一些食物，在厨房当厨子的拾得经常为他准备一个竹桶的饭让他带走，两人就成为非常要好的朋友。有一天寒山问拾得："世间谤我、欺我、辱我、笑我、轻我、贱我、恶我、骗我，如何处治乎？"拾得回复说："只是忍他、让他、由他、避他、耐他、敬他、不要理他，再待几年你且看他。"这一对话充分体现了寒山、拾得的"和合"境界。他们俩不是兄弟，寒山还大拾得很多，但是他们的友情胜似兄弟。所以，天台山当地的研究者认为，他们俩亲如兄弟，意味着人与人之间的"和合"；寒山与自然为伍，充分体现了人与自然的和合；寒山与拾得的对话体现了他们的内心和合。所以，和合精神体现了人与自然、人与人以及身与心之间的关系。

"和合"精神也反映了当前中国开展的和谐社会建设，体现了中国追求人人和谐、人与自然和谐以及人心和谐的社会治理追求。最典型的是中国人对婚姻有"百年和合"的良好祈愿传统，希望夫妻亲亲和和、喜气洋洋、百年和合、白头偕老。与此同时，推及其他事情，中国人也在追求和合之美，比如和气生财、和合人间、和为贵等。和合已经渗透到中国人的日常生活，成为重要的为人处世的行为准则，也是中国人看待事物的一种方法。所以，将"和合"精神引入社会治理现代化，至少具有这样几方面的效用：一是让人们更容易理解、接受社会治理现代化的做法，或者说使社会治理更嵌合人们的日常生活需求；二是和合具有很明显的方法论价值，也就是说，在社会治理中，尽可能用和合的态度和方式去化解矛盾纠纷，尽可能通过疏解社会关系、培育人际信任的方式为社会治理奠定良好的社会基础，通过培育社会和美的氛围缓解烦躁的社会心态，"化干戈为玉帛"，有效地实现社会和谐；三是有利于推动人人参与社会治理，只有人人参与社会治理，才会增进人人"和合"，达成彼此"共享"的目标。

"和合"既是善治的手段和方式，也是善治的目标。在社会治理中，善治是最高的追求，也是实现现代化的标志。善治在英文中的对应词是"Good Governance"。20 世纪 90 年代，善治在英文、法文中出现并很快得到了普遍重视。所谓善治就是良好的治理，又可以称为良治，是使公共利益获得最大化的社会管理过程，表现为政府与民众对公共事务的合作管理，是政府与市场、社会之间构建的一种新型的合作关系。善治一方面有效地为社会治理确立了目标，另一方面则通过多方主体平等参与，解决治理实践中出现的信息不对称、信息失真等问题。俞可平（2014）则认为，善治需要有十大要素：合法性、法治、透明性、责任性、回应、有效性、参与、稳定性、廉洁、公正。这十大要素与罗西瑙（2001）的四要素之间大同小异，只是更切合中国国情。台州在市域社会治理现代化上提倡的政治、法治、德治、自治、智治的"五治"融合，其中就包含着善治的许多要素，关键在于如何实施，特别是要构筑实施善治的机制、体制和政策体系。

"和合善治同心圆"是在实践操作层面如何实施和合善治的机制布局。台州市以"和合善治同心圆"为隐喻："横向要构建共治的同心圆，以党委领导、凝聚人心，以政府负责主导中心，以基层治理下沉中心，以各方协同彰显齐心，以数字赋能提升信心，以群众满意赢得人心。""以六心善治高标准谋划、高水平推进，从而使全市形成体系贯通、体制顺畅、运行有效的市域社会治理格局。将和合善治同心圆架构优势转化为市域社会治理的效能，变试点为亮点、变样本为样板，将台州打造成为全国试点社会治理标杆市和平安中国的示范城。"①

---

① 2020 年 3 月 12 日政法委在座谈会上介绍情况。

由此可见，和合既是台州市域社会治理现代化的精神理念，又是其方法论；而善治则既是其目标，又是和合理念的体现；同心圆则是实现和合善治的体制机制布局，体现社会治理现代化基本格局。也就是说，"和合善治同心圆"体现了社会治理的理念、方法、机制和格局，为台州市社会治理现代化奠定了基本框架。

第三节　"中国之治"的台州探索

台州作为国家市域社会治理现代化的试点，其中一个使命就是要探索和践行"中国之治"，或者说，是"中国之治"的地方探索。那么，什么是"中国之治"呢？台州又是从哪些方面以及以什么样的方式体现"中国之治"呢？"中国之治"在台州这样的地方层面又会有哪些特色呢？这些都是有待深入分析和挖掘的有价值的问题，当然更重要的还是如何在实践中回答和得以体现。

"中国之治"是在党的十九届四中全会上提出来的，是党从过去几十年的治理实践以及取得的成效中总结出来的，体现为以下几个坚持：坚持党的领导、坚持人民当家作主、坚持依法治国（法治建设）、坚持集中力量办大事的优势、坚持中华民族共同体意识、坚持社会主义制度与市场经济结合、坚持优秀传统文化和革命文化及社会主义文化、坚持共同富裕、坚持改革创新、坚持培养优秀人才的优势、坚持党指挥枪、坚持国家统一、坚持独立自主和对外开放相统一。由此可见，"中国之治"内涵非常丰富，如果做进一步概括，则它至少有这样几个特点：高效、系统、协同、共享等，目的是构建人人参与、人人有责、共治、共建、共享的社会治理共同体。台州市域社会治理现代化示范实践，正以创新方式落实"中国之治"在地方上的高效、系统、协同和共享理念，构建现代化的社会治理共同体。

台州市域社会治理现代化实践体现在体制机制和方法、枢纽、社会参与、科技支持和数字治理、基层治理和全科网格、"五治"融合、共同体建设等方面。在体制机制和方法上，着力破除条块分割障碍，整合资源，构筑市域社会治理的枢纽机制，即矛盾纠纷调处化解中心，让所有矛盾和问题在一个平台上获得解决。矛盾纠纷调处化解中心在市域层面，设在县/市/区、乡镇/街道，集中了所有与社会矛盾和问题有关联的"块"上的部门力量，通过统一的平台和窗口搜集信息并在中后台分头解决，实现"最多跑一次"，同时，在部门之间实现信息共享、互相支持的功能，提高办事效率。还有一个功能就是，可以通过矛盾纠纷调处化解中心，将社会矛盾和社会问题在村/居、乡镇/街道和县/市/区三个层面进行分流，尽可能实现社会矛盾和社会问题不上交。社会治理的体制机制和方法创新与现代化，应该包括社会的参与、基层治理方式的改进以及科技的支撑，也就是说，要实现"政治、法治、德治、自治和智治"的"五治"融合。

台州市域社会治理现代化的试点成效，最直接地体现在平安建设方面，运用系统思维、底线思维，防范化解市域社会治理重大风险和难点问题，减少了重特大事故的发生、分领域地探索了重点问题的治理机制，如通过现代信息技术的使用，在台州市域内的渔船安全、社会矛盾纠纷、信访、流动人口管理与服务等领域，取得了很好的治理效果。为了进一步落实源头治理、系统治理、综合治理的思路，更好地解决市域社会经济发展过程中的新问题，同时进一步完善、总结和提炼台州市域试点的经验，应注意以下四个方面的问题。

一　重视社会建设的维度，进一步推动治理理念现代化

市域社会治理现代化的核心是推动国家与社会关系的重塑，让社会成为"治理的主体"，而非"被治理的对象"。台州的试点实践在完善党委领导、政府负责、社会协同、公众参与、法治保障的社会治理体制方面，做出了诸多创新的尝试，充分发挥了党委和政府的作用，比如在市域层面进行顶层统筹设计、出台系统化的配套激励考核制度等。要超越传统的反应式治理，就必须树立正确的治理理念，重视发挥社会的主体作用。具体来看，以"社会建设"为中心的社会治理，就是强调社会主体的能力建设，为他们提供公共参与的制度化渠道与平台。台州已经从责权划分和资源下沉两个方面做了探索，有效地摆脱了基层社会治理当中的资源和能力困境，尤其是在社会矛盾纠纷化解和风险排查方面，取得了很好的成效。继续提升社会治理效能则需要赋予社会力量更多的活动空间，鼓励社会主体

主动、积极地参与社会事务的决策过程。社区是基层社会治理的重点，也是落实自治的关键。因此，还需要进一步厘清政府和社会的边界，一方面，继续加强制度保障，为基层治理提供更多的资源；另一方面，政府要明确自身，将自身定位为服务社会者而非管理者，重视吸纳公众、社会组织的参与，将构建多元共治的格局作为推进基层社会治理现代化的基本方向。

二　实现制度化和灵活性的统一，激发基层政策创新的动力

市域作为连通国家治理和基层治理的中间层级，发挥着承上启下的枢纽作用。台州在市域社会治理现代化的实践中，根据自身实际情况落实了中央和省级的政策理念，自上而下地指导和推行了相关的政策实践。这方面的经验主要表现在，建立市、县、乡三级推进组织落实机制，并且强调将制度现代化作为驱动市域社会治理现代化的强大动力，注重从制度层面破解市域社会治理难题，以政策和制度创新推动实践创新。制度化的重点和难点实际上也在基层，很多基于良好理念的政策在执行中总是面临"最后一公里"的落实障碍，又或者基层被动执行上级政策却在实际治理中偏离预设的目标。因此，需要重视发挥基层的自主性和能动性，使它们也成为政策创新的推动者。基层是社会治理的前线，它们具有信息优势，对现实问题更具有敏感性。在台州的试点案例当中，我们看到很多创新的做法最初都是从基层开始的。比如，温岭通过民主恳谈介入行业工资协商的做法、黄岩法院探索"守信激励再创业机制"、黄岩司法局村级治理的"三化十二制"等，都是基层的自发探索和尝试，然后经过逐步调整和完善，最终在市域甚至更高层级获得推广和应用。自上而下与自下而上两种机制的协同，有助于实现制度化和灵活性的统一，这也是台州试点的一个重要经验。

三　认识技术治理的局限，打破社会治理当中的技术迷思

在科学技术日新月异发展的背景下，各地涌现出一些新的治理技术和手段，这为完善社会治理、解决现实问题带来了新的可能性。台州的市域社会治理现代化充分依托了新技术手段，政府在相关领域投入了大量资

金，强化了智治的硬件保障。比如，雪亮工程建设，各类智慧城管、智慧法院、智慧风控预警等平台和 App 建设，以及基于大数据的街道综合信息指挥室、决策驾驶舱等。在推进智能治理的过程中，要做到硬件和软件建设并重，更好地平衡成本与收益的关系。硬件投入固然重要，但是一味强调投入，容易造成重复建设或者由于制度和体制层面改革的滞后，导致硬件投入的效果无法充分发挥。应该运用整体性治理的思维，着力解决当前智能治理当中存在的碎片化、信息孤岛、应用深度不够等问题，避免过度建设和重复建设。还应该打破技术迷思，形成以人为本的治理思维，毕竟技术只是一种工具和手段，需要反思技术的弊病、问题与隐患。以大数据为例，它为政府决策提供了依据，但是在数据的收集和使用方面如果不加规范，则可能无法有效保障公民的隐私权和其他基本权利。因此，市域社会治理智能化应该在两个方面进行平衡：既要探索运用新技术解决社会现实问题的可能路径，又要积极回应由新技术引发的隐私和伦理困境，并从制度和立法层面对技术手段的运用进行约束和规范。

四　系统化地回应共性问题，提炼可推广的经验

台州致力于"打造具有中国特色、时代特征、台州特点的社会治理工作体系"，也就是说，要探索出一条具有地方化特色的回应共性问题的市域社会治理现代化之路。作为民营经济发达的东部沿海城市，台州面临的社会治理问题显然不同于中西部欠发达地区的城市。相对来说，台州市具备了实现社会治理现代化的优势条件，比如政府具备相对充裕的资源、社会力量较为活跃等。所以，台州市域社会治理现代化试点的目标实际上包含三个层次：一是探索有效解决当地问题的创新路径，这也是最为基础的层级；二是为同类型的城市提供借鉴；三是成为中国社会治理现代化的样板和标杆。这就要求为全局性的、具有共性的问题提供一套系统化的解决方案。在试点的早期阶段，重点是搭建一个基础性的制度框架，鼓励多层次的政策创新；在中期阶段，一方面要继续深化实践探索，另一方面要更加强调对问题的梳理以及对经验的系统化挖掘，形成分领域、分类型的创新经验；在最后阶段，要将局部的创新探索和经验吸纳到常规性的治理体系当中，真正从治理体制、工作布局和治理方式等方面推动市域社会治理

现代化。从"台州经验"变成"中国样板",需要做到立足本地、放眼中国乃至世界,除了本地的自发创新以外,也要系统化地学习和借鉴国内外其他城市的先进经验,将其中的理念、方法、手段等整合到市域社会治理体系当中。

第二章

市域社会治理创新的实践路径及其动力机制

在党的十八届三中全会通过的《中共中央关于全面深化改革若干重大问题的决定》中，首次提出了"社会治理"的新概念，它是推进国家治理体系和治理能力现代化的重要内容。党的十九届四中全会也进一步强调"社会治理是国家治理的重要方面"。中央层面有关"社会治理体制""社会治理现代化"的相关文件为地方实践设定了目标，也指明了方向。浙江作为沿海经济发达省份，也在社会治理主体、治理方式、治理过程和治理路径的现代化方面开启了诸多创新实践，尤其是在省域层面做了顶层设计，2014 年推出"四张清单一张网"，2016 年继续深化推进了"最多跑一次"改革，2021 年全面推进"数字化改革"，这些旨在完善治理体系、提升治理能力的政策措施为台州社会治理现代化的推进奠定了扎实的基础。

2020 年，台州被中央政法委确立为全国市域社会治理现代化建设首批试点单位，由此开启了系统化的改革探索，强调要"完善共建共治共享的社会治理制度，着力提升治理效能，推进市域社会治理现代化"。台州市域社会治理现代化试点的意义，不仅仅在于探索寻找解决具体问题的现成答案，更重要的是从机制和体制层面破解社会治理问题，为其他地区提供参考和借鉴。因此，本章旨在对台州市域社会治理现代化的探索做全面的梳理和讨论，并结合各级政府的政策文件，讨论市域社会治理创新的主要目标，具体分析市域社会治理创新的实践路径及其动力机制。

第一节　市域社会治理创新的主要目标

按照党的十九届四中全会的阐述，社会治理的目标是"完善党委领导、政府负责、民主协商、社会协同、公众参与、法治保障、科技支撑的社会治理体系，建设人人有责、人人尽责、人人享有的社会治理共同体"。社会治理现代化的提法，反映了国家治理的一种重要理念转型，从传统的"管理""管制"思维当中解放出来，不再把社会视为"被治理的对象"，而是着力推动国家－社会关系的重塑。中央的理念和政策倡导，激发和推动了地方层面的社会治理创新实践，其核心是在新时代，用新的理念和思维解决新问题。在现有的学术讨论中，有关社会治理现代化的命题，往往强调社会的面向，比如将其目标界定为"最大限度激发社会发展活力，充分发挥社会力量在社会发展、社会建设和社会治理中的作用，化解经济社会发展中的社会矛盾和问题，推动社会有序发展"（丁元竹，2016）。一个共识是，完善社会治理是为了"寻求社会事务的'善治'"（郁建兴，2015），为了推动解决社会问题、促进社会发展、增强社会的凝聚力和向心力（成伯清，2019）。理解地方社会治理创新就是要回答以下问题。为什么传统的社会管制手段遇到挑战？市域社会治理创新致力于解决什么样的问题？

台州的市域社会治理现代化试点，一方面是为了落实中央和省级政府倡导的施政理念和方针，另一方面是为了回应地方经济社会发展过程中出现的新问题。所以，台州的实践既反映了各地的一些共性问题，它的创新路径与解决方案又不可避免地带有地方性的特色。因此，有必要结合台州的市情，对市域社会治理现代化的主要目标做一些阐述。

一　提升治理成效，回应市域经济社会发展的现实问题

市域社会治理是国家治理政策在市域范围内的具体实施。中国地域辽阔，不同地区的经济、社会、文化呈现多样化的特征，这使国家治理始终面临政策统一性与灵活性的困境。社会治理也往往存在"运动式治理"或者"反应式治理"的特征。运动式治理追求短期的政策效果，却容易破坏常态化的制度运行。反应式治理提供的则是一种"头痛医头、脚痛医脚"

的解决方案，而忽略了制度化和法治化的面向。因此，在市域范围推进社会治理现代化，既要追求实际的治理效果，又强调形成系统性、综合性、制度化的社会治理体系。正如中央政法委秘书长陈一新（2018）所指出的那样，"市域层面具有较为完善的社会治理体系，具有解决社会治理中重大矛盾问题的资源和能力，是将风险隐患化解在萌芽、解决在基层的最直接、最有效力的治理层级，处于推进基层治理现代化的前线位置"。

台州作为浙江中部沿海城市，是21世纪海上丝绸之路重要节点城市。当地民营经济发达，制造业基础扎实，一方面，这使政府能够向社会和民生领域投入较多的资源；另一方面，多样的经济业态、制造业对外来流动人口的依赖等因素，也为地方社会治理提出了亟须解决的问题。安全是社会治理现代化的基本条件，党的十九届四中全会关于"加强和创新社会治理"的目标表述，也强调"确保人民安居乐业、社会安定有序，建设更高水平的平安中国"。然而，近年来台州市在平安城市创建方面一直面临挑战，政府在常规治理上做了大量工作，但总是因为一些突发的重大安全事故被一票否决。这就需要政府对传统的工作机制进行改革和创新，引入新思路和新手段，来回应各类新型风险和社会治理问题。以出租房管理为例，仅仅依靠公安部门只能起到事后干预的作用，面对大量分散在村落、社区当中的流动人口，只有强化基层社会的参与、通过日常化的管理才能有效防范风险，同时，也促进本地人和外地人的社会融合。在平安建设方面，台州的市域社会治理创新成效能够通过一组数字得到反映：近年来，全市火灾、生产安全事故、道路交通事故、海洋事故发生数量和往年数据相比均呈现断崖式下降，其中国内安全生产事故数量、死亡人数，2018年为浙江省第一，2020年下降到占29.6%和33.8%，降幅排在全省第二和第三位。道路交通事故死亡人数从2016年的929人下降到2020年的372人（台州市政法委，20210312）。

此外，市域层面的社会治理创新还需要回应老百姓的新诉求。地方经济发展促进了老百姓生活的改善，同时，也使他们具有更强的社会参与意愿以及对政府的期待。如赵鼎新（2016）所言，改革开放以来的经济增长奇迹奠定了执政的绩效合法性，也就是依托发展成果来确立自身的合法性。然而，在社会领域，仅仅依靠投入无法换来百姓的满意。在一些地方，政府不断加大公共服务方面的投入，却出现"政府干、百姓看"的困境。而台州民营经济发达，基层社会具有很强的活力，政府在政策实践中也逐步认识到激发社会活力、吸纳社会参与，才是真正的公共事务解决之道，才能真正提升百姓的满意度与获得感。

二　创新治理手段，运用新技术化解治理难题

在《国家的视角：那些试图改善人类状况的项目是如何失败的》一书中，斯科特（2012）强调，"清晰性是国家机器的中心问题"。前现代国家试图将社会作为管理和改变的对象，信息是决定其政策成效的关键。但是，由于交通、地理等诸多条件的限制，前现代国家在许多方面几乎是盲人，或者像查尔斯·林德布洛姆所形容的那样，他们"只有拇指而没有其他的手指"。因而，前现代国家对其所统治的对象缺乏足够的信息，由此使其政策干预措施显得很粗劣，往往也是自相矛盾的。而清晰性和简单化，则成为其加强控制能力的关键。在计划经济时代，国家采取了限制人口流动以及严格执行户籍管理政策的方式，实现了管理的简化和清晰性。但是，管控的另一面是窒息了社会的活力。改革开放以来，经济社会的快速发展本身就体现为放松管制的结果。面对一个更加流动的社会，社会治理的工具和手段亟须革新。比如，一些突发事件更容易演化出重大舆情问题，或者谣言传播、社会情绪积累导致群体性事件发生。如果沿用传统的管控思维，政府通过言论或者信息控制来应对突发社会事件，则往往要付出巨大的成本，并且这本身也几乎是一项不可能的任务。因此，信息时代的社会治理现代化在于最大限度地发挥技术的潜力，又能对技术的局限和边界有清醒的认识。

台州在市域社会治理现代化实践中，在智慧治理方面做了诸多探索。以平安建设当中的"一条船"问题为例，全市共有4638艘海洋渔船，渔业公司存在"低、小、散"问题，一直是安全事故的多发领域。政府搭建"船港通"平台，推动渔船安全管理数字化，率先使渔船进出港电子报告、动态干预、动态编组、应急救援等安全"实招"落地，强化对高危渔船、超海区作业、敏感水域等的监管，全程推进数字化治理。从成效来看，2010年，接处应急事件122起，帮助284名渔民脱离险境。全市渔船安全

事故发生 3 起、死亡 3 人，死亡人数同比下降 66.7%，低于浙江省控指标 83.3%（台州市政法委，20210312）。全市未发生境外疫情输入事件，未发生较大以上安全事故。这一案例依托的是新的技术手段，但背后则是理念驱动的，体现了从管理型政府向服务型政府的转型。

三 推动制度创新，为市域社会治理现代化注入新的动力

市域处于中间层级，在治理体系当中发挥承上启下的作用。国家治理涉及宏观层面的理念转型以及重大制度安排，市域实际上扮演了中央顶层设计的落实者和执行者的角色，它通过具体化的政策制定，将中央和省级相对抽象的政策理念落实为具体的政策实践。同时，它统辖下设的各个区/县，又能对地方化的问题保持敏感，也能够使相关政策适应地方发展的要求。所以，国家治理对应的是宏观层面的理念与议题，而基层社会治理则具体而微地体现微观层面的社会问题，市域社会治理则成为一种弥合宏观治理结构与微观治理行为的嵌入式与联结式枢纽（陈成文、陈静、陈建平，2020）。从市域这个层级来推动社会治理现代化，正是由它在总体的国家治理格局当中的位置来决定的。因此，台州的市域社会治理现代化试点就是要贯彻中央和省级层面的理念，发挥市域优势与地方特色，从制度和机制层面进行创新的尝试。

市域作为"设区的市"，具有地方立法的权限，有助于推动社会治理的法治化水平。相对来说，县域是一个更加基础性的治理层级，地域范围更小、文化同一性更强，这使县域容易在一些地方化的问题上探索出创新的解决方案。但是，县域创新也容易形成盆景式的经验，推广应用价值不足（高德强、陈琳，2020），并且受限于政策空间，也较难从体制机制层面实现突破。市域试点的主要优势就在于，从治理体系创新和资源统筹等方面破题。市域面对更加复杂的社会治理问题，也具备足够的立法权限、政策空间与资源保障，更有可能从系统化、法治化、专业化、智能化等维度推动社会治理的现代化。

市域作为一个空间概念，既包括城镇区域，也包括农村区域。以市域作为统筹层级，有利于推动城乡融合的社会治理体系的形成。中国仍然处于城镇化的进程，推动乡村振兴并不意味着把城乡设想为两个分立的社会

体系。实际上，从国际经验来看，城乡的融合互通才是维持发展动力的关键。这也意味着，乡村的发展和振兴依赖城市带动和辐射作用的发挥。因此，从市域层面推动社会治理现代化，就是要从制度层面突破传统的城乡二元格局，使新的治理体系兼具城市和乡村的元素和特质。

第二节　市域社会治理创新的实践路径

台州的市域社会治理现代化创新实践，是中央和省级大政方针的落实与具体化，它遵循了《关于推进市域社会治理现代化的意见》、《全国市域社会治理现代化试点工作实施方案》和《全国市域社会治理现代化试点工作指引》等政策文件的方向和指引。同时，台州的试点实践又具有地方化的色彩，体现市域个性，在坚持问题导向的同时，也致力于从源头、体制和机制层面探索解决方案，努力探索一条可借鉴、可推广的试点道路。

具体来看，台州市从三个方面推动市域社会治理现代化，分别是、治理体制、工作布局和治理方式的现代化，将市域社会治理现代化的目标设定为："切实增强市域社会治理统筹力，形成市级统筹协调、县级组织实施、乡镇/街道强基固本、村/居和网格协助落实的市域社会治理链条；切实增强市域社会治理聚合力，不断完善党委领导、政府负责、社会协同、公众参与的市域社会治理体制机制；切实增强市域社会治理驱动力，发挥政治引领、法治保障、德治教化、自治强基、智治支撑作用，助推市域社会治理方式手段创新。"围绕这三个方面，台州开展了一系列创新实践，逐步构建了一个现代化的市域社会治理体系。

一　重视顶层设计，构建制度化、系统化的市域社会治理体系

如前所述，市域试点旨在从制度层面破解社会治理的难题，推动制度创新。快速的经济社会变革对传统的管理模式提出了挑战，而反应性的回应方式往往是解决了部分问题后又引发新的问题，比如一些政策变通侵蚀常规制度和体制，并导致管理模式的碎片化，或者造成不同职能部门之间的项目重复与目标冲突等问题。正是在这样的背景下，基于整体性治理的思维，台州搭建了一个权责明晰、上下贯通的纵向治理架构，以"一中心

四平台一网格"体系为依托,推动党委领导、政府负责、民主协商、群团助推、公众参与体制不断完善。

市域社会治理自身具有复杂性和多样性的特征,治理改革的核心是国家与社会边界重构的问题,但是政府内部各个层级关系的调整以及条块关系的理顺也是提升社会治理效能的关键。"一中心四平台一网格"体系体现了市域在统筹规划和顶层设计方面的作为,形成了以市级社会治理综合指挥中心(综治中心)为主导,县级社会矛盾纠纷调处化解中心为枢纽、乡镇/街道综治中心抓基层基础的市域社会治理工作运作机制。通过这套体系"真正把矛盾纠纷解决在萌芽、化解在基层"(台州市政法委林书记,20210312)。除了搭建和完善治理架构之外,市域还统筹推动了县、乡、村三级综治中心标准化建设,由此强化乡镇/街道综治中心的社会治理功能。2019年以来,台州在原有基础上,重点推进县级社会矛盾纠纷调处化解中心建设,通过整合基层县级层面社会治理资源、力量和信息化手段,打造统一、集成的社会治理指挥平台。目前,全市所有县、乡两级综治中心均已实现标准化建设。

党委领导和政府负责还体现在政府部门之间工作机制方面的创新。在防范化解重大风险方面,台州市立足于发挥牵头抓总,统筹协调、督办落实的积极作用,致力于打造横向到边、纵向到底的风险防控的全周期链条。2019年下半年以来,台州市本级率先建立涉信息周报、月报制度。由台州政法委牵头构建了"5+X"的会商研判制度,即5家常设单位(政法委、宣传部、信访局、公安局和国家安全部门),加上涉及的相关部门。台州市通过这套制度实现了逐级预警以及风险的闭环管控,对各类风险进行分级分类,明确报案领导和报案责任人,有助于风险化解和督办落实。其成效主要体现在,各级政府的风险观念和忧患意识得到增强,风险的预测预警能力也得到进一步提升,风险防控的主体责任进一步落实。

2017年,台州市开始全面推进"全科网格",在浙江省率先破解了基层网格划分怎么优、网格员队伍怎么建、网格员职责怎么定等难题,出台了加强专职网格员队伍管理、推进全科网格提质拓面等一系列机制,实现了"多网合一"和网格工作职责的规范统一。2019年,探索制定并出台了台州市全科网格地方标准,推行"3+X+Y"责任捆绑和倒查交办制度,建立暗访督查、通报排名、工作考核等机制，实现了网格责任的真捆绑、真考核、真兑现。村/居网格作为最基层的社会治理单元，由网格长牵头，网格长一般是村书记或主任，还有网格指导员、网格业务指导员、网格员等。"3 + X + Y"的人员构成，体现了制度化与灵活性的统一。"X"是网格里的一些志愿者、村干部、党员、村民代表等组成的自治力量；"Y"则包括相关部门的下沉人员，如网格工作需要相关的执法部门支撑，包括派出所、综合执法部门、市场监管部门等。这一架构大大增强了基层社会治理的力量，通过基础性的制度供给，并在基层社会治理当中推动民主协商和公众参与机制的完善，也为群团助推体制提供了参与基层治理的平支撑平台。

二　坚持问题导向，分领域、分类型探索社会治理工作布局

市域社会治理创新首先要解决地方经济社会发展中遇到的问题、回应老百姓的诉求。当代社会本质上是一个风险社会，因此"解决问题、回应诉求"的社会治理应该努力构建一个相对完备的风险防范体系、为社会成员提供安全网。从这个角度来看，"平安中国"的意涵并不限于安全生产、社会稳定等维度，而是要根据现实的发展积极认知风险、把握规律，从而寻求系统化的解决方案。这一方面，台州的探索主要体现在对各类安全问题进行类别化的梳理，从维护国家政治安全、完善社会治安防控体系、防范新型网络安全风险、防范化解社会矛盾风险、保障公共安全等维度，推动市域社会治理工作布局的现代化。并且，在各领域的工作推进中，强调制定可量化、可评价的阶段性目标，以重点项目为抓手来促进目标落实。

尤其是在防范化解社会矛盾风险方面，台州试点实践的成效显著。稳定是社会经济发展的基础性条件，也是一个重要的民生问题。台州从2006年就开始探索社会稳定风险评估工作，2013年在浙江省率先开展第三方稳评试点，确保风险评估全面客观、预防在先，落实社会风险的源头治理。建立定期排查和集中排查、重点排查和全面排查、专项排查和综合排查相结合的社会矛盾纠纷排查机制，及时发现并化解各类矛盾纠纷。运用"传统 + 科技"手段，建立"网上 + 网下"动态监测机制，提前感知和预警苗头性信息，并及时化解与处置。2019年，共采集各类问题信息643万条，

排查化解各类矛盾纠纷 36657 起，预警处置各类苗头性信息 1600 余条次。"一中心四平台一网格"的治理体系有效地实现了将"风险隐患化解在萌芽、解决在基层"。以黄岩区为例，2020 年黄岩区社会矛盾纠纷调处化解中心共接待群众 12311 人次，受理各类诉求 8546 件，成功调解案事件 5817 件，其中重大疑难群体性案事件 42 件；法院民商事案件 6589 件、行政案件 79 件，同比下降 3.78% 和 26.8%。探索出的"线下一站式、线上一体化、区乡—村联动"模式，也获得了浙江省领导的肯定，成为浙江省第一批互学互比经验介绍单位。

与纵向治理体系相辅相成的另一项经验是，部门驱动的分领域、分类型的实践创新。以法院系统为例，2018 年台州就已经走在浙江省前列，率先启动了诉源治理工作，积极探索"社会调解优先，法院诉讼断后"矛盾纠纷解决方式。法院开展诉源治理是因为近年来案多人少的矛盾非常突出，案件数量逐年上升，为了解决这个矛盾，也为了让裁判能够更加得到群众的认可，让群众体会到更强的司法获得感。2020 年，台州法院是首个实现诉讼总量连续下降的一个法院。这项工作也入选了 2019 年度浙江省改革创新优秀实践案例。

> 主要做法是基于类型化的纠纷化解，我们会挖掘一下在诉讼领域比较多发的一些案件，比如说民间借贷、劳动争议、离婚纠纷、物业纠纷、交通事故这几类。我们形成速调对接机制，与一些行政调解、人民调解形成多元化解机制。近几年来我们与相关部门联合出台了很多文件，这是一项诉源治理，包括我们有"双打"，打击虚假诉讼，有一个执行的诉源治理。包括民间借贷的职业放贷人规制，也是我们诉源治理的重要工作内容。（台州法院，20210312）

在信访生态治理方面，台州也已形成系统化的经验。2016 年以来，台州已经连续五年实现进京访人数的下降，信访在浙江全省的考核中也连续荣获第一名。主要做法是，建构打造不重访、不乱访、不用访的三步信访生态，全力推进清初访、查重访化解案，逐步完善工作机制。

首先是清初访，我们连续出台几个文件，一个列明全流程初次信访事项清单、全流程工作清单，把比较复杂的事情简单化，四个环节、四个标识，我们理得清清楚楚。也下发了初次信访事项主体责任负面清单管理制度、落实信访工作责任制、加强信访全程跟踪管理三个文件。（台州信访局，20210312）

另一项创新是 2019 年开始的信访代办，县级设立信访代办服务中心，驻乡镇/街道设立信访代办服务站，村/居设立信访代办服务点。三级信访代办，聘请一定数量的人员常驻代办工作机构，负责登记、分流和转职代办，把驻村干部、驻居干部网格员作为信访代办第一责任人，吸纳社会知名人士、"两代表一委员"。村/居代办点有 2000 多个。共有代办员 10887 人。2020 年信访代办有 7792 件，化解了 7628 件，化解率为 97.9%。这项工作维护了信访秩序、改善了信访生态，也推动了政府与社会协同共治格局的形成。

三　强化智治支撑，以"五治"融合推动社会治理方式现代化

技术进步为市域社会治理现代化进程提供了新的工具和可能性。伴随着汹涌的技术化浪潮，现代信息技术在城市治理的不同领域和场景中已有大量应用，如浙江省的电子政务、数字政府等创新改革体现了技术支撑作用。台州市域社会治理现代化试点的目标和取向，除了拓宽和深化不同场景中的技术运用，也致力于运用综合治理、系统治理的思维，充分发挥政治引领、法治保障、德治教化、自治强基、智治支撑作用，助推市域社会治理方式手段创新。

在完善和强化智治支撑方面，台州市致力于市域智能化基础制度的不断完善，推动现代科技与市域社会治理深度融合；把社会治理要素数据化、治理数据标准化、推进社会治理多网融合等作为基础设施建设的重要内容，纳入经济社会发展和城乡规划。紧密结合"智慧城市"建设，明确市级层面统数据、管数据、保安全的主责。在市级或以上层面执行统一标准，利用区块链等技术，打通地方、部门、企事业单位之间的信息壁垒，构建覆盖全域、统筹利用、统一接入、灵活服务的数据资源共享体系，实

现社会治理有关数据跨部门、跨区域共同维护和利用，促进业务协同办理。这些措施有效破解了治理碎片化的问题，打破了传统政府组织内部数据分割、分散管理状况的信息孤岛局面，通过数据资源的规范与整合，增加了政府体系的透明度，有利于政府与社会之间的良性互动。

近年来，台州不断加大智能建设的投入力度，进一步推进"雪亮工程"建设，加强全市范围内城乡公共安全视频监控建设与联网，运用物联网、5G、大数据等新技术提升重点单位、要害部位的技防设施建设水平。全市现有"雪亮工程"视频监控摄像头8.5万个，按照"圈块格线点"布点建设，需对市县两级政府核心区域进行定制化防控圈打造。推进"城市大脑"通用平台建设，为基层治理综合信息平台、统一执法平台、雪亮工程等社会治理项目提供支撑，实现多部门数据融合汇聚后的能力反哺，提升基于社会治理实务需求的智能感知、宏观决策、预测预警等智治能力；完善智慧城市、智慧交通、智慧警务，数据融合共享，探索智能AI、5G等新技术引入使用。加强"智安小区"深化应用，构建设施智能、服务便捷、管理精细、环境宜居的智慧社区。

法治作为现代治理方式的核心，也是市域社会治理的重要保障，强化创新实践转变为制度化和常态化的政策。台州在立法机制方面进行了创新探索，一个具有地方特色的做法是：建立地方立法市民库。它建立于2017年11月，台州市人大及其常委会地方立法市民库由55位成员组成，他们来自30余个行业，包括基层村/居工作者，产业一线技术骨干等。"台州人大及其常委会地方立法有两个库，一个叫专家库，另一个叫市民库。市民库与专家库一道充分发挥民间智囊团与专家智囊团的互补作用，这个使立法工作更接地气。"（台州市人大，20210312）在具体的立法实践方面，台州市针对出租房质量参差不齐、承租人消防意识薄弱、消防安全事故频发等问题，制定出台了《台州市居住出租房屋安全管理规定》，从制度上进一步完善了出租房安全管理工作机制，落实了各级政府的管理责任，明确了消防安全要求，规范了安全检查行为，为推进平安台州建设做出了积极的贡献。台州市社会治理的相关实践，既是对具体现实问题的回应，又有效地激发了普通公民的社会参与，推动了多元共治格局的形成。

第三节 市域社会治理创新的动力

基层治理是国家治理的一个最为基础性的层级，它既是社会治理的重点，也是难点所在。基层作为社会问题、矛盾纠纷的多发地，也是化解矛盾、源头治理的重要场所。习近平总书记指出，"要加强和创新基层社会治理，使每个社会细胞都健康活跃，将矛盾纠纷化解在基层，讲和谐稳定创建在基层"（习近平，2021b：79）。城乡社区又是基层社会治理的重心所在。社区是社会的细胞，也是推进人人有责、人人尽责、人人享有的社会治理共同体建设最为关键的层级。如前所述，台州从治理体制、工作布局和治理方式三个方面构建了一个完善的市域社会治理架构，它为基层社会治理提供了基础性的制度框架，也通过权责界定、资源下沉、考核激励等方式自上而下地推进基层社会治理现代化。

另外，统一的市域治理架构又为自下而上的基层社会治理创新提供了制度空间，这也是台州在基层社会治理创新方面最为重要的经验。因为基层社会治理的一个现实困境是，自上而下的政策规定不适用于地方实际，导致统一的政策面临执行难的状况。而最基层的政府官员虽然理解地方需求以及具体的政策困境，但是又缺乏足够的资源或者空间去推动政策调整。这也是自上而下的社会管理体制的最大弊病。因此，基层社会治理创新真正需要从体制和机制层面解决的问题是：如何既发挥自上而下的顶层设计与统筹协调功能，又能够激发基层的政策创新动力并将其吸纳到常规治理体制当中。

一 市域统筹：自上而下的制度供给与理念指引

台州的"一中心四平台一网格"治理体系，落实到基层社区主要依托的是网格，也就是构建基层社会治理"一张网"。针对网格的划分、网格员队伍建设、权责划分等内容，台州市出台了一系列的政策，包括《关于加强网格员队伍建设深化网格化管理工作的通知》《关于进一步规范网格责任捆绑运行的若干意见》等。尤其是《基层社会治理 全科网格管理规范》，作为浙江省首个网格化基层治理的地方标准，发布于 2019 年，由台州市政法委牵头，规定了基层社会治理全科网格管理的基本原则、网格基础、队伍建设、责任捆绑、硬件配备、工作保障等方面的要求，对全市网格建设具有重要的指导意义。相关政策的制定出台，充分反映了基层社会治理的法治化维度，发挥了市域在顶层设计和制度规范方面的作用。

从全科网格的具体内容来看，它主要从以下两个方面回应了基层社会治理当中的焦点问题。

第一，权责明晰。从传统的管理转向治理，最核心的问题就是国家与社会关系的重构。"党委领导、政府负责"主要体现在基础性制度供给以及落实治理转型过程中的政府责任。要实现"解放和增强社会活力"的社会治理目标，还需要强化"民主协商、社会协同、公众参与"的维度。针对当前城乡社区治理当中，行政化取向过于严重、社会有效参与不足的情况，权责界定实际上包含两个方面：一是不同政府层级、部门之间的划分，二是社区层面的行政性事务与自治性领域的划分。全科网格的治理架构强化了社区治理当中的政府负责体制，也起到了明确政府与社会边界的作用。

网格首先是一个空间概念，它是在原有城乡社区设置的基础上，按照人口或者地理因素进行划分的治理单位。全科则是对网格功能和目标的界定，通过网格管理事项、工作任务清单、人员、经费保障等进行规范，全科网格成为一个开展社会治理的功能实体。"纵向到底，横向到边"的全链条捆绑体系、"条线齐抓、属地共管"的全层次责任体系，是支撑全科网格运作的核心制度。其中，构建全层次责任体系主要是为了解决"工作已部署、落实有推诿"的问题。台州的路桥区针对网格治理当中的现实问题，在市级政策框架的范围内制定了有针对性的优化政策。该区进一步厘清职责边界，细化网格责任内容，推动分层、分级、分线解决问题。区级部门层面，严格落实网格准入制度，明确部门责任清单，并再次梳理出十二类入格职责，内容涵盖平安、综治、维稳等的方方面面，充分发挥部门的刚性职能。乡镇/街道层面，落实属地管理责任，结合各自辖区特点，统筹抓好基层社会治理。村/居层面，重点突出主体责任落实，充分发挥村/居干部以及党员的网格事务管理、支撑作用。

第二，资源下沉。社会治理的重心在城乡社区，关键是体制创新。习近平总书记指出，"尽可能把资源、服务、管理放到基层，使基层有职有权有物，更好为群众提供精准、有效的服务和管理"（习近平，2017：127）。这种表述针对的就是，基层社会治理面临的人少、事多、资源不足困境。有句话叫作"上面千条线，下面一根针"，说的就是很多任务层层下放，最后都压到基层，使基层工作人员疲于奔命，治理效果却不好。全科网格按照"3+X+Y"配备人员，具体规定了专职网格员的工作待遇、退出机制和教育培训问题。人员的下派以及经费保障，充实了基层社区的治理资源，也在一定程度上将社区从行政性事务当中解放出来。

二　基层创新：自下而上的改革动力与实践探索

市域社会治理的复杂性体现在：不同区/县的经济社会发展存在差异，并且文化当中的地方性特质也使基层社会治理的问题有不同的表现。因此，要使市域的整体性政策体系适用于地方治理，必须在改革创新的过程中引入自下而上的动力，增强基层治理效能。基层是市域社会治理的前线，治理当中必须纳入地方性元素、调动基层官员和社会主体的积极性，从而真正实现源头治理。我们结合台州试点实践中的具体案例，来讨论如何实现基层治理与市域治理之间的有效协调和良性互动。

台州下辖的仙居县探索了乡贤助调模式，在矛盾纠纷化解领域充分动员了地方性资源、推动了社会参与和协商共治局面的形成。"乡贤助调室"使德治融入乡村治理。乡贤调解员均是本地具有一定威望，地熟、人熟、事熟，对乡镇/街道、村/居的各种矛盾纠纷，掐得准"脉"，找得到"根"，摸得着"门"。设立的初衷就是就地化解矛盾纠纷，就地收集信息、在综合研判的基础上，就地化解，努力实现"小事不出村，大事不出镇"。乡贤助调模式将一些潜在的上访或者群体性事件化解在萌芽，相对于基层政府官员，乡贤来自本乡本土，既有信息优势，又能够将自身威望、亲属网络和信任关系作为调解资源，增强了基层社会自治能力。乡贤参与矛盾纠纷调解本来是基层社区长期存在的一种自发实践和社会传统，仙居县的乡贤助调模式更重要的意义在于，推动了相关制度的形成与完善。仙居成立了县乡两级"乡贤助调委员会"，配合协助社会矛盾纠纷调处化解中心统筹开展乡贤助调工作，乡贤助调委员会设立主任一名，副主任若干名，乡贤助调员是"乡贤助调委员会"委员。自成立以来，已有 8 个乡镇/街道建立了"乡贤助调室"，共有 32 名乡贤担任县级的乡贤助调员、98 名乡贤担任乡镇/街道的乡贤助调员，共参与调解各类社会矛盾纠纷 287 起。这一案例体现了吸纳传统和地方资源，并在县级层面逐步形成统一的制度架构，将局部创新进行推广的基层治理创新路径。此外，县域的成功经验也会被吸纳到市域的制度体系当中，在全科网格"3 + X + Y"的体系当中，也更加强调发挥乡贤的作用。

玉环市的出租房"旅馆式"管理模式，最初也是县域层面的政策创新，然后逐步完善并在更大范围推广，从地方试点发展出了可推广的经验和模式。该模式已成为社会治安治理创新品牌，时任省委副书记、现任省委书记袁家军批示"值得总结，完善后推广"，相关经验也并被全国各地关注和借鉴。长期以来，消防隐患整改难、社会治安管理难、流动人口登记难是基层社会治理的三个难点问题。据统计，2015 ~ 2017 年玉环的亡人火灾事故 73.3% 发生在居住出租房屋，入室盗窃案件 73.4% 发生在居住出租房屋，违法犯罪人员占比达 84.7% 的流动人口基本上也居住在出租房屋。早在 2015 年，玉环市便针对流动人口集聚的出租房管理难到位、消防存隐患、治安出问题等困境，主动对标旅馆业管理模式，创造性开展出租房"经营前审批、人员入住登记、离店注销"的"旅馆式"管理服务工作，改革管理模式，重塑租赁流程，强化自治自律，独创的"党政主导、公安牵头、部门协同、乡镇/街道主抓、村/居实施、房东（出租人）主责、房客（承租人）履约"的模式取得了显著成效。2019 年，全市火警成灾起数同比下降 26.7%、财产损失同比下降 50.2%，刑事治安警情同比下降 25.64%，居住出租房屋登记率、流动人口登记率和准确率均达到 100%。2017 年底，玉环市成功获批"2017 年度国家级服务业标准化试点项目"居住出租房屋"旅馆式"管理服务标准化试点，通过两年多的建设，全市 3.1 万户出租房实现了标准化、智能化、精细化管理，各项社会治安指标全面向好，形成了房东租得放心、房客住得安心、政府管得省心的全新工作格局。

温岭市的民主恳谈是一个响亮的地方品牌，在基层社会治理当中落实和深化了民主协商的机制。民主恳谈与网格治理相结合，通过建立网格议事厅，每月固定一天为网格议事日，召集网格团队和群众进行民主恳谈，实现了"大家的事，大家商量着办"。建立通过民主恳谈会，搭建了网格的沟通桥梁，延伸了网格的服务触角，能充分了解网格内的民生民情，发挥群众的主观能动性参与网格工作，更好地抓住社会治理切入口，迅速高效地解决网格事务，为维护群众利益、推动网格发展、促进社会和谐发挥了作用。目前，共召开网格恳谈会3213场次，涉及垃圾分类、村级规划等议题573项。此外，还将民主恳谈作为一种重要的治理机制，开展平安恳谈、出租房东民主恳谈、参与式预算恳谈、行业领域恳谈、环境整治恳谈等，全方位地推进基层社会治理现代化。以行业恳谈为例，它最初在新河镇羊毛衫行业的工资协商当中发挥了重要作用，在成功案例的基础上，此后逐步在其他乡镇/街道和行业推行。目前，已基本形成行业协商谈标准、区域协商谈底线、企业协商谈增幅的模式。在全市2543家单建工会的企业开展了企业工资协商，在羊毛衫、水泵、轴承等16个行业开展了行业工资集体协商，16个乡镇/街道全部开展了区域性工资集体协商，覆盖8972家企业，惠及近50万名职工。

第三章

市域社会治理的枢纽

——社会矛盾纠纷调处化解中心

社会矛盾纠纷调处、化解社会风险是一个国家、社会实现长治久安的基础，也是社会治理领域中的核心工作。这不仅是因为人们对中国传统"和"文化的偏爱，更重要的是相比于仲裁、诉讼、信访等其他方式，调解具有灵活、简易、低成本、非对抗等特征。调解能够处理各类社会纠纷，可以有效避免矛盾外溢和升级，因此被称为我国基层社会的"减压阀"。进入新时代，我国社会主要矛盾转化为人民日益增长的美好生活需要和不平衡不充分的发展之间的矛盾，基层社会矛盾纠纷呈现多发态势，具有复杂化、综合化特征，调解工作注定要被摆到更加突出的位置。

浙江省作为"枫桥经验"、"最多跑一次"和"最多跑一地"改革的发源地，在社会治理领域的改革创新始终走在全国前列。2020年3月30日，习近平总书记在安吉县社会矛盾纠纷调处化解中心（以下简称"矛调中心"）考察调研时强调，要让老百姓遇到问题时能有地方"找个说法"。县级社会矛盾纠纷调处化解中心是浙江省落实习近平总书记重要指示、推动从"最多跑一次"到"最多跑一地"改革的实践载体，也是市域社会治理的关键层级和枢纽平台，充分体现了以人民为中心的发展思想，契合了社会治理现代化的根本要求，展现了与时俱进的改革创新精神。这种社会矛盾纠纷多元预防调处化解综合机制，是"枫桥经验"在新时代的新发展，也是"最多跑一次"改革在社会治理领域的创新运用。

第一节　探索实践和发展沿革

一　矛调中心的台州实践

浙江省县级矛调中心建设是由省级层面高位推动，省、市、县三级同步进行的。从时间序列上看，2019 年初，县级矛调中心建设在省委全面深化改革会议上被列为重点突破改革项目。同年 7 月，省委政法委印发了《关于探索建设县级社会治理综合服务中心（信访超市）的指导意见》，明确了矛调中心建设的相关要求。2019 年底，浙江省委主要负责同志在杭州市余杭区现场考察矛调中心建设。随后，浙江省委办公厅、省政府办公厅印发了《关于加强县级社会矛盾纠纷调处化解中心规范化建设推进矛盾纠纷化解"最多跑一地"的指导意见》，这标志着在前期酝酿和调研的基础上，全省县级矛调中心建设正式启动。2020 年 5 月，浙江在省级层面成立了省委建设县级矛调中心协调小组，市县两级也同步成立了协调小组，分层指导推进矛调中心建设。2020 年 6 月，浙江省委办公厅、省政府办公厅印发了《浙江省县级社会矛盾纠纷调处化解中心规范化建设指引（试行）》，进一步明确了矛调中心的功能定位、分类推进标准、规范工作流程和管理制度。可以看出，在高位推动下，矛调中心建设从概念提出到具体实践是有序推进的。

"自 2019 年以来，浙江以'三个地'（中国革命红船起航地、改革开放先行地、习近平新时代中国特色社会主义思想重要萌发地）的政治担当，以人民为中心发展思想为指导，探索从'最多跑一次'到'最多跑一地'改革，县级矛调中心建设是标志性工程。"浙江省委常委、政法委书记、省委建设县级矛调中心协调小组组长王昌荣在接受《法制日报》记者采访时这样说道。截至目前，浙江省 90 多个县/市/区，已全部实现矛调中心实体化运作，形成了"全省一盘棋、市级抓统筹、县级负主责、基层强执行"的社会治理新格局，为更高质量地推进平安浙江建设和更高水平的省域、市域、县域治理现代化提供了实践平台。

台州市为了构建矛盾纠纷综合处理、多元化解的集成治理模式，对矛调中心的机构设置和工作开展基本做到了因地制宜、统筹兼顾。台州市各县/市/区根据当地的案件分布情况和行政部门的职能划分情况，整合综治中心、人民来访接待中心、诉讼服务中心、行政争议调解中心、社会治理综合指挥中心等工作平台成建制入驻矛调中心，采取常驻、轮驻、随叫随驻等形式，整合纪委监委、政法委、信访、法院、检察院、公安、司法行政等部门进驻，吸收行业性、专业性调委会、法律咨询机构、心理咨询机构等社会力量，为群众提供全领域、全过程的优质服务。此外，矛调中心既要对各部门资源进行大整合，又不能包办服务或代替各部门的职能，力求做到权责清晰、统筹协调；既要因地制宜，又要兼顾矛调中心建设的标准化、规范化原则。

在矛调中心的建设过程中，台州市各县/市/区结合当地社会矛盾纠纷的现实情况，均进行了富有特色的探索实践，下面以椒江、黄岩、路桥为例。

（一）高效便民，前置调解

椒江区是台州市的主城区，其社会矛盾纠纷呈现复杂多样的特征，其中，信访案件占据大头。椒江区以社会治理综合服务中心（信访超市）为主体，将矛调中心纳入"大信访、大调解"体系。椒江区社会矛盾纠纷调处化解工作的亮点是在2019年就率先探索建立的三级信访代办制度，在区级建立信访代办中心、乡级建立信访代办站、村级建立信访代办点，并聘请一定数量的代办员替群众跑腿、为群众办事，实现群众不出村就能反映诉求、解决问题。我们总结出了具有椒江特色的"全覆盖、全科式、全流程、多渠道、无差别、分级制、项目化、广联动、包案式"27字信访代办模式。当群众有诉求时，他们只需到所在的信访代办站（点）反映，接下来由代办员全程代办，并将代办结果反馈给当事人，这从源头上预防和化解了重复访的问题，"既为百姓省事，又让政府省心"。2020年，椒江区信访代办工作持续推进，被申报为全市唯一的地方标准，并予以立项。2021年，椒江区编制了《信访代办服务规范》，植入"红色代办"元素，截至2021年5月，椒江区矛调中心共完成信访代办共案件157件，其中红色代办案件81件，群众满意率高达99.2%。

（二）因地制宜，多元调解

黄岩区矛调中心的前身是 2012 年成立的区联合调解中心，这是最早探索社会矛盾纠纷多元化解机制的创新试点。2018 年，黄岩区矛调中心全面运行，是台州市起步较早、体系较完善的矛调中心之一。黄岩区矛调中心整合了综治中心、社会治理综合指挥中心、人民来访接待中心、诉讼服务中心等 21 个中心、平台资源，由相关职能部门、乡镇街道综合治理中心、社会组织、行业调委会协同参与。法院、信访局、劳动仲裁部门、劳动监察部门、纪委信访室、公安局信访科、检察 12309、民政局社会组织科等 12 个部门业务科室成建制入驻。同时，黄岩区矛调中心通过开发"善治永宁"信息系统，协同四平台、微法院等信息平台，分布推出信访、复议、信息公开、保安、举报、投诉等手机端服务，建立了移动端诉求表达机制，让老百姓足不出户就可以获得公平正义的供给。此外，黄岩区外来务工人员众多，登记在册的外来人口就有 23 万余人，涉外来人员的纠纷时常发生。为了更好地化解这类矛盾纠纷，黄岩区矛调中心吸收了一批外来人员进入调解员的队伍。如金牌调解员徐守魁就借助乡情纽带，加上热心肠和出众的调解能力，成为众多老乡遇到纠纷时第一个想到的求助对象，他的"徐守魁调解工作室"也被打造成黄岩区县域治理的特色品牌。

（三）问题导向，专项调解

路桥区的民营经济发达，金融纠纷较多，近 5 年来，全区金融纠纷案件超 1.4 万起，在民商事案件总数中占比高达 27%。2021 年 4 月，路桥区矛调中心针对当地盛行的民间借贷行为"对症下药"，成立了全省首家县级金融纠纷人民调解委员会，结合 ODR 平台分级分流、矛调中心双线化解、调解专班一事一议等方式，联动政法委、法院、司法局、金融工作中心四个部门，组建专业调解员队伍，形成了"1 + X"调处化解体系。这一体系推动了金融纠纷案件精准分流、高效调解，实现了社会效益、经济效益和法律效益的"三统一"，并以司法确认强化了调解结果的法律约束，有效降低了基层金融风险。截至 2021 年 6 月底，全区金融纠纷案件收案数同比下降 43.18%，调解金融纠纷案件 123 起，涉及金额 1867.71 万元，取得了调解率 100%、成功率 100% 的成绩。

此外，台州市其他县/市/区的矛调中心也纷纷进行了因地制宜的探索实践，并取得了不错的成绩。经过数年的持续推进，台州市各县/市/区已经全部完成了矛调中心的实体化建设，目前处于从空间整合向机制集成融合的推进阶段，初步实现了社会治理领域"最多跑一地"，矛盾纠纷调处化解从碎片治理向集成治理、被动治理向主动治理、突击治理向长效治理、单项治理向多元治理转变。各县/市/区通过矛调中心的平台调处化解了大量社会矛盾纠纷，大大降低了"民转刑"案件的数量，从源头上排查解决了一批存在社会安全风险的隐患问题，社会治安的稳定局面持续向好发展。

二 "最多跑一次"改革

矛调中心的改革实践源于浙江省从"最多跑一次"到"最多跑一地"改革的延伸。

1992年以来，浙江省各级政府积极回应社会发展需要，从审批权限下放、审批制度改革、政府权力规范等多个领域入手，相继实施"强县扩权""政务服务中心""八八战略""四张清单一张网"等重要举措，在推动地方经济发展、加快政府职能转变等领域发挥了促进作用。但是，上述的一系列改革，都具有较为明显的以政府为中心的特征，难以从根本上制约行政权力的扩张和治理成本的提高，尤其是长期以来的小部制行政机构设置模式在一定程度上导致了高行政成本和低行政效率，使得部分企业和群众感觉到政府办事难、环节多、费时长，导致改革的成果不易直接转化为民众的幸福感和获得感。

为了应对上述问题，浙江省委于2016年组织召开全省经济工作会议，在全国"放管服"改革背景下，首次提出行政服务领域"最多跑一次"改革。"最多跑一次"是指群众到政府办理一件事情，在申请材料齐全、符合法定受理条件时，从政府部门受理申请到做出办理决定、形成办理结果的全过程一次上门或零上门。"最多跑一次"改革涉及政府治理、公共管理、地方政府创新等各领域工作，应群众需求而生，为解决问题而变，既植根于浙江行政审批制度改革形成的体制机制优势，又在价值取向、流程优化、信息共享、力量整合等方面做出了新的探索，在全省涌现出一批优秀的案例，积累了大量的实践经验。

台州以"最多跑一次"改革为牵引，在公共服务领域和机关内部进行了改革，加快了政府数字化转型深入推进"放管服"改革，抓好群众企业"一件事"、优化营商环境"10 + N"行动、"互联网 + 监管"、民生保障"10 × N"集成改革、机关内部"最多跑一次"等重点任务落实。2020年，按照"事项简、流程优、材料减、时间压、次数少、平台建"的要求，台州市全面启动了机关内部"最多跑一次"改革，包括人事管理、政府投资项目审批、预算执行和后勤保障在内的 58 个部门的 596 项事项实现"最多跑一次"，比例高达 94.6%，办事申请材料平均压减 45.3%，办结时限平均压缩 50%；并在市县两级共取消证明材料 7285 件，取消率为100%，实现了"清单之外无证明"，全年为办事群众和企业减免提交证明材料 350 万件次，切实做到了便民利民和基层减负的双赢。

首先，"最多跑一次"改革坚持"以人民为中心"的理念指导，"以群众感受为标准倒逼政府自身改革"的模式创新，明确"限权放权、强化监管、优化服务"三条主线，赋权于民、赋权为民，通过下放审批权力、梳理政府层级关系等举措，大大激发了社会各市场主体的积极性和创造活力。其次，以回应民众需求为导向，将群众或企业到政府办事"最多跑一次"作为改革目标，将群众和企业的满意度作为考核指标，将政府的公共服务供给与人民群众日益增长的需求相匹配，从企业和群众的内在需求出发，系统梳理审批和监管事项流程，实现由"目标导向"向"需求导向"的转变。最后，依托互联网、大数据的技术支持，通过建立在线政务服务系统有效整合审批流程，推进跨部门信息共享，减少了民众提交的审批材料，实现了让信息多"跑路"、让群众少"跑腿"，提升了政府的行政效率，大大节省了企业和群众办事情的成本。

随着浙江省"最多跑一次"改革的持续推进和经济社会的不断发展，政府角色不断发生变化，从过去单一的"经济建设型"向"服务型"、"法制型"和"智慧型"兼容，有效促进了政府、市场和社会的良性互动，人民群众的获得感和幸福感不断提高。但是，任何制度改革都无法解决所有的问题，在社会主要矛盾发生变化的时代背景下，仍然有许多新问题、老难题亟待解决。

三 "最多跑一地"改革

当前正处于转型期的社会背景下，社会矛盾纠纷类型主要分为劳资纠纷、经营消费纠纷、征地拆迁纠纷、物业管理纠纷、家庭纠纷、环境保护纠纷等，不仅矛盾纠纷类型呈现多样化，而且一个矛盾纠纷的化解往往还会涉及多个职能部门，呈现复杂性的特点。以常见的征地拆迁引发的矛盾纠纷为例，其所涉及的问题就包括赔偿标准、安置房选址、农民失地保险等，要解决这些问题至少需要利用财政、国土、住建、人社等多部门资源，靠单一部门的力量显然无法解决。由此可见，一个矛盾纠纷的化解往往需要多个部门共同参与完成，在这一背景下，矛盾纠纷的化解就迫切需要对资源进行集中调配使用。

面对新形势、新问题，传统调解力量分散、调解组织关系松散、协同沟通不畅的短板越发显现，因此，浙江省将"最多跑一次"改革的理念、方法、作风引入社会治理领域，围绕让老百姓遇到问题能有地方"找个说法"，实行"最多跑一地"改革。"最多跑一地"改革中的"地"指的正是各县/市/区的社会矛盾纠纷调处化解中心，其通过集成治理、多元化解的综合性平台，解决人民群众在遇到矛盾纠纷时的"多地跑、多次跑"问题。改革以县/市/区为重点，整合力量资源，将"多中心"整合成"一中心"，全面建设社会矛盾纠纷调处化解中心，通过一站式接收、一揽子调处、全链条解决、闭环化运行、智能化治理、系统化推进，打造调处化解终点站，避免矛盾再发酵。建设矛调中心的实践将"最多跑一次"改革从一项优化政务服务的行政目标，逐步向社会治理领域延伸扩展，牵引着浙江社会治理领域的改革创新。

台州市积极落实全省部署，由市政法委牵头，在全市9个县/市/区着力推动建设矛调中心，让人民群众在处理矛盾纠纷时真正实现"只进一扇门、最多跑一地"。台州市的"最多跑一地"改革主要依托覆盖完备、运作成熟的县乡综合治理工作中心系统、基层治理四平台、"网格化管理、组团式服务体系"，让县级矛调中心在已有基础上快速实现转型升级，将其打造成集信访和矛盾纠纷调处化解、社会治理事件处置、社会风险研判三个平台为一体的现代化社会治理共同体。

四　市域治理，县域何为？

在现有的国家治理体系中，省域、市域、县域社会治理体系呈现清晰的层级，各个治理层级的内涵和目标存在明显差异。前面的章节已经讨论过国家治理体系与市域治理体系的关系，市域社会治理现代化是国家治理现代化的基础，县域社会治理现代化是市域社会治理现代化的重要组成部分，县级矛调中心作为县域社会治理的重要载体和主要抓手，其在社会治理格局中发挥的基础性作用越发凸显，这就有一个问题值得我们思考：县域社会治理在市域社会治理体系中扮演了什么样的角色呢？

县在我国有着悠久的历史，最早可追溯到秦朝的郡县制。县域既是一个有机社会体，也是一个相对较完整的空间体系。在我国，县是整个政治体制中存在时间最长和最稳定的基层行政机构，起着连接上级政府和人民群众的作用，县域"治理"最根本的特点就是上接"天线"、下接"地气"，县域社会治理中的绝大部分问题都是围绕这一特点而展开的。受制于长期的城乡发展不平衡，以及街道、乡镇政府功能机制的不健全，街道和乡镇政府往往只能充当办事机构的角色，很难把基层政府的作用发挥完整，因此县级政府仍然是我国直面基层、功能最齐全的政府组织。

当国家治理推进到地方政府这一层级，市域层面是统筹全市资源、制定地方政策、安排全面工作的领导者和监督者，县域层面是直接面对市场与社会的组织者和行动者。县级政府是群众表达意见、提出诉求、维护自身权益时最直接面对的政府组织，如果社会矛盾纠纷没有在县域层面得到妥善解决，就可能引发当事人对政府职能部门和司法体系的不满，使人民内部矛盾演化为人民和政府间的矛盾，由此导致行政诉讼、上访等行为，甚至出现蓄意报复社会的恶性事件，给社会治安稳定和人民的生命财产安全带来极大风险。因此，县域社会治理在市域社会治理体系中主要发挥了"稳定器"和"平衡器"的作用。一方面，要在复杂多变的社会环境中将矛盾纠纷化解在当地，维持区域内稳定；另一方面，又要根据当地的资源禀赋、社会环境，以县域特色的治理方式来调和市域内各县/市/区在经济社会领域发展不平衡的矛盾。

第二节　功能体系和运行机制

一　矛调中心的功能区划

台州市各县/市/区矛调中心根据本辖区内矛盾纠纷的区域特点布局，其化解理念、工作重点和特色方法都直观地体现在各矛调中心的功能区划中。以黄岩区矛调中心为例，其最初由区委政法委、法院、信访部门、司法部门等7家单位联合发起组建，引入公安局、检察院等单位的等涉访涉诉科室成建制入驻，整合了21个中心平台，并吸收律师、心理咨询机构、仲裁机构、社会组织等第三方化解力量常驻轮驻，极大充实了区域治理力量。为了更好地明确职责关系、理顺工作机制、方便群众进门，黄岩区矛调中心设立了联合接访、多元调解、诉讼服务、公共法律服务、社会组织参与、综合监督保障及社会治理大数据中心（指挥平台）六大功能区块和一个平台，实行无差别一窗受理、分流交办。

（一）联合接访区

联合接访区以"一窗式受理、一站式接待、一条龙服务、一揽子解决"为宗旨，设置引导台、接访大厅、轮驻部门接访室、视频接访室、复查复核室等功能区块，努力实现一站式无差别受理群众的信访诉求，一条龙、全方位地为来访群众提供优质服务。引导台对来访群众进行综合受理登记，根据诉求进行合理分流，并提供"信访代跑"服务；接访大厅设有公安、法院、人社等9个接访窗口，变"分散式"服务为"集约式"服务；轮驻部门接访室由住建、综合行政执法、农业农村、自然资源和规划等10个单位开展轮驻接访，努力解决信访群众"门难找""事难办"等问题；视频接访室主要用于区领导值守接访、办访、会商，并开展视频连线接访；复查复核室承担区政府的信访事项复查复核具体办理工作，为信访群众申请复查复核提供服务。

（二）多元调解区

多元调解区主要由人民调解、行政调解、行政争议调解、司法调解、仲裁调解、律师调解等组成。案件分流后根据当事人申请，由相应调解组织确定调解员，对矛盾纠纷开展快捷、低成本的居中调停活动，调解坚持平等协商、公平参与、意思自治原则。其中，人民调解的主体十分多元，主要由调委会和社会参与两部分组成，前者包含总工会（劳资纠纷）、妇联（婚姻家事）、行业协会（物业、模具小镇行业协会）、道交纠纷调委会、医疗纠纷调委会、消费者调委会、乡镇调委会和村居调委会；后者包含"两代表一委员"、心理咨询师、乡贤、评估师和专家库成员等。此外，矛调中心内还设置了在线调解室，对于当事人不能到现场参与调解的案件，调解员会安排三方视频连线，进行在线调解。多元化的调解组织和人员配置，提高了调解的专业性、接受度和公信力，让矛盾纠纷在减少利益损害的前提下尽快化解、案结事了。

（三）诉讼服务区

诉讼服务区（黄岩区法院诉讼服务中心）设置了立案受理窗口和标准化法庭，并组建了由法官、法官助理、书记员组成的诉调对接团队、司法确认团队和简案速裁团队，为当事人提供诉讼指导、诉调对接、司法确认、民商事及行政立案、财产保全、简案速裁、12368 诉讼服务热线及信访接待等一站式诉讼服务，实现诉调联动无缝对接。同时，依托浙江法院网、浙江移动微法院、ODR 等平台，以网上立案、跨域立案等方式推动线上线下联动，以标准化促进诉讼服务的便捷化，推动工作向矛盾纠纷源头防控延伸。

（四）公共法律服务区

公共法律服务区坚持合法、公正、公开、及时、便民的原则，整合区公共法律服务中心、劳动人事争议仲裁等司法、行政、人社职能资源，开展窗口法律咨询、法律援助、司法鉴定、公证业务，同时提供法制宣传、民商仲裁、劳动仲裁、工伤认定等服务，方便群众进"一扇门"就能办理公共法律服务的"所有事"。

（五）社会组织参与区

社会组织参与区以提升社会组织参与基层社会治理服务效能为核心，着力完善社会组织培育孵化、业务培训、跟踪指导等工作机制，引导"两代表一委员"、金牌调解员、律师、评估师、心理咨询师等社会力量以及妇联、总工会等群团和行业协会开展婚姻家事、消保、物业等矛盾纠纷化解工作，以品牌工作室形式参与社会治理。社会组织参与区的相应组织承担着"善治永宁"信息系统推广、社会心理指导、网络舆情评估等职能，努力实现政府治理社会调解、居民自治的良性互动，在共建共治共享的社会治理格局中发挥作用。

（六）综合监督保障区

综合监督保障区以维护人民群众合法权益、促进社会公平正义为工作原则，围绕有错必纠、滥权必管、质量提升的目标，受理举报、投诉、控告等诉求，配置纪检监察、12309、政务投诉举报、执法司法监督、行政复议、信访督查等监督力量，对进入矛调中心的诉求的分流交办、办理时限、信息报送、案件质量等实行全过程监督检查，对违法违纪达到追责条件的，及时启动问责机制。

（七）社会治理大数据中心（指挥平台）

社会治理大数据中心基于全区基层治理"141体系"（1个中心、4个平台、1个全科网格），接入公安内网、公安视频专网、政务外网、综治视联网、矛调中心智能设备专网等网络，具备"善治永宁"系统管控、区乡两级视频指挥、"雪亮工程"监控调度、110接处警监测、信访工作研判、基层四平台流转、ODR在线调解、各基层治理系统考核等功能。指挥平台设有综治、12345、110、12309、行政执法5个专席，配套了"善治永宁"信息系统，负责落实区级事件流转、矛盾事项派单、监督性派单、需求汇集研判等工作。

"最多跑一地"改革所强调的集成治理不单单是指空间上的集成，还要在空间集成之后进行功能重组与机制融合。矛调中心在政法委的牵头下整合了各部门、"两代表一委员"、社会组织和民间调解员等治理力量，经过数年的建设，已经全部实现实体化运作，下一步应如何组织这些力量形成合力、相互协作、发挥功能，既是对矛调中心协调工作能力的考验，也是践行方便人民群众表达诉求的承诺。

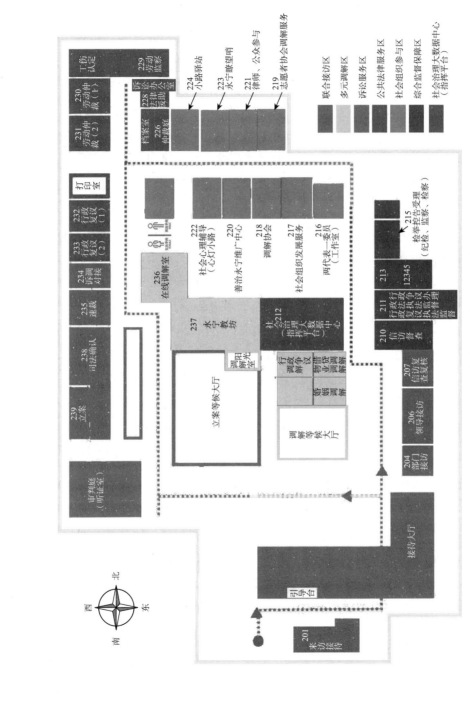

图 3-1　黄岩区矛调中心平面示意

二 矛调中心的运行机制

矛调中心是一个复杂的治理系统，其作用的发挥不仅依靠上述具有集成特点的组织结构，还体现在矛调中心的闭环运作流程及其关键机制上。按照"全链条解决、闭环化运行"的原则和"调解优先、诉讼断后"的理念，当来访群众进入矛调中心后，需要在矛调中心承诺式取号机上取号，进行规则确认，同意按照矛调中心的工作流程和管理制度行使权利、履行义务，经过等候叫号，将遇到的问题反映到综合服务窗口即可。然后，由窗口工作人员对问题进行识别分类后派单分流至对应部门进行处理。在这一环节，如果群众反映的问题涉及单个部门即交由该部门调处解决，如果涉及多部门，则由矛调中心的综合办公室召集入驻的相关部门协同处理、联合督办。同时，根据问题性质，矛调中心还会安排必要的专业性社会组织参与矛盾纠纷化解，并为来访群众免费提供法律咨询服务。在接受上述调解后问题仍没有得到解决的情况下，矛调中心会启动"诉调对接"机制，将问题交由入驻的人民法院，由其进行司法确认和登记立案。最后，矛调中心会对当事人进行回访，并根据回访结果对相关部门或人员进行问责或考核。至此，矛调中心的运作实现了社会矛盾纠纷调处工作的闭环管理，从流程上做到了"事事有着落，件件有回音"。通过对矛调中心运行环节的梳理，我们可以发现主要有四个机制发挥了关键作用。

（一）"无差别受理"机制

矛调中心的"无差别受理"机制借鉴了"最多跑一次"改革中的行政服务领域的"无差别受理"模式。行政服务领域的"无差别受理"是指通过建立行政服务中心来实现行政审批的跨部门流程再造、信息共享和权力重构，并依托互联网技术构建全新的政府部门间的互动关系，为办事群众提供"一窗式服务"。如果说行政审批制度的"最多跑一次"改革是对行政服务工作的统一管理，那么社会矛盾纠纷调处的"最多跑一地"改革就是对社会治理机制的再组织。台州市政法委某位领导对两种模式进行了比较。

一个县域当中有两个中心，第一个是便民服务中心，或者叫行政服务中心，主要是负责企业办业务、老百姓办房产证之类，负责行政审批的事项。第二个就是矛调中心，矛调中心是老百姓碰到一些琐碎的事情，需要政府帮他解决，就会到这个地方来。所以浙江提出来，行政服务中心"最多跑一次"，社会矛盾纠纷是"最多跑一地"。

矛调中心这一块工作和行政审批确实是完全不一样的。行政审批从流程设计上就是围绕"是"或者"否"的单一选项。如果"是"，那就走下一流程；如果"否"，那就把它否回去，这就是行政审批的整个流程。矛调中心不同，因为与之互动的另外一方是社会矛盾纠纷，案件情况是不确定的，或者当事人的动机和想法是不确定的，甚至调解到最后是什么结果，那也是不确定的。（市委政法委，20210312）

由此可以看出，社会治理面对的问题更加复杂，涉及的主体也更为多元。对于"无差别受理"机制而言，行政审批事项的清晰性与社会矛盾纠纷的模糊性形成鲜明对比。其一，行政审批改革领域涉及的部门比社会矛盾纠纷调处的类别少、数量少。入驻行政服务中心的部门仅是具有行政审批职能的政府行政部门，而入驻矛调中心的还有党群部门、司法机关和社会组织。其二，在权力清单制度已成熟定型的背景下，行政审批改革领域所涉部门间的权责较为清晰，后台的办事材料共享和流程再造较为简易。而社会矛盾纠纷呈现冲突性、复杂性和综合性特征，对一个社会矛盾纠纷的调处往往需要跨部门甚至跨层级进行操作，这就决定了矛调中心的"无差别受理"机制必须有后续的分流机制和协同机制做支撑。

矛调中心的"无差别受理"机制主要有两个方面的作用。一是从源头上控制了社会矛盾纠纷的流向。过去的受理方式存在一定门槛，当事人往往不知道应该通过什么渠道反映，或者不知道自己的诉求应该由哪个部门来回应，矛调中心"无差别受理"机制的"一窗式服务"提供了方便的反映渠道，引导当事人在第一时间找到可以表达诉求的地方，让当事人放心。这不仅可以让当事人随时了解案件的处理情况，还能让案件由矛调中心归口到相应的调解部门，避免了因"门难找""门难进"而导致的越级访、重复访等问题，将社会矛盾纠纷控制在当地，减少了无序流动的情况。二是从前端获取了社会矛盾纠纷的数据信息。矛调中心的信息系统覆盖线上和线下,实行"无差别受理"机制之后,过去没有被重视的案件被暴露出来,信息平台每天都会通过各个渠道收集大量的案件信息,形成了社会治理领域的"社会矛盾纠纷大数据",为矛调中心指挥系统在综合研判、重点预警、经验共享方面提供了巨大支持。

(二) 梯度过滤分流机制

矛调中心的分流机制具有类似梯度过滤的特点。当社会矛盾纠纷汇总到矛调中心之后,按照流程矛调中心需要对这些案件进行分析和分流,将案件归口到各个调解部门,或者派发给矛调中心之外的其他单位。在案件分流的过程中,梯度过滤意味着复杂多样的社会矛盾纠纷会被根据其各自的涉及范围、严重程度和调解进度分配到不同的调解主体,精准分流,化繁为简,清晰可查,大大提升了矛调中心的运行效率。梯度过滤分流机制最早是由黄岩区矛调中心主任提出的,经过数年的探索实践,他对此有较为深刻的见解。

对于涉及多部门的诉求,并不是把部门叫到一块去就能够把事情解决的,我们这几年做下来,发现根本不是涉及的部门围绕这个事情开个会就可以解决的,事实上也没法这样去操作。我们从一开始就认为,矛盾纠纷的化解实际上是梯度过滤的一个过程。矛盾纠纷就好像沙漠里面的河流,从上游流下来,流到每个部门的范围,都要把它吸走一点水,到下游的时候水没了,或者减少了,那么矛盾纠纷就得到化解了,矛调工作的总机制就是往梯度过滤的方向去设计。

各个部门在社会治理体系中都有自己的法定职责,矛调中心在开展工作的时候不可能剥夺或者否定了各个部门的法定职责,也不能违背各个部门的法定职责去安排工作。每个部门原本应该承担什么,那就继续承担什么,到矛调中心继续发挥它们的作用,顶多是在法定职责之外,让入驻的部门能够获得更多的好处,这是一个基础性的定位。矛调中心在对单一的矛盾纠纷进行化解时,应当是在梯度过滤的基础上,各个部门做好加法,而不是做减法。黄岩区矛调中心运行这几

年，几乎每个案子都是这样走下来的。（黄岩区矛调中心，20210314）

梯度过滤分流机制在纵向上贯通了矛调工作的内部通道，内涵丰富，并且有待深入挖掘，主要体现在三个方面。一是制定梯度的调解流程。当事人的诉求经过"全流程"的归集处置之后，对于简单案件实行就地快办，当场解决；对于复杂疑难问题，采取多部门会商研判形式综合施策，层层处置，各部门在调解工作中做好自己的加法，最终实现给社会矛盾纠纷做减法。二是采取梯度的调解方式。坚持低成本权利救济优先，和解、调解优先，诉讼在后，如权利救济有多种选择的，将其引导至非诉推广办公室，由非诉推广员负责分析当事人的诉求及事实依据，按照低成本原则，权衡利弊，指导或引导当事人选择快速的、低成本的、诉讼之外的其他渠道，如调解、仲裁、复议、申请行政裁决等。三是联动梯度的调解层级。实行三级联动，构建村居、镇街、区级三级分流化解体系，对于矛调中心调解不成的或不宜调解的分流至属地乡镇分中心办理，并且当分流至乡镇街道调委会的双方当事人无法达成一致时，可以回流到县级矛调中心的调委会。

（三）集成治理协同机制

维持组织生存能力的关键是组织的目标一致性，这种目标一致性表现为组织内部之间的互动和协调的努力。矛调中心的集成治理协同机制是"无差别受理"机制得以运行的前提。具体来说，对于已入驻部门，矛调中心综合办公室只需要按流程分派工作，对于不常驻或没有入驻的，综合办公室则通过综合指挥中心流转，这样就能快速聚集各部门共同参与解决问题。这种强大的调度能力得以发挥作用的原因在于矛调中心得到了地方政府的充分赋权。

台州市对矛调中心的赋权有两种方式。一种是规格升级。各县/市/区成立了由县/市/区委书记和县/市/区长担任"双组长"的县级矛调中心领导小组，党政一把手同担主体责任，一齐抓工作，将社会治安综合治理中心升级为矛调中心，规格从副科级升为正科级单位，其第一负责人往往采取高配的做法。高配第一负责人一方面便于用县级领导班子成员的身份调

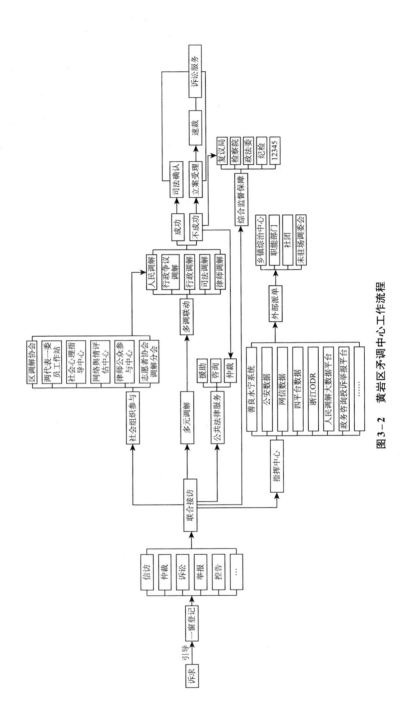

图 3 - 2 黄岩区矛调中心工作流程

动县级层面的相关资源，另一方面有利于矛调中心内部的协调运转。这种高配第一负责人的做法并非以行政命令的方式管理各部门，而是一种协同领导力的体现。这种领导力是部门协同的重要影响因素之一，它可以制定和维护部门间协同的基本规则，建立信任、管理冲突、促进对话。另一种方式是签订协议书。由于入驻矛调中心的部门众多，它们的利益动机往往不同，所以需要设立目标协议来凝聚协同工作的合力。各矛调中心通过与县级机关重点部门签订工作目标协议书的方式确保各部门能够主动配合矛调中心的工作，工作目标协议书的内容包括总体目标、决策方式、成员责任、退出机制等。工作目标协议书相当于有关部门的"表态承诺书"，便于消除"部门主义"的负面影响，有利于达成目标共识。

集成治理协同机制从横向上打破了矛调中心内各入驻部门之间的壁垒。以黄岩区矛调中心为例，在整合各类社会治理资源的同时，其进行了统一合理布局，并进一步推动了各方协同。一是应驻尽驻、流程归并、职能全面整合，黄岩区矛调中心将多中心集成为一中心，统一引导，及时分流，调解前置，联合化解，对矛盾纠纷实行"一口子受理，多部门对接，一站式化解"，以"中心跑"代替"群众跑"，进一步跑出便民利民"加速度"，增强了群众获得感和幸福感。二是多元化解、协商共治、社会协同参与，矛调中心吸引各类社会力量参与社会治理，搭建公众参与决策的平台，实施社会参与教化工程等举措，从单极治理转向多极治理，以促进公众参与为驱动，推进治理主体多元化。三是数据赋能、预警流转，通过四级综合调度，利用互联网、大数据、云计算等新一代信息技术，开发"善治永宁"信息系统，协同乡镇街道"四平台"、微法院、掌上非诉等信息平台，引导群众通过网络反映诉求、提起诉讼、开展调解和网络存证，实现社会矛盾纠纷网上反映、网上受理、网上处置、网上答复"一网通"，提高调处化解效率。建立社会治理大数据中心（指挥平台），整合公安、法院、信访、民政等多领域的涉社会矛盾纠纷信息数据，全程跟踪监督，实时分析研判，动态预测预警，使基层治理决策更加科学化、治理方式更加精细化。

（四）闭环管理的监督机制

矛调中心的案件处置流程是严密闭环的，各监督主体对于矛调中心和调解工作的监督也伴随着全流程，并贯穿始终。凭借进驻矛调中心的纪检、监察、行政执法监督、信访督查等职能的强化，指挥平台若在系统派单或大数据分析中发现违法违纪或不作为等情形的线索，系统会分流至相应监督部门，启动监督程序，保证社会治理的成效，让群众有更多的安全感和获得感。矛调中心的监督机制主要体现在以下四个方面。

一是由当事人全程参与监督。如黄岩区矛调中心在矛调中心管理办法中明确了调解员的职责和纪律，需在2个工作日内安排调解员，在3个工作日内联系当事人，确定调解会议日期，及时向当事人反馈案件情况，让当事人可以实时掌握信息、进行监督，并在事后向当事人进行回访，特别要关注较复杂或有可能出现反复的社会矛盾纠纷，以确保社会矛盾纠纷的调处质量，巩固社会稳定的治理成效。二是纪检监察等机关入驻，确保依法行政的工作流程。县/市/区纪委监委在矛调中心设立纪检监察室，并派驻专职纪检监察干部，对违纪违法部门及其工作人员进行纪律审查和监察调查。检察院则设置检察综合业务窗口，开展包括行政监督申请、民事监督申请、刑事申诉、公益损害与违法举报在内的多项涉检业务，履行检察机关的法律监督职能。三是人大、政协参与，发挥"两代表一委员"的监督职责。如路桥区矛调中心引入政协力量，发挥"请你来监督"作用，建立政协主席轮值制度，由区政协主席、副主席定期到区矛调中心视察轮值并参与调处，对重大疑难问题和群体性纠纷实行联合接访、联合调处、联合督办。同时建立区、镇二级民主监督小组，精选相关委员组成民主监督小组，派驻矛调中心或乡镇/街道综合治理中心开展民主监督工作。四是指挥平台发挥智治优势，工作留痕，平台留档，及时发现问题，并建立考核、问责、监督性派单的一系列工作制度。按照规定，矛调中心的所有案件均要建立工作档案，将调解登记、调解工作记录、调解协议书等材料立卷归档。对于发现存在未受理、未回复、未执行、未结案的案件，由指挥平台启动监督性派单，报给接访中心负责人或承办单位负责人签署审核意见，或报送区委区政府领导，对于违法违纪构成追责条件的调解案件，及时启动问责机制，追究法律责任。

第三节　治理成效和发展困境

一　矛调中心的治理成效

（一）发挥了枢纽平台作用

台州市在《市域社会治理现代化计划书（2020—2022年）》中提出，以市级社会治理综合指挥中心为龙头，构建市级统筹主导、县级组织实施、乡镇/街道抓基层基础的市域社会治理工作运行机制，进一步明确了县级矛调中心枢纽平台的地位。县级矛调中心之所以能在市域社会治理体系中发挥枢纽平台作用主要是基于以下三个原因。

（1）矛调中心是化解社会矛盾纠纷的主要阵地，实现了源头式治理。一是"矛盾不上交"。"县级矛调中心就是社会矛盾纠纷的终点站，"路桥区矛调中心主任这样说道，"各级矛调工作的根本要求是将社会矛盾纠纷化解在当地，做到小事不出村、大事不出镇。"将矛调工作纳入考核，将责任压实到基层，杜绝越级访、集体访、非访行为。二是"调解往前移"。矛调中心作为"最多跑一地"改革的标志性工程，打通了信访、12345、法院等涉访涉诉的反映渠道，搭建了全覆盖的信息平台，成了各类社会矛盾纠纷的汇聚地和矛调工作的指挥部。2019年初，习近平总书记在中央政法工作会议上首次提出，"要坚持把非诉讼纠纷解决机制挺在前面，从源头上减少诉讼增量"。矛调中心可直接追溯案件的源头，梯度分流，联合化解，事前介入，充分发挥了诉前调解、诉源治理的功能。

（2）矛调中心有机整合了社会治理力量，实现了系统性治理。一是"党口统筹，整体布局"。市级层面由市委政法委牵头，县级层面由县/市/区书记和县/市/区长组成的"双组长"县级矛调中心领导小组主抓，党政一把手同担主体责任，有效整合了县域社会治理资源，解决了过去县级政府要素完整、功能完备，却因"条块分割"而导致的权力越位、失位、错位等"九龙治水"式的问题。二是"因地制宜，应驻尽驻"。台州市各县/市/区的治理背景不同，在具体的机构设置、职能分工和治理方式的选择方面，根据实际状况来决定，不搞"上下一刀切"或者"左右一般齐"，通过"常态进驻＋派驻轮驻＋随叫随驻"模式全面整合部门资源。三是"部门联动，协同参与"。矛调中心通过集成服务、集约管理、集中办公、集体学习，以打造"社会治理共同体"的理念有机协调各类调解主体，增强了入驻部门间的互信、互通、互助，提高了部门间的协作程度和工作效率。

（3）矛调中心打破了二元区隔，实现了一体化治理。一是打破了城与乡的区隔。如黄岩区以"三化十二制"为基层治理总则，在镇街一级建立人民调解委员会、巡回智慧法庭，在村（社区）建立应急联动、群防群治队伍，排查社会矛盾纠纷和涉稳隐患，通过村级综治中心流转报送到镇街综治中心、县级矛调中心，及时处置村级矛盾纠纷和传统民事案件，就地化解，并邀请矛调中心法律服务团下乡宣讲法制建设和进行平安宣传，形成了城乡一体化治理的良好互动格局。二是打破了本地和外地的区隔。将对外来人口的管理纳入网格工作范畴，通过网格员队伍及时采集外来流动人口的基础信息，重点摸排网格内的群聚点、矛盾点和安全隐患点，为需要帮助的外来人员提供法律援助和调解服务，配合做好调处化解工作。三是打破了线下与线上的区隔。矛调中心在实现"线下一站式"的同时，也在积极推动"线上一体化"，如黄岩区"善治永宁"信息系统充分发挥云计算、大数据、人工智能等技术在资源整合、流程再造、风险预警、机制创新、服务优化、精准治理中的作用，形成了集用户诉求收集、社会云端参与、智慧大脑研判、四平台流转、多部门介入、区乡村三级矛调中心综合化解为一体的智治体系，按照"我要"的模块结构，将政法、公安、法院、检察、司法等系统共联在手机 App 上，让群众的诉求通过手机就可以得到回应，甚至最终实现"一次都不跑"，这对有效规避社会治理进程中的各种矛盾风险的涟漪效应大有裨益。值得注意的是，技术虽然在很大程度上提升了社会治理效能，但同样要严格遵循适当性、适度性的进场原则，防止技术威权主义与数据独裁引发新的社会风险。

（二）提升了社会治理的效能

市域社会治理是一项面向社会各层面各领域的系统性治理工程，市域社会治理面临的问题存在复杂化、多样化、快变化的特点，这无疑对城市治理的及时性、持续性和能动性提出了更高的要求。以社会矛盾纠纷化解为例，台州市矛调中心的探索实践，从顶层设计出发，既进行了体制机制上的创新，打通了部门条块之间的区隔，也改进了治理工作的方式方法，配备了规范化、专业化的人才队伍和支持网络，在系统治理领域大大提升了社会治理的效能。矛调中心对社会治理效能的提升主要体现在以下两个方面。

（1）充分赋权，打造集成治理的高效平台。矛调中心作为一个系统性治理的枢纽平台，离不开市域、县域层面行政资源的整合下沉，需要上级党委政府的充分赋权。矛调中心通过各个部门的整体进驻和部分入驻实现了资源的集成，如果仅仅是职能的拼凑，部门之间互相推诿的问题并不能得到有效解决，这就意味着矛调中心需要作为一个正式机构被充分赋权。首先，从政策上明确矛调中心的定位和功能，发挥其作为社会矛盾纠纷调解的关键平台作用；其次，对矛调中心内部管理的赋权，将各单位的入驻人员纳入矛调中心的管理框架，根据统一受理、分流处理的制度开展工作，统一接受调度和考评，不再仅从自身部门利益的角度出发参与具体案件，而是在化解工作中互为补充，提升矛调工作效率；最后，对矛调案件的当事人赋权，矛调中心配备了较为齐全的社会治理力量，但最终还要靠当事人的选择来启动这一套调解机制，矛调中心以"无差别受理"机制降低了当事人寻求帮助的门槛，并通过线上平台让当事人可以实时获知案件的调处情况，对工作过程和结果进行监督。

（2）积极赋能，构建"五治"融合的治理格局。从社会学的视角来看，社会矛盾纠纷是一种正常的社会现象，尤其是当今社会正处于转型期，会有各种类型的矛盾纠纷随着经济社会形势的变化而显现出来，社会矛盾纠纷的调处化解不仅需要行政力量的介入，还需要充分调动社会力量的参与，形成多元化解的合力。台州市构建了"五治"融合的治理格局，从多个角度切入矛调工作，既体现了对多元治理主体的充分赋权，也体现了对矛调中心和调解力量的专业性、系统性的赋能。一是政治引领。台州市各级党委政府高度重视矛调工作，强调政治意识，以党建为牵引，以"双组长"的形式高位把握矛调中心的工作方向。二是法治保障。以法治化为目标和手段，在调解过程中进行普法宣传和法律援助，依法依规开展矛调工作，按照严格公正的司法程序协调社会关系。三是德治培育。台州市各矛调中心注重将当地的"和合文化"运用到工作中，以教化的柔性方式来化解社会矛盾纠纷，避免冲突。四是自治强基。基层治理是市域社会治理的根本所在，大多数社会矛盾纠纷也来自基层，矛调中心将村（居）两委、社会组织、社区党员、"新乡贤"、"老娘舅"① 等基层力量纳入调解队伍，将社会矛盾纠纷化解在基层，也更好地发挥了基层自治的"自我管理、自我教育、自我服务、自我监督"作用。五是智治支撑。矛调中心的线上平台和指挥平台有赖于信息科技的应用，如矛调中心的"城市大脑""数据驾驶舱"等应用场景的开发，以数字赋能支撑社会治理，推动人与数字政务的耦合，实现了精确识别、实时研判。

总的来说，从"最多跑一次"到"最多跑一地"，不断深化的集成改革分别在行政服务和社会治理领域发挥了重要作用。在当下社会矛盾纠纷日趋复杂多样的治理环境中，矛调中心以集成治理、多元化解的模式，"从被动防御转向主动管理""从各自为政转向整体布局""从无序应对转向有序引导"，提高了矛调工作的效率和人员的能力，解决了传统治理方式在化解社会矛盾纠纷时存在的滞后性、无序性、单一性问题，维护了社会的公平正义，维持了社会的平安稳定，让人民群众在社会生活中"少一点矛盾，多一点幸福"。

二 矛调中心的发展困境

经过近年来的不断探索，台州市各矛调中心的工作取得了不少成效，在市域社会治理中发挥了枢纽平台的作用，让老百姓遇到问题能有个地方"要个说法"，基本做到了让群众"最多跑一地"。但是对照台州市市域社会治理全国试点的要求，要建成市域社会治理试点的国家级样板，"把矛调中心打造成信访和社会矛盾纠纷化解真正的终点站"，其中还存在不少差距，主要有以下几个方面的问题值得注意。

首先，矛调中心的定位还不够明确。一是调解主体的关系和边界问题

---

① 当地称在居民中有一定威望或辈分较高的人为"老娘舅"。

没有完全厘清。矛调中心是由党委政府统一领导的合力解决重大、疑难社会矛盾纠纷的调解机构，其中包括人民调解、司法调解、行政调解，以及尚不具备法定调解地位的"新乡贤"、社会组织参与等多种力量。矛调中心在整合调解资源的同时，尚未完全厘清这些调解方式之间的关系和边界，谁是调解的"主力"？谁又是"助力"？如果没有明确的主导力量和责任主体，难免会造成本末倒置。二是矛调中心的入驻门槛需要提高。由于矛调中心的工作得到了习近平总书记的肯定，受到了各级党委政府的重视，导致各个部门都想参与进来"分一杯羹"，但矛调中心的入驻部门并不是越多越好，应当由矛调中心针对当前主要的社会矛盾纠纷类型进行研判，可以采取整体入驻、团队入驻、短期和长期相结合的形式邀请相关部门入驻，避免矛调中心因机构冗杂而降低了调解工作的效率。三是在调解方式的现代性和传统性之间存在张力。法治社会对调解方式的要求是依法依规的硬性手段，但是传统的调解方式更多地依靠人情关系和德治教化的柔性处理，虽然传统的调解方式也要符合法律规定，但这两种调解方式代表着不同的价值取向，如何在转型期的社会背景下平衡好法治精神与传统习惯，也是实现"法治""德治"相结合的前提条件。

其次，矛调中心的建设不够完善。一是在空间建设方面，矛调中心的场地有待扩容。对照打造"一类地区"矛调中心建设样板目标，多家部门和业务平台机构须成建制入驻，随着入驻部门的不断增加，部分单位入驻科室受场地限制只够设立一个窗口办公，无法满足全业务对接需求。二是乡镇分中心建设相对滞后。虽然各县/市/区矛调中心建设已经逐步完善，但乡镇一级综治中心建设相对薄弱，大多数乡镇尚未达到多机构入驻、一窗受理、即时分流的建设要求，调解员专职化工作尚未全面落实，存在专职"不专"的现象。乡镇、街道的治理枢纽作用发挥不足，导致村居治理的整合效果不佳，制约了村居吸收消化小矛盾的能力。三是矛调中心系统建设有待提升。台州市要求各地围绕省主干平台自行研发三级联动工作系统，目前系统更新升级有所滞后，矛调中心与各部门、各乡镇、街道业务还未完全贯通，区级各平台的数据壁垒仍然存在，制约着社会矛盾纠纷预防化解工作的提质增效。如黄岩区"善治永宁"信息系统虽然提供了在线表达诉求的渠道，但就如何利用数据平台做好风险预判、对重点社会矛纠纷领域进行汇总监测还做得不够，需要在社会参与、智慧治理大数据分析上加大投入，平台功能尚需进一步优化。

最后，矛调中心的可持续性还有待探索。虽然台州市各个县/市/区都设立了矛调中心，但每个矛调中心的工作成效却不尽相同，这固然与各矛调中心的治理理念及所在区县的资源禀赋不同有关，但也存在一些共性的问题。一是激励机制不够健全。台州市目前的专职调解员只占调解队伍中的很少一部分，大部分是社区能人、退休人员和社会组织、行业协会中的人员等，对于志愿参与矛调工作的非专职调解员，在经费和补助上没有给予其充分保障，或者在奖励和荣誉上的激励不足，可能会导致非专职调解员参与的积极性下降，进而导致调解的质量不高，可以采取以奖代补、基金义助等形式进行支持保障。二是权威力量和社会力量不协调。矛调中心多元化解机制的特征不仅仅表现在调解方式方法的多样性上，更为重要的是矛盾纠纷化解的途径趋于多元化，以及参与矛盾纠纷管理的力量多元化，传统的矛盾纠纷解决机制，通常偏重于权威性矛盾纠纷解决途径，即强调行政的、法律的或其他权威力量在矛盾纠纷解决中的有效性。因此，要将权威力量和社会力量协调起来，在应对矛盾纠纷多元化及矛盾纠纷过程复杂化方面，以多种力量的协调作用的发挥达到更为理想的化解效果。三是要对矛调中心的发展方向做进一步的思考。治理理论的探索与治理实践的积累应该尽量同步，台州市各矛调中心已经在工作实践中积累了大量经验，但在系统性、整体性的理论总结指导方面还有所欠缺。目前，台州市各矛调中心已经通过集成方式实现了"最多跑一地"改革追求的便捷高效，也在积极回应、尽力满足人民群众对于公平正义的诉求。但是，矛调中心所能发挥的最大功用不应仅是对社会矛盾纠纷的调处化解，还应当在追求公平正义的治理目标的同时，思考如何与社会建设的目标相结合，以社会矛盾纠纷的调处化解为杠杆，撬动社会力量对社会公共事务的关注和参与，整合社会关系，在推动建设浙江省高质量发展共同富裕示范区的工作中进一步发挥作用。

第四章
市域社会治理之法治建设

在党的十八届三中全会上，"社会治理"概念首次出现在党和国家的文件中，并且，创新社会治理体制被提升到了国家发展战略的高度。这是党的社会建设理论与实践的一次重大创新。它的提出意味着社会治理由过去的政府一元化管理转变为政府与各类社会主体多元化协同治理，凸显了公众参与在社会治理中的基础性地位；集中反映了以习近平同志为核心的党中央在我国社会建设方面取得的重要理论与实践成果（江必新，2018）。党的十九大报告进一步提出，打造共建共治共享的社会治理格局，加强社会治理制度建设，完善党委领导、政府负责、社会协同、公众参与、法治保障的社会治理体制，提高社会治理社会化、法治化、智能化、专业化水平。一方面，法治是社会治理的重要内容和手段，要重视发挥法治在社会治理中的重要作用。另一方面，也要重视法治和其他治理方式的协调，灵活运用各种治理方式，降低治理成本，提高治理效率和民众的公平感。台州市在发展新时代"枫桥经验"的基础上，推进法治建设，取得了一定的成效；同时，也能结合当地的实际情况，把法治纳入社会治理中，探索出台州市的一些独特经验，值得借鉴和推广。

第一节　有法可依

一　市域立法成绩单

地方立法是社会主义法律体系的重要组成部分，是法治建设的重要内容，也是推进社会治理现代化的本质要求。自被赋予地方立法权以来，台州市结合本地实际，坚定"五个立法理念"，坚持以良法良规保障善治，以高质量立法引领改革，积极推进市域社会治理方式转变和市域社会治理能力提升。法治建设为落实习近平总书记使浙江"努力成为新时代全面展示中国特色社会主义制度优越性的重要窗口"目标的重要一环，也是贯彻落实省委袁家军书记提出的"十大新课题、十张高分表"的重要举措。近年来，台州市审议通过了 12 部地方性法规，涉及经济、文化、社会、生态文明建设等方面，为推进市域社会治理现代化提供了重要支撑和抓手。

在民生领域，台州市始终围绕人民群众的切身利益，推进民生领域立法工作。台州市民营经济发达，外来务工人员较多，针对出租房安全事故威胁人民群众的生命财产安全的现实问题，2018 年台州市制定了《台州市出租房屋安全管理规定》，将全国首创的居住出租房"旅馆式"管理经验纳入法规，努力为人民群众营造良好的居住环境和治安环境。针对当地电梯保有量大、增速快、安全问题增多的问题，台州市出台了《台州市电梯安全管理规定》，为电梯的规范化使用提供了法律支撑。针对老龄化问题和居民宠物问题，台州市先后出台了《台州市养老服务管理规定》和《台州市养犬管理条例》，为人民群众的生命和财产安全提供了法律保障。

在可持续发展领域，台州市始终围绕促进可持续发展，开展生态环保立法工作。为助力"新时代美丽台州"建设，促进经济社会可持续发展，台州市积极推进生态环境领域立法，先后制定了《台州市城市市容和环境卫生管理条例》《台州市传统村落保护和利用条例》《台州市长潭水库饮用水水源保护条例》，并将《台州市土壤污染防治条例》《台州市生活垃圾分类管理条例》《台州市建设用砂管理条例》等列入立法计划。其中，《台州市长潭水库饮用水水源保护条例》着力理顺水库管理体制问题，平衡库区群众生产生活需求、利益补偿和水源保护之间的关系，以法治化手段推进水源保护综合治理。《台州市传统村落保护和利用条例》的制定在浙江省属于首创，其为传统村落保护和美丽乡村建设提供了法律依据和制度保障。

在营商环境方面，台州市始终围绕优化营商环境，开展企业信用立法工作。为落实习近平总书记"再创民营经济新辉煌"的殷切嘱托，结合台州市民营经济以中小企业为主的现实情况，台州市人大常委会坚持以立法加快完善现代企业制度，营造市场化、法治化、制度化的营商环境。为提升企业信用水平，引导、激励企业发挥信用优势，台州市在充分吸收台州国家小微金融改革试验区经验做法的基础上出台了《台州市企业信用促进条例》，将企业市场信用信息管理水平、企业公共信用评价水平、部门信息互联互通水平提升到了新的层次，为营造良好的营商环境提供了法律支撑。

在社会文明方面，台州市坚持围绕弘扬社会主义核心价值观，开展城市文明立法工作。文明是全社会的共同向往，推动社会主义核心价值观入法也是党中央做出的重大决策部署。2017 年，台州市成功创建全国文明城市，为进一步巩固和深化创建成果，台州市人大常委会制定了《台州市文明行为促进条例》，将爱国、敬业、诚信、友善等社会主义核心价值观融入法规之中，将群众反映的"公共场所吸烟、广场舞噪声扰民、滥用远光灯、车窗抛物"等不文明行为明确为禁止性行为。结合新冠肺炎疫情防控工作需要，台州市将"戴口罩、使用公勺公筷"等防疫文明规范列入法规之中，积极推动文明城市创建工作融入人民群众的日常生活，努力构建积极文明的城市生活。

在保证立法质量方面，台州市人大在立法过程中非常重视立法的质量，为使立法更好地反映人民的需求、健全公众参与机制，台州市分别建立了"专家库"和"市民库"。一方面，为了提高立法质量，台州市建立了"专家库"，聘请专业人士参与立法，为地方立法工作提供了有力的智力支持。另一方面，台州市在全国率先建立了地方"市民库"，选聘 55 名熟悉群众工作、了解基层需求、热心参与立法的市民打造了基层立法民意直通车，为保障市级人大立法质量、确保市级人大立法反映民意提供了法律与制度保障。台州市坚持在扩大公众参与立法问题上进行探索实践，努力让人民群众参与到立法过程中去，让法规、条例反映人民群众的切身需求。为此，台州市出台了《市人大代表分专业有重点参与立法工作的若干规定》，充分保障人大代表在立法过程中的主体地位；此外，《台州市制定地方性法规条例》规定，法规草案和说明应向社会公布，以广泛听取公众的意见，保证立法成果反映民意。

无论是从高标准的角度来讲，还是从严要求的角度来讲，台州的市域立法成绩都是显著的，在党的领导、法规质量、立法机制、公众参与、实施效果等方面也为市域立法工作提供了诸多值得借鉴的经验。

强化党在立法工作中的核心和领导地位，积极提高政治站位。市级人大立法在我国的立法体系中地位特殊、作用独特。市级人大立法关系到党和国家大政方针的贯彻落实，关系到一方百姓的切身利益，关系到当地经济社会的可持续发展。在地方立法的过程中我们应该充分提高对地方人大立法重要性的认识，坚持党在立法工作中的领导地位，跳出地方和部门利益看待问题、思考问题、解决问题，通过立法把"党言党语"转化为"法言法语"。首先，应该坚持立法工作向市委报告的制度。法规审议通过前主动提请市委常委会研究，并及时向市委汇报年度立法工作情况、调研项目库和年度立法计划编制情况等事项。其次，要着眼于助推党委重大决策部署开展立法。主动适应改革发展需要，把党委的重大决策和地方立法决策有机结合起来，确保改革决策得到有效落实。最后，要坚持立法重大问题党委协调统筹。根据市委法治建设部署要求，适时调整立法工作内容和计划，始终坚持在市委的全面统一领导下进行立法工作。

全面加强立法规划，提高立法的科学化、精准化水平。首先是合理规划、选择立哪些法，以及立法的先后顺序。市级人大在立法时要立足本地、着眼全局，全面衡量立法项目对社会各方利益分配和对相关产业的影响。要根据实际情况和项目的轻重缓急科学立项，杜绝因盲目追求立法政绩而无视当时、当地的客观情况，杜绝立法方面的先立再废事件。其次是提高市级人大立法的精细化、精准化程度。在立法文本方面，要保证法规文本表达的精炼化程度；在法规的运行效果方面，要切实提高、强化地方法规的可操作性和时效性，确保立法必得执行，执行必得有效。特别是要杜绝各地法规之间可能存在的雷同、地方立法特色不突出现象，加大对地方实际情况的分析评估的力度，进一步明确地方立法的导向性，在充分调查研究的基础上因地制宜进行地方性立法。

全面提高部门协同的科学性、有效性水平。首先是要坚持"党委领导、人大主导、政府依托、各方参与"的立法工作布局，探索形成科学的立法工作机制，确保地方性法规"立一件、成一件、行一件"。其次是强化立法部门之间的协调配合。台州市目前的法规起草实行"双组长"制度，即由市人大常委会分管副主任和市政府分管副市长共同担任领导小组组长。在此机制下，台州市的立法工作成绩卓著，有效保证了市级人大立法工作的高效推进。台州市应该继续坚持和完善立法工作"双组长"制度，协调发挥好人大、政府各自的职能优势，探索针对某一部法规建立由人大、政府、专家、相关市民等组成的"专门起草小组"的做法，发挥各自优势，形成高质量法规文本。最后，加强立法队伍建设，促进立法队伍作用最大化。目前台州市的立法队伍成员涵盖法规起草的业务部门骨干人员、"专家库""市民库"成员、各级人大代表、市人大常委会组成人员、机关干部等。这支兼具专业性和群众性的立法队伍有效保证了立法的科学性和立法反映人民群众的切身利益。市级人大立法工作的推进需要进一步通过多种渠道，打造一支政治坚定、业务精通、务实高效、作风过硬、勤政廉洁的高素质立法队伍，建立一套能够有效发挥不同立法主体协同推进作用的立法机制。

坚持拓宽市域立法的民主化渠道，切实提高立法的民主化水平。法律是人民意志和利益的体现，市级人大立法更应该体现市民的意志和利益。从制度机制来看，市民基本具备了参与市级人大立法的途径。台州市建立了"专家库"和"市民库"，以解决立法的民主性和科学性问题。为提高市民参与立法的主动性、积极性，提高市民参与市级人大立法的广度和深度，台州市进行了长期性的理论和机制探索。首先是强化地方立法程序公开化，积极构建地方立法公开制度，建立立法机关对参与主体的互动与回应机制，与媒体建立联动通报机制，让公众了解立法事项。其次是探索建立更广泛发动群众参与立法的创新机制，进一步完善"专家库"和"市民库"建设。再次是进一步发挥人大代表在立法中的主体作用，推动人大代表分专业、有重点参与立法工作，建立完善人大代表对立法的监督机制。最后是完善公众意见采集反馈机制，进一步规范立法机构记录、整理、吸收公众意见的行为，及时将意见吸收采纳情况反馈给参与主体，鼓励和引导社会各方对立法工作提出意见和建议。

强化法规的实施效果，加大法规实施效果宣传力度。法律的生命在于实施，立法的关键也在于实施。为加强各部门对市级人大立法的实施工作，台州市在2018年出台了《关于加强我市地方性法规贯彻实施工作的若干意见》。通过对市域内违法违规行为的调查，台州市及时发现并整理出影响市级人大立法实施效果的因素：首先是对法规的宣传力度有待进一步加大，特别是市域内不同部门、不同体系间的联动宣传机制没有形成，宣传途径单一；其次是执法机关的执法动力不足已成为问题；最后是对法规执行情况的监督机制不到位，难以形成监督合力。对此，台州市进一步加大了对市级人大立法的宣传力度，首先是通过多种形式和渠道公布法规条文，探索以灵活多样的形式进行宣传工作，以更加简便快捷的方式阐述立法原意，阐明执法要点，以获得更好的执法效果。其次是完善执法部门机制，从源头上解决执法机关执法动力不足的问题。以制度化机制强化党员干部和执法人员学法用法，通过多种手段的综合宣传，形成学法尊法守法用法的法治环境，切实把法律法规宣传到位、执行到位。最后是健全执法监督机制，充分发挥人大监督、人民群众监督、部门内部监督、部门之间监督、上级部门监督的监督体制，形成监督合力，切实将市级人大立法推向社会。各级各类监督主体要及时对执法情况进行执法检查和评估，把检查和评估结果作为法规修改、废止和机构考核的依据，通过促进法规的有效实施推进市域社会治理现代化。

二 合法性审查为基层依法治理保驾护航

政府决策的科学性和合法性如何增强，足以决定社会治理见到何种成效。在"五治"融合的现代化市域社会治理体系中，法治是有力的保障。路桥区的合法性审查作为台州市域社会治理体系建设的重要经验，为提高基层社会治理能力提供了实践路径与制度参考。本节以合法性审查为例，总结了台州市依靠法治为社会治理体系建设强基固本的实践经验。

（一）合法性审查的必要性和重要性

县/市/区或乡镇政府出台重大政策或决定，或者村委会、村小组与非公市场主体签订一些重点重大工程性协议时，可能由于对具体内容不够了解或缺少法律专门人才而在制度设计或合同、规定的具体表述上与现行法律法规或党规党纪相冲突。随着我国的法治建设不断深入，人民群众的法律意识不断增强，民众对政策决定合法性的识别度也不断提高。与现行法律法规、党规党纪相冲突的政策决定或协议一旦出台或签订，将极大地降低和损害政府或村委会在基层社会治理领域的权威性。

针对这种情况，司法部门专设的法律顾问团在政策制定阶段或协议起草阶段对政策或协议的内容进行审查，确保重大决策于法有据。从某种程度上说，社会治理对合法性审查的呼唤，是我国从传统意义上基于乡土社会、依赖地方精英、与中央权力联系相对薄弱的县域社会治理模式向城市化、工业化、专业化、多元化、陌生人化社会的市域社会治理模式转型的必然选择。

（二）台州的合法性审查运作模式

自 2019 年 9 月以来，台州市路桥区探索实施了区、镇、村三级全覆盖的合法性审查机制。2020 年 1～11 月，路桥区共审查重大决策 87 件、规范性文件 81 件、行政执法决定 111 件、重大合同 237 份，行政复议、行政诉讼案件受理数分别同比下降 41.1%、38.9%，政府行政败诉案件数同比下降 71.4%。本部分以路桥区横街镇司法所的实践为例，对合法性审查的运作模式进行阐释。

1. 审查对象与审查事项

路桥区先后出台了 2 份关于推进合法性审查全覆盖的实施意见以及 15 项合法性审查的配套制度，明确了规范性文件、重大执法决定、重大决策、重大合同以及与群众息息相关的村规民约、社区公约等为必审内容，编制区、镇、村三级重大决策事项合法性审查清单 41 项。

通过认定决策制定主体、权限、程序、内容、形式和适用依据的合法性，法律顾问团依法审查基层政府决策等事项。2020 年 1～11 月，共审核合法性审查事项 516 项，提出相关意见建议和 1772 条，同比增长 39.8%。

2. 审查流程与标准

通过出台《合法性审查全覆盖工作规范》，路桥区的合法性审查确立了"事前反馈意见、事中参与会议、事后审查纪要"的审查流程，将合法性审查工作的职责、对象、内容、程序等要素以文件的形式明确下来。

合法性审查是社会治理的一个部分，其目标在于确保社会治理不突破法律的框架，因此需审查的决策/协议与法律规定之间是特殊与一般、具体与抽象的关系，不需要涉及法律解释。换言之，合法性审查在流程和标准上均不适用于西方式的"违宪性审查"话语，而更接近于企业法务人员对企业涉法事务、法律文件的审查。不同于形式审查模式，路桥区的合法性审查属于实质审查，对决策主体的资格资质、决策内容的实质合法性等进行核验和认定。

3. 法律顾问团与驻村法律顾问

路桥区的合法性审查有着较大的保障力度，在县/市/区、乡镇/街道两级专设法律顾问团，组建由司法行政机关工作人员、法律顾问、专家、优秀律师等组成的合法性审查队伍，也包括法律援助律师和党规党纪顾问；在村居组织层面，结合实际情况采用"大村定点顾问""多村公用顾问""灵活调配顾问"等方式派设驻村/居法律顾问，并建立村级 15 分钟法律服务网络。

（三）合法性审查的制度性优势

路桥区的合法性审查在制度上为基层的法治建设水平增加了一重保障，同时也有效地发挥了法律专业人士的社会功能，优化了人力资源的配置方式，在政治、法治、智治方面均发挥了重要作用。本部分对合法性审查所具有的功能与比较优势进行分析。

1. 增强基层决策能力、提高基层决策质量

不同于缺少办事能力的决策者，基层政府和村/居的工作人员对事务性工作较熟悉，对于社会治理工作的现状和需求也有着较为精准的认知和把控。只是由于基层工作人员乃至决策者往往缺少法律背景，其决策能力受法治意识和法律应用能力的限制。伴随着法治社会建设的日益深入，基层政府及村/居在法治维度上对决策质量进行改善的需求日益迫切。合法性审查正是针对这一现状，在合法性上进行兜底，确保重大决策有法律依据，保证改革不突破现有的法律框架，极大地提升了决策质量。

2. 解决基层社会治理"人少事多"矛盾

随着我国社会治理水平不断提高、人民群众对基层社会治理的需求不断增长，基层的人才缺口问题日益显著。基层单位繁多的事务、有限的编制和较低的专业化分工程度都使得基层在依法决策、依法治理能力方面显

得捉襟见肘。一方面，大量引入全职的专业人才既是人才和人力的浪费，也会带来人浮于事的风险；另一方面，基层决策中法律专业人士的缺位明显不利于法治社会的建设。为了应对这一对矛盾，路桥区去繁化简，将"法律人才"简化为"法律业务"，即通过聘请律师、党规顾问、村法律顾问等方式，利用专业人员的碎片化工作时间，建立村级15分钟法律服务网络，解决基层社会治理中"人少事多"的矛盾。

3. 释放基层决策活力

随着法治建设的日益深入和人民群众法律意识的不断提高，基层进行村规民约制定、地方事务决策或重大项目协议签订等时对与法相悖的顾虑成了基层决策的一道"紧箍"。通过合法性审查，基层单位能够在决策方案的合法性上得到托底，兼顾地方性知识、"土办法"的高效和国家法治在垂直方向上的统一。合法性审查实现了基层决策中的专业化分工，并由政府司法部门提供专业背书，减少了决策中对法律风险的过度规避，基层决策不至于束手束脚。

（四）合法性审查的配套机制与推广可行性

合法性审查在路桥区取得了一定的成效，值得其他地区借鉴和学习，但在经验复制与推广过程中，在制度实践上还需要对发现的问题进行总结和改善。

1. 合法性审查服务的供需调整机制

基层自治要求县/市/区、乡镇/街道、村/居能够对重大决策事项、重大工程协议和村规民约等进行合法性审查，但从实践经验来看，由于基层大部分工作仍然是事务性的，因此合法性审查的工作量随编制和决策项目数量的变化而发生变化，呈现区县级较多、乡镇级较少的分布特征。乡镇及村居开展日常工作时需要决策的项目较少，在合法性审查方面的日常工作量并不大；而区县级以上政府部门由于会议较多，合法性审查负担较重。

在合法性审查的实际运行中，路桥区根据行政层级、社区规模、事项多寡等对审查机制进行了区分，在村/居一级设立法律顾问时采取了较为灵活的方法。如果合法性审查推广到其他地区，则可在不同层级决策主体的审查人员设置上进行分层调整。

2. 审查成本控制机制

合法性审查工作作为市域社会治理的一个部分，在台州市的开展较为顺利，这在很大程度上是因为合法性审查工作回应了人民群众切实的需求。然而在全国范围内，许多其他地区的基层社会治理工作仍然处在以较基础、较简单的决策为主的时期，如果引入合法性审查，可能单位成本的收益较低。换言之，只有在那些基层治理决策复杂度和风险性均较高，且人民群众法治意识较强的区域，合法性审查才能够体现出其在法治建设方面的优越性。

台州市对于进行合法性审查的需求决定了其可以接受相对较高的合法性审查成本，台州的具体制度或许也可以作为可供推广的经验，但合法性审查的全覆盖在普及全国其他地区时仍需依照当地的经济情况、决策事项等现实情况进行调整，使其适应本地条件。

3. 决策效率促进机制

合法性审查是为了提高决策质量而设立的审查机制，合法性审查的全覆盖是发展基层法治建设、维护基层法治秩序的必经之路和重要环节。然而社会治理是综合性、体系性的工程和事业，法治是不能一蹴而就的。在地方行政机关内部如果原本就存在职责不明、体系不清、法律规定模糊的领域，且缺少完善的配套制度支持和有力的监察监督、党内监督，则可能出现推诿扯皮的情况，合法性审查将可能成为决策的掣肘，进一步降低基层机关或村委的决策能力。

在路桥区合法性审查全覆盖推进的阶段并未出现这一类问题，究其原因是台州市借鉴"枫桥经验"进行的综合社会治理和网格化管理发挥了作用。权责明确的事项清单、及时有力的监察监督都确保了相关部门均有提高决策效率的激励，应用好合法性审查而非以其为挡箭牌。

（五）合法性审查的理论创新

合法性既是决策能力的体现，也是立法能力的实质与核心。中国特色社会主义法律体系采取以成文法为主要法源、辅以指导性案例的法源模式，决策的合法性、法律的合理性和立法的合宪性在这一系统中是统一的。合法性审查作为基层法治实施的创新，事实上是立法能力下沉到基层的一次尝试。通过审查基层重大决策使其于法有据，合法性审查使得基层在做重大决策时能够将立法最核心的部分纳入决策流程体系，能够针对基层决策及法治建设"无法可依""有法不依"等"法治不彰"的痼疾进行有效的治理。

此外，相比于以文件落实文件，合法性审查为国家能力在基层治理中的嵌入带来了启发和参考。合法性审查的主体是法律顾问团，即在合法性审查中有人的因素和作用。随着我国社会治理层次的不断上升，精细化治理的需求日益迫切，国家能力在基层下渗和嵌入的模式与过程尚待探索。在中共中央、国务院 2016 年发布的《关于进一步把社会主义核心价值观融入法治建设的指导意见》中，就有要"把一些道德规范转化为法律规范"的明确提法。这种很难由制度系统予以回应的治理需求仅仅依靠正式法律规范和法律工具无法实现，合法性审查为非正式制度和秩序即"德治"的嵌入提供了可能，也最大限度释解放了基层决策的活力。

第二节　法治地方智慧

一　借助"集体信用"，通过"守法贷"释放法治红利

"集体信用"是台州市对市域社会治理体系中关于社会信用体系建设提出的重要概念，是指以村居为单位，对集体进行征信的社会征信形式。这一概念的提出为政治、自治、法治、德治、智治在社会治理体系中的融合提供了全新的视角和思路。基于此概念，台州市仙居县推出的金融服务合作项目"守法贷"将守法行为转化为生产力，有效释放了法治中凝结的红利，把被动守法转变为自觉守法，为基层综合社会治理模式的探索提供了新的进路。

（一）"集体信用"概念与应用

依据司法部村居法治建设中创建民主法治示范村的要求，应对村居集体进行征信，征信红利由村居民享用，做到"集体信用，个体享用"。

1. "守法贷"制度设计

2020 年初，仙居县司法局、普法办、中国农业银行仙居县支行推出

"守法贷"业务，专项授信 15 亿元，依照等级对县级以上"民主法治示范村"进行集体征信，面向仙居县 73 个县级以上"民主法治示范村"村居民、"法律明白人"、"法治带头人"、"学法用法模范户"、农村法律顾问等以大额低息贷款的当然授信。

"守法贷"采取分级优惠利率，对国家级、省级、市级、县级"民主法治示范村"居民分别执行 3.2‰～5.5‰的优惠利率，对"学法用法模范户"的贷款利率在优惠利率基础上再优惠 0.2‰；对"法律明白人"和"民主法治示范村"法律顾问按上靠一档优惠利率执行，贷款授信期限最长 3 年，每次用信最长 1 年，一次授信循环使用，随借随还。符合"守法贷"业务条件的申请人由村居、乡镇两级审核推荐，就近向中国农业银行仙居县各支行提出申请，银行进行资信审核后与申请人签订合同即可发放贷款。同时，发起单位建立"守法贷"联席会议制度，定期沟通工作情况。

表 4-1 "守法贷"制度设计

贷款方式	标准利率	"民主法治示范村"级别	优惠利率	最高授信
抵押	4‰	国家级	3.2‰	1000 万元
		省级	3.3‰	
		市级	3.5‰	
		县级	3.8‰	
非抵押	6‰	国家级	4.0‰	30 万元
		省级	4.5‰	
		市级	5.0‰	
		县级	5.5‰	

2. "集体信用"发展现状

"守法贷"金融项目上线一年以来，为乡村振兴、产业转型升级注入了巨大的动力和活力，同时极大地提升了村居民的法律意识和社会治理参与意愿。2020 年度仙居县全县申报创建市级及以上"民主法治示范村"33 个，同比增长 43%。截至目前，已创建县级以上"民主法治示范村"73 个，涉及 30000 余户，通过培训选拔"法治带头人"、"法律明白人"、"学法用法模范户"、农村法律顾问 2114 户。已发放贷款 1898 户、3.05 亿元，节省利息 340 余万元。

（二）"集体信用"模式的社会效果

"集体信用"概念的提出，配合一系列具体制度设计，在综合社会治理的法治、自治、智治等多个方面均发挥了正向的调适作用，特别是在如下方面产生了良好的社会效果。

1. 释放法治红利

基层法治秩序作为一种公共物品，凝结了守法者的付出，法治秩序的维护是社会治理的基础，也是社会治理的题中之义。人民群众积极学法、严格守法能极大地提高基层法治建设的水平。然而，现有的违法失信惩戒等惩罚机制虽然在激励公民个人守法方面较为有力，但由于缺少正向引导，守法者的信用不能转化为实惠，这些手段往往难以调动人民群众在学法懂法、相互监督守法等方面的积极性。因此，"如何将法治秩序中凝结的守法者的付出转化为守法者的实惠"是解决法治建设与人性需求之间的张力、提高社会治理水平的关键问题。"集体信用"这个概念将抽象的公众切分成了具体的社区，并且把个人化的社会征信扩大到了村居社区，实现了信用体系与基层法治维护的统一，且在信用系统相对单一的惩戒机制中引入了奖励机制，精准地释放了法治秩序中凝结的红利。

通过集体层面的征信和个体层面的授信，公共利益和个人实惠得以流动起来，社会层面的法治秩序和个人层面的守法热情得以实现良性互动。

2. 促进基层自治

基层自治作为市域社会治理的基础，唯有充分发掘其内生动力才能夯实。如果公共利益的公共性不足，参与其中不能增强人民群众的获得感、幸福感、安全感，那么基层群众参与自治、参与民主监督的热情就不会高，"自治"往往有名无实。而在"守法贷"业务中，作为贷款条件的"民主法治示范村"的评选是动态的，当村居内出现违法失信人员或村干部渎职时，"民主法治示范村"就要降级乃至摘牌，进而影响全村的征信。"集体信用"模式将一村的利益深度绑定，促进村民之间在遵纪守法方面的相互监督以及村民对村干部的监督，最大限度地激发和促进村民参与自治的热情，且"守法贷"以较为成熟的"民主法治示范村"评选为标准，保证了基层自治正确的政治导向和发展方向。

在基层自治的建设中，"集体信用"发挥了社区"黏合剂"和民主监督"催化剂"的功能，有效促进了基层自治的民主化与法治化。

3. 优化资源配置

金融资本的投资意愿与乡村振兴的切实需求之间存在一对结构性矛盾：由于金融资本的高利润偏好和风险排除需求，乡村小微企业的发展长期受征信不足的限制，面临融资难的困境；而随着经济下行压力的加大，坏账不可避免地增多，银行越来越需要高质量的贷款客户以控制业务风险。"集体信用"模式关注到了这对矛盾。"守法贷"业务通过对"民主法治示范村的村民"进行专项资金授信的方式，不仅以较低的利率为村民的生产生活活动注入大量资金，为乡村振兴注入了活力，而且通过银行与司法部门的合作，帮助前者以极低的获客成本和管理成本吸收大量优质客户。考虑到用于"守法贷"的资金是国家以较低的存款准备金率专设的乡村振兴专用资金，银行可以将利率降到普通贷款的成本线以下而不致亏损。

通过设立"集体信用"，政府可以为乡村的发展补齐融资所必需的征信，在以低风险优质业务盘活银行资金的同时，助力乡村振兴。

（三）"集体信用"模式的风险及应对措施

相比于主流的社会信用体系制度设计，"守法贷"在"集体信用"方面具有创新性，相应地，"守法贷"在信用监督和失信惩戒方面就做出了少许让步。本小节针对"集体信用"模式可能存在的不足和在实际运行中出现的问题展开分析，并就出现的问题提出相应的应对措施。

1. 外部监督难度加大

由于"守法贷"将一村的村民利益高度统合，对村民而言原本概念相近的"村集体利益"与"公共利益"将会形成新的优先级排序，与村民自身息息相关的村集体利益可能优先于社会法治秩序。一旦村内出现社会矛盾纠纷、违法乱纪现象或村干部渎职现象，原本强烈的内部监督激励就可能转化为阻碍村民检举揭发、阻碍外部监督监察的壁垒，这加大了外部监督的难度。

在仙居县"守法贷"的实际运作中，并未出现村民之间相互包庇或村干部不让村民发表意见的情况，这是因为"民主法治示范村"在外部受到司法部门、监察机关的监督，内部有密集的网格化管理和实时的风险上报机制，在社会矛盾纠纷多元解决机制与村务合法性审查方面则有矛调中心和驻村法律顾问。完善的机制保障是"守法贷"得以扬长避短的基础。

2. 集体失信难以追责

"集体信用"毕竟是建构出来的概念，其存在与否取决于集体内部的诸多因素，这也是"守法贷"虽设立"集体信用"，但贷款主体仍然是个人的一大原因。① 在"守法贷"业务的语境以内，失信只需将"民主法治示范村"降级或摘牌，并取消其额外的授信即可，如何规制"集体失信"这一问题却可不加讨论。然而，当"集体信用"这一概念扩展到法治层面的社会信用体系建设中时，这一问题就不容回避了。集体的失信在法理上十分难以追责，不论失信责任落实到村负责人还是分摊到村民，公平性都有待商榷，实际的规制效果可能也较为有限。

"守法贷"并未解决这一难题，而是通过"信"和"贷"主体分离的制度设计配合单一正向的激励形式避免了需要对集体追责的情况的出现。在"守法贷"中，"集体信用"的授信仅仅作为村民户申请贷款的前提条件存在，村民失信则取消授信并按照个人失信追责即可，无须设计针对集体失信的制裁方式或手段。

（四）"集体信用"模式的经验复制与推广

本小节就"守法贷"在全国范围内经验复制及推广的可能性进行讨论。

1. 经验的可复制性

伴随着实践的发展，"集体信用"概念在理论和机制上逐渐臻于成熟，实际运行中"守法贷"立足于现有的"民主法治示范村"评选展开，由政

---

① "守法贷"之外，仙居县也设立了面向村集体的金融贷款业务"富村贷"，旨在帮助村集体融资、实现乡村振兴，但该项目的失信惩戒机制一直悬而未决，因此在实际授信时多有掣肘。

府提供政策鼓励，由银行进行贷款的发放，由村委会对贷款的偿还进行监管，消耗的行政成本较少，而在推动乡村振兴、优化资源配置等方面的效果较好。这一经验在全国范围内都具有一定的可复制性。

2. 普及推广需要跟进的配套制度

"守法贷"适应性较强，能有效地推动村级民主法治的建设。依据司法部的文件，"民主法治示范村"的标准是"要有一个好支部、一套完善的村规民约、一张清晰明了的小微权力清单、一个起作用的法律顾问、一个管用的村民说事平台"，这些条件的达成能在一定程度上保证村集体内部的民主监督发挥实效，但作为市域社会治理体系的一部分，"集体信用"的普及推广仍然需要基层强大的执行能力和监督能力作为保障。完善的外部监督、多元的社会矛盾纠纷调处解决机制、及时有效的社情民意反映制度与方式等都是"守法贷"普及需要跟进的配套机制。

（五）"集体信用"的理论创新

我国正在蓬勃开展的社会信用体系建设是涵盖了理念倡导、道德教化、法律强制、制度约束等各种机制的综合社会治理系统工程。第十二届和第十三届全国人大均将社会信用法列入三类立法规划，属于立法条件尚不完全具备、需要继续研究论证的法律。这在很大程度上是因为社会各界对于我国要制定一部什么样的社会信用法并未能达成共识。根据学界和实务界针对现有立法方案的讨论，争议主要集中在私权利主体和公权力主体的信用问题如何在立法中摆布、经济信用和公共信用之间关系如何处理等问题上。

在我国社会信用法立法和社会信用体系建设的过程中，"集体信用"提供了一种新的理论视野，即针对村集体的征信。这既不同于传统意义上针对私权利主体的经济征信，也并非我国其他地方性社会信用立法实践中创制的针对公权力主体的社会征信。"集体信用"概念具有鲜明的政府主导特色，但并没有采取扩大"信用"解释的方式将集体纳入社会信用体系中，而是采用征信主体和贷款主体分离的制度设计，确保制度红利的享受者和失信责任的承担者的统一，避免了征信主体扩大带来的结构性风险。

从社会信用体系建设的整体视角来说，"集体信用"既是一种利用广义声誉信用机制降低市场与社会领域的信息不对称程度、以分散决策压缩机会主义行为空间的治理模式，也是一种由国家借助信息化延伸到传统上落在国家干预范畴之外、由非正式制度和秩序进行调整的领域的治理模式。换言之，"集体信用"找到了"法治分散"和"德治集中"的结合点，将这两种看似互为反题、分别源自自由主义叙事和国家主义叙事的社会信用体系建设整体视角统一在了具体的信用体系建设实践中。这对于我国社会征信领域的立法具有启发性和参考意义。

总之，台州市基于当地实际，探索出一些既适合本地区发展、有利于推进法治建设，又能实现"五治"融合的做法，值得总结和借鉴。

二　发展"枫桥经验"，建立社会矛盾纠纷调处化解中心

习近平总书记指出："要推动更多法治力量向引导和疏导端用力，完善预防性法律制度，坚持和发展新时代'枫桥经验'，完善社会矛盾纠纷多元预防调处化解综合机制，更加重视基层基础工作，充分发挥共建共治共享在基层的作用，推进市域社会治理现代化，促进社会和谐稳定。"（习近平，2021a）为推进社会治理现代化，台州市通过发展"枫桥经验"，建立社会矛盾纠纷调处化解中心，尝试走出一条适合新发展阶段、符合当地发展特征的市域社会治理新模式。

台州市的矛调中心集防范、化解和管理于一体。它继承和发扬了"枫桥经验"中的"矛盾不上交、就地解决""充分依靠和发动群众"的工作经验，围绕社会矛盾纠纷多发环节、易发领域，着力推动社会矛盾纠纷化解"最多跑一地"的改革，努力实现"小事不出村（社区）、大事不出镇（街道）、矛盾化解在属地"的目标。自矛调中心运行以来，当地的诉讼量、信访量逐年显著下降，取得了良好的社会效果。

（一）矛调中心的策略与效果[①]

台州市的矛调中心主要采取了以下三个方面的举措加强溯源治理、推动社会矛盾纠纷的多元化解。第一，"一站式"化解社会矛盾纠纷。首先，

_____

① 资料来源：座谈文本《黄岩区社会矛盾纠纷调处化解中心运行情况汇报》。

由台州市委主导，强化矛调中心"统一领导、统一管理、统一调度"的功能，对社会矛盾纠纷"一站式接收、一揽子调处、全链条解决"。具体来说，综合治理工作中心、人民来访接待中心、诉讼服务中心、公共法律服务中心、社会治理综合服务中心、12345 政务咨询投诉举报中心等 30 个中心，法院、信访局、纪委信访室、公安局信访科等 17 个部门业务科室成建制入驻矛调中心，以实现群众"最多跑一地"。在矛调中心成立以前，法院调解的辐射范围仅限于"当事人进了法院大门到法院立案的吧台之间"，在矛调中心多部门进驻后，法院仅仅是配角，运行机制发生了根本的变化。同时，到矛调中心提出诉求的案事件全部"一窗受理"：在引导窗无差别登记后，由窗口按照类型分导至业务窗口办理，对需多部门配合或区领导接待的信访事项，设置接访室定期接待。目前，台州市黄岩区矛调中心共开设服务窗口 23 个，日均接待量达到 100 ~ 200 人次。此外，进驻的部门等都有机构专员，区级、乡镇也有代办员，群众在矛调中心办事只需"认准一个人"，专职对接，一条龙服务。其次，以矛调中心为核心，台州市成立了由区委书记、区长任"双组长"的工作领导小组；区委常委会也会定期听取矛调中心建设情况汇总。同时，台州市还成立了市域社会治理管理和研发专班。最后，矛调中心还引入了有关行政争议、医疗、物业等多个专业调解团队，通过星级评分、以奖代补、购买社会服务等方式，推动社会矛盾纠纷化解从政府主导向社会多元参与转变。一方面，矛调中心依托网络平台（如"永宁教坊"），普及法律、心理、风险管理等知识，营造良好社会风尚，从根本上减少社会矛盾纠纷发生。另一方面，矛调中心和各乡镇、街道分中心聘用 82 名专职调解员，其中各乡镇、街道配备 2 ~ 4 名专职调解员，区调解委员会和行业性、专业性调解委员会配备专职调解员 28 人。

第二，聚焦基层，贯通区、乡、村网格高效联动的社会治理格局。首先，打造"一中心四平台一网格"的治理格局。一方面，强化乡镇属地职能，打造集"中心＋人民调解""中心＋巡回智慧法庭""中心＋雪亮工程""中心＋心理咨询"等功能于一体的乡镇级社会矛盾纠纷调处化解体系；另一方面，优化村级治理模式，推行村级"四人小组"做法（由网格长、网格员、驻村干部、律师组成的调解团队）；建立信访代办机制，由网格员担任社会矛盾纠纷预警员和代跑员，排摸录入并流转处置矛盾信息，推动源头管事、就地了事；细化网格捆绑责任，将全区划分为 910 个网格，每个网格均配备 1 名网格指导员和 1 名以上专职网格员，将治理触角延伸到"最后一公里"。

第三，开发"善治永宁"信息系统。充分发挥信息技术支撑作用，开发"线上社会矛盾纠纷调处化解中心"，引导社会矛盾纠纷"上线"，将线上反映、受理、处置、答复、监督集于一体，推动社会治理向智慧化治理转变。

经过将近三年的探索，台州市矛调中心的工作取得了诸多成果。2018～2021 年（截至 4 月 30 日），台州市黄岩区矛调中心共接待群众 59784 人次，诉前调解案件 12571 件。其中，分流专窗办理 4776 件，分流乡镇办理 7795 件；成功调解案件 9428 件；处置重大群体性纠纷案件 105 件（含企业倒闭、医闹、个人极端事件）；召开各类听证会共 12 次。信访、四级走访 2018 年较 2017 年同比下降 26.8%、41.3%；2019 年同比下降 8.9%、14.1%；2020 年同比下降 30.9%、32.3%；2021 年 1～4 月的数据虽较 2020 年略微上涨，但考虑到 2020 年疫情时期未公开接访，而 2021 年 1～4 月的数据与 2019 年同期相比分别下降 43.75%、23.22%。整体信访数量下降的趋势是不变的。从这些数据可以清楚地看到，台州市社会矛盾纠纷防范、调处、化解工作富有成效。

总体上看，矛调中心改变了以往司法救济手段和其他救济手段各自为政的状况，把多种社会矛盾纠纷解决机制融为一体。这一方面降低了社会治理成本，提高了社会治理的效率；另一方面，也大大地方便了人民群众，提高了民众的满意度，有效降低了可能引发的社会风险。但矛调中心是一种制度创新，在实践中还需要进一步完善。

（二）矛调中心面临的挑战

虽然台州市矛调中心的"一站式接待、一条龙服务、一揽子调处"的工作对于大量矛盾的就地化解成效显著，但其工作也面临着不小的挑战。首先是矛调中心的法律地位问题。通过调研访谈我们了解到，黄岩区矛调中心的建设一直是"摸着石头过河"，处于"持续改革改进"过程中。从建设矛调中心的思路、扩建矛调中心的方案到完善矛调中心的建设，黄岩区矛调中心是在当地不断产生的化解社会矛盾纠纷的内在需求中成长起来的。它以"枫桥经验"为指导思想，建立起庞大的、多部门进驻的、整合多种职能的综合治理中心。它不是"设计"出来的，而是扎根台州当地"长"出来的。也正因如此，它的上位制度支撑较为薄弱，没有明确的法律地位。虽然有上级文件的支持，但上级文件不能替代矛调中心在现有法律体系中的合法性问题。这导致在实际操作过程中，遇到需要多部门协助的问题时，矛调中心工作人员没有权限"要求"其他部门必须配合，也同时导致了矛调中心的多项事务过于依赖个人能力而缺乏制度支撑。

抛开合法性问题，从政策层面来看，矛调中心也面临着不小的挑战。由于矛调中心大批量、面对面地对接群众，导致社会现实的复杂性、本地事务的特殊性势必更多地直接呈现在矛调中心的工作人员面前，他们所感受到的政策一刀切的不适程度也更为强烈。针对社会矛盾纠纷，对于有序诉求来说，由于有既定规则作为支撑，无论是在受理响应方面，还是在交办流程方面，工作人员都比较顺畅地完成了工作；但面对真正的无序诉求，如涉及法律缺位、部门打架等情形时，由于规则的缺位，矛调中心的工作人员也容易感到无所适从，从而更需要领导拍板。在信访积案清理和信访老户化解领域，这类现象较为突出。一方面，这类现象的出现有时会使得矛调中心的工作陷入被动；另一方面，这类现象的出现也说明矛调中心目前的力量配置尚不足以化解信访积案和信访老户。

如何在现有矛调中心实践的基础上，在法律制度层面给予矛调中心一定的支持，是保证矛调中心持续健康发展的关键。

第三节　未成年人权益保护与法治教育

一　市域未成年人权益保护工作态势

未成年人的健康成长事关国家发展、社会稳定和人民福祉。加强未成年人权益保护、预防未成年人犯罪，始终是国家治理的重点，也是社会治理的焦点。伴随新修订的《中华人民共和国未成年人保护法》《中华人民共和国预防未成年人犯罪法》的出台、实施以及国家和社会治理形势的复杂化，未成年人权益保护工作的重要性凸显。为贯彻落实国家法律法规对未成年人权益保护工作的要求及上级对未成年人权益保护工作的指示，台州市积极开展未成年人权益保护工作，不断将未成年人权益保护工作推向深入。

根据检察机关的统计数据，2017～2019 年，台州市检察机关共受理审查起诉侵害未成年人犯罪案件 699 件。其中，2017 年 380 件，占同期刑事诉讼案件的比例为 3.6%；2018 年 228 件，占同期刑事诉讼案件的比例为 3.3%；2019 年 245 件，占同期刑事诉讼案件的比例为 3.4%。另外，2017～2019 年，台州市未成年人刑事案件数量基本持平，未成年人犯罪人数呈现稳中有升态势，其中外来未成年人犯罪问题尤其严重，50% 左右的未成年犯罪人员具有外地户籍。这意味着台州的未成年人犯罪预防及未成年人权益保护工作仍然面临一定的挑战。

台州市未成年人犯罪问题具有现实原因。台州市吸纳了大量的外来就业人口，但是现行户籍制度客观上造成了常住人口与流动人口之间在社会保障上的差别。未成年人无法充分获得与户籍制度挂钩的教育、医疗、社会保障等基本权利，导致出现户籍地"管不着"和流入地"无法管"的局面。城市管理无法有效服务流动人口，特别是无法有效服务流动未成年人口，从而导致流动未成年人产生负面情绪甚至违法犯罪。同时，学校教育存在以成绩为取向的现象，大部分涉罪未成年人存在学业失败的经历。特别是部分学校缺乏科学的理念和手段，未能采取具有针对性的教育方式，从而导致和加重了未成年人产生厌学情绪。加之部分学校的法治教育流于形式，不利于未成年人形成良好的法律意识和法治观念。

二　市域未成年人权益保护工作经验及成效

台州市高度重视未成年人权益保护工作，通过对近年来未成年人犯罪特点及成因的分析，台州市在未成年人权益保护和打击、预防未成年人犯罪方面做出了针对性部署，在高层引领的政治化、未成年人权益保护工作的法治化、司法矫正的数字化、社会矫正的社区化、司法职能的综合化、教育理念的纠偏化方面取得了显著成绩。

台州市委市政府坚持未成年人权益保护工作高层引领的政治化。党的十九大以来，以习近平同志为核心的党中央高度关注未成年人保护工作。习近平总书记强调：全社会都要了解少年儿童，尊重少年儿童，关心少年儿童，服务少年儿童，为少年儿童提供良好的环境。首先，台州市委市政府坚持党对未成年人保护工作的领导作用，坚决贯彻落实党委在各级政府领导班子中的核心地位，积极将党在未成年人权益保护工作中的引领工作推向深入。在提高全社会对未成年权益保护的思想意识和政治站位方面，各级党委高度重视未成年人权益保护工作，并通过多次、多层级会议积极凝聚社会各界对未成年人权益保护工作的共识，积极推进将未成年人权益保护工作纳入各级政府议事日程予以研究和推进。其次，在提高社会资源整合效率方面，各级党委积极发挥党在社会资源整合过程中的作用，积极打破人民法院、人民检察院、公安机关、司法局、法律类行业协会、社会组织之间的资源流动和共享壁垒，实现了党领导下为整体性、系统性的未成年人权益保护支持体系。最后，在进一步完善未成年人法律服务保障机制方面，各级党委积极发挥各级人大、政府、司法机关的统筹协调作用，不断将未成年人权益保护工作的事前引导与事后惩治机制推向完善，真正形成了一盘棋统筹的工作格局。

台州市着力推进未成年人权益保护工作的法治化。为加强市域未成年人权益保护工作，台州市先后出台了《关于在未检工作中开展强制亲职教育的实施意见（试行）》《玉环市人民检察院　玉环市市场监督管理局关于建立监督侵害众多未成年人合法权益行为的协作配合机制》《关于印发加强烟草经营行为监管　保护未成年人合法权益工作机制的通知》《关于开展高危未成年人临界预防的实施办法（试行）》《关于建立"守护花开"女童保护工作机制的实施意见》《关于印发〈台州市人民检察院　台州市妇女联合会关于建立健全妇女儿童权益保护工作合作机制的意见〉的通知》等文件，基本建立起未成年人权益保护网，为未成年人权益保护工作提供了指引和保障。

台州市坚持推进未成年人司法矫正工作的数字化。在习近平法治思想指引下，台州市不断深化以"数字法治、智慧司法"为核心，贯彻教育、感化、挽救方针，坚持教育为主、惩罚为辅的工作理念，积极探索未成年人教育矫正新模式，初步形成了跨部门、多领域、全方位的"七彩矫正"[1]青少年一体化帮教工作体系。该体系集教育矫正（灰色）、风险防范（橙色）、危机干预（黄色）、心理护航（蓝色）、困难帮扶（绿色）、温情关怀（粉色）、党建引领（红色）七大功能板块于一体，对未成年人帮教理念、方式、流程、手段、工具等进行全局性、系统性重塑，通过数据共享促进业务协同，实现未成年人帮教资源一站式查询、一站式供给、一站式服务，促进未成年人帮教工作向一体化、数字化、专业化方向发展。该体系以"七彩矫正"帮教一体化平台为技术核心，以青少年司法保护中心为部门依托，以由专业矫正工作人员、党员、志愿者组成的帮教志愿者队伍为组织保障，以"暖冬行动""一日随公益行动""家校联动交流会"等多样化的行动为活动内容，有效将未成年人帮教工作的"整体智治"水平提高到新的层次。"七彩矫正"青少年一体化帮教工作体系在有效矫正未成年犯罪的同时，也有效健全了一体化的司法帮教协同机制，建立并完善了志愿者参与帮教工作的合作机制，强化了未成年人帮教工作的资源共享机制和相关部门的信息互通机制。

台州市坚持未成年人关护帮教工作的社会化。台州市在青少年司法思想引领下，积极推动政府、司法和社会资源融合。由政法委牵头，联合公安局、法院、司法局、财政局、民政局、团委、教育局、关工委、妇联等12家单位创建"党委政府主导、检察机关推动、职能部门联合、专业组织参与、社会力量协同"的青少年司法一体化社会关护机制。以政府购买服务形式，引入司法社工，对未成年人进行关护和帮扶，对未成年被害人进行救助和保护，落实"专人跟踪、全程关护、一案到底"要求，实现对刑事诉讼全程覆盖。从案件侦查阶段开始，以政府购买服务的形式引入专业司法社工队伍，并引导咨询师、志愿者、高校师生、群团组织、企业等社会力量协助司法社工开展关护帮教，在"侦查、批捕及审查起诉、审判、司法矫正"四阶段对涉案未成年人进行全程化和一体化的关护。服务范围涵盖社会调查与评估、合适成年人到场、心理干预、关护帮教、司法矫正、帮扶济困、跟踪督促、犯罪预防等工作，全面落实专人跟踪、一案到

---

① 《黄岩区"七彩矫正"青少年帮教一体化体系建设实施方案》。

底、一站式服务，切实做到惩教不悖，提升教育挽救效果。针对因户籍导致的外来涉罪未成年人取保候审难、帮教无固定场所的问题，台州市立足市域发展特点，设立企业关护教育基地，积极为外来涉罪未成年人提供职业培训和就业支持，落实同城法律待遇，提升就业能力，推进社会善治。根据台州检察院提供的数据，青少年司法一体化社会关护机制对于实践保护性司法，推进社会善治，从而在最大限度上教育感化未成年人具有重大意义。2017～2019 年，台州市未成年人再犯罪率分别为 14.8%、7.5%、6.9%①，这和全国近 30% 的未成年人再犯罪率相比无疑是一个巨大的成就，这说明台州对未成年人的再社会化工作是卓有成效的。

综合发挥检察职能，全方位维护未成年人的合法权益。未成年人权益保护问题的重点和难点在于局部领域和部门对未成年人权益保障、服务管理不到位，各政法机关未成年人司法保护工作之间的衔接机制不完善，以及未成年人检察工作在司法理念、专业能力、办案效果、机制创新、监督力度等方面存在不足之处。对此，台州市检察机关坚持深化和巩固加强未成年人综合司法保护，提升保护效质，更好地服务于市域经济社会发展大局。首先，台州市进一步加强对侵害未成年人犯罪的打击力度，推进"一站式"办案与青少年事务社工参与涉案未成年人关护帮教机制，提升帮教、保护与救助专业化水平；其次，进一步强化未成年人权益综合保护，融合运用刑事、民事、行政和公益诉讼等监督手段，着力监督纠正有关职能部门不依法履行未成年人保护职责问题，加强未成年人民事、行政权益维护；再次，深化检察职能，积极有效参与未成年人社会治理体系建设，完善侵害未成年人案件强制报告、性侵未成年人犯罪人员信息查询等机制；然后，不断深化落实普法责任制，推进"法治进校园"常态化、制度化，切实加强涉未成年人犯罪源头防治工作；最后，加强未成年人检察专业化、规范化建设，打造高素质未成年人检察队伍，切实夯实工作发展根基。

加强校园普法宣传、转变教育理念，从源头上降低未成年人犯罪风险。2017 年以来，台州市检察院相继联合教育部门等相关部门开展法治巡

---

① 数据引自《台州市人民检察院未成年人检察工作白皮书（2017—2019）》。

讲、检察长担任法治副校长、检校共建等系列活动。全市各地结合办案，深入分析未成年人易遭受犯罪侵害的重点环节、焦点问题，认真组织编写预防未成年人受侵课件，以案例教学为导向，精心制作 PPT、讲稿等。针对校园欺凌等问题，制作中小学生自我保护、防校园欺凌等法治宣讲主题课件。每年举办"六一"新闻发布会与检察开放日活动，邀请中小学生走进检察院、法治教育实践基地参观学习，在近距离交流中了解法律知识。通过在课堂中了解法律、在生活中接触法律、在实践中增强自我保护的方式，全面提高未成年人自我保护意识和能力。

第二部分
市域社会治理中的多元主体

第五章

群团组织与诉源治理

台州市在创新市域治理过程中，根据习总书记提出的"把非诉讼纠纷解决机制挺在前面，从源头上减少诉讼增量"的指导要求，力争创建中国最平安城市、市域治理现代化先行市。如何在党的领导下，坚持以人民为中心，落实源头治理的目标？台州市坚持把法制作为引领，构建了三层过滤体系，搭建无讼建设平台，充分发挥网格作用，不断推进诉源治理。"无讼村（社区）"的创建，即是台州市诉源治理的一种基本方式。从2019 年开始，台州市政法委在全市范围内进行"无讼村（社区）"创建工作，大力推进诉源治理，预防和化解基层社会矛盾纠纷，进一步提升社会治理能力和水平。

第一节 "无讼"建设

中国的群团组织是处理社会问题的重要"缓冲阀"，党和政府的声音由群团组织向群众传递，群众的诉求由群团组织代为表达，在参与解决社会问题时往往能大事化小、小事化了。台州市"无讼村（社区）"的创建强调要顺畅人民群众表达利益诉求的渠道，健全矛盾纠纷源头预防机制，形成协同治理的合力，取得用多元方式化解矛盾纠纷的成效。以椒江"义家"为代表的台州群团组织，将自身改革的进程嵌入协同治理的现实需求，在诉源治理中发挥了独特的作用。

　　"无讼村（社区）"应符合以下评判标准：1. 村（社区）内自然人无"八类"刑事犯罪（故意杀人、故意伤害致人重伤或者死亡、强奸、抢劫、贩卖毒品、放火、爆炸、投毒）；2. 无群体性事件；3. 同一村（社区）的自然人、法人或者其他组织之间发生的民商事纠纷，无一成讼，或虽已成讼但全部诉前调解结案；4. 不存在压制诉讼、强迫调解等侵犯群众依法表达诉求、维护自身权益的现象。

　　"无讼村（社区）"的创建工作，应以上述评判标准为指引，以少诉止讼为要求，依托全科网格，力争实现"微矛盾不出格，小矛盾不出村，大矛盾不出镇，重大疑难纠纷不出县"的目标。通过开展司法服务、诉调对接等工作，推进诉源治理，人民群众表达利益诉求渠道更顺畅、方式更理性合法；矛盾纠纷源头预防机制更加健全，诉讼与非诉讼方式衔接更加紧密，多元化解成效更加明显；各种引发矛盾纠纷的因素越来越少，协同解决矛盾纠纷的合力越来越强，矛盾纠纷在萌芽和诉前得到化解的越来越多，逐步形成止讼、化讼、少讼乃至局部区域实现无讼的社会治理新面貌。①

　　自十八届三中全会提出"国家治理体系与治理能力现代化"的时代命题后，中央一直在各方面推进制度成熟与制度定型。在社会组织治理领域，人民团体与地方政府曾经进行了建立枢纽性社会组织的长期探索，最终迎来了国家层面的制度定位，即群团组织（王向民，2015）。在现代国家政治结构和权力运行体制中，群团组织的地位、功能和作用日益凸显，甚至在有些时候，群团组织的利益表达和政治诉求会对政党、政府的公共决策产生重大影响（刘佳，2016）。作为中国特色社会主义制度的一部分，群团组织在国家制度设计中具有国家法团主义的特征。在中国的政治发展逻辑下，隶属体制内系列的群团组织既具有政治属性，又具有社会属性，是党委、政府联系各类群众的"桥梁和纽带"，是国家整合社会的基本组织形态，具有国家介入和吸纳社会的功能（王晓杰、陈晓远，2016）。

　　根据台州市"无讼村（社区）"创建工作的标准和目标，人民群众表

---

　　① 台州市政法委：《关于开展"无讼村（社区）"创建，推进诉源治理的指导意见》，2019。

达利益诉求的渠道如何更加顺畅、方式更加理性合法是首先要考量的，在此基础上考量矛盾纠纷的预防和化解机制如何更加多元且有效，从而实现诉源治理的根本目标。台州群团组织立足自身改革的基本方向，打破了以往传统的工作方式，在推进台州诉源治理的进程中，充分发挥了群团组织的作用，使群团组织真正回归人民群众的生活场景、生产实践和情感体验之中，健全了矛盾纠纷源头预防的机制，增强了社会发展活力，有效嵌入诉源治理工作体系中。市域社会治理创新首先要解决地方经济社会发展中遇到的问题、回应老百姓的诉求。设立在矛调中心一楼的"义家"作为预防社会问题的前站，成为台州社会治理中构建风险防范体系、为社会成员提供安全网的重要一环。群团组织将自身改革精确切入到这一体系的构建中，发挥自身优势，回归枢纽角色，直面社会需求——解决问题、回应诉求，有效推动了台州探索完善社会治理体系的工作布局。

第二节　重构枢纽的角色定位

2019 年，台州市以打造社会化社会治理服务平台为切入点，通过群团组织有效整合和链接社会组织的服务资源，充分发挥社会力量在参与基层治理中的主体作用，在椒江区"社会矛盾纠纷调处化解中心"一楼打造出了区级社会治理服务平台——"义家"。这是椒江区委区政府为充分发挥社会力量在参与社会治理中的主体作用，有效整合和链接全区群团、社团、社工服务资源，按照"社会协同、公众参与"的要求打造的浙江省首个区级社会化社会治理服务平台。

实际上一开始椒江区群团组织的改革工作并没有与市域社会治理创新的工作相结合，它们一心想要闯出一条群团组织改革的新路，但是最初的改革纯粹只是为了改革。2017 年年底至 2018 年 5 月，椒江区的群团组织就在尝试组建"群团联合会"，并起草准备了主要材料。这些工作都跟后来打造的"义家"没有一点关系。

当时纯粹就是群团组织在一起讨论改革这个事。因为主管我们的副书记也是政法委书记，当时政法委正在打造"矛调中心"，他就觉得我们（群团组织）应该参与社会治理，群团组织擅长整合社会资源，应当回归联系和服务群众，这刚好与我们"矛调中心"化解群众矛盾、服务群众的目标契合了。此时我们又正在进行群团组织改革，这两项工作自然就结合了。

椒江区群团组织进驻"矛调中心"打破了原有的工作系统。因为原本群团改革工作跟政法委是没有关系的，甚至如果单纯从自身利益考虑，群团组织是不愿意进驻"矛调中心"的。因为群团组织跟"矛调中心"在行政级别上是同级的，进驻以后反而要归"矛调中心"管了。最重要的是，是否进驻以及进驻以后的工作业绩并不纳入群团组织的工作考核。但是，因为恰好主管群团组织和政法工作的领导同属一人，两方面的工作自然结合到了一起，所以他们就走出了这样一条新路——群团组织改革嵌入诉源治理工作。

从椒江区这个案例可以看出，党政主管领导的意志一开始起到了非常关键的作用。群团组织改革是全国范围内的一项重大工作，各地都在探索改革的具体方案。椒江区的群团组织起初也只是就改革而改革，并没有将自身改革与社会治理创新相结合。恰恰因为主管的党政领导将其进行了融合，并力推打造出了"义家"这样的社会化社会治理服务平台，既发挥了群团组织的优势，为诉源治理整合了资源，又创新了群团组织改革和市域社会治理模式。"矛调中心"的调解包括人民调解、行政调解、司法调解三个层面。"义家"在"矛调中心"的功能被定位为人民调解的前站，做的是一种预防性工作。进驻椒江"义家"的群团组织形成了一个初步的"联合体"，它们将各自内部的改革工作通过这个社会治理服务平台整合到一起，形成合力，共同探索，既符合了市域社会治理的整体性治理思路，又为群团组织的改革探索了新的路子。正如进驻"矛调中心"的各个政府部门一样，进驻"义家"的群团组织也超越了各单位自己的利益以及各单位内部的考核机制，将各自的优势进行整合，在"矛调中心"一楼的"义家"以改革后的新姿态成功嵌入台州市域社会治理创新的体系之中。

我们（义家）是 2019 年 4 月 24 号开始使用，我们副书记（主管领导）7月份就知道自己要提拔到区上去了，副书记实际在管的就三个月，8月份他就调走了。领导虽然换了，但是我们后来运行得还是很好，就是大家做着做着就感觉这个形势比较好，都愿意继续这样做下去。我刚才说了没有输家，大家都是赢家，对不对？那么我多花一点精力，我也值得了。所以说虽然副书记过去了一年，大家还是觉得我每个月开会好像就形成了一个惯例。这个惯例不是说它建立在我很不情愿的基础上。如果哪一家或者几家说不想做了，那这个事情就做不下去了，反正又不是强制性的，但是没有。

如果说"义家"最初的成立很大程度上是基于党政领导的意志，那么后来这个模式就已经超越了领导意志而成为群团组织的一种共识。现在进驻的12家群团组织都想继续这样做下去，甚至某些群团组织的负责人已经有在"义家"专职工作的打算。"义家"让群团组织重新找回了自身联系群众、服务群众的"枢纽"角色。

> "义家"位于矛调中心的一楼，我的理解它（义家）是"矛调中心"的底座，它在一楼事实上是双关的。一楼既是比较基础的底座，另外一方面，我觉得它就是矛调中心的一个核心平台，或者说是一个核心的服务品牌——为群众服务。
> 我们根据需求寻找12家社会组织同时进驻（义家）。一开始彼此都是一种探索，这是一个彼此试探性认识对方，逐渐形成共识的过程。我们群团组织会根据自身工作的目标来挑选相对符合要求的社会组织，社会组织也会考察群团组织是不是真的要做实事。彼此都认可并达成了共识，进驻才会实现。当然了，如果我们（义家）有足够的吸引力的话，它（社会组织）会主动想要过来。如果我们没有足够的吸引力，它也不会来。因为原本它（社会组织）跟我们（群团组织）什么关系？没关系。所以我们没有说强制要求它必须进入我们（义家）这里。

以工青妇为主的群团组织在此平台中作为枢纽，派驻主要负责人在

"义家"办公，引入、培育、扶持了多家社会组织。进驻椒江区"义家"的 12 家群团组织经过讨论沟通，达成共识，除了引入"义家"有固定办公场所的 12 家社会组织，还按照每个群团组织必须联系 5～10 家社会组织的指标，一共联系了 50 多家本地的社会组织，加上各群团组织培育和联系的众多未注册的公益组织或者志愿者队伍，最后整合了将近 100 支队伍通过"义家"这个平台为社会提供各类服务，形成"义家"＋"义圈"的社会力量参与社会治理的新模式。2020 年"义家＋义圈"社会力量参与模式入选 2020 年度浙江省社会治理创新项目。

台州市在无讼村（社区）的创建过程中，构建了三层过滤体系：对于大量属地性强、涉民生的纠纷，依靠基层人民调解组织发挥矛盾化解的基础作用，努力解决在基层、消灭在萌芽阶段；对于专业性、类型化纠纷，利用行业性、专业性调解组织的专业优势化解纠纷；对于重大敏感、群体性等矛盾纠纷，借助基层党政机关的力量，通过协调和解、行政调解等方式化解。以群团组织为引领的枢纽性平台——"义家"主要是在前两个矛盾纠纷调解的层次即社会力量的层面介入并发挥作用。

第三节　实践超越

在清晰定位了自身"枢纽"角色的功能后，群团组织切实将自身工作重心转移到精准定位社会需求上来。在社会问题倒逼治理创新的形势下，进驻椒江"义家"的群团组织将其在政治资源、群众基础、组织网络、品牌打造、人才集聚等方面具有的独特优势与现代基层治理体系充分融合，从而有效激发社会活力，在价值理念、功能定位、工作方法等方面进行一系列创新，引领社会组织加速功能拓展和工作创新，在台州无讼建设和诉源治理中发挥了更加积极的作用。

　　为进一步推进群工、社工、义工等组织协同共建，引领公众参与社会共治，共享美好平安家园，2019 年 4 月 24 日，椒江区义家启用暨"社会共治公益项目"创投大赛在区综治中心一楼举行启动仪式。在综治大楼一楼，12 个社会组织的 logo 组成了"YI JIA"的英文标识。建设"义家"，旨在引领、培育、扶持、规范社会力量，通过群团组织的牵引，以村级社会组织"5＋X"、社区社会组织"15＋X"的组织形式，为需要帮助的群众提供精准帮扶，为乐于奉献的群众找到用武之地。

一　激活平台优势，健全矛盾纠纷源头预防机制，以新机制消解新隐患，增强对社会治理的有效参与

我们从矛盾调解的案例中可以发现，其实很多的矛盾纠纷、上访事件都是心理问题和情绪问题，找不到人管，没有人为他们服务，因为心态不好，才会发生纠纷，他可能才会做那些上访的事情。另外一些弱势群体，小孩、老人、贫困的或者其他群体，涉及的问题往往成为上访的原因。这样的群体事实上是很多的，如果我们把他们很多的困难解决了，他们就不会去上访。因为他们心态好了，可能就不会有矛盾纠纷，对吧？日常我们"义家"在做的很多的服务，其实预防了许多问题的产生，减少了来矛调中心的人数。

在"义家"这个平台上，群团组织主要做了三项工作：矛盾调解、公益服务、困难帮扶。在矛盾调解方面，为破解群众解决诉求多处跑、跑多次、解决难等问题，"义家"打造了"一站式"综合服务超市，主动补位矛盾纠纷化解工作，充分发挥"义家"贴近群众、渗透力强、方式灵活、资源广等优势，实现政府和社会组织的有效衔接和良性互动。首先，主动介入信访代办服务，牵头相关社会组织参与信访事项代办服务专家团队的组建。通过资源整合、信息共享、联动响应、主动跟进和及时回访等方式，一方面为有诉求的群众提供全方位、立体式的帮扶服务，让群众只需跑一地、只需跑一次就能实现自身的诉求。自 2019 年成立以来，"义家"已组建涉农、拆迁维权、劳动保障等 10 支专家服务团队，参与信访化解事件 22 件，化解率 90.9%，参与调解各类矛盾纠纷 960 件，调解成功率达100%，调处金额达 3400 多万元，最大可能消解群众身边"鸡毛蒜皮"的

小问题，实现"矛盾不上交，就地解决"。其次，立足于社会风险隐患的防控，广泛发动社会力量开展平安巡逻、消防监督、邻里纠纷调解等志愿服务，最大可能将风险隐患消解在初萌状态，实现常态化消解风险隐患。全区 260 个村（社区）均已组建消防志愿队、义警队、邻里纠纷调解室等志愿服务队伍，已形成"96345 志愿服务队""蓝天救援队""海门街道社区义警队"等志愿服务品牌。最后，利用公益服务和困难帮扶，对一些短期无法解决的历史遗留问题以及特殊群体的诉求，采取正向疏导、心理干预等措施，引导群众稳定心理预期，消除社会怨气，形成立体式化解社会矛盾的机制。一方面，发挥专业社群组织作用，为肇事肇祸精神病人、社区服刑人员、涉毒涉黑人员等特殊群体提供心理疏导、政策解读、困难救助、就业指导等专业性帮扶；另一方面，为留守儿童、孤寡老人、残障人士等弱势群体提供人文关怀、关爱帮扶。

"义家"的价值最主要在于预防——将群众面临的问题及时精准解决了，矛盾就化解了，上访的事件自然就会少。群团组织通过"义家"这个平台真正发挥了党和群众之间"缓冲阀"的作用，有效嵌入诉源治理的体系之中。群团组织引领下的"义家"，作为社会服务的枢纽平台，在化解社会矛盾方面所起到的预防作用，恰恰是台州"和合善治"的体现，这也是台州向社会治理现代化最高境界不断迈进的具体体现。

> 我们对工作的期待是什么呢？就是通过这个（义家）实现供需对路。我们提供的服务一定要跟老百姓需要的服务对接上。我把它比作"淘宝模式"。淘宝就是我们想买的东西，你平台上面都有。我是花钱的，选择我想要的服务。

"义家"率先开展社会服务的网络化运作。运用"互联网＋"和大数据，推出"掌上义家"系统，形成需求即时发布、心愿即时认领、考核即时跟进、服务即时反馈的线上线下互动模式。线上：整合 96345 社会公共服务热线、12345 政务咨询投诉举报平台等信息数据，建立社会服务需求库和资源库，实现服务需求和供给的无缝精准对接。线下：各社会组织创新性地开展医疗、应急处置、法律咨询、纳税、志愿护河等服务，推动社会服务从单一的扶危救困向专业服务、物资帮销、公益行动等内容转变。同时，通过全区社工、义工和网格员队伍主动采集帮扶信息，实地核验帮扶成效，使精准帮扶的实效性得到充分保证。

"义家"还在构想一种更为人性化的服务理念，由原先的"评估—服务"到"评估—选择—服务"的转变。即以前政府购买社会服务为老百姓提供服务，是基于专业评估，分析和梳理群众的服务需求，服务的设计和实施也必须基于评估。这是提供专业服务的必要环节。但是，即使是基于最专业的评估往往也无法摆脱专业的"主观性"，我们可能与服务对象实际需求之间的距离仍然很遥远。这种构想的"淘宝"模式，就是基于专业需求评估提供尽可能广泛的服务内容，赋予服务对象（包括社区干部、社区居民）自主选择的自由。这种选择的逻辑，不仅提高了服务效率减少了资源浪费，也提高了服务对象对自我需求识别的能力，这本身也是一种赋能。

二 创造机制、形成合力、统一思想，整合资源，实现最优工作模式

当前在国内群团组织改革工作中，构建枢纽型组织基本会采用两条路径：一是联系聚集路径。例如，北京团市委和上海团市委分别联系整合近万家青年社会组织，并为其提供展示平台。二是培育孵化路径。例如，广东团省委就利用毗邻港澳专业社会工作的优势，重点孵化培育具有社会功能的近200家青年社会组织，来承接政府购买服务。在椒江"义家"，群团组织不仅联系和培育了社会组织，而且合力进行改革和创新，将各自的资源整合到"义家"平台，花同样的钱，办更大的事，或者花更少的钱，办同样的事。这是一种多元化联动的模式，扭转了各群团组织和社会组织单打独斗的工作困境，实现多元主体间联动帮扶。

12个群团组织，每月由一家群团组织的负责人牵头主持联席会议。一年刚好12个月，我们12个群团组织轮流主持会议。通过每月的联席会议，大家对接一下各自近期要做的或者本月要开展的工作、有多少经费，等等。然后大家就看看哪些工作是可以联合在一起做

的，哪些工作看怎么改进一下，为彼此提供了更多思路，社会组织和志愿者也在其中可以发挥很多支持性的作用。

进驻"义家"的椒江群团组织联合社会组织快速形成了日常工作机制——每月联席会议。通过联席会议，各群团组织一方面可以从社会组织的视角了解群众的真实需求，协助矛调中心化解群众矛盾，将党和政府的工作与社会需求进行紧密的联结；另一方面，沟通各自的工作计划，整合彼此资源，形成合力，制定最优工作方案，为社会提供更有效的服务内容。

大家发现，这样做的结果，常常是花了同样的钱，却可以达到更大的效果。或者说，我花更少的钱其实做了同样的或者更多的事情。我觉得最主要的就是获益，用最少的投入获得最大的利益。我给他找个伙伴，我们每个月的一个例会，对吧？我们有银行参与，对吧？我们有这么多社工机构参与，我们有志愿者，比如说我不想做这个事情，我有钱，但是我没有人，是不是？以前你们一直想做但做不了的事情，我现场就可以对接了，做事情更方便了。而且我投入产出比可能更高。比如我们工会要开展交友活动，本来要花 10 万块钱，但是我只有 2 万块钱，那 8 万块钱我要去化缘了。现在不用化缘了，我联合科协和团委（一起做）。

一般是我有什么项目（工作计划），然后我们主动会去对接（别的群团组织），比如说我们工会最近准备到企业搞个职工活动，那么跟企业有关系的可能还有团委，因为涉及年轻人嘛。也有可能跟科协（因为企业涉及科技人才），或者说是工商联（相关）。那么我就可以联系这三家单位和我们一起开展活动。原本我计划花 5 万元，现在我们几家联合，一种方式是我们把钱聚到一起，把活动搞得更大。第二种是你们 3 家（群团组织）各自出 2 万元，我们（4 家群团组织）一共就有 11 万了，我们就可以把这个活动搞得更像样一点，可以多搞几场，更系统一些。第三种是，你们 3 家（群团组织），一家出 1 万，我现在只需要花 2 万块钱，我们就能凑齐 5 万元，大家都省钱了，工作也照样开展了，效果也达到了。而且，我们合作开展工作，轮流负责。我需要三场活动，你也需要三场，各家分别负责一场活动，但其实我们最后三家都能够获得三场的效果。我投入的没有减少，但是产出的可能更多，或者是我投入更少，但是我产出是一样的，对不对？我觉得这才是它（义家）存在的重要原因——共赢。

通过这种联动机制，各群团组织引领社会组织建立了纵向三级联动帮扶机制，以"义家"为枢纽，实现群众诉求在县/市/区、乡镇/街道、村/居等三级社会组织中高效流转，形成多层级帮扶合力。同时，建立部门与社群间横向联动帮扶机制，通过"义家"这个平台，将群众诉求派件到相关职能部门、群团、社团等单位，各单位发挥职能范围内的力量，形成多部门帮扶合力。

"义家"从本质上讲，是台州市域社会治理在体制机制和方法上的具体实践。12家群团组织进驻"义家"后，形成了群联会，破除了各群团组织工作分割的障碍，整合了资源，构筑了市域社会治理的枢纽机制，对社会问题进行预防和化解，改变了传统的针对社会问题的"反应性"回应方式。这是一种基于整体性治理的思维，各群团组织与社会组织整合彼此资源、形成联动机制，避免了不同群团组织之间的项目重复与目标冲突的问题。

三　整合政府和社会资源，精准提供服务，以新理念激发新活力，创新基层服务模式

"义家"的日常运转经费采取"政府牵投、公益创投、福彩助投"的模式多元化筹措，即通过政府购买服务、公益项目运作等方式保障持续的项目供给，用于支持社会各方力量参与社会治理、公益服务。

我们很多的社工机构，都是依托于原来的业务主管部门。比如说计生协，卫计委是它的主管部门，或者说跟它有密切的关系。又比如说我们有一个叫"心连心"的社会组织，它是司法局主管的为服刑人员及其家属服务的，还开展司法矫正。这些群体其实是分散在各个社区的，那么它需要一个社会组织去给它服务，司法局可能一年拿出20

万的资金购买社工机构的服务。还有一个社会组织是专门做在校学生的心理咨询的，它的业务主管单位是教育局。它的做法又体现了这样一个智慧：社会工作机构是专业组织，恰好教育局缺乏这样的专业力量，就需要从社会上链接专业的心理咨询师。相关人员发现了这个需求，就成立了这样的一个社会机构，所以这样的机构可以从教育局获得一部分资金保障。这种就是社会组织的主管部门或者说我们政府机关来购买它的服务，因为他们是专业的，我们现在叫服务业专业化、精准化。（台州椒江"义家"负责人，20210318）

进驻"义家"的社会组织一方面可以得到群团组织为其链接提供的各类资源，为发挥自身服务社会的价值提供持续的保障；另一方面，社会组织又可以将自身原本在实施或将要承接的社会服务项目与"义家"平台充分结合，实现项目资源效益的最大化。

我们社会组织，有几种经济基础，其中一个就是公益创投。我们让每个社会组织拿出一个项目，这个项目服务什么群体？什么时候完成？需要多少钱？然后我们去找资源。这一次的公益创投资金，就是我们银行出的。现在鼓励让企业做奉献，也就是我们讲的企业社会责任。但是其实是很难的，还有很多问题需要去解决，企业找不到平台去实现。同时，社会组织也很难跟企业直接对接上。很大程度上，还是因为它（社会组织）没有政治引领，方向可能会走偏，还有一个最大的问题，它没法去整合资源，社会上的人和企业不可能找它（社会组织），没有和我们群团组织做起来这么顺。

在当前我国社会组织发育参差不齐、社会认知度和认可度都有待提升的背景下，诸多社会资源尚不能与其进行有效的对接。群团组织的枢纽角色，恰恰为社会爱心人士、企业助力社会组织发展、投身公益实践等提供了空间，让爱心人士、企业只需跑一地、只需跑一次就能完成各自的心愿，履行各自的社会责任。

四　实现对社会组织有效的服务和管理，破解了群团组织"机关化、行政化"和社会组织"零散化、无序化"等问题，真正实现社会各方力量协同治理

在椒江区党委领导下，"义家"作为创新整合群团、社团、社会组织等单位，全省首家集帮扶服务、社会治理等功能于一体的"群工、社工、义工"基地，整合入驻 12 个群团组织、12 家社工机构和 6 个公益总部，辐射链接全区 454 个社会组织，2256 个备案社区社会组织，实现了对原有"盲区"组织及工作的全覆盖。

为了能够实现对社会组织的有效服务和管理，椒江区坚持党建带群建的党建引领方式，在"义家"建立"1＋N＋X"的党群共建工作模式，形成了以各群团组织为桥梁纽带的社群组织网络体系。其中，"1"为群团联合会，在区委领导下研究落实上级群团改革重大措施，制订群团联合会工作计划、阶段性目标，统筹协调群团组织、社会组织相关工作。"N"为各群团组织，在群团联合会的组织下开展工作，各群团组织负责人担任轮值主席，主持"义家"日常工作。"X"为群团组织和社会组织共建联盟，实现群团组织的"神经末梢"遍布全区各社会组织。同时，建立统一领导、统一办公、统一管理、统一服务、统一品牌、统一考核的"六统一"机制，确保整个网络体系规范高效运行。

在此基础上，椒江区将"义家"作为区中心实现网络延伸，以各社会组织为纽带，建立区、镇（街道）、社区三级枢纽型社会组织联合会，最大限度地把不同领域、不同行业的社会组织、草根精英团结起来。目前，椒江区已建立了 9 个镇（街道）社会组织联合会，在村级建立了"5＋X"个社会组织、在社区建立了"15＋X"个社会组织，共凝聚人民调解员、律师、退休干部、"老娘舅"、志愿者等各类社会力量 4 万多人，有效扩大了基层参与社会治理的覆盖面。

第四节　总结与讨论

群团组织通过将自身改革嵌入市域社会治理的创新中，真正将台州

"和合"精神运用到社会治理中。将社会组织服务群众的功能通过"义家"平台得到充分发挥，将人民群众的矛盾通过"义家"平台进行有效预防和化解。群团组织引领社会组织通过提供社会服务的方式疏解社会矛盾，培育了人际信任与社会和美的氛围，为社会治理奠定了良好的社会基础。同时，"义家"还为企业、爱心人士、社区居民搭建了志愿服务和奉献爱心的平台，形成了"社工＋志愿者"的联动方式，有效推动了人人参与社会治理格局的形成，增进了人人"和合"，达成了彼此"共享"的目标。

一 超越领导意志，用制度化确保基层创新的长效动力

椒江"义家"一开始是党政领导推动的结果，后来发展成为群团组织自主决定的运作模式，正是得益于台州市在市域社会治理过程中构建了完善的社会治理构架，为自下而上的基层治理创新提供了制度空间，激发了基层的政策创新动力。但是，台州群团组织的联合是在椒江"义家"才得以实现，在其他区县并没有这样成功的案例。从椒江"义家"后来的运作方式可以看出，虽然这个模式一开始得益于领导推动，但是真正开展起来以后，却得到了群团组织内部的认可，大家达成了共识，并愿意持续运作下去。更重要的是，这一模式更好地服务了群众，将人民群众的矛盾提前化解，有效预防，在诉源治理中起到了非常积极的作用。如何超越领导干部的个人意志，激发群团组织内在的改革动力形成长效机制，将群团组织改革与市域社会治理创新进行有效融合，形成可持续的制度保障体系是未来整体性治理需要探索的一个方向。

二 探索将群团组织引领的枢纽平台形成合法化的实体社会组织，确保社会资源和服务供给的合法高效

"群团联合会"是台州椒江区群团组织在改革探索中形成的一个工作机制，主要目标是使各群团组织形成一个联合体，以便整合各自力量更好地服务群众。目前群团联合会确实在工作中整合了各自的资源和优势，也成功链接了更多的社会资源，但是仍然出现了运行不畅的情况。比如，群团联合会由于没有正式注册，不能接收企业捐赠的资金，只能通过慈善总会作为中介机构进行管理。在资金使用过程中就出现了群团组织与慈善总

会因理念冲突，无法使用资金的情况。今后，群团联合会可考虑注册成为一个正式的社会组织，充分发挥其链接政府和社会资源的作用，引领更广泛的社会力量参与社会治理。

三　不断厘清政府与社会的边界，充分激发各类组织的活力，构建多元治理格局

重构了枢纽身份的台州群团组织，在有效嵌入社会治理创新的过程中，不仅为社会组织、爱心企业、志愿者等组织和群体提供了公共参与的渠道和平台，还不断培育它们参与社会建设的能力。未来，在台州椒江"义家"模式的基础上，需将其经验总结提升为可推广的模式，从而赋予社会力量参与社会治理更多的活动空间，推动社会主体主动、积极地参与到社会事务的决策中，真正实现社会治理的现代化。政府需进一步重视和发挥群团组织在吸纳公众和社会组织参与社会治理方面的优势，并不断厘清和社会的边界——政府加强制度保障、为基层治理提供更多的资源，明确自身服务社会的角色，不断构建多元共治的格局。

|第六章|

社会组织与"和合"善治

第一节 社会变迁与社会治理现代化

短短几十年间，台州从一个小城市发展成为现代化的大都市，这种变化不仅体现在财政收入、GDP 水平、人均收入水平和生活条件上，更体现在人口构成、人们的社会需求和社会治理方式上。经过几十年的快速经济发展，我国的社会结构发生了剧烈的变化。与计划经济体制相适应的单位制逐渐解体，这也意味着传统的社会管控手段不足以面对新的变化。据第七次全国人口普查公报，我国人口呈现流动增加以及人户分离的特征。在全国人口中，人户分离人口为 4.93 亿人，相比 2010 年第六次全国人口普查，人户分离人口增加 2.31 亿人，增长 88.52%；流动人口增加 1.54 人，增长 69.73%。这种大规模、常态化的人口流动和人户分离现象日益普遍，产生了与以往不同的社会需求，同时给基于户籍管理思维的城乡二元体制带来更加严峻的挑战。从"单位人"到"社会人"的转型，要求社会治理方式和社会服务水平的革新。就台州市的情况来讲，台州市民营经济发达，制造业基础扎实，多样的经济业态、制造业需要大量外来流动人口。台州本地户籍人口 615 万，流动人口 180 万左右[1]，这样的人口结构，使

---

[1] 引自 2021 年 3 月 12 日市政法委等部门座谈。

外来人口的社会融合、生产生活安全保障、社会需求与服务等问题倒逼地方政府在社会治理方面引入新的思路和手段。

这种经济社会变迁带动的多元化的社会需求与中国社会治理现代化的变革趋势不谋而合。"推进国家治理体系和治理能力现代化"的这一改革目标,标志着我国施政理念逐步从"社会管理"迈向"社会治理"时代。治理理念的核心在于倡导一种多元共治的局面,强调不同治理主体之间的合作关系(戈丹,2010),强调将公共事务的管理权限和责任从传统的"政府"垄断当中解放出来,让全社会参与到治理当中去。党的十八届五中全会强调要"加强和创新社会治理",对政府与社会的关系做出了清晰的论述,提倡的"共建共享""居民自治"等理念带有很强的治理意涵。这表明政府更加注重社会建设当中社会本身的角色和功能,在官方的认识中,社会也逐步从"被治理的对象"转变为"治理的主体"。习近平总书记在中国共产党第十九届中央委员会第四次全体会议上强调:"坚持和完善共建共治共享的社会治理制度,保持社会稳定、维护国家安全。社会治理是国家治理的重要方面。必须加强和创新社会治理,完善党委领导、政府负责、民主协商、社会协同、公众参与、法治保障、科技支撑的社会治理体系,建设人人有责、人人尽责、人人享有的社会治理共同体,确保人民安居乐业、社会安定有序,建设更高水平的平安中国。"这进一步明确了各主体在社会治理中的定位,打开了社会协同、公众参与的空间。治理理念的转型和推进在实践上推动了社会治理朝多权力中心、多机制共治的方向发展。

面对日益复杂的社会变迁和逐步多元的社会需求,台州市也在转变社会治理的思路,培养、挖掘、动员多种不同的社会力量成为社会治理的主体,推动一种多元共治局面的形成。比如,培养网格员队伍,使之成为出租屋管理的中坚力量;将外来人口纳入工会管理;青年志愿者和社区社会组织在疫情管理中起到了重要作用;民营企业在安全治理和行业治理中表现出色;等等。尤其是各类社会组织,在现代社会的社会治理中发挥着不可替代的作用。作为政府、市场之外的第三部门,社会组织一方面为民众提供社会服务和社会治理的渠道;另一方面可以作为社会的代表,代表一部分有共同利益的居民,从而建立居民的主体性。台州市的社会组织发挥了多元主体的功能，成为市域社会治理现代化的支持力量。同时不可否认的是，"强政府、弱社会"是我国社会治理转型需要面对的现实，政府在培育和激发社会活力方面具有不可推卸的责任，社会组织的成长壮大离不开政府部门的支持。

第二节　社会组织的培育和发展

近年来，台州市登记注册的社会组织发展迅猛。2015 年登记注册的社会组织有 4017 家，到 2018 年增长为 4785 家，到了 2020 年，迅速增长为7513 家，与 2015 年相比增长了 87%（见图 6 - 1）。数量上飞速增长的社会组织已成为提供公共服务、反映群众诉求、规范组织行为、促进社会和谐的重要力量。社会组织作为第三部门，通常是独立于政府开展活动的，与政府逐渐形成互助的伙伴关系，因此由地方政府直接培育社会组织的行动在世界范围内并不多见。但是在中国，从改革开放前的"总体性社会"到今天，国家的力量依然很强大，社会自组织能力不强。在"强政府、弱社会"的背景下，社会组织的发展壮大与政府部门培育孵化、陪伴成长的努力分不开。因此，如何提升社会组织有效参与社会治理的水平，推动形成政府治理和社会调节以及居民自治之间的良性互动，已经成为提升基层社会治理现代化水平的一个重要课题。

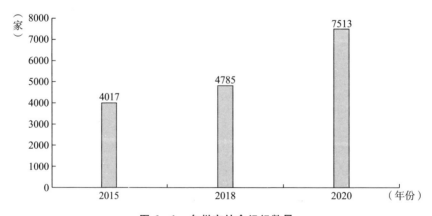

图 6 - 1　台州市社会组织数量

一　建立综合服务平台，全方位培育支持社会组织

为了更好地支持社会组织建设，台州市于 2019 年正式启动了社会组织党群服务中心暨孵化支持中心（以下简称台州市社会组织服务中心）。台州市社会组织服务中心按照"一站九中心"的功能布局，引入"阳益台州"品牌战略，打造出台州最具温度的红色公益地标。中心集社会组织党建引领平台、社会治理创新支持平台、社会组织孵化培育平台等六大平台于一体，推出了项目孵化、志愿服务、党建地图、成长轨迹等功能模块，为处于不同成长时期的社会组织提供一站式孵化管理服务。

作为综合服务平台，社会组织党群服务中心暨孵化支持中心的功能设置非常全面，目前运营围绕着"九大公益"展开，为社会组织的成长提供全面支持。第一个是在党委领导下，以党委为落地抓手，常设党内课堂建设活动，由支持中心和增能中心开展活动。第二个是普通公益图书馆，日常开展主题沙龙，观影会和一些宣传讲座配合，以建成台州市五家公益众筹图书馆为目标。第三个是公益学院，主要是为社会组织组建智库，提供智力支持资源，目前智库里面有一些高校学者，会为社会组织进行培训。第四个是"种子计划"，设置了专门的孵化中心，主要是针对初创期、萌芽期的社会组织，把它们当作一个种子，慢慢培育，希望每颗种子都能成为一棵大树。第五个是公益行动，与"种子计划"不同，公益行动主要面向发展期、相对成熟的社会组织，帮助它们梳理优势业务，为它们提供资源链接，比如镇社、社社合作的一些资源和项目对接等。第六个是"异想天开"，主要是在项目的培育过程中进行，在梦想中心落地，组织一些头脑风暴，为社会组织提供发散思维，开创梦想的平台。第七个是时间银行，与服务、培训活动结合起来，有兑换机制，鼓励社会组织参与活动。第八个是关爱扶弱，希望发掘一些平凡人的公益力量。第九个是"深入人心"，希望通过多种多样的活动和宣传来宣扬公益的力量。除此之外，在各县/市/区也成立了社会组织党群服务中心，参照市级平台发挥社会组织服务平台的作用。

此外，台州市社会组织服务中心还积极搭设平台，促进社会组织与企业之间的合作。社会组织服务中心入驻了"创业服务协会"，通过创业分

享会、创业导师、政策宣讲等方式服务创业中的中小企业。就像协会工作人员说的，"我们需要让企业更好、更多元化地参与公益和社会治理"。①协会扶持企业，企业发展起来之后也会反馈社会组织。经费来源是每个社会组织都要面对的问题，台州民营企业发达，也希望尽到企业的社会责任，企业会直接为社会组织提供资金，成为社会组织重要的筹资来源。

除了台州市社会组织服务中心这个市级层面的平台，各县/市/区也根据自己的情况，积极搭建各种类型的平台，培育社会组织，助其成长。比如椒江区根据自身资源和辖区特点，创建了"义家+义圈"的工作模式，由工会、青年团、妇联等群团组织派驻主要负责人在"义家"办公搭建平台，以此作为枢纽，引入、培育、扶持了将近100个本地的社会组织和众多未注册的公益组织或者志愿者队伍，他们通过"义家"这个平台为社会提供各类服务，形成"义家+义圈"的社会力量参与社会治理的新模式。这个模式成功入选2020年度浙江省社会治理创新项目。

二 坚持党建引领社会组织建设，画出最大"同心圆"

做好基层社会治理，最根本的是坚持党的领导，把政治引领贯穿于社会治理各方面，发挥基层党组织的战斗堡垒作用，以新时代党的建设引领社会治理现代化。社会组织作为参与基层社会治理的重要力量，需要坚持党建引领，强调党的主心骨作用。在这方面，台州市及其县/市/区各级政府部门探索出一系列实践经验。一是强化阵地建设。在台州市社会组织服务中心的九大公益项目中，最重要的项目就是党委落地在中心，常年在支持中心和增能中心开展党内和课堂建设活动项目，"我们运营的是阳光，首先是党的照耀。"② 还有三门县全力在党组织有效覆盖上下功夫，扎实开展社会组织党的组织和工作覆盖"集中攻坚月"专项行动，坚决消除党建"空白点"，通过单建、挂靠、联建、派驻等方式，党组织覆盖率达到90%，工作覆盖率达到100%。二是注重思想引导。比如三门县精心开展社会组织党员主题党日活动，免费提供参观展示、党员教育、活动交流等

---

① 引自2021年3月16日社会组织服务中心访谈。
② 引自2021年3月16日社会组织服务中心访谈。

服务，推动社会组织及其党组织拓宽视野、锤炼党性。特别是利用亭旁红色文化教育基地这一张"金名片"，在社会组织中开展"五个一"主题活动（即举行一次集体宣誓、上一次专题党课、走一次革命老路、吃一顿忆苦思甜饭、帮扶一名困难老党员），2020年，全县263个社会组织5000多人次到亭旁接受党性教育，有效确保了社会组织与党同心同向、同心同行。三是创新"党建+"模式。党委、政府在中心工作中登高一呼，社会组织能不能群力响应，是检验社会组织党建工作的"试金石"。通过建立社会组织党员社会责任公开履诺、作用发挥评价量化等机制，以党建带社建，以党员带社员，切实做到党委、政府中心工作推进到哪里，社会组织就跟进到哪里。

三　人才扶持与引进，陪伴人才成长

人才是社会组织发展的基础，台州市政府支持社会组织发展，出台政策为社会组织引进高水平人才。

在政策创制方面，台州市出台了社会工作人才三年行动规划，填补了台州社会工作人才发展政策方面的空白。还出台了社会工作专业人才扶持奖励办法，明确了一些奖励政策，系统谋划了台州社会工作人才发展目标跟扶持具体举措。在社会组织特别是社会工作人才机构的政策保障方面，参照中小企业享受国家支持"大众创业、万众创新"的有关政策，让社工专业的高校毕业生能够享受一次性补贴政策和生活津贴的相关政策。对于高端人才，在2018年，省一级的社会工作领域人才纳入了全省高层次人才目录，可以享受高层次人才引进的相关优惠政策。建立社会工作"名家工作室"并制定了社会工作"名家工作室"相关的配套政策，近三年共引进了四名包括浙江大学毛丹教授在内的社会工作名家，他们成立了工作室，在台州开展工作，对台州的社会组织发展起到了指导作用。除了引进人才，还建立培养自己的社工人才的机制，建立了七家市级社科工作人才实训基地，初步形成了一个较具规模的社会工作人才服务队伍跟踪培养体系。经过人才政策的吸引和培育，近三年来，全市持证社会工作者总量显著增加，从2017年底的454人增加到2021年的1.07万人，社区专职工作者比例从17%提升到近60%。

四 让渡空间与明晰边界：基层政府培育社会组织的努力

社会组织的发育首先得益于政府职能转变：政府从社会治理和公共服务的直接提供者变为社会治理和服务的出资者、发包者、监督者、验收者，社会组织成为专业的服务提供者。这种职能的转变让渡出一定的空间，为社会组织开展业务、发展壮大提供了可能，而这种职能的转变与社会治理现代化精神是非常契合的。社会治理现代化所倡导的多元治理精神，全社会共建共享和发挥群众组织的自主性，就是社会组织培育的核心。

在台州市，除了市级政府和各职能部门对社会组织的引进和培育工作支持之外，基层政府也有很强的动力培育和支持社会组织的工作。台州市目前发展最好的社会组织——天宜社工，就是在楚门镇党委和政府的支持和陪伴下，自下而上成长起来的。

浙江玉环市楚门镇地处浙江省东部沿海地区，是中国经济最发达的乡镇之一。但是几年前，跟高速发展的经济不相称的是，社会矛盾日益显现、居民幸福指数有所下降。乡镇政府作为基层政权，每天要直接面对民众，处理大量复杂的社会事件和社会问题。楚门镇党委政府急需寻找到能协助解决社会矛盾、完善公共服务的办法。几番周折，他们了解到"社工"就是他们需要的"专业的人"。

> 我们镇当年有一个领导，他自己应该是去外面读了 MBA，受到启发，回来就一定要在这里把这颗种子种下去，觉得在实际工作中有这方面的需求，一定要把这个引进来，所以当时就花了很多钱做，两千多万，……那个时候是 2012 年。……2012 年开始做这个事情，也是力排众议要做这个事情，后来这个事情做下来了，这个种子种在这里了，它不断地生根发芽，现在长成大树了……刚开始是很难，因为这个是新鲜的事物。①

楚门镇党委、政府意识到自身能力有限，无法充分满足当下治理需

① 引自 2021 年 3 月 17 日楚门天宜社工座谈。

求，从而积极探索政府购买公共服务，引导社会组织力量参与社会基层治理，缓解政府服务短缺和社会治理覆盖面不足的问题。2013 年 7 月，玉环市楚门镇第一个社工组织——楚门天宜社工服务社成立。除了项目购买经费的保障、政策支持之外，最重要的是，政府将一些专业领域，让渡出空间给社会组织开展工作，比如亲职教育、长者健康、社区服务、文化服务等普惠型公益服务；还将困境青少年支持、单亲家庭支援、失独家庭帮扶、孤寡老人结对、残障人士帮扶、未成年犯跟进、司法受害者帮扶等社会弱势群体服务等方面的专业工作内容让渡给社会组织承担。之后，楚门"阳光救援队"等社会组织陆续成立，他们积极参与基层治理工作，补齐政府服务短板，实现了政府、社会组织和群众间的共赢。

政府让渡出部分服务类别和行动空间，向社会组织购买专业的服务，社会组织获得发展空间和项目资源，得以迅猛发展，政府从无所不能的全包政府变为"有所为、有所不为"的有限政府，减轻压力轻装上阵。而政府压力的减轻绝不意味着政府不作为，而是有针对性地做工作，与社会组织分工明确，边界明晰，共同提供社会服务。

案例：玉环市楚门天宜社工与政府工作相互补充①

楚门天宜社工服务社在承担青少年保护项目时发现一个孤儿家庭，奶奶带着孙女，家里很穷，但没有享受到教育帮扶减免政策。社会工作者立刻将情况通过预警平台上报政府部门，很快为她们申请下来学杂费和午餐费每学期 1300 元的减免。

"玉环市推出了未成年人强制预警系统，有一个平台，你把情况报上去，申请助学金什么的，他们就马上获悉，所以我报了两三个，报了之后还没几天他就解决了问题，确实很快。……现在整个联动，虽然不是说完全连起来，基本上也是连得挺多，尤其是对一些弱势群体。

政法委：政府是桥梁纽带，其实政府也需要他们帮助，这个事情他们最好将信息给我们，他们帮我们去做。这样他们能更好，我们也

---

① 根据 2021 年 3 月 17 日楚门天宜社工座谈整理。

能更好。"①

在未成年人保护方面，专业社工、社会组织负责日常保护和排查工作，发现需要政策解决的问题，上报政府平台系统，政府部门负责落实帮扶政策。对不同类型需求的分类应对，让政府与社会组织的分工更加明确，各自的职能体现得更加明晰，政府与社会组织之间的边界也更加清晰，合力而和谐地践行社会治理现代化。

第三节　以社会组织为主体的社会治理

政府部门让渡空间给社会组织发展，并且有针对性地直接培育社会组织并取得了很好的成果，在良好的外部环境和自身的努力建设过程中，台州的社会组织蓬勃发展。在市域社会治理全面现代化的过程中，社会组织发挥了多元主体的功能，展现了社会协同治理和自我治理能力，成为市域社会治理现代化的重要支撑力量。同时，不同类型的社会组织，由于职能不同，在社会治理中所起到的作用也不相同。对于专业社会工作组织来说，它们发挥自己的专业特长，处理复杂的社会关系，用专业技能参与社会治理；而对于扎根于基层的社区调解类社会组织来说，它们扎根基层，紧密联系群众并为群众服务，发挥了本地乡贤在农村社会治理上的专长；还有大众志愿服务的公益性社会组织，它们参与人多，服务面广，有助于居民主体性的建立，起到了凝聚人心，宣扬正能量的作用；等等。它们形成了"和而不同、分工合作、取长补短、和合治理"的治理模式，成为台州市域社会治理现代化的重要力量。

一　专业社会工作组织：专业与分工的"和合"治理

随着经济飞速发展，社会需求日益复杂，社会治理也日益呈现多样性的态势。地方政府越来越意识到，很多治理和服务的相关工作是政府无法承担、无力承担的，需要更为专业的组织和人士协助完成。同时，社会工

---

① 引自 2021 年 3 月 17 日楚门天宜社工座谈。

作由于其独特的专业性而为各级政府所承认，政府逐渐将部分相应的任务交给社工组织来完成。专业社工组织在中国大地上蓬勃发展，受到各级政府和服务对象的欢迎。

社会工作组织在治理中的专业性可以体现在以下两个方面。首先，在专业领域持续深耕，起到领域中无可替代的作用。其次，在工作中发挥自身协调关系和连接资源的优势，在与政府和其他组织的分工合作方面注重协调性、系统性和整体性，达到分工合作、"和合"治理的目的。

1. 深耕专业领域

社区矫正是司法环节中比较专业的领域，"社工参与司法矫正，全国都少。"① 而台州市由专职社工参与社区矫正项目是台州践行市域社会治理现代化的突出特色之一，是市域社会治理现代化的创新之举。由于司法部门工作任务重，社区工作也日益庞杂，无法安排专职人员深入细致地开展社区矫正工作。台州市的司法部门创新治理路径，引入社会组织来承担部分专业的矫正工作，黄岩区司法局领导说，"社区矫正是一个社会化的工程，需要社会化的参与"②。这种治理创新路径一方面引入多元治理主体，缓解了政府部门的工作压力，他们能腾出手做更多的法规、监督、行政方面的工作，同时，培育了深耕专业领域的社会组织，使之成为某一领域的专家、政府的良好合作伙伴，让政府和社会组织各司其职，都变得更加专业。

案例：玉环市天宜社会工作服务中心社区矫正参与社区治理③

一、背景介绍

天宜社会工作服务中心成立于 2013 年 7 月，最早成立于玉环市楚门镇，以"辅助弱者、服务居民、同建社区、和美社会"为最重要的服务宗旨，目前天宜社工已经有 12 个机构，75 名全职社工，在台州市、绍兴、温州等地都有服务点。该机构工作内容多样，其中社区矫

---

① 引自 2021 年 3 月 17 日楚门天宜社工座谈。
② 引自 2021 年 3 月 14 日黄岩区司法局社区矫正中心。
③ 根据台州市社区治理优秀案例《"心服务，新天宜，馨矫正"社区矫正参与社区治理》整理。

正，包括未成年保护工作是其服务领域中最重要的内容，获得了"全国美丽社工"等荣誉称号。该机构社区矫正专职工作者（以下简称专职社工）从2014年7月起在社区矫正领域进行相关尝试，探索了一条适合中国本土化的社工与社区矫正结合的新路，并从2016年7月起，在玉环市全市范围内全面铺开。专职社工服务社区矫正对象，尤其是青少年，始终秉持着"以人为本，助人自助，用生命影响生命"的价值理念，依照尊重、平等、信任、接纳、自决、保密的服务原则，运用专业知识和方法为服务对象提供心理疏导、资源链接、社区融入等社会工作服务，以提升其自我机能，恢复和发展其社会功能，从而协助其走向一个新的未来。

二、工作做法

专职社工参与社区矫正项目在全国首创，他们依托天宜公益平台与司法部门紧密合作，联合施行"刚性执法、人性服务"。该模式下的司法社工不被派驻司法局和司法所，完全独立开展社工服务。

专职社工运用社会工作知识和方法、技术，兼具监管、矫正、服务多重功能，为服务对象在社区服刑期间提供思想教育、心理辅导、行为纠正、信息咨询、资源链接、社会环境改善等，使其消除违法心理结构，修正行为模式，适应社会生活的专业化的社会福利服务。在改变服务对象的思想和行为的同时，营造有利于其改造的家庭和社区环境，促进刑罚制度向人性化、科学化，并逐渐向康复的方向发展。

项目特色主要表现为个性化施矫与多样化服务。

（一）个性化施矫

根据每个服务对象不同的需求情况和不同的风险评估等级，有针对性地制定个性化矫正方案，如：闲暇兴趣培养、危机预警与干预、家庭关系改善、关注服刑人员子女、培养社交技巧和优势视角、情绪宣泄与处理等。

1. 家访与辅导

对重点及有需求的服务对象提供定期探访，动态跟踪他们在社区和家庭的适应情况，了解服务对象的家庭、朋友、工作和闲暇时间的安排等情况。对生活有困难的服务对象，专职社工链接社会资源对服务对象开展各类关爱服务，包括物质帮扶、情感关怀等。在节假日与服务对象的生日等特殊节日，通过电话、短信或上门走访等方式对服务对象表达祝福，让服务对象感受到来自社会的关爱。

比如因贩卖毒品被判2年有期徒刑的18岁服务对象A，有一个八个月大的女儿，孩子的父亲也在监狱内服刑。孩子日常的费用已经超出她的能力范围，专职社工在微信公众号发布微心愿，号召社会上的爱心人士一起帮助这位无助的妈妈，很快爱心物资收集齐全。当他们面临困境时，社会献出一份爱心，他们会体会到社会的关爱，从而对社会心存感恩之心。

2. 风险评估与个案辅导

根据服务对象的个别化情况，结合犯罪原因、心理类型、现实表现等，以及服务对象的人生四大支柱情况（家庭、朋友、工作、闲暇）进行综合风险评估，重点关注服务对象的心理健康情况，并根据测评结果，采用理性情绪治疗、行为中心、任务中心、叙事治疗等心理治疗手法开展相应的心理辅导和跟进。

对于风险评估较高的服务对象，运用个案工作专业方法和技巧帮助服务对象个人或其家庭，实现服务对象对自我的尊重、肯定和能力的重塑，改善家庭关系，帮助服务对象重新融入社会。

比如服务对象B，因故意伤害罪被判有期徒刑13年，刚假释回家的他因多年的牢狱生活与外面的世界完全脱节，并且缺乏相应的社会支持系统。专职社工与他一起制订重新融入社会的计划，让他学会使用智能手机、网上购物、考驾照等，鼓励他多与家人及朋友接触，挖掘自己的潜能及兴趣点，找到职业方向，再一步步积累经验。

如果说监狱是一座与世隔绝的孤岛，那么社区矫正就是连接这座孤岛与社会的桥梁。我们陪伴服务对象去面对各种困难，并永不言弃。

（二）多样化服务

为了提高服务对象的融入感，专职社工开展丰富多彩的活动，不仅充实了服刑人员的闲暇生活，而且促进服务对象接触社会的正能量，专职社工还用文化的力量去熏陶服刑人员，用文化的力量去感召他们。

1. 社区教育培训与公益服务

由专职社工每月策划和安排各类社区教育与学习培训活动，制定社区公益服务菜单，要求每个服务对象每月参加司法行政部门和社工组织的教育学习及公益服务（活动）达到 8 小时。服务对象根据自己的身体状况、时间安排等，进行自主选择申报。教育学习内容包括法律、急救、沟通技巧、团队合作、义工培训等。公益活动融入敬老、护绿、文明倡导等义工服务活动中，逐渐培养他们感恩社会、回报社会之心。

担任医院导医的服务对象 C 如实说道："虽是简单的一个方向指引，我认为自己在做一件极有意义的事情，现在的社会，不正需要这份温暖吗？"一个亲切的笑容，一声关怀的问候，一个实际的行动，他们在服务过程中的精神体现，也是他们自身价值的良好实现。

2. 营造社区氛围

为了改善社区环境，营造有利于社区矫正的良好氛围，专职社工开展各式各样的社区活动，如社区邻里节、阅读节、多彩公益兴趣班、摄影比赛、社团文化节、人文讲座等，不仅可以让服务对象及其家人有机会参与，而且社区氛围更加和美、邻里关系更加融洽，大家互帮互助，服务对象在这种社区环境中更加有利于矫正。

三、总结启示

社区服刑人员是一个特殊的群体。系统完善的帮扶体系，在对服务对象监管的同时，还透露出浓厚的人性关怀，因此，社区矫正社会工作在社会治理中起到重要的作用。

（一）去"标签化"

社区服刑人员，因为特殊的社会身份，往往被贴上罪犯标签，不被大多数人认可。专职社工与服务对象是平等的互动关系，他们改变社会大众对服务对象的认识，使其获得社会大众的接纳从而更顺利地融入社会。

（二）由"管"到"帮"

在以往的社区矫正中，"管"的成分往往占比较大，服务对象也容易产生逆反情绪。服务对象是比较容易影响社会稳定的敏感人群，也是需要给予特殊关爱的重点人群。引入专业的社工组织可以使社区矫正由单纯的"管制"，转变为量身定做的"帮扶"，使服务对象走出阴影，在阳光下生活。

（三）培养感恩社会之心

"用心灵感动心灵，用情感融化情感"，这是生命教育的最动容之处。而社工，是生命影响生命的工作。他们通过"生命体"不断向外传播以人为本，助人自助的理念，凝聚尊重、真挚的力量，用一颗勇担责任的心触发人们对"生命"的思考并用行动诠释生命存在的价值。

从案例中我们可以看到，专职社区矫正工作者在工作中秉承着个性化施矫和多样化服务的原则，根据矫正对象的个人特征制定矫正方案，并强调社区融入和社会融入，对避免矫正对象再次犯罪、回归社会起到了很好的引导作用。与以往司法部门直接主导的社区矫正工作相比，专业社工组织的工作更加强调柔性和个性化服务，强调走入矫正对象的内心；同时，司法部门也用刚性手段对矫正对象进行规范治理。专业社工的柔性治理，与司法部门的刚性治理相结合，让我国的刑罚执行制度更加科学和人性化，既符合中国国情，也与国际化接轨，彰显了社会治理现代化的重要意义。

专业社会组织各司其职，在各自领域中深耕，成为社会治理的有机组成部分和不可或缺的力量。同时我们还需要认识到，很多治理目标需要不同主体合作完成。社会组织的专业性还体现在，他们能够发挥自身协调关系和链接资源的优势，与政府和其他组织很好地分工合作，共同达到"和合"治理的效果。

2. 与其他组织分工合作

市域社会治理是系统性、整体性的改革和创新，是市域范围内的协同和整合资源。而社工组织作为市域社会治理的参与主体，也在治理的系统性、整体性体系之中。社工组织是独立的治理主体，也需要与政府部门和其他组织合作，才能达到"和合"治理的目的。目前，社会组织承担的许多项目是由政府发包的，作为购买方，也是监督方，政府在其中扮演着重要角色，不同政府部门也有分工与合作。

案例：路桥区的阳光驿站青少年一体化社会管护项目①

2011 年初，路桥区关工委联合区司法局，在有条件的村居、企业，创建了针对 35 周岁以下的社区服刑人员、归正人员和失足失范青少年的教育矫正基地——阳光驿站，创新了归矫正青少年安置帮教管理的新模式。这十年间，"阳光驿站"充分发挥平台和纽带作用，依托政府主导、社会参与、专兼结合的工作格局，由镇、街道党委政府统一领导，关工委组织协调，司法所指导管理，村两委配合支持，专业社会组织具体实施。2016 年，"阳光驿站"被中国关工委作为"十佳工作品牌"之一向全国推广。

在市域社会治理创新的今天，路桥区探索出驿站"队伍组合联谊化、团队管理社团化、工作运行项目化、队伍开展专业化"的新模式，联合路桥天宜少年司法社会工作服务中心，为未成年人保护、临界预防社会治理工作提供心理辅导、法律援助等服务。这个项目叫作"青少年一体化社会管护项目"，主要面向未成年人，包括未成年罪犯和未成年被害人。从传统的对犯罪青少年的矫正，前置扩展到犯罪预防。对于一些还没有到犯罪的程度、仅有违法的行为青少年，一并纳入管理，达到预防犯罪的目的。

"我们引入了司法社工，它主要是全程一体化，在侦查阶段，社工就开始跟踪，包括做社会调查，做心理测评，社会调查跟心理测评虽然不能作为一个形式上的证据，但是对我们处理未成年人问题是一个参考，比如说社会调查显示他的家庭结构是比较稳定的，他的心理也是比较稳定的，那么我们处理案子的时候，如果他所犯的事并不是那么严重的话，我们就尽量给这些未成年人一个机会。后期我们做出处理了之后，社会继续跟踪帮教，看看他后期的一些表现，主要是做这个硬性化的项目。"②

---

① 根据 2021 年 3 月 15 日路桥区政法委座谈整理。
② 引自 2021 年 3 月 15 日路桥区政法委座谈。

在这个过程中，司法社工承担不可替代的专业职能，同时需要和不同单位合作。这个项目一共有12家包括政法委、公安局、检察院、法院、司法局，还有关工委、团委、妇联、教育局、财政局、民政局等机构在内的政府部门参与。这里的"一体化"除了体现在青少年犯罪和受害者从前期预防到后期融入社会的一体化跟踪之外，还体现在所有职能部门和社会组织分工合作，一体化进行服务上。司法社工在前期调查和测评完成之后，将结果给政府部门参考，并且在法律对未成年罪犯处理之后，由社会组织继续跟进，帮助其回归社会。

除了与政府部门合作，社工机构的专业性还在于，调动社区和居民的积极性，与社区组织和居民形成良好的互动，挖掘社区主体性，构建社区社会治理新格局。

案例：温岭市泽国镇社工机构参与社区治理①

温岭市泽国镇逢儒社区作为泽国镇的一个村改社社区，在深入推进社区治理的工作中也面临一些挑战，一是村改社区后融合度低。村民受习俗、思想观念等影响，对社区建设参与感不强。二是服务水平有待提升。周边配套设施还需进一步完善，社区公共服务、基础建设较为薄弱；社区建设、社会服务工作经验不足。三是社区社会组织专业性有待加强。目前社区社会组织文艺类、志愿类的较多，缺少专业的社会组织（社工机构）引导居民参与社区治理。为此，泽国镇通过引进专业社工机构参与社区治理，希望把城市社区建设成为管理有序、服务完善、文明祥和的社会生活共同体，为社区群众营造良好的人居环境。

基于社区居民对社区事务参与积极性不高的状况，项目以地区发展模式为介入理论基础，以居民参与为核心理念，通过在社区范围内鼓励社区居民参与，以自助、互助的方式，动员社区居民解决社区问题，推动社区发展。他们以"平安先行·整体提升"理念为宗旨，以

① 根据台州市社区治理优秀案例《"平安先行整体提升"社工机构参与社区治理》整理。

创建平安社区为社工参与社区治理的切入点，确立"平安先行，整体提升"的社区发展思路，以社区的老、少、残三个群体为主要服务群体，借社区长者、青少年、残障人士的立场和视角，多方位了解"老、少、残"群体在社区的感受和体验，从安全设施、安全制度、安全组织（自组织）和安全意识四个层面开展各类社会组织服务，用服务撬动家庭，用家庭联结社区，嫁接社区资源，消减社区安全隐患，打造社工机构参与社区治理的"泽国模式"。

项目前期活动开展以儿童为主要抓手，通过以下活动鼓励家长及老人一同参与社区治理。

1. 童议社区"小小安全员"养成记

2020年11月3日下午，社工在逢儒社区内举行了童议社区"安全意识up！up！"和"小小安全员"社区安全摄影活动。通过一些游戏，社工不但与社区里的小朋友及其家长初步建立了良好的工作关系，更是让社区里的孩子们学会基础的安全知识，并且获得了寻找安全隐患的技能，比如剥落的墙体、破旧的垃圾桶、没有安全标识的工地、坑洼的地面、缠绕的电线、被台风刮倒的大树等都是社区里存在安全隐患的地方。社区安全摄影活动更是让孩子们在社区里以摄影这种有趣的形式参与技能实践，发出他们的声音，成为参与社区安全治理的一分子。小小安全员们最终在社区"长泾路"和"长虹路"上发现了不少安全隐患。本次活动让孩子们通过观察和分析社区内存在的安全隐患，把安全知识的学习变成了主动学习的过程，有效提高了孩子们的安全意识，帮助孩子们识别常见危险，为儿童的成长撑起"保护伞"。

2. 做身边的首席安全官

11月16日，社工与社区工作人员一起，通过以"做身边的首席安全官"为主题，举办了一场安全意识提升活动，帮助孩子们识别常见危险，提高孩子们的安全保护意识，让孩子们在安全的环境下健康地生活。

通过以上活动，首先逐渐形成"党委领导、政府负责、社会协同、公众参与、法制保障"的社会治理体制，使社区治理呈现多元化的趋势。其次，运用社会工作理念和专业的服务手法，在社区内开展丰富多彩的活动，以此为纽带和契机，动员社区居民参与社区安全隐患治理，提升居民安全意识，推动社区治理和社会自我调节、居民自治良性互动。最后，搭建社区自组织，挖掘社区的潜能和社区居民个人的能力，建立社区"小小安全员"队伍，实现社区内部的优势整合，促进社区居委会职能的转变，分离出原有行政行为中的公共服务职能，实现社区居委会职能的瘦身和转变，激发社区居民的社区参与活力，形成以切身利益相关方的视角参与社区治理的新机制。

在这两个案例中我们看到，作为市域社会治理系统多元主体中的成员，专业社工组织与其他组织和群体，各司其职，同时又相互配合，在同一事件的不同环节中发挥不可或缺的作用，充分发挥了"和合"治理的精神。首先，社会治理的核心是社会参与，需要政府、居民、居委会和社会组织参与其中，实现多元化互动，共同推动社区治理的进程，树立共同治理的理念，加强各方的沟通和互动，培养居民的协商精神，鼓励居民参与到社区公共事务中来，实现大家的事大家办。其次，社工组织在社会治理，尤其是社区治理过程中起着润滑剂的作用，不能单打独斗，也不能全权负责。在社区治理中，应该引导社区挖掘自身永续力量，将原有的被动接纳的居民转变为主动参与社区治理。社区人办社区事，居民们能参与到社区事务中，实现民主决策。最后，社工作为资源整合的主体，帮助政府和社区引进和链接资源，带动居民协商合作、协同互动，共同参与到社会治理中来。

二　基层矛盾纠纷化解机制中的新乡贤调助团

习近平总书记在浙江省考察时强调，要完善社会矛盾纠纷多元预防调处化解综合机制，让老百姓遇到问题能有地方"找个说法"，切实把矛盾解决在萌芽状态、化解在基层。而广大农村基层地区，人口逐渐外流、经济相对落后，治理力量薄弱是不争的事实。基层社会矛盾纠纷多发易发且主体多元化、诉求利益化、过程复杂化，与基层预防调处主体较单一、力量较薄弱、专业较欠缺、情理较浅化产生了矛盾。

近年来，台州市建立健全工作协调机制，构建"党委统一领导、统战部门牵头协调、相关部门具体负责"的新乡贤工作格局。充分利用新乡贤人熟、地熟、村情熟等各方面优势，以新乡贤调解室为阵地，新乡贤"和合"调解服务团为依托，探索建立新乡贤助力风险防控新模式，充分发挥新乡贤在引领乡风文明、普及法律政策、调处矛盾纠纷、反映社情民意、维护公序良俗、促进社会和谐方面的作用，深度融入风险防控、基层善治的全链条、全过程，打造基层善治共同体。台州市试点开展的"1＋6"新乡贤助力调解模式入选 2020 年浙江省社会治理创新项目，相关经验做法被《浙江日报》等党报党刊宣传报道。

把新乡贤调解定位为人民调解的"精英"部分，遵循"法为上、礼为先、和为贵"理念，探索形成以新乡贤调解服务团（小组），新乡贤调解室入驻区、镇、村三级社会矛调（综治）中心为组织形式的新乡贤多元化调处化解社会矛盾纠纷模式，全协同、深融入、高效能助力社会矛盾纠纷调处化解"最多跑一地"工作，夯实了平安建设的基层基础，筑牢了和谐稳定的基层防线。新乡贤主要包括老党员、老干部、老教师、热心公益的企业家等在当地比较有威望的社会贤达人士，坚持"不贤不选、不能不选、不愿不选"的原则，按照"崇德尚法、为人正派、热心公益、处事公道、群众公认"的选贤标准，实行人民群众、村居社区、镇街道联选联推和统战、政法、信访、司法部门联审联核，结合地域覆盖和本地、外来新乡贤资源，筛选出法律懂、调解熟、乡情明、威望高的区、镇、村三级新乡贤调解员。作为基层调解组织，新乡贤助调团在体制机制建设方面有所突破，同时又有着天然的乡情土壤，是在基层乡情土壤中开出的社会治理现代化之花。

1. 体制机制建设与突破

（1）组建新乡贤助调团，建实基层网络。针对新乡贤以往单兵作战、力量薄弱等问题，统战部门按照"品行正、威望高、明乡情、善调解、有热心"的选贤标准，与政法、信访、司法行政等单位联审后，在全市择优聘任了 1619 名县乡村三级新乡贤助调员。新乡贤助调员作为"3＋X＋Y"网格团队中的自治力量组建助调团，助力矛盾纠纷调解。同时，实行统一佩戴工作证、统一规范服装、统一颁发调解手册、统一配备"平安通"移动终端等"五统一",让新乡贤助调员有身份、有章法、有工具理事。

（2）整合新乡贤调解室，建强阵地平台。针对以往新乡贤工作中存在的缺乏统筹指导、无固定场所等问题，台州市全面推进新乡贤调解室入驻县乡两级矛调中心。按照"五有"（有固定场所、有专人负责、有规章制度、有工作台账、有经费保障）标准，规范设置新乡贤调解室。各新乡贤调解室常态化开展风险防控工作，每月月初对外公布调解室轮驻乡贤信息表，实行轮驻助调员首接责任制，及时化解基层风险隐患。自2020年以来，县乡两级新乡贤调解室共接待群众来访4820人次，调解各类矛盾纠纷2600多件。

（3）破解日常保障难题，建好运行机制。针对新乡贤工作无章可循、运行不规范等问题，在组织领导上，坚持把党的领导贯穿于新乡贤助力风险防控各方面、各领域、各环节；在工作考核上，将新乡贤工作纳入市对县/市/区党建工作责任制，并赋予了2.5分值；在阵地建设上，将新乡贤调解室纳入矛调中心建设内容；在队伍培训上，将新乡贤助调员纳入人民调解员队伍培训计划，通过法律讲座、以会代训等形式培训新乡贤1300多人次；在经费保障上，将新乡贤调解经费纳入同级矛调中心总体经费预算，按规定给予相应报酬。

（4）以圆桌会商推动自治协商。建立新乡贤联系村（社区）制度，组织新乡贤进村入户与群众围坐开展圆桌会商、面对面恳谈，听取诉求、疏导情绪、化解问题，在充分自治协商中求同存异达成共识，以"群贤治理"促进社会和谐。比如路桥区在行政村规模调整工作中，就新村村名、村址、"三资"融合方案、村庄规划等进行恳谈，新乡贤摆事实、讲道理，使群众心齐气顺，平稳推进了全区105个行政村的并村工作。

（5）以"四办"机制强化法制保障。将新乡贤助力矛调作为人民调解、行政调解、司法调解之外的有益补充，建立基层社会矛调中心与新乡贤调解室诉调对接机制，规范"会商接办、组团领办、限时承办、后续跟办"工作流程。在调解过程中，注重以法律为准绳，以当事人利益关系为主线，依法进行调解。

这几个做法让新乡贤助调团参与调解师出有名、组织规范、机制健全、保障有力。组建新乡贤助调团这样的优秀基层经验是台州市域治理现代化大体系中的一环，而市域社会治理现代化也系统、整体地对一个个基层经验进行进一步的规范和指导，使之提升品质，更好地为人民服务。

2. 调解与社区情理相结合

在广大村镇地区，人们的社会关系大多植根于乡土，社区情理是他们根深蒂固的行事准则。在台州的广大村镇地区也依然存在着自己内部的社区情理。这种社区情理不一定违背社会规范触犯法律，但与法律规定之间也许存在张力。因此，乡贤组织介入调解，凭借"人熟、事熟、理熟"的优势，不仅熟悉法律和政策，更熟悉当地的人和情，将法治与情理结合，共同化解矛盾，维护社会和谐稳定。

（1）发挥新乡贤熟悉民情优势，成为化解苗头隐患的"灭火星"。在县乡两级矛调中心统筹下，新乡贤利用熟悉社情民意的特长，开展助力家庭矛盾、邻里纠纷、基层治安等隐患苗头大排查专项行动。2020年以来，全市新乡贤参与走访排查4600多人次，排查化解各类隐患苗头1100多件。

（2）发挥新乡贤调解经验优势，化解矛盾纠纷"控增量"。组建县乡两级新乡贤"和合"调解服务团，对案件进行集体会商，根据案件难易程度、类型特点和当事人诉求，以"一网格一团队""一案件一化解"模式，统筹打好"解困助调、基金助调、走访助调、驻点调解、集中调解、联合调解"等六种助调、调解组合拳。同时，探索创新"云调解"模式，通过电话、微信视频、网格视讯等方式在线实时对话、实时调解，让"数据跑"代替"群众跑""乡贤跑"。全市新乡贤调解团已"云调解"561起，调解时间缩短90%，调解成功率达81.2%。

（3）发挥新乡贤在群众中的威望优势，化解信访积案"减存量"。发挥新乡贤特有的人脉资源优势，通过服务团"派单"、群众"点单"等方式，引导新乡贤参与市级以上信访积案化解和省级以上重访专项治理等工作，成立"一案一调"工作组，深入矛盾一线，通过实地走访、协调会商等方式，实现链式运行、闭环管理。如仙居县大战乡一邻里双方因房屋建造问题产生矛盾，一方多次赴省进京上访，长达30年调解不成，被列为省级信访积案。新乡贤调解员应西川在3个月时间里与信访部门登门近百次，帮助当事人解决生活困难，在真心和诚心感化下终于成功化解。

（4）以榜样示范实现德治教化。充分利用文化礼堂、书院等乡村公共平台，创设乡贤馆，汇编乡村"微档案"，讲好身边的乡贤故事，充分发挥新乡贤言传身教、道德教化的榜样作用，传递崇德向善的价值导向。如在台金公路和杭绍台连接线项目推进中，部分群众不理解、持观望态度，临海市白水洋镇新乡贤胡军飞、朱琳山不仅自身带头，还发动身边亲朋好友签订拆迁协议。截至目前，全市已建立了1637万元由新乡贤捐赠、冠名的"新乡贤助调基金"，累计向弱势当事人开展帮扶救济200多人次。

案例：椒江区下陈街道乡贤管敏富调解典型案例①

2020年9月中旬，三顶桥村有俩兄弟因自留地调位未成，弟弟记恨在心。有天晚上可能因为心情不好，去大哥家说事，一气之下把正在吃饭的大哥及其儿子、女儿一家人饭桌掀掉了，当场把大哥的孙女吓得不轻，而后就感冒了，打针吃药受了很多苦。大哥一家找到管敏富叫他给讲讲理，否则会加倍报复。当时受损方大哥一家心情很是激动，一句两句的劝说无济于事，管敏富只好叫他们消消气，并承诺给他们一个说法，通过一番努力总算劝走了他们。

第三天，管敏富去弟弟家了解情况，事情经过基本和大哥说的相同，管敏富严肃批评了他，说他为了这点小事不该发这么大火，而且掀了饭桌，吓到了小孩，不该这么冲动。管敏富过了一天又去找大哥，通过做思想工作，大哥的气消了很多，但他坚持一桌子饭菜和盘、碗（损失）这一百多元一定要赔偿，还需要认错道歉，这还是看在管敏富的面子上，否则说不过去，他心里不平。而后管敏富找到弟弟，说饭菜盘碗（损失）的一百多元需要他赔偿并道歉。弟弟很激动，说赔偿没门，他（大哥）想怎么样就奉陪到底。管敏富又对其夫人做工作，后来对他本人做了较长时间的工作，他才答应赔偿，这事总算调解成功了。

管敏富回到家中越想越觉得不对，这俩兄弟为了百来元赔偿心里有了疙瘩，以后和谐相处怕比较困难了，不能为了这百来元钱伤了兄弟两个的和气。管敏富知道大哥家儿媳妇平时为人较好，通情达理，人缘也好，他想或许让她去做做全家的工作，把赔偿钱免掉。他告诉

---

① 根据椒江区下陈街道《乡贤管敏富调解典型案例》材料整理。

大哥的儿媳，要是赔了钱，兄弟家就会不认为自己亏欠什么，免了赔偿的话意思就大不一样了，兄弟会觉得亏欠。儿媳听管敏富讲完觉得很有道理，答应去做公公婆婆和老公的工作，说这是管敏富的意思。结果做通了全家的工作，决定免了赔偿的钱。之后弟弟全家很是感激，对大哥全家更尊重，最后兄弟俩和好如初，调解圆满收场。

案例生动而具体地阐明了新乡贤参与调解的作用，他们将社区情理和人情世故融入法理之中，凭借自己的经验和在群众中的威望，发挥熟悉本地情况的优势，及时化解苗头隐患，实现德治教化。在小小的民事纠纷案件中，管敏富没有止步于第一步调解成功，而是融入了人生智慧，将调解结合人情世故进一步推进，最终皆大欢喜。乡贤们在定分止争、维护社会和谐稳定方面的积极作用得到充分发挥，化解了群众身边的难题，全面激发出基层自我治理、自我调解的活力。

新乡贤参与调解成效明显：首先提高了矛盾纠纷化解能力，矛调"最多跑一地"；其次缩短了矛盾纠纷化解周期，减少了矛调"跑的时间"；再次发挥了矛盾纠纷预防作用，减少了矛调"跑的距离"；最后激发出了社会组织参与基层治理的能力和活力，将矛盾化解在基层，"发挥社会的力量，尽量让小事不出村，大事不出街道，我们的主要目的是把整个村的案件（数量）下降"①，最终达到"和合"之治。

新乡贤助调团参与调解也给了我们丰富的启示。首先，我们从中可以看到"小事不出村"的现实基础：新乡贤通过融入社区情理的在地化依法调解，合情合理合法地处理争端，让群众的诉求得到圆满的解决。其次，我们可以看到乡贤调解能够成功背后的原因：基层赋能，提升乡贤调解的规范程度，使之有了正式身份的同时提升了调解能力，这些赋能让情理法结合的基层工作真正做到群众心中。最后，我们可以看到多元主体参与治理的意义，来自人民群众的乡贤作为治理主体，参与到人民调解中，激发出了社会参与基层治理的活力和动力，不仅将矛盾化解在基层，还激发了人民群众的主体性和能动性。

---

① 引自 2021 年 3 月 13 日椒江区下陈街道新乡贤调解室座谈。

三　大众参与的义工协会和志愿者团队

习近平总书记在中国共产党第十九届中央委员会第四次全体会议上强调，"要建设人人有责、人人尽责、人人享有的社会治理共同体，确保人民安居乐业、社会安定有序，建设更高水平的平安中国"。而黄岩区义务工作者协会这类大众参与的社会组织则是人人参与、人人尽责的典范。

案例：台州市黄岩区义务工作者协会①

台州市黄岩区义务工作者协会（简称义工协会）成立于2006年2月19日，业务主管单位是黄岩区关心下一代工作委员会，简称关工委，从事的工作主要有助学、敬老、扶危济困、助残、环保、社区服务等。截至目前已经发展会员9300余人，举办活动3000多场次。2016年成立了义工党支部，2017年被评为5A级社会组织，2018年被认定为慈善组织，2017年取得公募资格。

主要的公益项目包括：①文明志愿一小时，这个项目从2018年开始，包括垃圾分类、知识普及宣传、城区街道的卫生保洁，还有文明交通劝导等活动。这个项目主要利用晚上的时间、碎片化的时间组织义工到主城区大楼内开展活动，还利用双休日的时间去开展垃圾分类知识宣传等，从而让忙于上班的人有机会参与社会活动，能够献爱心。②"夕阳友爱向善敬老"和"1+1"为老服务是两个敬老服务项目，前者主要针对敬老院的老人，后者针对的是住在家里的孤寡老人。"夕阳友爱向善敬老"项目从2005年开始实施，陆续在黄岩12个乡镇街道敬老院挂牌服务，帮助老人理发、洗脚、剪指甲，还打扫卫生、烧菜等等。"1+1"为老服务从2012年开始实施，针对居家安养的孤寡老人组建义工帮扶小组，每个月上门看望，做一些力所能及的工作。③"托起明天的太阳"助学服务，从2005年开始，到现在已经累计结队帮扶学生超过100人，现在每年有很多受助的大学生从学校毕业，在各自的岗位上献爱心，为人民服务。

---

① 根据2021年3月14日黄岩义工协会访谈整理而成。

义工协会有 9300 余名会员，他们活跃于各行各业，遍布各个年龄层。目前协会的负责人是国企员工，协会吸引了有能力有特长的人来献爱心，做有意义的事。根据各行业特征成立了十几支服务队，包括一支夕阳红服务队，是由老年志愿者组成的，平时都有人在值班，为群众提供一些服务，如量血压、送茶水等；在许多小学和黄岩中学建有服务队，在黄岩职业学校也建了一个分会，职业学校的学生根据自己的特长来服务大众，投身于义务工作中。

义工协会团结了有志于服务社会的人，他们虽然年龄不一，从事各行各业的工作，但都积极参与社会治理和服务，到达了政府治理和服务所达不到的地方，做到公共事务人人参与，人人尽责，为建设平安、美丽、和谐的社会贡献自己的一份力量。除了黄岩义工协会，台州市还有青年志愿组织、社区志愿组织等各级志愿者协会，他们在疫情期间扎根社区，值班站岗，运送物资，保障后勤，排查人群等，发挥了很大的作用，形成"人民事情人民办，人民办事为人民"的居民共治格局。社会治理的核心是多元参与，义工组织很好地承载了居民的主动性，发挥了人民的主体性力量，成为多元治理和服务大众的组成力量，为社会治理现代化贡献一份力量。

党的十九届四中全会提出"要建设人人有责、人人尽责、人人享有的社会治理共同体"，既指出了新时代社会治理格局的建设方向，也为社会组织参与社会治理的功能定位提供了依据。在新时代社会治理中，社会组织是重要的角色，是社会治理和公共服务的合作者，是社会和谐与秩序稳定的影响者，是社会公益慈善事业的推动者。专业社工组织、新乡贤参与基层调解组织和大众参与的社会组织从不同方面对社会治理现代化起到了积极的推进作用，为台州市域治理现代化事业添砖加瓦。

第四节　小结与讨论

一　小结

台州市在改革开放之后经历了快速发展，多元的经济类型和众多外来人口造就了其发达的经济，也产生了多元的社会治理需求，以往的治理模式已经不能满足日渐复杂的社会现实，不能服务于当下的社会治理需求，社会治理现代化的需求应运而生。市域治理现代化试点工作的实践，很好地回应了日渐多元的社会需求和这种社会治理现代化趋势。

台州市各政府部门在市域社会治理现代化精神的感召下着手培育社会组织，以提供更加完善、更加符合社会治理需求的服务。政府采取党建引领、孵化基地建设、人才引进、政策扶持、推动政府购买服务等具体措施来培育和规范社会组织。特别是政府从引导社会组织"本土化"入手，将社会组织提供的服务与本地群众的实际需求进行链接，以此培育社会组织的持续发展能力。同时让渡出部分服务类别和行动空间，向社会组织购买专业服务，社会组织获得发展空间和项目资源，得以迅猛发展，政府从无所不能的全包政府变为"有所为、有所不为"的有限政府，减轻压力轻装上阵。

在政府的培育和空间让渡之下，台州市的社会组织在数量、类型和质量方面都有了很大提升。专业社会工作组织发挥自身专长，处理复杂的社会关系，在专业领域持续深耕，起到了不可替代的作用，同时在与政府和其他组织的分工合作方面注重协调性，分工合作，参与到社会治理中。新乡贤调解组织则发挥了本地乡贤在农村社会治理上的专长，有着规范的管理模式和与当地情理结合的特征，扎根基层，紧密联系群众并为群众服务，成为人民调解的重要组成部分。义工协会和志愿者协会作为大众参与的公益性社会组织，切实践行着"要建设人人有责、人人尽责、人人享有的社会治理共同体"的精神，起到了凝聚人心，宣扬正能量的作用。这些社会组织形成了"和而不同，分工合作，取长补短，和合治理"的治理模式，成为台州市域社会治理现代化的重要力量。

二　讨论

1. 社会工作的专业优势

在这几个案例中，我们经常能够看到专业社会工作者的身影，能够感受到他们在社会组织培育、工作开展、发动村居民参与等过程中所起到的作用。在楚门天宜社工对社区矫正和青少年保护的专业服务中，以及社工带义工的模式中，我们都可以感受到专业社会工作的力量。社会工作是一门专业的学问，用专业的工作方法将政府、社会组织和民众链接到一起，调节政府、社会组织、民众之间的关系，而台州市的特色更在于，这里的很多社会组织将社会工作的专业性与本土性进行了很好的融合（比如楚门天宜社工服务社就是当地基层政府培育的社会组织），项目进展得顺畅又接地气。因此，我们需要充分认识社会工作的专业性，发挥社会工作的专业素养，将其与本地实践结合在一起，让社会组织更专业、更顺利地发展。

2. 社会组织的独立性

社会组织作为第三部门，通常是独立于政府而存在，与政府逐渐形成互助的伙伴关系。在中国现阶段，由于社会发育不足、自组织能力不强，社会组织的成长发育需要政府的扶持和帮助，但是政府过于强势会造成社会组织发展走到另一个极端。社会治理现代化强调多元主体共同参与，社会力量起到协同作用，要全社会共同参与，社会组织在其中占据重要位置。而社会组织的生长、发育需要时间和过程，并不能一蹴而就。我们欣喜地看到台州市民政部门清醒地认识到这个规律，并没有一味地将增加数量作为目标，而是更加重视社会组织的行动质量和效果。但同时，我们还应看到政府强势培育社会组织过程中隐藏的风险。

对于政府来说，社会组织是独立、平等的主体，而不是为政府完成任务的下属单位，更不是政府的腿。社会组织的职能和服务项目应是由自身发展所决定的，而非政府的规定动作，不能成为政府的派出机构。这需要政府与社会组织共同努力，政府需要摒弃强政府的思维惯性，让渡社会行动空间，将社会组织当成平等的主体对待；社会组织需要保持独立性，面向全社会寻求资源，摒弃依靠政府的简单思想，这样才能拥有更多自主性和独立性，更好地完成社会治理，共同创建和谐社会。

第七章

社会协同治理中的企业角色与实践路径

改革开放 40 多年来，我国经济取得了巨大成就，综合国力迅速上升，人民生活持续改善。但是随着改革的深入，经济与社会发展不平衡的矛盾日益凸显。制度转型问题、企业治理风险问题以及公共服务供给问题日益突出，单一依靠政府很难解决这些问题。在社会治理中，既可能存在"政府失灵"问题，也可能存在"市场失灵"问题。前者通常是基于政府的行政刚性，政府管理体制很难满足社会化的个人需求，同时政府受行政能力的制约，也很难快速响应一些社会紧急需求。"市场失灵"在所有市场经济体中普遍存在，纯粹市场化体制可能导致资源配置失灵和社会不公平等问题，比如经济主体在追求利润最大化的过程中可能给社会带来劳工问题、贫困问题和环境问题等。1989 年世界银行报告中首次提出"治理理论"，强调政府与第三部门的互动和合作。一是治理主体应该多元化，政府不是唯一的治理主体；二是治理中的权力运行不是自上而下的单向度控制和通知，而是彼此合作和相互协商的多元关系；三是应该构建多样化的社会组织，从事公共事务的共同治理，社会治理需要多主体共同参与。在实践中，政府在治理理念上的转变很重要，以往政府强调对社会进行"管理"，近年来，政府逐步简政放权，取消和下放行政审批权限，厘清政府的责任边界。政府自身的改革为市场和社会的发展腾出了空间，创造了良好的外部环境。社会组织在数量、结构和创新上呈现出繁荣发展的景象，各类社会组织的体系和结构框架逐步定型。过去几年，社会组织在提供服务、满足需求和解决问题上确实起到了重要的作用。但是除了社会组织之外，企业等营利性主体在社会治理中的功能和角色也不容忽视，特别是在疫情防控和贫困治理等领域，企业发挥了其他主体不能替代的角色，成为政府在治理上的有力合作伙伴。在现代化产业模式和后疫情防控时代，重视社会中不同主体的功能和角色，发挥各主体在治理上的优势，是当下社会治理体制创新中需要解决的问题。

第一节　协同治理中的企业角色

企业既是经济主体，也是一种新型的社会治理主体。在市场经济发展过程中，企业承担的双重角色有时是相冲突的。因为企业既可能是社会风险的主要引发者，也可能是社会风险的治理者。

一方面，作为经济主体，企业具有逐利性。社会主义市场经济在相当长的一段时间里是在不完善的状态下运行的，资本的逐利性使企业具有负外部性特征。为了经济效益，企业可能会忽视员工的健康与安全、拖欠工资和逃避税收等。这些风险恶化了企业内部的成员关系和社会信任，企业内部冲突加剧。在企业外部，企业出于逐利的动机，往往会出现产品质量差、破坏生态环境、恶性竞争和偷税漏税等行为。前几年，部分企业利用P2P平台借债，造成了较高的社会风险，恶化了企业与公众的关系。由于社会生活中的各个领域密切地联系着，任何一个环节的突发事件都可能迅速引发整个社会的危机，例如，企业内部的风险很可能会外溢到整个社会，成为社会风险的源头。

另一方面，"企业社会责任"越来越受重视，企业社会责任的概念将公司责任与公司经营者满足产业内外各种需要的责任联系起来，强调企业在追求自己利益的同时也应该提高社区服务水平，增进社区利益（孙瑜，2012）。企业社会责任定位于从企业所处社区的社会服务和社会利益出发指向企业以外的社会主体的职责（涵盖内部员工、外部环境、社区、公众，提升社会福利、维护社会秩序、化解企业与员工的内部矛盾）以及在更广义的范围内解决社会矛盾和社会需求（具体包括遵守商业道德、保护环境、保护劳工权利、发展慈善事业、捐赠公益事业、保护弱势群体，等等）（李文祥，2015）。这些内容正是"社会治理"的范畴，因此，企业履行社会责任不仅仅是企业自身规避社会风险、确保生存和发展的需要,更是整个社会治理的重要一环。

从企业参与社会治理的路径上看,目前主要有两类。第一类,从外部向度考察企业参与社会治理,表现为民营企业承担社会责任、参与社会服务,对社会治理起到促进作用。具体表现为以下四个方面。

第一,响应政府需求,提供补缺性的应急治理服务。公共性行政部门或服务机构作为常设组织,更擅长一些常规性的服务,在发生灾害或者紧急事件时,政府的响应能力可能发生延迟,这个时候民营企业作为补缺型主体就特别重要,比如在此次新冠肺炎疫情的治理上,民营企业承担了重要的社会责任,从防疫物品的生产供给到公共卫生安全防疫,再到复工复产,民营企业承担了重要的社会治理职能,下文中我们将借助案例详细描述。

第二,发挥企业优势,助力乡村振兴。2021 年 1 月 4 日,国务院发布了一号文件——《中共中央国务院关于全面推进乡村振兴加快农业农村现代化的意见》,农业农村农民问题是关系国计民生的根本性问题,实施乡村振兴战略是党和政府下一步的农村工作重点。实现乡村振兴离不开民营企业的参与,民营企业借助自身的产业优势,可以搭建平台并构建农业产业链,重构乡村产业组织形态,从另一层次来讲,也是在重构一种新型的社会治理形态。

第三,响应社会需求,提供公共服务,助益社会治理。新公共管理提倡政府应该把政策制定同服务供给分开。公共服务的管理、筹资与直接供给有重要区别。在现代社会,政府与社会的分工越来越明确,管理、筹资的责任仍由政府承担,但生产或供给的责任可以由民营化的组织来承担。目前,民营化的服务组织发展迅速。比如,随着老龄化社会的到来,医养结合服务也成为政府治理的核心命题。政府建立的公立福利中心由于效率问题很难满足需求,民营企业恰好可以填补这些缺口。

第四,承担社会责任,积极进行慈善捐赠。慈善集中体现了民营企业的社会责任。2020 年,第十七届中国慈善榜数据显示,365 家内地民营企业共捐赠 96.3312 亿元,占捐赠总额的 77.65%,平均每家企业捐赠 2639

万元①。民营企业公益慈善捐赠活跃，尤其是在经济发达的东部沿海地区，对地方经济发展和社会建设起到了重要的作用。

第二类，从内部向度考察企业对内部员工的治理，也称自给性社会治理。2018 年，台州市流动人口规模达到 191.63 万人，数量庞大的流动人口充实了地方的就业市场，同时也增加了治理的难度。民营企业是吸纳流动人口的主体，其经营状况的好坏，特别是内部劳资关系的好坏，决定了地方社会治理改善的程度。民营企业一线员工大都是流动人口，流动人口在打工地的生活与一般居民有所不同，他们大多是青壮年，大部分时间在工厂工作和生活。因此，有学者将民营企业对打工者的管理比作"类单位化"，即流动人口可以通过所在企业生存于企业所在的城市（或者地区）（游正林，2015）。换言之，企业既管理员工的生产，也承担着员工的社会保障和社会福利。另外，随着《劳动合同法》的实施，民营企业为保障员工劳动关系的稳定性也担负了一定法律责任。综合这些因素，民营企业内部的经营管理行为具有很重要的外部性。企业为了稳定员工队伍、维持企业生产秩序的经济行为，在一定程度上也具有社会治理的性质，或者说构成区域范围内社会治理的一个组成部分，客观上帮助政府分担了企业职工特别是弱势流动人口的社会治理责任，为缩小城乡和阶层差距、维护社会和谐稳定做出了一定的贡献。基于这个维度，民营企业在社会治理上的积极功能在一定程度上缓解了政府的治理压力。反之，如果民营企业内部管理不善，比如拖欠员工工资等问题，将加剧劳资矛盾。鉴于地区内部流动人口社会关系网络的复杂性，小的矛盾很容易引发大的社会冲突，造成群体性事件，对社会稳定造成严重影响（王勇，2018）。

近年来，为了提高民营企业的治理积极性，台州市地方政府和民营企业也进行了积极的探索。比如培育"星级职工之家"、鼓励企业民主创新、推进工资集体协商，等等，保障了职工的合法权益。下文中我们将详细分析这些案例。

---

① 《第十七届（2020）中国慈善榜发布》，https://www.wust.edu.cn/fyl/2020/1022/c3686a224078/page.htm，最后访问日期：2021 年 8 月 26 日。

第二节 民营企业参与社会治理的经验：外部视角

一 民营企业参与疫情防控

如前所述，在社会运行上，企业、政府与社会是不可或缺的三个主体，互为依存。在地方发展主体上，国有企业是市场运行的主体。按照功能定位，国有企业一方面需要保值增值，做大国有资本，防止国有资产流失。另一方面，也需要保证公益类社会服务项目。一些地方政府将企业分为三类：竞争类企业、功能类企业和公共服务类企业。针对分类的不同，企业制定了不同的责任、改革目标和激励措施。在发展目标上，竞争类的企业以公司为主要组织形式，积极推进企业上市或者扶持核心业务资产上市，稳妥发展混合所有制；功能类的企业，运用市场机制，促进社会公共资源有效配置，最大限度地满足公众的需求；公共服务类的企业，理顺政府与企业之间的关系，探索"政府购买＋特许经营"等市场化运营机制，使得公共服务的效率不断提高。从企业发展考核的评价指标看，对于竞争类企业，企业的股东价值、核心业务和企业的可持续发展能力是考核企业绩效的主要指标；对于功能类企业，要以完成国家和地方宏观战略任务或者重大专项任务为主要指标，同时，企业在发展地方重大项目时，需要兼顾经济效益。各个地方的城投、交投类发展实体，就是以地方城市功能区域投资开发和重点项目建设为核心目标的企业；对于公共服务类企业，其主要目标是保障城市正常运行和稳定，同时实现地方整体的社会效益。在目标定位上，公共服务类企业既要达成社会效益，也要实现经济效益，实现可持续发展（李成，2017）。

与国有企业相对应，民营企业在地方发展中的角色和定位也在不断探索之中。有别于国有企业，民营企业的发展定位更多以市场为导向，以实现利润最大化为目标。在经济发展过程中，民营企业参与地方治理是一个逐步渗透的过程，既有民营企业的内生动力，也有政府和国有企业的外在推力。从内生动力机制看，民营企业从小商品生产和补缺性物品供给开始，逐步发展壮大。在市场经济中发展起来的民营企业，其管理机制更多地体现了市场化、效率化的原则。相比之下，民营企业虽然不具备国有企业的规模效应，但公共服务供给的效率却比部分国有企业高。为了完善产业链条，提高民营企业的声誉，部分民营企业也开始涉足公共服务领域，扮演应急治理、乡村振兴和公共服务供给等角色。从外部动力机制来看，民营企业在公共服务、社会治理领域的快速崛起也与政府职能定位密切相关。传统上，中国政府是"全能型"政府，既参与经济建设，也统管社会建设。有学者认为，中国是一个总体性支配的社会，国家几乎垄断着全部重要资源，这种资源不仅包括物质财富，也包括人们生存和发展的机会及信息资源（渠敬东、周飞舟、应星，2009）。民营企业介入原有的公共服务领域非常困难，但是，在市场化经济中，以政府为主体的公共服务供给方式越来越难以维系。以养老服务为例，传统养老服务以乡镇敬老院，城市社会福利中心和福利院为主体，人员编制按照事业单位管理模式进行，很多敬老院、福利院难以自负盈亏，最终不得不进行市场化改革，引入民营组织，或者与民营组织进行合作。近年来，养老服务领域发展出了四类主要模式，即纯营利性企业、民办非营利性企业、公办公营机构和公建民营机构。四类机构中，民营企业通过不同的组织模式参与养老服务供给，或者通过全资投入和团队外包运营的模式，补充政府或事业单位管理的不足，发挥民营企业的优势。本部分，我们将从四个维度介绍民营企业参与公共治理和提供公共服务的情况。

公共危机发生后，需要在最短的时间内控制风险，以免风险蔓延，造成难以预料的后果。以本次新冠肺炎疫情为例，疫情突袭而至，中国防疫物资严重短缺，这个时期，如果防疫物资不能有效供给，医务人员的安全和社会的正常秩序都无法保证。因此，企业在复工复产、防疫物资供给中发挥了重要的支撑作用。

台州市是模具之乡，以往积累了口罩、防护服等模具生产的基础。疫情突袭而至，台州企业迅速研发口罩生产的基础部件——熔喷模头，在不抬高价格的前提下向防疫物资产业链上的各类企业供应熔喷布，在最短时间内提高了口罩、防护服等防疫物资的产量，保证了正常的社会秩序。在这个过程中，企业生产的目标不是经济效益最大化，而是承担协助政府抗击疫情的社会责任。在疫情最严峻的时期，企业没有趁机提高紧缺物资的价格，实际上就是维护了社会秩序，达到社会治理的目标。

案例：台州市精诚时代集团参与抗疫 生产防疫战略物资①

熔喷布是口罩的"心脏"，而熔喷布生产线上的熔喷模头是熔喷布的"命门"。熔喷模头出料的均匀性和稳定性对熔喷布的质量具有决定性作用。熔喷模头的精度要求很高，加工难度很大，全国能生产高端熔喷模头的模具企业屈指可数。精诚时代集团经过十几年的摸索钻研，掌握了这一核心技术。目前，国内高端熔喷布生产线上80%以上的熔喷模头由其生产。作为国内挤出平模头领军企业的精诚时代集团，在疫情突袭而至后，迅速站到了战"疫"前线。精诚时代集团由专人时刻盯着平台上的交易信息，寻找合适的设备，最终经多方联系，调来十几台高端加工设备。同时，利用黄岩产业集聚优势，经黄岩模具加工协会协调，"借用"了其他模具企业的七八十台高端加工设备帮助扩大生产。精诚时代集团还多方求购，扩大特种钢材储备，同时将集团内的特种钢材优先用于生产熔喷模头。为了确保熔喷模头按时交付，精诚时代集团还专门设置了进度表，实时监测记录各个熔喷模头的生产计划、生产进度等情况。企业成立攻坚小组，管理层下沉到车间一线监督协调，确保各项流程顺利推进。一个多月时间内，企业200多台数控加工设备24小时开动，生产加工模头。企业十几台最先进的五轴加工中心和六轴加工中心全部优先用来加工熔喷模头。集团包车迎接员工返岗，到安徽、重庆等地招工，并在本地高价聘请机床操作人员。2020年3月初，人员、设备和原材料短缺等问题得以有效缓解。

当疫情突袭而至，发达国家防疫物资短缺，开始在全球采购防疫物资，国外地方政府之间、地方政府与联邦政府之间互相争夺，竞相采购防疫物资，造成了国际市场的混乱，也延误了抗击疫情的最佳时期。中国防疫物资生产的民营企业之所以能够较快复工复产，与我国政府的产业支持

---

① 资源来源：《重重困难下　创造熔喷模头最快生产纪录"精诚"所至"金石"为开》，https://zj.zjol.com.cn/news/1424726.html，最后访问日期：2021年9月16日。

政策紧密相关。政府的扶持政策主要涵盖以下几个方面：减费降税、政策性金融工具、专项基金、岗位稳定措施和公共服务支持等（浙江干部培训教材编审指导委员会，2020）。

一是政府实施减税降费。在企业资金紧张的情况下，减税降费可以缓解企业的资金压力，减少企业的成本支出和税费负担。地方政府对企业运输重点防疫物资、提供公共交通服务、生活服务和邮政快递服务等取得的收入免征增值税。减免、缓缴或返还社会保险费：对中小微企业免征2020年2月至12月基本养老、失业、工伤保险中的单位缴费部分；对大型企业减半征收基本养老、失业、工伤保险中的单位缴费部分；对不裁员和少裁员的参保企业，可返还上年度实际缴纳失业保险金的50%。

二是提供政策性金融工具。政策金融工具主要包括信贷补贴、贷款担保等措施。中国广东、湖南、安徽等多省份推出了信贷补贴政策，对国家及省确定的参与防疫的重点企业提供利率上限不超过1年期的静态市盈率，减少100个基点的优惠利率信贷支持并配套财政贴息，确保相关企业的实际融资成本降至1.6%以下。浙江省对疫情防控重点企业贷款给予财政贴息，用好人民银行专项再贷款政策，对符合条件的企业，按其实际获得贷款利率的50%进行贴息，贴息期限不超过1年。政府采取信贷补贴政策可以缓解企业的资金危机。

三是政府提供专项资金。支持疫情防控物资生产重点企业扩大生产，鼓励企业保质保量增加紧缺的重点医用防疫物资生产。企业多生产的重点医用防疫物资，全部由政府兜底收储。通过"短、平、快"技术改造、增补设备等方式，迅速扩产扩能。生产紧缺防疫物资的省级重点生产企业，在疫情防控期间内产生的亏损、投入的设备等给予一定比例的补助。对在疫情防控物资供给保障中做出贡献的企业，给予一定的奖励。安排工业与信息化专项资金、制造业高质量发展示范县创建奖励资金等，发挥产业基金的作用。加大对机器人、大数据、人工智能等产业的支持力度，推进产业数字化、智能化改造。加快医疗科学的科研和产业化进度，加大原创新药、医疗用品、医疗器械、精准诊疗、快速检测等领域的研发攻关能力。对承担省级防疫攻关应急研发项目的企业，按"特事特办"的原则，立项启动和首期经费支持同步进行，后续经费根据投入和绩效情况给予补助。

四是岗位稳定措施。维持岗位稳定，保证劳动力市场供需均衡是危机时期政府缓解企业压力的有效措施。各地方政府通过交通补贴、岗位补贴等措施帮助企业快速恢复招工，复工复产。安徽省政府提出：对纳入重点防控物资生产企业名单的企业，所有市、县可使用就业补助资金，按照每人每天200元的补贴标准给予一次性的就业补贴。浙江省政府的力度更大，以浙江省湖州市为例，湖州市人民政府出台《关于企业复工复产补助奖励的意见》，明确规定：设立企业复工复产补助奖励资金（不少于1亿元），专项用于企业（包括工业、服务业、建筑业）复工复产；对企业新招员工，给予1000元/人的一次性生活补助；对介绍20人以上（含20人）市外人员来湖就业的主体，给予200元/人的一次性奖励；由企业统一组织市外员工包车返回的，包车费用由政府全额补贴。政府的岗位支持性措施激励了企业快速组织员工复工复产。

五是增强公共服务能力。疫情期间，社会存在恐慌心理，企业复工仅仅依靠自身的医疗抵抗能力远远不够，这时社会公共服务能力尤为重要。地方政府需要准确判断疫情发展趋势，为企业主动提供疫情信息，通过针对性的信息策略为企业制定复工计划，提供信息支持。在这一点上，浙江省首创"疫情五色图"，即浙江省县域疫情风险地图。根据各县/市/区新冠肺炎累计确诊病例数、本地病例占比、聚集性疫情、连续3天无新增确诊病例等4个评估指标，浙江省把90个县/市/区的疫情风险等级评为高、较高、中、较低、低共5个等级，在地图上相应地由红、橙、黄、蓝、绿五色表示。浙江以"疫情图"为抓手，实施分级精准管控：疫情高风险和较高风险的县，要把疫情防控作为头等大事，严格落实"八大管控机制"；中风险的县要坚持疫情防控优先，安全有序推进复工复产；较低风险和低风险的县在做好防疫的前提下，全力推动各类企业复工复产。对疫情风险不同的各县/市/区，分别提出到本周末（2020年2月23日）复工率的目标：绿色地区（疫情低风险地区）复工率要达到70%以上，蓝色地区（疫情较低风险地区）复工率要达到60%以上。

二　民营企业参与交通应急治理

民营企业参与危机治理，还表现在危机发生时期，企业协助承担政府的部分职能。以交通应急救援行业为例，近年来，交通运输行业应急事故频发：2015 年天津港发生"8·12"危化品仓库爆炸事故；2020 年沈海高速温岭段发生"6·13"油罐车爆炸事故。应急救援需要专业高效的救援队伍及联勤联动机制，而当前地方救援人员、救援设备等资源响应整体效率较低，不能满足事故快速处置、减少人员伤亡和公路恢复通行等各方需要。目前应急救援领域存在以下几个问题：（1）应急救援涉及行政环节多，跨物理空间，跨职能范畴，跨行政区域，救援资源分散，联勤联动能力不足，直接导致救援资源调节、调度和指挥的数字化程度不高，应急救援整体效率不高；（2）应急救援相关信息分散在政府各职能部门中，应急救援依然呈现点状分布，没有形成数据链和闭环，信息孤岛问题依然严峻，制约了应急响应速度；（3）市场主体发育不完善，高速公路、城市道路和道路运输产业日益扩大，市场化程度高，在救援收费上较为混乱，不法主体和个人为谋私利，结党营私，群众投诉和结怨现象繁多，不利于社会矛盾化解，有损于社会和谐，对平安市域建设造成隐患。

台州市临海安迅应急救援公司（以下简称安迅公司）针对当下存在的应急救援缺失问题开发了一套新的应急救援管理模式。安迅公司在临海市建立了"安迅应急救援运营和服务中心"（平台），依托平台模型和算法处理数据，将相关预警信息推送到区域可视化中心大屏，供区域内安全监控人员查看，与危险源负责人实时互动，并通过屏幕持续监控危险源的整改状态，直至危险消除。自平台建成之后，覆盖了临海市和台州市的高速公路。高速服务范围内车辆日均流量大幅增长，台金路段日均流量为 17897 辆次，乐清湾路段日均流量为 16547 辆次；诸永台州路段日均流量为 19802 辆次。2020 年，安迅公司实施清障施救 19069 次。安迅公司专业化的应急救援团队加上数字化的远程监管服务较好地协助政府完成了应急救援、清障处理工作。

案例：安迅公司参与高速救援案例[①]

猫狸岭隧道位于甬台温高速公路台州二期路段，隧道长度为 3591

---

① 资料来源：台州临海安迅公司提供内部材料《"雏鹰计划"安迅应急救援产业互联网运营与服务平台项目可行性报告》。

米。该路段路况复杂、交通繁忙，日均混合流量高达 4.07 万辆次，节假日日均混合流量高达 8.5 万辆次，远高于设计日均流量 2.5 万辆次。2019 年 8 月 27 日，皖 L28601 重型半挂车途经猫狸岭隧道 1607K+540 处时，车辆自燃，其所载皮革属于易燃品，火势迅速蔓延，导致隧道内 80 余车辆及人员滞留。高速交警台州支队第一时间到达现场组织扑救，但因火势较大难以在短时间内扑灭。

事故发生后，安迅平台入驻单位通达施救公司及各近距离驻点单位立即启动应急机制，成立应急处置领导小组，下设应急保畅、机电抢修、养护抢通、宣传后勤等 4 个专项工作小组，全力配合高速交警、消防等部门快速高效做好现场疏散、人员施救、道路管控和火势扑救等工作。在高速交警的统一调度指挥下，通达施救公司及驻点人员与救援车辆快速出动，预警车在事故发生 10 分钟后到达现场；第 1 辆轮胎抢修车、第一辆大型车和小型拖车在事故发生 15 分钟后到达现场；第 2 辆抢修车在 20 分钟后到达现场；第 2、第 3、第 4 辆大、小拖车在事故发生 23 分钟后到达现场；大型吊车在事故发生 35 分钟后到达现场；第 5、第 6、第 7、第 8 辆大、小型拖车在事故发生 40 分钟后到达现场；救护车在事故发生 40 分钟后到达现场；铲车在事故发生 50 分钟后到达现场；其他车辆在事故发生 1 小时后陆续到达现场。

三　民营企业参与乡村振兴战略

如前所述，乡村振兴是十四五时期农村工作的重点任务。《中华人民共和国乡村振兴促进法》界定了乡村振兴中政府的作用边界，确保市场作用和政府作用有机统一、相互协调。有利于避免政府大包大揽和对市场的不当干预，充分调动社会各方面力量参与乡村振兴。在乡村振兴中，企业作为市场主体无疑发挥着重要作用。

①企业与乡村合作发展。村企联动、重点发动，引导民营企业履行社会责任。台州市各地工商联重视村企结对工作，成立专项工作小组，发动工商联会员企业参与帮扶工作（其中市县两级工商联副主席、副会长以上企业全员参与），与经济薄弱村签订村企结对帮扶协议书，落实资金支持、

项目帮扶等工作"责任清单"，明确帮扶项目任务书、时间表和责任人，承诺"一帮三年、不见成效不脱钩"。目前，共有732家民营企业与613个经济薄弱村结对，落实结对项目695个，到位资金总额1.24亿元。

②因地制宜、有效对接，推进乡村振兴落地见效。黄岩区、临海市实行清单式管理，建立村级帮扶责任清单、企业帮扶清单、项目督查考核清单和项目库，促使结对帮扶工作项目化、具体化、责任化。统筹整合区域力量，实施双向选择，实现跨区域帮扶。路桥区、温岭市、玉环市结合山海协作工作，组织经济较发达、帮扶任务轻的民营企业与天台县、仙居县、三门县的部分经济薄弱村结对。综合组织建设、地理位置、产业类型等因素，推动不同类型企业与薄弱村结对，实现精准对接。以三门县板樟山村为例，通过三门县工商联及街道的牵线搭桥，吸引尚游农业开发有限公司投资2000余万元，开发火山景观、花海观赏等10个区块，打造了山林景区——栖心谷，节假日游客有上千人，成为"网红打卡"地，获评"省级森林人家特色村""2018中国最美村镇生态宜居奖"。同时村集体修建停车场、餐饮服务等配套设施，仅国庆黄金周的收入就达1.7万元。村民人均收入从过去的4000元增长至12000元，扶贫攻坚取得良好成效。

③创新方式、注重长效，实现乡村振兴互惠双赢。结合企业所需，发掘农村现有资源，努力推动村企结对从单向付出向双向合作共赢转变。标力建设集团与宁溪镇大苔村结对，帮助拓宽村内道路等基础设施，吸引电商企业入驻村闲置办公场所进行承包运营，既为村集体经济增收8万元，带动120余名村民就业，又促进了企业的发展。黄岩区、临海市、天台县针对部分经济薄弱村资源开发难、土地指标难等瓶颈制约，通过抱团联建物业项目、购买工业地产等方式，实现村级持续分红。如黄岩区吸引浙江影宿旅游开发有限公司在黄溪村投资"天空之城"项目。一期投资3000万元，流转茶园及山地500亩，每年交付村集体租金30万元，并优先使用当地的劳动力资源，30多个村民常年受雇于该企业。每逢节假日或用工旺季，短期用工超过100人。既帮助黄溪村实现了从经济薄弱村到旅游网红打卡地的转换，增加了集体收入，也带来了巨大客流量，为当地农产品销售带来契机。枇杷、杨梅等特产从往年的销售难转为供不应求，价格也比卖给市场高出许多，增加了农民收益。

四　民营企业提供公共服务

最近几年，民营企业在公共服务领域中的作用越来越凸出，特别是随着老龄化社会的到来，政府的作用逐渐聚焦到筹资和服务规则的制定方面，而服务的提供则主要由社会组织和企业等第三部门负责。

截至 2020 年末，台州市 60 岁及以上老年人口 132.43 万人，占总人口的 21.81%，老龄化程度高于全国水平。在居家养老服务上，台州市引进了"上海长庚家庭服务有限公司""无锡朗高养老股份有限公司"等多家省内外知名养老服务企业，提升居家养老服务照料中心的专业化运营水平。目前，台州市已经建成社区居家养老服务照料中心 3236 个，民营托管率达 72.13%，覆盖了全市 129 个乡镇/街道，居家养老服务初步实现全域覆盖。在机构养老上，台州市大力支持民营养老机构发展，扶持建成了黄岩区福利中心、临海市老年乐园等一批大型养老机构。康养一体的温岭沁溪源·国际颐养城已投入使用，总投资 10 亿元，养老床位 2500 张。在运营模式上，推行"公建民营"。台州市推动黄岩区福利中心、温岭泽国敬老院等 79 家养老机构实行"公建民营"，实现政府和社会力量优势互补，养老资源有效盘活。截至 2020 年末，全市建有各类养老机构 304 个，其中民办养老机构 200 个，民办养老机构占养老机构总数的 66%；民办（含公建民营）养老机构床位达到 43017 张，占机构床位总数的 90.23%。

综合来看，在养老服务领域，民办养老机构已成为养老服务产业发展的支撑力量。随着老龄化的深入，国家和地方在养老服务上的筹资机制将越来越完善，民办养老机构也将逐步发展壮大。

案例：民营企业参与养老服务案例[①]

1. 居家养老大数据平台

临海居家养老大数据平台由移动公司、杭州乐湾科技有限公司、上海长庚公司及地方政府于 2018 年联合打造。该平台从养老服务供给

---

① 资料来源：台州市临海区民政局提供内部总结材料《"实现"智慧＋养老"全面打造"养老服务"特色样板资料》。

侧数字化改革入手，通过盘活辖区内机构和社区养老服务设施的存量资源，实地摸排享受政府服务补贴的老年人，根据需求形成定制化的服务套餐并匹配服务人员，形成大数据平台的基础数据库。通过对接移动端的服务入口，即时动态显示各项服务数据，实现了前台数据展示和后台服务集中监管的功能。主要包括老年人数据管理、居家养老服务中心管理、养老服务商管理、居家上门服务监管、服务数据分析展示等五大项内容。

通过平台展示，全市所有的养老机构与照料中心的位置一览无余。再也无须以人工查验台账和上门抽查的原始办法来监管服务数量与质量，所有养老机构和照料中心的布局以及16类居家养老服务项目的动态数据都可以在大屏幕上实时查看。截至目前，平台已记录了37万多条居家上门服务记录，每一次服务都有迹可循，完美地将线下服务和线上统计结合起来，为全市居家养老服务添加了一把"安全锁"，让享受服务的老年人得到更专业的养老服务，享受更实在的政府关怀。

2. 临海市老年乐园

临海市老年乐园位于大洋街道双桥村，项目启动于2010年，总建筑面积43493平方米，总投资2亿元，是一家集养老、医疗、护理、健身、娱乐为一体的公建公营、公医公益的养老服务机构。老年乐园由一栋综合楼、4栋休养楼和一栋附属用房（办公室和医疗影像中心）组成，床位总数851张。配有各类活动室（健身室、康复室、手工室、书画室、棋牌室、电视·歌咏室、乒乓室和阅览室等）、多功能厅、会议室、食堂、小卖部、理发室、影像中心（CT、DR室）、化验室、门诊室、药房和输液室等。

老年乐园实行企业化管理，市场化运作。为了满足老人的多元服务需求，率先引入公立医疗资源，内设临海市第一人民医院老年乐园护理院，积极推进台州市养老机构"医养融合"项目。市老年乐园立足改革、探索和创新，努力建成一个管理人性化、服务智慧化、体系标准化、模式现代化的养老机构。

五　民营企业参与慈善捐赠

在经济发达的东部地区，民营企业慈善捐赠对地方产业发展、公共福利供给都起到重要作用。在台州市调研发现，民营企业发展壮大之后，也愿意承担企业社会责任，回馈社会。特别是在此次疫情中，很多民营企业通过商会向会员或社会大众捐赠。比如台州市福建商会，在防疫物资极度缺乏的情况下，第一时间向台州市红十字会捐赠价值 3 万元的一次性医用手套。随着疫情在全球蔓延，各国防疫物资短缺，在得知旅英闽籍侨胞缺少口罩后，台州市福建商会设法从多方渠道购置物资，克服国际运输渠道不通畅的困难，向英国的福建同乡联谊总会捐赠 1000 只口罩，帮助旅英侨胞缓解了物资短缺问题。据不完全统计，台州市福建商会成员为此次疫情捐赠的财物折合人民币约 50 万元。台州市湖北商会在疫情严峻时面对商会会员企业及在台州市工作的湖北籍老乡组织了大规模的募捐活动，共捐款近 80 万元，其中约 50 万元直接捐给湖北地方政府及红十字会，3 万元由商会代捐给浙江台州及湖北等地，3 万元捐给浙江省工商联合会，用于疫情结束后重振公益事业。

第三节　民营企业参与社会治理的经验：内部视角

一　通过工会组织民主协商，解决冲突，提高员工福利水平

上一节从民营参与外部社会治理分析了民营企业参与的路径。实际上，民营企业作为一个组织实体，对内的社会治理也具有重要意义。

这里首先引入一个反面案例。富士康公司是中国较早引进的台资企业，公司以生产高精密电子元件为主业，近年来发展迅猛，分部已经扩展到郑州、成都等地。虽然企业在经济指标上取得了很好的成绩，但在内部社会治理上问题频发。

"2016 年 8 月 18 日早上，富士康郑州厂区一名 31 岁的男性员工在结束 iPhone 装配线的夜班工作后爬上 L03 厂房顶楼，跳楼自杀。在此之前，2013 年 4 月 24 日至 27 日的 4 天内，两名员工相继跳楼自杀；2012 年 1 月

1 日上午，富士康烟台厂区一名男性员工坠楼身亡；2011 年 11 月 23 日，富士康太原厂区一名女性员工跳楼自杀；2011 年 7 月 18 日，富士康深圳龙华厂区一名男性员工坠楼身亡，年仅 21 岁；2010 年 11 月 5 日，富士康深圳龙华厂区一名 23 岁男性员工跳楼自杀；2010 年 5 月 14 日，富士康深圳龙华厂区一名安徽籍员工坠楼身亡，年仅 21 岁。"①

富士康员工跳楼事件在当地产生了非常大的负面影响，资本化生产企业为了保证福特式流水线运转，往往要求员工承受较大的生产压力。在富士康内部，企业在追求经济效益的同时没有建立较好的民主协商机制和沟通机制，导致企业接连出现负面的社会问题。从整个社会视角看，单个负面极端事件有可能引发集体性事件，对地方社会治理带来严峻挑战。从这个案例中，企业内部治理绝不仅仅是企业内部自身的问题，还连带整个社会的治理问题。现代社会，人的组织化程度越来越依托于"企业"或工作单位，换句话说，这些组织并不仅仅是生产单位，更是社会生活和社会治理单位。如果处理得当，员工个人福利获得增益，整个社会也会更加和谐；反之，若员工对企业不满，由个体事件发展成群体性事件，就会影响社会稳定。

台州也是流动人口比例较高的城市，如何在经济发展的同时促进企业内部的社会治理，地方政府和企业进行了有意义的探索。

新经济、新形势下，企业的内部民主管理尤为重要。目前，大部分企业的民主管理还停留在概念上或流于形式。

由于缺少民主参与，企业管理者与职工之间没有形成凝聚力，职工缺乏对企业的认同感，职工的民主权利得不到保障，侵犯职工合法权益的情况时有发生；由于缺少民主决策，企业管理不可避免地具有武断性和强制性特征，个人意志代替集体意志，往往会因为决策失误导致重大经济损失；由于缺少民主监督，企业也容易发生贪污腐败、以权谋私的现象，使得职工的主观能动性受到抑制，制约企业发展，同时激化内部矛盾。所以

---

① 资料来源：《富士康员工跳楼事件》，https：//baike. baidu. com/item/% E5% AF% 8C% E5% A3% AB% E5% BA% B7% E5% 91% 98% E5% B7% A5% E8% B7% B3% E6% A5% BC% E4% BA% 8B% E4% BB% B6/24511952? fr = aladdin#1，最后访问日期：2021 年 9 月 16 日。

企业内部民主管理具有重要意义。

以下三个案例从不同角度展现了企业内部民主管理的维度。

（一）"问题倒逼"企业建立民主管理机制

案例4中，浙江雷安电器有限公司内部前期由于缺乏民主参与机制，导致内部小团体滋生，员工对企业管理产生不满，对个人权益维护产生怀疑。企业通过工会采取民主选举的方式，确保选举程序公开透明，由此产生了符合企业需要、获得员工认可的基层领导，降低了管理风险，同时也提高了生产效率。

案例：浙江雷安电器有限公司实行民主选举①

浙江雷安电器有限公司（以下简称雷安电器）在玉环市总工会的指导下成立了完善的工会制度。从职工代表到工会主席的选举，从职工代表大会到集体合同的协商签订，雷安电器工会在为企业发展和保障员工权益方面做足了功课。雷安电器的"前身"是浙江雷博司电器有限公司。2010年，公司投资设立了浙江雷安电器有限公司，但在涉及与员工转移、劳动合同重新签订、工龄计算等方面遇到了多重困难。公司人事部的沟通无法让员工彻底放心，在雷安电器工会的努力下，召开职工代表大会，充分说明企业的发展需求、书面承诺员工权益，并和员工签订集体合同，让员工充分参与企业民主治理，最终实现了企业转换的顺利过渡。目前，雷安电器工会召开职工代表大会通过的企业管理制度超过10种，包括《员工手册》、《奖惩条例》和《车间管理基金使用》等。

雷安电器工会通过企业民主管理的作用避免了一次"罢工"危机。经部分车间职工反映，一些基层管理人员管理粗放，在工作安排上存在"小团体"优先的情况，导致职工逐渐不满。工会第一时间进行了调查核实，与职工和基层管理人员进行了谈话。调查发现，因为各自看问题的角度不同，双方误会加深，如不能合理解决，部分职工

① 资料来源：台州市政府资料汇编《企业民主管理推进社会治理》，选自《新生代下的中小企业民主管理实践与互联网探索——雷安电器有限公司实例探索》。

将以"罢工"抗议。为了解决实际问题，雷安电气工会决定再次让民主发挥作用：工会与生产部、人事部协商一致决定，每年底对下一年度的车间班长岗位进行公开竞选，原岗位管理人员写好工作总结和竞选承诺，新竞聘人员写好竞聘计划，在工会、党支部的监督下，开展公开竞聘演讲。竞聘会上工会主席就核心问题替职工询问竞聘人员，让普通职工的权益得到了保障。目前，雷安电器已连续3年组织了车间班长公开竞选，4位职工通过竞聘走上了基层管理岗位。这是在职工群体中进行的民主管理探索，民主管理让基层组织成为自我管理型组织，减少了内耗，也为企业生产增值增效。

(二)"企业主动发展员工福利"的管理机制

现代企业发展需要中高端人力资本，特别是医疗和制药行业，更需要储备中高端人才。因此，企业在发展过程中，需要让出一部分利润，发放员工福利，提高员工归属感，提高企业凝聚力。仙琚制药从2011年开始不断提高员工福利水平，通过企业年金计划和大病补充医疗保险实施办法等方式减轻员工的经济负担，为吸引和留住人才、保证企业平稳发展发挥了作用。

案例：仙琚制药案例①

为了保障和提高本企业员工退休后的生活水平、减少员工的后顾之忧，公司积极推行企业年金方案，建立多层次养老保障体系。公司对有关职工切身利益的工资、福利等提案均提请职工代表大会通过。2011年，仙琚公司召开四届十三次职工代表大会，通过了《仙琚制药企业年金方案》、《仙琚制药大病补充医疗保险实施办法》和《仙琚制药门诊费补助发放办法》，并于2012年1月1日开始实施。为员工缴纳大病医疗保险的同时，建立大病补充医疗保险，减轻员工的经济负担。公司根据相关政策规定制定了门诊费补助发放办法，体现了公司

---

① 资料来源：台州市政府资料汇编《企业民主管理推进社会治理》，选自《浙江仙琚制药企业案例》。

员工福利保障政策的优越性。这些措施对吸引和留住优秀人才、提升凝聚力和保持企业平稳发展发挥了重要作用。

（三）职工互助解决流动人口治理难题

在台州市快速工业化发展过程中，流动人口的涌入为台州制造业和轻工业的发展提供了劳动力。但是，与其他发达地区面临着类似的问题，流动人口与本地户籍人口的社会融合始终是一个难题。受城乡二元结构的影响，流动人口在教育、医疗和住房等问题上并没有享受到与户籍人口同等的待遇，在生活水平上也与本地人口存在一定的差距。由于文化和工作上的差异，流动人口在城市中处于一个悬浮的状态，既未能融入所在城市，也很难回到家乡。因此，以往研究发现，一方面，流动人口的生活处境较为脆弱，很容易因病返贫；另一方面，由于社会隔离，流动人口群体内也很容易出现社会治安问题。企业作为流动人口工作的场所，在某些情况下也是流动人口居住和生活的场所，因此，企业对流动人口的有效管理在很大程度上可以缓解当下流动人口的社会治理难题。雷安电器工会通过"特别家访"制度，及时发现流动人口遇到的困难，通过互助方式解决其生活难题。例如，利用企业渠道，解决部分流动人口子女的上学问题。由此提高了员工对企业的认同感，对社会的满意度，对整个社会治理具有积极的意义。

案例：雷安电器工会"特别家访"制度①

"特别家访"是雷安电器工会在解决企业职工实际困难的过程中不断探索积累的工作方法，通过职工互助解决员工的后顾之忧，提高员工工作效率。在雷安电器工会日常家访过程中，工会委员发现职工租住房屋存在消防隐患、职工孩子上学困难等各式问题。但仅靠工会委员的能力难以解决问题，于是在工会的组织下，具有相关技能的职工加入家访队伍，形成了具有特殊技能的"特别家访"队伍。定期组

---

① 资料来源：台州市政府资料汇编《企业民主管理推进社会治理》，选自《新生代下的中小企业民主管理实践与互联网探索——雷安电器有限公司实例探索》。

织电工，电脑维修人员上门为职工整修线路，解决消防问题和帮助职工维修电脑。工会还和党支部联合推出"爱心基金"，每年从固定经费中拿出一部分资金，帮助困难职工解决子女上学问题。目前，通过家访延伸出"消防整改"、"电脑维修"和"助学基金"等项目，已服务200多人次。"特别家访"在职工与企业之间建立起紧密的联系。

二 通过商会建立行业规范，保证产品质量

在社会主义市场经济条件下，商会既是企业与政府之间的桥梁，也是提升内部管理的手段。

台州市家电商会成立于2013年，现有会员339家，覆盖整个台州。商会的定位是理顺政府、会员企业和商会的关系，核心宗旨是协助台州经济转型升级，维护社会和谐稳定。在具体工作机制上，商会通过健全法人治理结构，完善内部管理制度、信息公开制度和民主监督制度；通过提升自身的专业管理能力从而提升商会在行业中的公信力；通过提升内部监管能力，从而保证其行业权威性；通过加强行业标准的制定来抓住行业话语权。

2013年，商会带头起草台州市地方标准规范——《空调室外机安装服务规范》（DB3310/T11 - 2013），规范空调外机标准支架。2014年，起草了台州市地方标准规范——《家电零售服务规范》。该标准的出台，填补了台州市家电零售无行业标准的空白，"规范"对台州家电零售实体店在营业设施、商品采购、商品销售、商品售后、质量保证、广告宣传、服务礼仪和服务改进等方面提出了明确的要求。在一定程度上抑制或避免了家电销售企业价格战、广告战和赠品战等无序竞争局面的出现，同时也减少了消费者因家电质量等问题引起的投诉，提高了台州市家电服务水平。商会通过深化落实行业标准及台州市地方标准规范，提高了整个行业的竞争力，促进了行业的良性发展。

家电消费纠纷多，为破解家电消费纠纷举证难、鉴定难和处理难等问题，商会和其他机构共同组建台州市家电消费质量投诉鉴定专家组，进一步推进形成全市消费维权调解社会化格局。该专家组由工商、质监、消防等部门的13位专家组成，团队中的专家涉及部门技术专家、家电售后维修

代表、律师和消防专家等，人员构成完善，为今后台州市范围内消费者的家电投诉和质量鉴定提供了强有力的技术支持和专业保障。利用专家组的资源，在发生重大消费纠纷时能够为消费者免费鉴定，维护消费者的合法权益。

第四节　小结与讨论

本部分聚焦于企业在社会协同治理中的角色。在市场经济快速发展的过程中，企业既可能是社会风险的主要引发者，也可能是社会风险的治理者或缓冲带。因此，企业在整个社会治理过程中发挥着非常重要的功能。台州市民营企业在内部管理和外部社会治理上都进行了有意义的探索。综合来看，民营企业参与社会治理有以下两条途径。

一个是内部途径。企业通过提高自身的民主管理能力，提高员工的福利水平，加强员工对企业的归属感。当下流动人口群体仍然是工业体系中重要的人力资本，管理好流动人口既是政府的责任，也是企业的责任，企业内部通过有效管理，降低了内部风险，也给社会带来了正外部性，降低了政府管理压力。

另一个是外部途径。本书从四个角度分析了企业从外部参与社会治理的路径，包括企业参与社会危机治理、参与乡村振兴战略、提供公共服务与慈善捐赠。从不同维度刻画了企业参与社会治理的意义。一是在危机治理上，参与危机治理反映了企业在社会治理上的补缺性和专业性功能。在现代危机治理中，政府的快速反应能力不足，需要企业从专业的角度为政府提供灾害援助、紧急物品生产和运输等功能。台州市企业在防疫物资的生产、分配和管理上发挥了积极的作用。开发了现代化的远程应急管理体系，提高了政府的应急管理能力；二是在乡村振兴战略上，企业深度嵌入农村社区、合作社等社会组织，既提高了农村经济发展的可持续水平，也提高了农村内部管理的专业化水平，提高了农村的社会治理能力；三是在公共服务方面，随着老年人口的需求越来越多元化，私营企业部门承担了越来越多的养老和医疗供给服务，这些行业属于准公共物品生产领域，企业承担着公共物品生产的责任，在创造利润的同时，提高服务质量，降低服务成本，满足民众的需求；最后，企业通过慈善捐赠反馈社会，弥补了地方公共资源的不足，体现了企业的社会责任。

从台州市的地方实践来看，民营企业参与地方社会治理有多方面的动因，既有内在经济发展的影响，也有外在政府激励的影响。在市场经济环境下，政府扮演着监管者的角色，对参与治理绩效良好的企业，政府会通过税收、信贷等方式予以奖励；反之，对社会责任表现差的企业予以惩罚。企业为了迎合政府的要求，必然承担更多的社会责任，参与地方社会治理。政府的约束具有较强的执行力，通常以法律等手段予以贯彻，例如政府出台了《劳动合同法》，规定了企业必须对工人承担社会责任。这样，企业参与社会治理不仅仅是出于道德约束，还体现了地方政府的治理能力。

企业的性质决定了企业获得利润是第一要务，履行社会责任、参与社会治理可能只是一种手段，最终要为实现企业价值服务。面对全球化竞争的大环境，企业为了增加社会的信任度，提升企业的形象，也会主动参与社会治理、慈善、公共服务供给以及乡村振兴等活动中。通过社会参与，增加了公众对企业的信任，同理，良好的公众形象也会对顾客产生吸引力，达到增加企业价值的目标（孙伟、狄贵梅，2014）。

企业参与社会治理也会增加企业的公信力，规模越大、可见度越大的企业对公信力的要求越高。特别是在社会服务行业，通过参与社会治理，企业利用信号理论向公众传递了其公信力。与没有参与社会治理的企业相比，参与社会治理的企业与政府的合作关系更紧密，社会形象更好。这种无形资产有助于企业的差异化战略，构成了企业的核心竞争力。

企业参与社会治理和公共服务供给也跟企业的直接利益密切相关，比如企业较好地履行社会责任，参与社会治理或慈善活动，不仅会得到社区的认同，也可以享受税收和信贷方面的优惠政策，提升了企业的抗风险能力。在公共服务领域，企业与社会组织一起，成为地方政府的合作伙伴。在一些关键的公共服务领域，企业承接政府购买服务项目，不仅帮助政府完成了治理目标，同时也提高了企业的经营效益。

未来，还需从政策上加以保障，激发企业参与社会治理的积极性，具体可以围绕以下两个方面。一是完善税收优惠政策。根据《中华人民共和国企业所得税法》，企业通过公益性社会组织或者县级以上人民政府及其部门，用于《中华人民共和国公益事业捐赠法》规定的公益事业的捐赠，在年度利润总额 12% 以内的部分，准予在计算应纳税所得额时扣除。但是，在实际操作过程中，很多企业并没有获得该项扣除，具体政策执行过程有待进一步深入研究；二是完善政府购买服务的标准化流程，提高企业与政府合作的效率。推广政府购买服务是当前深化改革的一项重要举措，既是公共服务供给模式的制度创新，也是深化财税体制改革、建立现代财政制度的重要内容，对于加快转变政府职能、提高公共服务供给水平和效率、加快服务业发展、扩大有效需求、促进就业等方面具有重要意义。在具体购买企业服务机制上，首先需要合理界定购买范围，明确购买目录；其次需要准确把握购买主体，厘清各主体之间的关系；再次，规范市场准入，培育市场主体，解决好"向谁买"的问题；最后，健全购买机制，完善购买程序，加强绩效管理，完善监督机制。

—— 第三部分 ——
基层社会治理经验

第八章

市域社会治理的基石：基层治理的"以合求和"

城乡基层是贯彻执行党和国家方针政策的"最后一公里"，也是直接面对人民群众日益增长的美好生活需要的"最前沿"。基层治理是国家治理和市域治理的基石，基层治理现代化是国家治理体系和治理能力现代化的重要组成部分和内在要求。2021年《中共中央国务院关于加强基层治理体系和治理能力现代化建设的意见》指出，统筹推进乡镇/街道和城乡社区治理，是实现国家治理体系和治理能力现代化的基础工程。

习近平总书记高度重视并多次指出要坚持和发展新时代"枫桥经验"，强调要"完善社会矛盾纠纷多元预防调处化解综合机制，更加重视基层基础工作，充分发挥共建共治共享在基层的作用，推进市域社会治理现代化，促进社会和谐稳定"（习近平，2021）。"枫桥经验"的基本内涵就是"小事不出村，大事不出镇，矛盾不上交，就地化解"，其实质是党的领导、群众路线与改革创新相结合。近年来，浙江省和全国各地大力学习推广"枫桥经验"并且结合本地实践赋予其时代新内涵。就市域范围内的矛盾纠纷化解工作而言，台州市提出：60%的日常矛盾纠纷在村/居一级及时化解，力争做到"矛盾不上交"，30%在乡镇/街道一级化解，只有10%的矛盾纠纷（往往是疑难杂症）需要上升到区/县级化解。由此也可以看出，基层治理在市域治理中具有基础性地位，处于矛调体系的"金字塔基座"位置。

台州市结合地方文化传统和现代治理理念，凝练提出具有自身特色"和合善治同心圆"模式，并以此作为统领市域社会治理的综合性概念。

"和合善治同心圆"（图8-1）的基本理念包含"和谐""合作""融合"，它既是市域社会治理的长远目标，也是其结构论和方法论（李传喜，2020）。"和合善治"在基层社会治理中如何具体体现和深化？我们认为，应该对"合"与"和"的传统和现代内涵以及两者关系做出必要阐释，将其作为市域视角下基层治理现代化的推进思路。

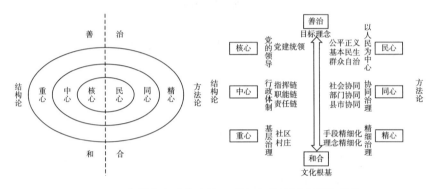

图8-1 台州市市域社会治理"和合善治同心圆"结构

"合"早见于甲骨文。其本义为盖合，后引申为闭合、聚合、结合、符合等义。象形观点认为"合"是由"亼"和"口"组成，就形体上来看，像一个器皿，与它上面的盖子刚好相合；会意观点认为"合"从"亼"，从"口"。《说文·亼部》："合，合口也。"本义为闭合、合拢。将"口"视作一个较小的范围或区域，不同地方、不同方向的事物聚集在一起为"合"，此为聚集之意。

"和"与"龢"字音相同，意义相通。"龢"在甲骨文中就已经出现，左边是形旁"龠"，其字形像一排竹管合拼而成的乐器，是笙和箫之类的吹奏乐器。右边为"禾"字，此处表示读音。不同乐器一齐吹奏，声音悦耳动听，显得很调和、和谐，《说文解字》将"和"与"龢"分成不同意义的两个字，"和"指声音相应和、和谐地跟着唱或伴奏；"龢"指调和、和谐。

从社会治理的角度来解读"和合"二字，"和"（和谐、和睦、和善、和美等）是化解社会矛盾、促进公平正义、增强社会团结的体现。"合"（闭合、聚合、结合、整合等）是综合治理、协同治理、系统治理理念在基层治理中的体现。两者之间密切关联、相辅相成，"合"为社会治理的路径、方法和手段，"和"为社会治理的价值、目标和理想。简言之，两者的关系是以"合"求"和"，为"和"而"合"。在台州市基层社会治理的多方面具体实践中，我们将其概括为具有台州自身特点的"以合求和"之道（图8-2）。

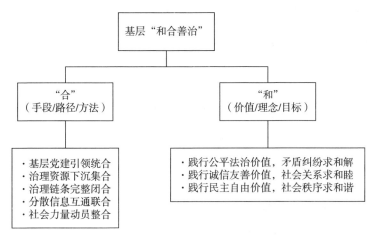

图 8-2　市域治理的基层"合和善治"之道

第一节　基层治理的整"合"之道："不同之合"

一　基层党建的引领统合，破解党建与治理"两张皮"问题

基层党组织是引领统合各方力量的核心，基层党建是贯穿基层治理始终的红线。党中央明确要求，坚持党对基层治理的全面领导，把党的领导贯穿于基层社会治理的全过程、各方面。目前，全国各地均高度重视城乡基层党建工作，但不少地方仍然存在着基层党建和基层治理的结合不够紧密，甚至存在"两张皮"的现象，普通党员在基层治理中的模范带头作用发挥仍不够明显，党建引领下的居民自治活力仍未被有效激发。

按照治理体制现代化、治理格局现代化和治理方式现代化的总体要求，在推动市域治理现代化试点工作中，台州市提出完善党委领导体制、政府负责体制、民主协商治理体制、群团助力体制、公众参与体制以及权责明晰、上下贯通的纵向治理架构六个方面共同构成的治理体制现代化

目标。

首先，台州市各级党委、政法委高度重视平安建设和综合治理工作，落实各级党政领导的责任（第一责任、直接责任和分管责任），将其纳入各级党委政府的考核体系。健全市级平安建设（综治工作）考核评价体系，强化考评结果运用，把社会治安综合治理工作实绩作为对领导班子和领导干部综合考核评价的重要内容，与业绩评定、职务晋升和奖励惩处等挂钩。

其次，为深入贯彻落实习近平总书记提出的"把非诉讼纠纷解决机制挺在前面，从源头上减少诉讼增量"的指导要求，台州在全市范围内开展"无讼村（社区）"创建，推进诉源治理。把开展"无讼村（社区）"创建活动作为创建平安台州、法治台州的重要举措，要求各地把该项工作与目标责任制、平安综治考核挂钩。

再次，强化基层党组织的核心领导地位。通过加强基层党组织负责人的选拔、任用、管理和监督，全面推进两委负责人"一肩挑"工作，充分发挥其"一把手"和基层治理带头人的作用。同时，加强对基层干部的制度监督，通过村/居务监督委员会、村/居"小微权力运行清单"和"五议两公开"①的决策程序等把基层权力"关进制度的笼子里"，也以此增加村/居公共事务决策的透明性、科学性和民主性。

又次，统筹上级部门支持社区的政策，整合资金、资源和项目等，以社区党组织为主渠道落实到位。确保社区党组织有资源、有能力为群众服务。例如，椒江区多个街道利用基层党组织服务群众的经费，支持退休老同志开办民间调解室，进行矛盾纠纷化解工作。

最后，以"社区吹哨，党员报到"和党员入网格为抓手，推动社区党员、在职党员参与基层治理并发挥模范带头作用，促进基层党建和基层治理的相互融合。2019年，台州市下发《关于实施"党建引领、党员入格"创新基层社会治理的十条意见》，全面推行"党建＋网格"治理模式，指导推动全科网格与党员微格"双格联动"、党建网与治理网"双网融合"，

---

① "五议"即村"两委"负责人建议、村党支部会提议、村"两委"会商议、党员大会审议、村民代表会议或村民会议决议。"两公开"即决议公开、实施结果公开。

将党的工作延伸到基层治理的末梢。目前，全市近 10 万名党员参与到网格治理中，推动实现"微事不出格、小事不出村、大事不出镇、矛盾不上交"。其中，温岭市"党建引领、网格治理"工作在 2019 年被中组部确定为全国试点，并取得明显成效。

案例：路桥区南城街道山前村"党建＋网格"

路桥区南城街道山前村在党建引领村庄治理方面走在台州前沿，曾被司法部、民政部评为"全国民主法治示范村"。该村共有村民 556 户，户籍人口 1872 人（外来人口 800 人左右，高峰时达到 2200 人），其中，党员 92 名。为充分发挥党员的作用，山前村创建推行党员联系户制度，每位 65 岁以下的党员负责联系 5～6 户村民，党员和村民可以双向选择，每位党员把所负责户（包括出租户）的情况向专职网格员汇报。这种党员微网格有效地补充了村两委干部和专职网格员力量严重不足（专职网格员仅 3 人）的问题。同时，39 名村民代表也和党员联合走访入户了解情况。党员联系户制度细化了网格化管理，在发挥民间网络优势的同时以"道德诚信指标"和"党员先锋贷"为考核激励手段，既密切了党员与群众的关系，又在日常纠纷化解、综治工作以及村级重点工程实施等方面发挥出较好的作用，有效推动"小事不出村"，近十年内实现"零上访"。

路桥区提出"党建引领，网格治理"，通过双格联动、双网融合的做法，把党建网和治理网相融合。路桥区 2919 名农村社区党员都作为兼职网格员来推进基层治理工作。此外，党员联席会制度要求一个党员必须联系 5～10 户农户，也就是党员的微网格（"红色微网格"），使普通党员成为专职网格员的延伸，弥补专职网格员人力不足的局限，能够在第一时间掌握基层矛盾和群众需求。类似地，临海市也推动"党建引领，党员入格"工作，由党员担任所在网格的"网格气象员"并与专职网格员一起采集涉及综治与民生的社情民意，把基层党建和网格化管理结合起来。目前，临海全市 19 个乡镇/街道设立了网格气象站，662 个村/居设立了网格气象点，网格党小组 4257 个，组建工作团队 5358 个，网格气象员 31938 人，占全市党员数的 90%。

如何调动在职党员的积极性，有效参与城市社区治理与服务并切实发挥党员的模范带头作用，这是目前基层治理和基层党建普遍面临的难题。换言之，这是如何将"职场精英"有效转换为"社区精英"的难题。台州市以"社区吹哨，党员报到"工作来压实在职党员参与基层治理的责任，全市 96345 名党员进社区报到和服务，运用"党员先锋指数"测评和网格党员表现抄报制度来推动党员入格，同时将党支部或党小组建在网格上，发挥党员作为兼职网格员开展社情民意收集、政策宣传、矛盾纠纷化解和居民网格服务等六项职能。推行社区党员分类管理，注重发挥离退休党员的作用。在疫情防控期间，通过细分微网格的方式，让向社区报到的在职党员参与到联防联控等工作中去。在社区日常治理中，通过双向清单等方式让在职党员发挥自身专业优势，为社区居民提供个性化的服务。除了要求在职党员和退休党员通过社区报到亮出身份外，各乡镇/街道还鼓励少数党员参选小区党支部书记或委员，同时也尽量去参选业委会主任。

二 治理资源下沉集合，破解基层"有责无权、有心无力"问题

基层治理中一个普遍存在的问题是缺乏相应的资源，包括政策资源、人力资源和经费资源等。没有相应和足够的资源下沉到基层，也就无法做到将矛盾纠纷化解在基层和精准地服务于城乡居民。乡镇/街道发挥着承上启下和统筹多方的基础性、枢纽性作用。然而在现实中，乡镇/街道由于种种原因却长期面临上压下挤、权责不清和权小责大的问题。职能部门通过"漏斗效应"将大量事务"下漏"到乡镇/街道和村/居，导致城乡社区负担越来越重，但为民服务的水平和解决问题的能力却没有质的提升。

中央明确要求社会治理要重心下移、资源下沉，为基层治理赋权增能，这是实现基层治理现代化的前提条件和必然要求。在台州市平安建设和综合治理中，司法局、法院、律师、公安、综合执法和心理辅导等力量不仅要下沉到乡镇/街道一级，更要下沉到最底层的村/居一级，以属地的"块"来"统"合运用这些资源，直面问题、贴近群众。

充实基层网格工作力量。台州市按照"3＋X＋Y"的网格团队组成架

构，在网格长、专职网格员和网格指导员这3个网格为主要工作力量的基础上，对涉及基层社会治理链条上的每个环节和每个岗位实施全链捆绑。一是纵向到底，就是把部门派驻站所的工作人员及站所领导的网格业务支撑力量（X）列为责任对象，进一步明确"谁主管、谁负责"；二是横向到边，就是将乡镇/街道班子成员、村/居"两委"成员、党员等散落在网格里的其余力量（Y）一并明确为责任对象，尤其把乡镇/街道主要领导捆绑入格；三是坚持人员考核捆绑，将专职网格员的考核情况按一定比例纳入网格考核，再将网格考核情况按一定比例纳入其他网格人员的考核，倒逼其他网格人员带领、培养和支撑专职网格员的工作；四是坚持人员考核分档，对专职网格员进行星级评定考核，对网格长、网格指导员和网格业务指导员进行评分定档，设置优秀、良好、合格、不合格四个档次，并设置了各档次的比例和一票否决的情形。

案例：椒江区海门街道全科网格"真捆绑，真考核，真奖惩"

海门街道是台州市全科网格的试点单位，经过四五年的实践，已形成鲜明的特点。海门街道网格化管理的特色是三个"真"：真捆绑、真考核、真奖惩。捆绑考核（考核的是团队、网格长、网格员和其他网格相关人员）、分项考核（扣分项、加分项）、动态考核（每个月对网格员考核，每季度对网格考核）和分级考核（优秀、良好、合格、不合格），做到奖惩分明。例如，2019年，某网格发生了安全责任事故，街道党工委的一个副书记由此受到相应处罚，考核排名末尾的网格团队也会被追责。同时，街道对于优秀的网格团队也在区级奖励的基础上加倍兑现（成员按比例获奖）。这种做法成效非常明显，实现了激励机制的连带效应。试点工作开展以来，辖区内的刑事立案数和安全生产事故呈断崖式下降，道路事故和安全生产事故清零，盗抢劫案件也下降了27%，信访化解率全市排名第一，连续两年没有群众到省里和北京上访，有效实现了"微事不出格，小事不出村，矛盾不上交"。

案例：椒江区矛盾纠纷专业调解与基层调解相结合

首先，建立健全区、街道、村三级调解委员会体系。每个镇都有调委会，镇里由司法所牵头，每个村都聘请了法律顾问参加村里以及街道重点疑难案件的调解。其次，培育行业性、专业性调解组织。该区以政府购买服务的方式培育了 12 个行业性调解队伍（涉及医疗、教育、交通、物业、农业和海洋等领域）。以比较突出的医疗纠纷调解为例，调解人员以法院、医院和卫生局的退休老同志为主，发挥其对于医疗责任认定、医患心理等方面的经验优势。2020 年整容行业的 70 个纠纷案件，调解成功率为 100%。最后，整合各种力量，除了机关事业单位部分人员作为兼职调解员进行行政调解之外，加大政府购买服务和"以奖代补"的力度。目前区级层面有 10 名购买服务调解员，街道一级有 3 名购买服务调解员。基层调解人员包括公司退休人员、村书记或村主任和小企业老板等。基本上每个街道都在培育个人品牌调解室，如白云街道的"姐妹调解室"、海门街道的"老陶调解室"、葭沚街道的"小挺调解室"和前所街道的"老王调解室"等。

司法力量下沉到基层。台州市将人民法庭建设与基层治理紧密结合，积极建设"巡回智慧法院"，实现人民法庭工作的全覆盖，在基层充分发挥司法能动性和调处矛盾纠纷的专业优势，为基层调解组织提供业务指导，主动参与基层矛盾化解。选择在有条件的村设立巡回审判点，以案说法，加大法治宣传，引导群众尊法守法。台州市司法局在调查研究、开展试点的基础上，探索创建了以村/居矫正工作站建设为依托，乡镇/街道执法中队为骨干，县级执法大队为龙头，市级社区矫正管理局为领导的社区矫正组织架构。截至 2018 年上半年，台州市 9 个县/市/区 129 个乡镇/街道经各地编委办批复成立了 40 个执法中队，实现全市社区矫正执法中队全覆盖。在村/居全面设立社区矫正工作站，依托村/居治保干部与网格员的力量，建立社区矫正对象"日报告、周报到、月评议"制度，准确掌握社区矫正对象的日常动态情况，真正实现社区矫正工作"社区化"。

此外，台州市为了加强基层的专业力量，通过购买服务的方式为社区和村庄免费配备专业律师作为法律顾问，基层矛盾调解工作的专业性得以提升。在台州市司法局的指导下，全市 91 家律师事务所为 5225 个村/居配备了专门的法律顾问。这些法律顾问就像社区医生一样，可以为居民提供帮助。例如，浙江台温律师事务所是较早为村/居提供法律顾问的一家事务所。早在 2010 年，该事务所就和温岭市司法局太平司法所共同建立了以 12 名律师为骨干的社区法律顾问团，并与太平街道的 14 个社区结对签订了法律顾问合同。该所把每月的第一个星期四定为"法律顾问服务日"，当日每一名法律顾问必须抽出半天时间到社区法律服务点值班，为居民提供法律咨询、代写诉状、调解纠纷等服务。"一村/居一法律顾问"打通了法律服务群众的"最后一公里"。

执法力量下沉到基层。台州市通过警力改革推行"一村/居一警"（在村庄较多而警力紧张的地区也必须做到"一村一辅警"），发挥社区民警在基层治理中预防、排查、宣传、协调和处置等作用。在社区层面建立警网联勤工作站，推动社区民警专职化，由社区民警担任社区党组织副书记，与社区、物业等力量整合在一起，把矛盾纠纷化解在基层。

黄岩区以"四平台"为枢纽，强化派驻执法站所属地管理，打造"中心 + 人民调解""中心 + 巡回智慧法庭""中心 + 雪亮工程""中心 + 心理咨询"等集多种功能于一体的乡镇/街道级矛盾纠纷调处化解体系。在全省首创巡回智慧法庭，实现乡镇/街道全覆盖。在矛盾化解中，推行村级"四人小组"做法，即由网格长、网格员、驻村干部和律师各一名组成调解团队。将全区划分为 910 个网格，每个网格配备 1 名网格指导员和 1 名以上专职网格员，真正将治理触角延伸到"最后一公里"。建立信访代办机制，由网格员担任矛盾纠纷预警员和代跑员，排摸录入并流转处置矛盾信息，推动源头管事、就地了事。

三　治理链条完整闭合，破解"九龙治水，各管一段"问题

在基层治理中，一个普遍存在的难题是如何在党政、部门和上下层级的各种治理力量之间形成合力，形成完整闭合的工作链条，从而真正提升治理效能。台州市在这方面的主要做法包括：

一是乡镇/街道级矛调分中心整合各部门力量形成联动化解机制。首先，由综治中心升级而成的乡镇/街道矛调中心通过物理空间的分区（如信息指挥研判区、综合受理区、集中调解区和社会组织参与区等）分别集成了不同职能部门（法院、司法所、派出所、流动人口管理和妇联等）的

派驻机构，这种现场联动协调的工作模式与区级矛调中心类似。其次，矛调背后的资源整合能力更为重要。例如，涉及民事合同和产品质量纠纷的问题，需要市场监管局的介入；涉及土地确权、房屋拆迁方面的纠纷需要规划国土和住建部门的介入。同时，不同问题的解决也需要不同的手段和方法。只有赋予基层属地相应的调度权甚至指挥权，才能真正实现所谓的"条专块统"，避免部门之间权责不清、相互推诿的现象。

二是大力推动"全周期治理"理念的贯彻落实。预防为主，事先风险预防和事后纠纷调解并举。例如，三门县公安局通过警种改革、交巡联勤，所队联治等改革措施，使得各警种之间、上下层级之间围绕突出问题（如交通事故、电信诈骗）形成治安维稳工作的完整"闭环"。同时派出所警力回归基层治理的基础性工作（防范、管控、化解、宣传等），通过联勤警务站整合政府的行政执法、建设、综合等力量向村/居端延伸。又如，近年来，仙居县在防溺水专项整治工作中，在各级党委政府高度重视和牵头抓总之下，多个部门（政法委、公安、水务、应急、综合执法、教育和文旅等）和基层（乡镇/街道、学校、企业）各司其职并形成联动合力、社会力量（特别是多支民间救援队伍）广泛动员参与，从日常宣传教育到现场援救、从排查隐患到打击非法采砂、河道修复整治，从全段信息监控（整合利用已有的水、地、渔、政等视频监控系统）到应急指挥调度，都很好地体现了全员参与（河道长、公安民警、乡镇干部、网格员、村民干部、民间志愿者等）、全流域防控、全人群覆盖（包括学生、外来务工人员和游客等重点群体）和全周期/全过程治理的原则，由此取得了非常显著的治理成效（详细介绍参见本书"平安台州建设"部分）。

四 分散信息的互通联合，破解"信息孤岛、联而不通"的问题

市域社会治理涉及多个部门和多个层级，由于不同组织间分工、权责和注意力等都有所不同，因此必然存在信息不对称和信息孤岛等问题，这对综合治理、系统治理构成了信息上的屏障。信息化建设和智能技术的深度运用为整合社会治理中碎片化的信息创造了条件。

首先，信息化集成系统的建设有助于为基层社会治理赋能，精准高效

施治。台州市、区两级打破各单位的"信息孤岛"，在社会治理大数据中接入综治"四平台"、信访12345、公安110、法院ODR、司法调解平台和人社劳动争议等数据，通过"四平台"直接联动乡镇综治中心，并将事件信息流转至相关单位、村/居、网格。信息化集成系统不仅有助于上级指挥单位"脑聪目明"，也有助于对某些事件和某些人群的"刻画"更为完整准确，借助于相关信息的整合，基层可以有针对性地采取更为有效的预防和化解措施。

其次，信息在上下层级之间双向流转，既有利于消除基层治理的盲区、及时发现风险隐患，也有助于分级分流不同性质和化解不同难度的纠纷案件。在实践中，一方面，通过网格员、志愿者等基层"触角神经"力量将发现的情况和问题汇总上报，并将疑难案件及时流转到区矛调中心及相关职能部门；另一方面，把分析研判选择后的相关数据流转到属地的乡镇/街道和村/居，解决基层信息不对称的问题。例如，在预防"民转刑"案件的工作中，台州市通过探索实施"三三三工作机制"（性格行为事件三要素识别，网格普查、公安精查、部门协查三途径排查，红橙黄三色预警），以人这一主线串联起碎片化呈现的矛盾纠纷和各类隐患，实现预测预警挺在前。特别是加强婚姻家庭情感纠纷和来自重点地区流动人口的研判，借助于AI人工智能和预警模型，对多次报警、重复报警的类似警情自动串并、及时预警，自动推送至属地乡镇/街道、派出所和网格，实现"警格联动、警网联勤"，让基层敏锐感知辖区内的各类纠纷和异常风险并快速响应，实现对基层的信息赋能。

再次，信息整合与分流也有助于打破传统的"条块分割"格局，促使工作合力的形成。例如，在矛盾纠纷案件中经常会遇到事、人、户籍与居住地不一致的问题，通过社会治理综合信息平台，能够实现事发地管事、居住地管人，保证化解责任清楚，管控不脱节。对纠纷事件按照红、橙、黄三种颜色定级，对于乡镇/街道内的，公安内部分级化解。对于流出乡镇/街道职能部门的，由政法副书记、综治办以及各部门联合化解，提高化解率和管控率。

最后，在基层公共服务方面，信息整合也有利于各部门之间资源共享和发挥合力效应。例如，各地普遍探索的志愿者"时间银行"模式，只有在更大范围内整合资源和信息，避免重复建设和各自为政，才能真正形成互联互通的激励机制。在现有体制下，与志愿者动员相关的部门包括民政、文明办、团委和妇联等，这就需要在各个系统之间形成标准兼容、信息共享和系统互通。

五　社会力量的动员整合，破解"党政一头热、单打独斗"的问题

党的十九届四中全会为基层治理体系和治理能力现代化指明了发展目标、主要任务和基本路径。发展目标是坚持和完善共建共治共享的社会治理制度，建设人人有责、人人尽责、人人享有的社会治理共同体。在完善党委领导、政府负责、民主协商、社会协同、公众参与、法治保障和科技支撑七个方面组成的社会治理体系中，社会协同和公众参与是体现治理共同体必不可少的重要组成部分。推进基层治理现代化，政府不能大包大揽、唱独角戏。应该由社会自身解决的，要引导社会积极参与治理，把培育"积极社会"明确作为基层治理体系现代化的重要目标。

路径一：群团组织发挥组织优势，积极参与基层治理和服务。

青年是社会治理的活跃力量。习近平总书记指出："未来属于青年，希望寄予青年……新时代的中国青年要以实现中华民族伟大复兴为己任，增强做中国人的志气、骨气、底气，不负时代，不负韶华，不负党和人民的殷切期望！"建设人人有责、人人尽责、人人享有的社会治理共同体，青年是不可或缺的一支力量，吸引青年参与社区治理，成为推动社区建设与社会创新的生力军，不仅可以把青年的朝气、锐气、才气渗透到基层社区治理和服务，也有助于提升社区活力、推动社区的高效能治理。

台州市各级团委和青年社会组织（如青年志愿者协会）利用自身的组织优势，发挥作为党联系青少年群体的桥梁纽带作用，以志愿者的方式参与到公益慈善、社会服务、矛盾化解、社区矫正等多方面工作中。比如，温岭市针对青少年矛盾纠纷问题，建立了由基层团委负责人、"两代表一委员"和调解志愿者等组成的"志愿青年跑团"，打造"亲青老娘舅""知心姐姐"等工作室，开展涉青调解工作。椒江区青协在疫情期间发出倡议书，号召青年回归、向社区报到，以志愿者团队的形式（如"青年帮

帮团""青年淘宝团"）为青年自身和社区居民服务；并且通过将青年志愿者积分与入团相结合，激励更多的中学生参与到社会治理、文明创建和文明劝导等工作中。

案例：椒江区葭沚街道华诚社区打造"青春社区"①

如何让青年走出家门，改变青年"隐于市"，团椒江区委探索"共青团往社区走"，"让青年当主角，让社区更青春"，提出打造"青春社区"。华城社区成立于2018年8月，辖区面积0.7平方公里，由万华城、景隆公馆、紫薇花园、新世纪城和尚澄股份经济合作社等单位组成。辖区常住人口1.15万，其中18~40岁人口约4000人，占社区总人口的35%。葭沚街道团委联合华城社区党组织，带领社区团支部共同打造椒江区首个"青春社区"，探索"三治融合"下青年参与社区治理的模式，于2019年被评为台州市民主法治社区。

为鼓励青年融入社区、参与治理，团区委和华诚社区首先创新报到制度，依托业主微信群、"智慧团建"和"志愿汇"等平台，动员青年业主、团员、青年志愿者等主动到社区报到，形成华诚社区青年库。在此基础上，形成"青春智囊团"、"青年宣讲团"、"老乡会"、"家燕团"和青年志愿者等多支青年队伍，并将其"链接"到社区治理和居民生活的各个层面。与此同时，团区委和社区结合辖区青年特点，全方位征求青年意见建议和聚集资源能力，形成"需求""资源""项目"三份清单，并在社区设立集代表工作室、青年议事厅、青年公益角、青年书吧和青少年心理咨询室等各种青少年事务工作室于一体的"青年之家"，为青年搭建交流平台，形成华诚青年的社交"朋友圈"。目前，主动到社区报到的青年达2700人，占常住青年总数的70%。

2020年的新冠肺炎疫情防控过程中，许多青年不仅积极参与到人员摸排、防疫知识宣传和卡点执勤等工作中，还发挥自身优势为居家

---

① 《台州椒江打造"青春社区"让青年当主角　让社区更青春》，中国青年报，2021年1月28日。

的孩子开展线上作业辅导和提供居民生活物品配送等服务。青年从社区治理的旁观者变为参与者，展现出新一代青年的责任与担当。青年的广泛参与也催生出社区的活力。健身运动、文艺活动、绘画摄影、法律讲座和亲子教育等活动纷纷引入社区，丰富了居民生活；青年作家课堂、青年摄影课堂等，吸引着越来越多的社区青年、社区居民参与其中。针对社区居民关心的幼儿入托、文明养宠、小区内电瓶车停放、消防安全等问题，"青春智囊团"们在2020年开展了15次专题讨论，并直接参与了辖区幼儿入托问题的调解。社区还引入大众公益、96345志愿者联合会、台州学院慈善义工服务队和"爱自然生命力体系服务队"等青年社会组织入驻，开展留守儿童关爱、青少年权益维护等服务。

路径二：社会工作机构发挥专业优势，助力矛盾化解，参与社区治理。

台州市司法局积极推动将社区矫正工作融入基层社会治理的大格局、大体系中，有效动员社会各方力量和资源，促进社区矫正工作全面发展。一是建立政府购买服务机制，有效引入社会组织参与社区矫正工作。全市探索引进了"天宜社会工作服务社""心灵花园""春雨大众公益协会"等一批专业社会组织和社会力量，参与柔性社区矫正工作，提升教育矫正精准化水平。如玉环市的天宜社工服务社，政府以购买服务的形式签订项目合同，设定项目内容及预期效果，完成对社区服刑人员的管理、矫正和再社会化等一系列工作。这种方式探索出了政府与社会合作的社会治理新路径，既解决了社区矫正的社会化问题，又促使民间组织快速成长，实现了双赢。在预防青少年犯罪方面，台州立足检察官把关全流程、专业社工介入个案、心理咨询师提供辅导三个环节，专业化、规范化地开展观、护、帮、教。针对进入检察环节的涉罪未成年人，中心根据检察官的交办意见，针对性地指派心理咨询师和司法社工为其提供"合适成年人到场"、个案调查和心理疏导等服务。

针对城市社区突出的物业管理矛盾纠纷问题，专业社会组织也发挥了应有的支持作用。物业类矛盾纠纷的法律性和政策性非常强，涉及社会主体、市场主体和政府主体等多重复杂关系，尤其需要专业机构的外部支持。2020 年 12 月 23 日，台州市第五届人民代表大会常务委员会第三十五次会议审议通过的《台州市物业管理条例》提出，"街道办事处、乡（镇）人民政府可以通过政府购买服务等方式委托社会组织协助做好物业管理相关工作"。例如，椒江海门街道在上级政府资金支持下引进专业社会组织开展"社区重建"项目，围绕业委会与物业之间复杂的矛盾开展工作。

案例：专业社工机构助力物业矛盾化解和社区融合

浙江省台州市天宜社会工作服务社于 2013 年 7 月注册成立，下设 10 个服务中心（台州 8 个、温州 1 个、绍兴 1 个），致力于服务需要关注和帮助的群体（妇女儿童、涉罪未成年人及受害人、外来务工人员、残疾人、社区矫正人员、计生特殊家庭、孤寡长者等）。作为浙江省首批本土社工机构，天宜以"扶助弱者，服务居民，重建社区，和美社会"为宗旨，以人为本，立足社区，全力打造本土的、专业的社会工作服务品牌。

椒江区天宜社会工作服务中心在海门、海南等街道开展社区重建、支持业主委员会组建和运转的项目，有效地弥补了社区力量不足和专业性欠缺的问题。具体工作包括：按照法律和政策的要求配合街道和社区帮助小区业主开展业委会筹备选举工作（了解业主需求、完善具体流程、摸排候选人、动员业主参与投票等）、支持业委会日常运转（链接外部资源、选聘物业服务企业、制定日常规范等），在一定程度上对业委会起到支持作用。此外，天宜社会工作服务社还针对不同人群（如中青年群体、村改居群体等）的社区融合问题开展社区营造活动，通过丰富的文体活动和亲子活动拓展社区居民之间的横向联系、拉近彼此的距离，动员居民参与公益志愿活动和参与社区公共事务的治理。

路径三：调动乡贤力量参与矛盾调解，以民间权威化解基层纠纷。

在传统乡土社会，地方士绅在基层治理中发挥了独特而重要的作用。地方士绅与乡村之间具有经济、社会、文化和情感上的多重有机联系。

费孝通（2009）指出，中央集权和地方自治共同构成了中国传统社会的政治结构。乡土社会中自下而上的政治轨道体现在地方士绅作为自治团体领袖，凭借自身的社会地位与地方官员进行交涉和协商，把压力传递到上层。士绅一般不掌握政治权力，但拥有社会声望和对"道统"的解释权（"政治权力"和"伦理权力"的相对分离）。地方士绅既是基层自治领袖又代表民众利益与官方斡旋，整体上起到对于皇权的"绅权缓冲"作用。地方士绅同时具有皇权在村庄政治中的代理人、村庄社会结构的道德权威和文化规范的意义诠释者等多重身份（赵晓峰，2017）。

在台州市调研过程中，我们发现不同区县（椒江、路桥、黄岩和仙居等）都比较重视发挥"新乡贤"参与矛盾纠纷调解的独特作用。例如，仙居县在县乡两级矛调中心首创"乡贤助调室"，助推基层社会治理现代化。截至目前，该县已有 8 个乡镇/街道建立了"乡贤助调室"，共有 32 名乡贤担任县级乡贤助调员、98 名乡贤担任乡镇/街道的乡贤助调员。该县杨梅山山界问题存在纠纷，近一年来多次向村委和街道两级反映。自"乡贤助调室"领办该纠纷后，立即对当事双方的山林权证进行核查，开展现场勘察，并同山林权证经办人、划界限中介人及周边村民多方求证后，认为杨梅山山界在双方的山林权证上已清晰标明，系当事一方存在误解。从领办该纠纷至结案不到半个月。类似的案例还有宅基地纠纷、村庄间的土地交界纠纷等。类似地，天台县将散落在民间的优秀"老娘舅"会集起来。依托县矛调中心组建了一支涵盖各行业、各领域的 500 人调解人才库，实现调解人才资源全县共享。

案例：仙居县白塔镇"乡贤助调员"

近年来，白塔镇处于经济迅速发展的阶段，重点投资项目的推进带来了较大的征地、流转和拆迁压力，相应的社会矛盾也比较突出，信访案件居高不下，2019 年信访量占全县信访量的三分之一。

在发展压力带来的治理压力下，基层干部满负荷运转。在矛调实践过程中，该镇出现一些热心矛调工作的退休干部。他们有威望、懂政策又熟悉基层情况，发挥了很好的作用。该镇党委政府发现"他们跟老百姓讲比我们讲更有用"，同时也大大减轻了乡镇干部的压力，于是将此经验固定下来，结合实际制定出台了乡贤助调员制度。把乡贤调解作为重要组成部分纳入多元调解体系。通过搭建乡贤调解平台、建设和规范乡贤调解队伍、成立调解委员会和完善乡贤调解制度，"半专职化"的乡贤助调成为基层矛盾纠纷化解的一种工作常态和重要依靠力量。目前，这支由10人组成的乡贤队伍包括村里的老书记、老主任、退休干部（国土、城建系统）和职业律师等，将其整体纳入该镇矛调中心平台与政府密切配合，同时辅之以乡贤助调基金，使其更好地发挥作用。

不难发现，这种"新乡贤"参与社会治理的形式既有传统的影子，更具有时代的特征。首先，"新乡贤"的构成比较多元，身份界定和边界相对比较模糊。所谓"新乡贤"既包括体制内的退休人员（法官、政府官员、教师和村干部）和部分的人大代表、政协委员，也有体制外有一定经济实力的本地民营企业家，还有少数在基层群众中有一定威望或有辈分的普通居民（浙江俗称"老娘舅"）。其次，"新乡贤"在地方熟人社会和人情社会的基础上发挥了中介润滑作用，既"嫁接"在政府主导的矛调体系之上，又部分弥补了现有矛调体系的不足。乡贤发挥作用的往往是政府不擅长调解或者因政策明确限制而力所不逮的部分领域。最后，新乡贤发挥作用时综合运用了民间、专业和半官方权威的性质，由于运用了情、理、法多种手段，相对而言比行政调解或司法调解更有弹性和柔性。

第二节　基层治理的求"和"之道："和而不同"

党的十八大提出社会主义核心价值观是"富强、民主、文明、和谐，自由、平等、公正、法治，爱国、敬业、诚信、友善"。在基层社会治理中，这些价值观不是抽象存在而是具体地体现在微观实践和日常生活之中。换言之，"和"的理想目标必须建立在法治、自由、民主、公正、平等、包容、友善、诚信等价值基础之上。新时代人民对美好生活的需要日益广泛，人民群众不仅对物质文化生活提出了更高要求，而且对民主、法治、公平、正义、安全、环境等方面提出了更高的要求。这些都对基层治理提出了更高的要求。

在市场化和城市化加速的背景下，基层社会的群体分化、利益分化和价值多元的趋势也不断增加。在基层社会治理中，当家庭内部（长幼之间、夫妻之间）和社区内部（邻里、业主和物业、本地人与外地人、居民和村民）的不同群体之间发生矛盾纠纷时，更需要思考如何从价值观上寻找"最大公约数"从而实现彼此的"和谐"乃至"美美与共"。

一 践行公正与法治的价值观，情、理、法、利并举，社会矛盾纠纷求和解

习近平总书记在论述依法治国时明确要求"努力让人民群众在每一个司法案件中都感受到公平正义"。同样地，基层矛盾纠纷化解绝不仅仅是为了暂时的社会"稳定"而"息事宁人"，而是应该不断提升让人民群众能切身感受到的公平正义。

台州市把区县矛调中心作为化解基层矛盾纠纷的"终点站"。对于矛调中心的功能定位，黄岩区矛调中心负责人的一席话很有典型性，深入地阐释了矛调中心和老百姓追求公平正义之间的关系以及矛调中心功能定位为此不断迭代升级的发展过程。他是这么说的：

> 我们矛调中心一开始建立的时候，目标很清晰，就是为了方便群众，避免让大家多头跑，能够到一个地方就把问题解决了，当时就是这么简单。围绕这一个目标把各个部门的职能整合到一块去。但是这两年多运行下来以后，现在我们的定位已经不局限于此。
>
> 我们最朴素的一种理解，矛调中心的各个职能本质上是围绕公平正义去处理问题，核心就是公平正义，也就是我们常说的老百姓讨说法，围绕这么一个点……因此核心价值不应该仅仅停留在方便上……光做到这个（方便群众）。我们现在认为，围绕公平正义（做得）还不够，因此今年我们的核心就是进入了新的阶段……
>
> 这个阶段是围绕我们要的到底是什么样的公平正义问题。我们现在的核心是放在赋能上。根据我们现在的理解，老百姓真正的治理应该是

在老百姓自己足够自由的选择权上。我们现在的核心定位就是选择权，这个选择权本身就意味着一种机会，赋予机会，赋予选择权……我们还在进一步改造，就是把老百姓看成一种社会治理的力量……老百姓只要提出一个"我要来"，所有职能部门都要响应，我们的口号是"有求必应"……这个目标实际上也是围绕人本主义的，或者是以人民为中心，就是老百姓是这个机器的起动者。

正是在这样的公平正义理念之下，在台州调研社会矛盾纠纷化解时，我们经常听到基层干部说起几句话，"有道理的要解决到位，没道理的要解释到位""诉求合理的要落实到位，诉求不合理的要思想教育到位""生活困难的要救助帮扶到位""行为出格的要依法处理到位"等，这些话语反映出台州基层矛调中心综合运用情、理、法、利等多种化解手段，追求的是"事心双解"和"既解法结/事结，更解心结"。

在诉源治理的过程中，台州市注重处理好诉前尽量调解（止讼、化讼、少讼）与依法保障诉权之间的关系。按照台州市《关于开展"无讼村（社区）"创建，推进诉源治理的指导意见》要求，坚持以合法、自愿为原则开展诉调衔接、诉讼程序与非诉程序的衔接工作。对家庭纠纷、邻里关系、小额债务、消费者权益保护、交通事故、医疗损害、产品责任纠纷、物业服务合同纠纷等适宜调解的纠纷，在征求当事人意愿的基础上，引导其进行诉前调解。对于属地性强、涉及民生的纠纷，要依靠基层人民调解组织发挥矛盾化解的基础作用，努力将其化解在基层、消灭在萌芽阶段。对于专业性、类型化的纠纷，要充分利用行业性、专业性调解组织的专业优势进行化解。对于重大敏感、群体性等矛盾纠纷，要借助基层党政机关的力量，通过协调和解、行政调解等方式化解。通过上述三层矛盾过滤体系，争取把大部分矛盾纠纷化解在诉前，对于确实无法通过上述手段化解的纠纷，及时立案登记，经法院诉讼调解或裁判化解，形成社会规范和行为指引。对于在规定时间内调解不成的案件，应及时回流至法院立案程序，有效保障当事人的诉讼权，防止产生久调不决、久调无果的情况。

二 践行诚信与友善的价值观，崇德向善、教化引导，人际社会关系求和睦

传统中国社会尤其注重儒家思想教化育人的行为规范功能。一直以来，德治既是继承和发扬中华民族优秀文化传统的重要途径，也是基层社会治理的重要手段。党的十九届四中全会指出："健全党组织领导的自治、法治、德治相结合的乡村基层治理体系。"其中包括发挥自治的强基作用、法治的保障作用、德治的教化作用。

（一）"道德风尚化"，培育崇德向善的风气

1. 实践背景

2001 年，党中央颁布了《公民道德建设实施纲要》，有力推动了社会主义精神文明建设。2019 年，《新时代公民道德建设实施纲要》印发实施，进一步指出，中国特色社会主义进入新时代，加强公民道德建设、提高全社会道德水平，是全面建成小康社会、全面建设社会主义现代化强国的战略任务，是适应社会主要矛盾变化、满足人民对美好生活向往的迫切需要，是促进社会全面进步、人的全面发展的必然要求。加强新时代公民道德建设，是推进中国特色社会主义事业的一项基础性、战略性工程。中共中央印发的《法治社会建设实施纲要（2020—2025 年）》也提出依法治国和以德治国相结合，把法律规范和道德规范结合起来，以道德滋养法治精神。推进社会公德、职业道德建设，深入开展家庭美德和个人品德教育，增强法治的道德底蕴。强化道德规范的教育、评价、监督等功能。

台州市在推行市域社会治理现代化的过程中，不断探索"道德风尚化"的路径，充分注重德治作用的发挥，注重德治和其他治理手段的有机融合、协同发力。不仅有助于应对一些"政策对不上，法律管不着"的治理事项，也有助于推动形成良好的社会风尚和社会秩序。

2. "道德风尚化"的创新经验

（1）为道德建章，让"德者有得""德者有依"。以"红榜颂道德"活动为例。台州市三门县自 2008 年起就持续开展"红榜颂道德"主题实践活动，到 2020 年累计评出 6500 余名村级、1600 余名镇级和 240 余名县

级道德红榜人物。2020年，为探索建立关爱好人的长效机制，三门县出台了《三门县道德红榜人物礼遇和帮扶制度》，让"德者有得""德者有依"。

红榜人物"道德贷"，强化道德的价值感。联合县农商银行为全县道德红榜人物授信2亿元，面向有资金需求的红榜人物，在每个帮扶周期内给予50万元以内的低息贷款。截至2020年，共为15位各级各类道德模范发放低息贷款435万元。

红榜人物关爱联盟，开展个性化帮扶。联合慈善、医疗、教育、金融、新闻等20多家单位，成立"道德红榜关爱联盟"，并在浙江省率先设立"道德红榜关爱基金"，累计募集180多万元，帮扶有需要的道德模范（比如因为救人而需要医治的人）。目前，三门县共有5000多人次的道德模范受到不同形式的帮扶。

红榜人物礼遇证，让德者受到礼遇。颁发《道德红榜人物礼遇证》，凭证可以免费游览县内景区，免费乘公交车，在子女就学、参军等方面也能享受政策优待。

（2）为道德立约，推动行为形塑、三治融合。以慈孝文化为例。慈孝文化在台州市仙居县源远流长。"王温升天""逢人说项""朱熹二度送子求学""应大猷仁爱孝悌"等慈孝典故在当地历代相传。早在2012年，仙居县就开始了以"尊老、爱幼、孝亲"为核心的"慈孝仙居"创建工作，将传统的慈孝文化和现代的乡村发展有机融合，以十年如一日的努力，让慈孝文化慢慢滋养人们的品性、滋润人们的心灵，推动"孝道风尚化"，也使仙居县获得了"中国慈孝文化之乡"的美誉。

一是发挥党政部门的引领作用。具体而言，由宣传部和文明办主抓，承担公民道德建设的领导责任。通过制度建设、以文化人、典型感召、全民践行的方式，将慈孝仙居建设有机融入经济社会发展的各个方面。同时，要求政府部门公务人员以身作则，充分发挥示范引领作用，规定公务人员在提拔升迁之前，要对其进行家访，以考察其在践行慈孝和亲善邻里方面的具体表现。

二是建立起正向的激励机制。注重政策的价值导向，2014年创新推出"用慈孝做抵押，用道德做保障"的慈孝卡和慈孝贷。"慈孝卡"分为"慈卡"和"孝卡"两种，"慈卡"提倡长辈为晚辈储备教育成长基金，"孝卡"提倡子女为父母储备孝亲养老基金。"慈善贷"是指"孝敬父母"等慈孝行为可以作为信用贷款的凭证,从金融机构获取低息贷款。首批20户慈孝家庭获得了200万元贷款授信。随后还发展出文明贷、守法贷等衍生产品。此外,慈孝卡每发生一笔业务,信用联社就拿出一分钱捐到慈孝基金中。进而真正实现了孝心增值,德者有得。

三是发挥社会规范的约束作用。注重在地文化的传承挖掘,引导村民制定适合本地乡俗民风的村规民约。新罗村是仙居县的一个慈孝村。村党支部、村委会与全体农户签署了慈孝协议,并举办慈孝协议宣读仪式。村规中规定:如果违反慈孝协议,村集体福利的发放就会被扣减;想在村里入党或是去银行申请贷款,也要以执行村里的慈孝协议作为前提。这样一来,通过村民的自我约束、自我管理、自我规范,逐步形成了惩戒失德行为的常态化机制,促进了家庭内部关系的改善,推动了良好慈孝氛围的形成。

四是强化共同体内部的互助互惠。新罗村注重村庄公共产品的供给和村庄成员之间的互助互惠。为了让村里的老人孩子能够过上更好的生活,村里设立了专门的慈孝基金,建成了"爱心之家"老年公寓,举办了多场慈孝活动,组织起了慈孝义工服务队伍,牵起了"千里亲情线路"。慈孝基金设立于2014年9月,首次募捐的时候,78位村民自发捐款18万元,用于帮扶村里的困难老人和未成年人,每年都有村民捐款;老年公寓为无力搬迁的老人解决了住房问题,公寓设有食堂,方便空巢老人和留守儿童用餐;慈孝义工队会为村里的老人提供保洁、理发、缝补和义诊等服务;亲情线是为村里的留守老人、留守儿童与外出打工的家人打造的视频交流平台;慈孝活动则包括四好村民评选、慈孝家庭大家学,等等。通过一系列措施,使得慈孝新风习习吹送,慈孝文化汩汩流淌,慈孝传统代代相传。

五是注重点滴微小行为的形塑。慈孝从来都不只是一个口号,应该体现在个体和家庭日常生活的点点滴滴之中。外化于行,内化于心。仙居县在继承慈孝传统,弘扬慈孝精神的同时,也提出了一系列贴近百姓生活,微小、具体、清晰且易于操作的行动倡议和行动口号,比如"为老人晒被子、帮老人剪指甲、给老人理头发""长者先动筷""朝南屋、一世福(即,倡导长者住在朝南的屋子里)",从细微处着手,在点滴间塑造了百姓的价值理念和行为方式。

除了仙居县的典型经验外，台州市其他区县也同样在努力探索德治风尚化。天台县在调解基层矛盾纠纷的过程中倡导"家事纠纷孝为先、民事纠纷和为贵、商事纠纷信为本"。让群众潜移默化地受到传统和合文化、慈孝文化的洗礼，有助于相关调解更加顺畅高效地进行。天台县发挥自身作为"和合文化"发源地的优势，在调解文化的宣传上做到通俗易懂，读着顺口，看后入心。调解并不仅仅是息事宁人，调解就是要做到"既解法结，更解心结"。除了在和合调解室的布局上体现温馨和谐的格调外，天台县还巧妙运用一些广为传颂的民间小故事分别以"孝义""诚信""礼让"为主题制作成宣传展板在调解现场展示。

三门县以自治、法治、德治三治融合为切入点，由农业农村部门牵头，民政部门抓自治民主化，政法部门抓法治规范化，宣传部门抓德治风尚化，各部门联动协同，三团（平安护航团、法律服务团、道德评判团）协管，努力形成治理合力。其中，道德评判团由"红白理事会""家风促进会""文明评议会"构成，通过"立德""评德""颂德"，营造抑恶扬善的社会氛围，涵养和美文明的乡风民风，引导村民由"要我文明"向"我要文明"转变，取得了较好的效果。

诚然，泥巴路很好修，心里的路很难修。市域社会治理现代化进程中的德治建设无法一蹴而就、一日而成，须常长着力、久久为功。这样一来，才能逐步引导地方性的乡风良俗向整体性的社会风尚转化，日益提升市域乡风文明和精神文明的建设水平，更充分、更深入、更有效地发挥德治对其他治理手段的辅助提升作用，以德育人、以德化人，力争在更高的道德水平上推进市域社会和整个国家的和谐稳定。

（二）"文化体验化"，构建健康的社会细胞

1. 背景和制度设计

家庭作为国家和社会最基本的细胞和单元，是"国家发展、民族进步、社会和谐的重要基点"。"家庭的前途命运同国家和民族的前途命运紧密相连"。所谓"家是最小国，国是千万家，家国两相依"。自党的十八大以来，中共中央多次强调家庭、家教、家风在基层社会治理中的重要作

用，要求注重家庭、注重家教、注重家风。中华民族历来重视家庭。伴随着改革开放的推进、社会的转型发展、人民生活水平的提高，我国城乡家庭在结构形态、组成方式、生活模式等方面都发生了若干变化。然而，家庭作为连接个体与亲属、个体与社区、个体与社会、个体与国家的基本单元，其地位依然非常重要，家庭在经济支撑、关系塑造、情感慰藉、文化传承、行为规范等方面发挥的作用依然不可小觑。

在此背景下，台州市三门县致力于深耕"家"文化，传承好家风，倡导婚事新办、简办，推动婚姻礼俗除弊革新。通过"文化体验化"的方式，在传统婚俗文化中融入若干现代元素，让"风雅、节俭、文明"的婚俗文化成为人们的价值追求，逐步打造出"国家 5A 级婚姻登记处"，获评浙江省首个婚姻文化示范基地，入选省 19 个婚俗改革实验县/市/区试点。

2."文化体验化"的创新经验

一是婚俗文化可视化。三门县 2016 年开始策划建设婚姻文化示范基地，2018 年 2 月正式投入使用。该基地集服务、展示、宣传、教育、体验、调解等多重功能于一体，分两层四厅。一层主题是"琴瑟之好"，包含新婚服务教育厅、传统婚姻礼仪厅、传统婚俗文化厅三个模块；二层主题是"相濡以沫"，包含婚俗文化博物展示区，名人婚恋逸事文化墙，婚姻辅导调解区、心理疏导区、情绪宣泄区等。婚姻登记处还设计打造了"十里红妆"艺术长廊，重现三门湾地区的婚姻礼仪和风俗习惯。登记处可根据新人的喜好，设计具备不同年代风俗特点的个性化婚姻礼仪流程，还可体验掀红盖头、坐大花轿等传统婚俗。

二是颁证流程仪式化。在全省首推"特约颁证员"制度，开展"县长颁证日"活动，明确颁证职责、颁证日期、颁证流程等，由县领导、人大代表、政协委员、乡贤代表等在国徽下为新人颁发结婚证书并送上祝福。提前确定每月的县长颁证日并向社会公开发布，新人可网上预约、电话预约、现场预约。"县长颁证日"活动的推出，不仅融合了婚姻登记的法律认可和社会认可，还增加了婚姻登记的庄严性和仪式感。目前，已举行县长颁证日活动 20 余次，为数百对新人颁证。活动还倡导新人宣读结婚誓词、签订婚事雅办承诺书和三好承诺书，弘扬文明新风。

三是金婚庆典示范化。依托县婚姻家庭协会，开展以"金色见证·一世约定"为主题的金婚庆典活动。2017 年首届庆典上，23 对金婚老人现身说"情"，讲述彼此穿越半个世纪、执子之手、风雨同舟、不离不弃的爱情故事，起到了良好的示范作用。民政部门还联合县妇联、县婚姻家庭协会，推出针对银婚、珍珠婚、玉婚、宝石婚、金婚的纪念证书。2019 年，结婚登记处还创新推出了婚姻签证制度，市民可在每年的结婚纪念日持签证本到婚姻登记处盖上见证爱情如初的印章。

四是婚庆方式现代化。以前，百姓办婚礼往往大操大办、讲排场、比阔气，还要有天价彩礼和高额随礼，百姓苦不堪言又无可奈何。为此，三门县倡导婚事新办、喜事小办，注重节俭消费、避免铺张浪费。其一，打造婚庆新空间。以前，农村办婚礼要么去酒店、要么搭棚摆流水席，花费较大。三门县按照"文明节俭、以人为本、服务群众"的原则，在前郭村设立第一家新时代结婚礼堂，免费提供给新人举行婚礼仪式，这样一来不仅减少了攀比，也减少了铺张浪费；其二，推出婚庆新形态。比如旅行结婚。立足三门县及周边良好的生态环境，结合婚姻文化示范基地的品牌效应，开发出若干"海誓三门"婚姻旅游特色线路。比如，具有洞窟旅游特色的"洞房"线路，具有海岸旅游特色的"风雨同舟"线路，具有现代农村旅游特色的"浪漫玫瑰"线路等，很受年轻人欢迎。

五是婚庆新风制度化。以村/居民委员会选举为契机，督促指导新一届村/居民委员会修订村规民约和社区公约等非正式规范。引导村/居民加入关于婚丧礼俗的约束性条文，做到软目标硬约束，并由党员干部带头执行，引导村民自觉遵守，树立文明节俭的良好美德。

如果说社区是基层治理的基本单元，那么家庭就是基层治理的基本细胞。三门县创新推动的婚俗改革，不仅激活传承了地方优良婚俗文化传统，而且有机融入了现代、文明的婚姻家庭价值理念和行为模式。通过婚俗文化的体验化、可视化、仪式化、制度化等具体举措，为台州市推进市域社会治理现代化过程中家庭新风的树立以及和谐家庭的构建发挥了积极的推动作用。

三　践行民主与自由的价值观，畅通利益表达渠道，基层社会秩序求和谐

多年以前，民间社会和个别地方政府（如杭州）对"和谐"二字提出

了一种新解。在这种解释中，"和"字表示有"禾"入口，即民生问题；"谐"字表示人"皆"能"言"，即民主问题，而"人皆能言"恰恰是习近平总书记指出的：协商民主的真谛在于"众人的事情由众人商量"和"坚持有事多商量，遇事多商量，做事多商量，商量的越多越深入越好"。因此，"和谐"新解就体现了民生和民主二者间的辩证关系，即"以民生带民主，以民主促民生"，只有将发展民主与保障民生有机结合起来才能真正促进基层"和谐"。

协商民主是公民通过公开讨论和理性对话形成合法决策的民主形式，是民主与协商的混合物，二者缺一不可。尽管对协商民主的理解有所不同，但所有人都同意：集体决定应该由所有将受其影响的人或其代表参与做出，这是其民主的一面。同时，集体决定是由认同理性和公正价值观念的参与者通过争论做出的，这是其协商（或审议）的一面。因此，协商民主有时也被称为"对话民主"。《论语·曲礼下》说"公事不私议"。协商本身就是一个公开的意见交换过程，只有通过公议才能促进公益。这种"公议"体现在所有受决策影响的个体或组织都有机会自由地参与表达。

党的十八大做出健全社会主义协商民主制度，推进协商民主广泛多层制度化发展的重大战略部署。党的十八届三中全会进一步指出，要开展形式多样的基层民主协商，推进基层协商制度化。2015 年，中共中央印发《关于加强社会主义协商民主建设的意见》和《关于加强城乡社区协商的意见》，前者将协商民主划分为政党协商、人大协商、政府协商、政协协商、人民团体协商、基层协商以及社会组织协商等不同的渠道，并制定了相应的路线图。后者对城乡社区协商的内容、主体、形式、程序及成果运用做出了系统规定。在政策话语中，"基层协商"包括了乡镇/街道的协商、行政村社区的协商、企事业单位的协商和社会组织的协商四种。在实践层面，它更多涉及在城市街道办事处以及农村乡镇政府以下开展的民主协商活动。其中，城乡社区协商是基层协商的主体部分，也是整个协商民主体系的微观基础。在中央明确提出发展协商民主之前，其实地方上已经有了多年的基层实践探索。其中蕴含了协商民主的部分要素，广为人知的如浙江温岭市的"民主恳谈"及其后来发展出来的"参与式预算"。

温岭的民主恳谈是台州市对基层民主协商的先行探索和典型代表。民主恳谈是社会主义协商民主在基层社会治理中的生动实践，充分扩大了群众有序政治参与，积极推动了党委政府科学民主依法决策，切实促进了当地经济健康发展，有力维护了社会和谐稳定。

2005年，温岭市泽国镇在民主恳谈的基础上深化开展了基层协商民主实验。遵循公开、公正、平等和代表性等协商民主的原则要求，在学者的帮助下，泽国镇某村庄通过独立无涉的会议主持人制度、随机抽样选出代表的制度、平等讨论制度、信息先行公开制度、问卷调查表决的决策制度等做法，在一定程度上避免了社会不平等的影响，赋予每个人平等协商、讨论的机会和权利。实验前后的问卷调查对比证明，参与恳谈的村民在村庄全局意识、说理水平、缩小分歧达成共识的程度上均有提升（何包钢、王春光，2007）。同样，在泽国镇公共基建项目公民参与民生决策的实验中也采取了类似的程序设计，从而实现了政府的目标函数与公众的偏好相一致，保证了政府的行动镶嵌于社会之中（朱圣明，2007）。

近年来，温岭市委先后出台《关于新时代深化民主恳谈工作推进基层社会治理现代化的意见》《新时代民主恳谈工作责任分工》等文件，围绕平安恳谈、网格民主恳谈、出租房房东民主恳谈、参与式预算、行业领域恳谈和环境整治恳谈，将民主恳谈与平安建设和综合治理工作进一步结合起来。主要包括以下方面：

一是开展平安恳谈，全面推进隐患整改。以三级平安体检为抓手，深入开展以聚焦本地社会风险、清理安全隐患为目的的平安民主恳谈，逐项梳理本地、本部门的风险隐患，汲取群众智慧，提出整改措施。由市领导带头，各地各部门发动班子成员深入村/居开展以"全民安全教育"为主题的民主恳谈活动。2019年共开展各类安全教育民主恳谈活动860余次，参与群众近2万人次。

二是开展网格民主恳谈，充分发挥群众自治能力。建立网格议事厅，每月固定一天为网格议事日，召集网格团队和群众进行民主恳谈，实现"大家的事，大家商量着办"。通过民主恳谈会，搭建了网格的沟通桥梁，延伸了网格的服务触角，能充分了解网格内的民生民情，引导群众落实责任、群策群力，发挥群众的主观能动性参与网格工作。目前，共召开网格恳谈会3213场次，涉及垃圾分类、村级规划等议题573项。

三是开展出租房房东民主恳谈，助力积分制管理工作。探索推广出租房房东积分制管理工作，定期开展出租房房东民主恳谈会，变以往"我说你听"为"相互讨论"，氛围更加轻松活跃，也更容易让群众打开心扉。会上向辖区群众讲解"出租房房东积分制"、辖区治安情况、"盗、抢、骗"防范、房东管理责任和相应的法律法规等方面的工作情况，积极征求群众的建议和意见，对群众提出的出租房管理、噪声扰民、酒后滋事等问题采取详细指导和帮助，持续加强职能部门与群众的协同配合。

四是开展参与式预算，群众参与看好"钱袋子"。在镇（街道）和市级两个层级由社会公众参与协商财政预算支出项目，强化人大预决算审查监督，加强预算执行情况的公开和监督。2017 年换届以来，共对 39 个部门预算开展审查，提出意见 728 条，调整预算项目 205 项，涉及预算资金 4.2 亿元，清理结转结余资金 30.93 亿元；提前介入重大投资项目，近五年来，共审查政府重大投资项目 139 个，取消项目 3 个，重新论证项目 1 个，推迟建设项目 7 个，降低投资规模项目 1 个。

五是开展行业领域恳谈，建立企业工资集体协商机制。在新河镇羊毛衫行业试行职工代表、行业工会与企业面对面的全行业工资集体协商后，羊毛衫行业的劳动争议问题得到彻底解决，此后逐步在其他镇（街道）和行业推行。截至目前，已经基本形成"行业协商谈标准""区域协商谈底线""企业协商谈增幅"的模式。在全市 2543 家单独建立工会的企业开展了企业工资协商，在羊毛衫、水泵、轴承等 16 个行业开展了行业工资集体协商，16 个镇（街道）全部开展了区域性工资集体协商，覆盖 8972 家企业、惠及近 50 万名职工。

六是开展环境整治恳谈，实现众人的事情由众人商量着办。在全域改造、拆违治水、道路两侧整治、生态环保等重点工作中，运用民主恳谈形式，充分倾听群众呼声、广泛团结群众，加快推动生产生活方式转变，形成全民共建、全民参与、全民共享的良好格局。例如，在全域改造工作中，横峰街道针对土地整治、农房改造、园区建设和配套完善等多个决策过程，逐村举办民主恳谈会，凝聚各方智慧，召开了大大小小民主恳谈会 200 余次，推进了民生难题的解决。

民主恳谈注重扩大群众的有序参与，创造群众平等参与社会治理的机制。鼓励群众发言，尤其是鼓励不同意见和看法的表达，倾听民声、汇聚民智，提高参与的有效性，真正助推落实群众的知情权、参与权、表达权和监督权。

案例：城市社区协商平台——椒江区太和社区议事厅

椒江区海门街道太和社区成立于 2016 年 10 月，下辖 9 个小区，小区的很多矛盾纠纷问题都依托社区党委搭建的"太和社区议事厅"民主协商平台得以有效解决。在不断解决问题的同时，太和社区逐渐形成了社区党组织牵头、社区居委会、物业公司、业委会成员和居民代表以及社会组织等多方参与的联动协商机制，搭建了常态化的沟通联系平台。

2017 年初，太和社区辖区的金色兰庭小区有一处装修垃圾临时堆放点，由于物业未及时清运引起附近业主不满，但业主意见过多、过杂，小区物业表示很难协调。于是，太和社区党支部会同小区业委会和物业，开展三方联动协商工作。在协商会上，社区党支部提出"居民恳谈夜"制度，要求全体支部党员率先发挥先锋模范作用，主动入户做好调查问询和安抚调解。最终达成了一致意见，每周五为装修垃圾指定堆放日，物业隔天统一清运装修垃圾。由此开始，社区党组织不断完善太和议事厅机制，有效解决了涉及多个小区的空调噪声扰民、物业费收缴、公共停车位分配、消防设施维修、小区封闭管理等大大小小数十个问题。

社区党组织在协商共治的整个过程中发挥了引领、组织、扶持、监督的突出作用。首先，社区党支部吸纳利益相关方参与搭建协商平台。固定参与协商的人员包括社区工作者、物业项目经理、业委会成员、居民代表、社会组织代表以及对调解工作有经验的退休老同志（和合工作室负责人）等，同时将议事厅延伸到小区层面并将每月 15 日固定为"居民恳谈夜"。其次，充分发挥楼（门）长征求和集中居民意见的作用，并通过楼栋微信群对初步形成的解决方案进行充分讨论，并反复征求意见。再次，积极发现和挖掘具有公益心的业主参选业委会、把好关、赋好权，同时加强对物业公司的监督和激励。最后，借助社会组织开展社区服务和社区融合工作，扩大和发动更多居民群众参与。

第三节　善治的良制保障：台州基层
经验创新的制度化探索

对于国家而言，良法是善治的保障。对于区县以下的基层而言，基层社会治理实践中行之有效的经验必须加以制度化。基层治理相关制度的完善性和科学性也是衡量基层治理水平的关键指标。在台州的社会治理中，有些制度是基层实践的提炼和推广，有些则是市区级顶层设计后自上而下的推行，两种途径相互结合。

一　新时代村级治理的制度化：黄岩区"三化十二制"

（一）实践背景

黄岩区着眼加强基层党组织、基层政权建设和基层民主法治，实施了以"三化十二制"为框架的村级组织运行机制。十五年来，黄岩区一任接着一任干，一以贯之，深化落实"三化十二制"。村党组织领导的自治、法治、德治机制更加健全，成为基层党建"浙江二十条"经验的鲜活"黄岩样本"，为推进基层组织建设整乡推进、整县提升提供了有益借鉴。

（二）主要做法

2004 年，黄岩区总结村委会直选以来的有益经验，对当时的村级制度进行了梳理、整合和提炼，总结了村级选举、民主决策、财务管理、村务公开等十二项制度，出台了《黄岩区村级管理工作规则（试行）》，简称为"三化十二制"。老"三化"是指村级组织运行规范化、村民自治法治化、村务监督民主化；"十二制"是指村委会向村党组织报告、村两委联席会议和联章联签等与"三化"相配套的 12 项操作制度。时任浙江省委书记的习近平同志对黄岩区"三化十二制"予以充分肯定。

2011 年至 2016 年，根据工作实际对"三化十二制"进行了 4 次内容修订和增补。2016 年，黄岩区围绕农村基层党建"浙江二十条"，在梳理吸纳既有成果的基础上，发布了《黄岩区村级管理"三化十二制"实施细则》（修订版）。新"三化"是指党的领导全面化、基层治理现代化、有效监督常态化，"十二制"是指与此相配套的 12 项操作层面的制度。坚持将"三化十二制"作为乡村治理的"总纲"，不断丰富自治、法治、德治内容，制定出台《黄岩区村社基层治理"三治融合"30 条工作标准》和《村级小微权力运行实施意见》，进一步健全自治、法治、德治相结合的乡村治理体系。2017 年，全市修订推广"三化十二制"，各区县根据实际情况分别对"三化十二制"进行运用。2018 年 1 月，获评全国第四届基层党建创新典型案例最佳案例（全国最佳案例 30 个、优秀案例 70 个，黄岩位居最佳案例第四位），并在全国基层党建创新论坛上做典型经验交流。

（三）经验意义

"三化十二制"以制度创新嵌入村级治理全过程，激活了基层党建，将"全面进步、全面过硬"的要求落细、落小、落实到基层组织的方方面面。

一是党建引领基层治理要持之以恒、常抓不懈。"三化十二制"能固化为村干部的自觉行动，关键在于十几年常抓不懈。一张蓝图绘到底，一任接着一任干；二是党建引领基层治理要瞄准问题、务实管用。"三化十二制"在探索、完善、提升的过程中，始终紧扣基层最关心的"人怎么选""事怎么定""钱怎么花"等热点难点问题，尊重基层首创精神，探索形成一整套简单有效、务实管用的机制；三是党建引领基层治理要与时俱进、创新发展。经济在发展，社会在进步，基层形势在变化，党建工作的标准要求也在不断提升。十几年来，黄岩区立足基层实际，不断丰富优化"三化十二制"制度体系，赋予新内涵、激发新活力，有力提高了基层党建质量。

二　党建引领，网格治理的制度化：温岭市"党建领格"模式

（一）实践背景

在加强基层党建和推行网格化治理的背景下，温岭市开展了以"小切

口"为特点的党建引领网格治理工作。该项工作于 2019 年 12 月被列入中组部、中农办等六个部门的乡村治理全国示范试点单位，2020 年入选全国第二批乡村治理典型案例。

（二）主要做法

第一是合理划分网格规模。全市 609 个村社共划分为 2975 个党建网格，在综治全科网格范围内按照"就近、就便、规模适度"的原则再进行细分。每一个农村网格一般覆盖农户数 70～120 户，城市社区网格规模一般控制在 300 户之内。

第二是配强网格的骨干团队。每个网格团队的人数控制在 5～9 人。团队成员一般是村干部，村社的优秀分子（包括青年和妇女代表、入党积极分子和预备党员），部分村民代表以及乡贤。目前，全市网格成员共 1.7 万人，其中党员 1.1 万人，约占 65%。

第三是组建网格党组织。每个网格都建立网格党小组或者党支部，网格党支部书记或者党小组组长一般兼任网格工作组组长。

第四是明确网格治理的相关任务。主要有五个方面的职责：一是宣传政策法规（最核心的一个）；二是服务村社中心工作（如，村庄拆迁改造）；三是搜集社情民意；四是开展红色代跑（如，疫情期间网格员义务帮忙购买一些物品）；五是调处矛盾纠纷。

第五是规范网格的工作制度。台州市建立了四项网格制度：一是联户说事，要求每个网格员结队若干户群众（20 户左右）；二是恳谈议事，把原先村级民主恳谈细化到网格，要求每个月围绕群众所关心的事、村级的重大工作等都要有一次恳谈；三是协同理事的制度，网格与镇（街道）的四个治理平台衔接互通，网格及时解决小事情，解决不了的流转到四个平台；四是考核评试的制度，研发网格治理的微信小程序，每月以问题解决情况和群众满意度对网格团队及网格员进行评价，并选出"网格之星"。

（三）经验意义

首先是进一步完善了基层治理的网格架构。通过细分网格，织密了党建网格的网络，使其成为村级组织的有效补充和有力支撑。在台州市经历了行政村规模调整、村庄规模明显扩大以后，这一点更为重要。

其次是进一步严密了党的组织体系。通过把党组织直接设在网格上，把党员沉到网格中，实现了党的组织下移和工作下沉，形成了乡镇/街道党委、村一级党组织和网格党小组的三级基层党组织体系，实现了党的组织链条向最基层治理单元的拓展。

再次是进一步做实了党的群众工作。党建网格的建立，使得一大批群众身边的小事、烦心事（乱扔垃圾、乱停车、路灯不亮、井盖损坏等）就地得到了解决。从 2019 年 6 月到 2020 年 3 月，全市党建网格共受理群众诉求 75000 件，办结率 99%，从而有效地降低了"12345"的案件量。"有事找网格"已经逐渐成为群众的习惯，党组织教育领导群众、组织动员群众、服务群众有了平台和抓手，同时也成为基层普通党员参与村社事务的平台。

最后是进一步充实了党的基层基础。通过党员进网入格，历练了基层的工作力量，也重塑了党员的新风。同时这也是培养村级后备人才、吸收党员的有效平台。在"党建 + 网格"工作中，一些同志参与村级事务积累了工作经验，并得到群众的认可，组织部门就将其纳入党组织。2019 年，全市在网格团队中发展了 402 名党员，不少网格员在两委换届过程中也被选为两委干部。

三　公共服务集成的制度化：三门县"联合帮扶中心"模式

（一）实践背景

基层治理和基层服务是一枚硬币的两面。基层公共服务质量的好坏不仅会影响百姓的获得感，也会影响基层政府的公信力和基层社会的凝聚力。一些基层治理过程中遇到的棘手难题，往往是在基层公共服务供给过程中逐步化解的。党的十九届四中全会指出："必须坚持一切行政机关为人民服务、对人民负责、受人民监督，创新行政方式，提高行政效能，建设人民满意的服务型政府。"然而，长期以来，基层公共服务供给过程中往往存在服务资源分散、服务流程复杂、信息可及性不高、服务对象甄别不完善、社会协同不充分等方面的问题。

为此，台州市三门县努力健全公共服务领域的部门协同配合机制，提高组织内部的管理效能，创新工作方式方法，再造工作流程，不断推动治理和服务重心下移、资源下沉、权力下放，建设"三门县联合帮扶中心"实体，在打造简约、高效、便捷、精准的救助帮扶系统上做文章，使百姓切切实实得到实惠。

（二）制度设计

针对救助帮扶工作中长期存在的救助资源散、主动发现难、精准识别难、长效帮扶难等突出问题，自2020年8月以来，三门县积极探索线下以县"联合帮扶中心"为枢纽，线上以"精准为民服务系统"为支撑的"助共体"改革。坚持党建引领，县、乡、村联动，线上线下互动，社会力量参与，以困难和潜在困难群众为救助帮扶对象，整合"最低生活保障、特困供养、医疗救助、产业帮扶、临时救助"等35个社会救助项目，在"联合帮扶中心"集成办理，推动"弱有所扶、病有所助、危有所防"。截至2020年底，已有近8000名困难群众成为"助共体"改革的受益者。

（三）"服务集成化"的创新经验

一站受理"集成服务"，推动流程再造。以前，低保户如果想获得低保以外的其他补助，需要自己一个一个部门去申请。自县"联合帮扶中心"成立以来，群众只需"跑一地"就能办好所有救助事项。如果配合移动端"救助码"，可以实现救助申请"零次跑""码上办"。为实现救助事项"全域联办"，三门县坚持县、乡、村三级联动：在县级设立"联合帮扶中心"，集成党群、民政、教育、残联、慈善等13个部门及三门湾公益谷等多家社会组织入驻，变"群众来回跑"为"部门协同办"，让群众"只进一中心，办成所有事"；在10个乡镇/街道的便民服务中心设立救助工作站；在275个村设置爱心驿站，百姓通过咨询爱心驿站的村干部，就可以扫码申请救助，进而建立起覆盖全域的社会救助组织体系。推行"一件事"改革，对每一个救助事项都进行"申请、审核、办理、反馈"全流程跟踪，事项办结后会以短信形式通知救助对象，事项平均办理时间由原来的9个工作日缩短到现在的2个工作日。

关口前移"靶向服务"，实现主动救助。依托县域基层工作队伍和现代信息技术，三门县建立救助对象主动甄别机制。线上依托"精准为民服务平台"，整合公安、建设、卫健、医保等 19 个部门的 36 类数据，按低保、低边、特困对象、相对困难对象（危有所防对象）进行分类，建立动态"帮扶库"和"救助池"。对于低保、特困等在册人员医疗支出每年超 2 万元、非在册人员医疗自付支出每年超 4 万元的，会主动发出预警，中心按实际情况主动提供帮扶。线下结合"一户一策一干部"，发挥民政救助员、驻村干部、村社党员干部和志愿者作用，开展困难群众大走访、大调研活动，为优化帮扶资金配置提供切实依据。

精准精细"分类服务"，提升服务质量。根据百姓多样化的救助诉求，三门县采取分类帮扶的方式，提供定制化的解决方案。可即时解决帮扶的，马上予以解决；需要乡镇/街道协调的，推送到乡镇/街道帮助落实；需要多部门联合深度帮扶的，推送到相关部门限期协同帮扶；涉及政策外帮扶的，第一时间启动"政府—慈善总会—民间公益组织"三级共助模式，由慈善总会对政府补助无法覆盖的救助需求再次进行评估，符合条件的根据实际情况给予一定补助。

数字赋能"线上服务"，拓宽服务渠道。百姓只需扫描"救助码"，填写基本信息和简明帮扶需求，就可以提交救助申请。三门县在乡镇/街道配备 1~2 名民政救助员，整合驻村干部、网格员、党员等，协助困难群众扫码代办。中心工作人员在接到救助申请后，可在系统平台上将申请人信息和预设的社会救助标准自动比对、匹配、核对，核对时间由原来的 15 个工作日缩短为 1 个工作日。在册帮扶对象相关信息如有变更，系统也会及时预警，方便后续入户核实。中心还能够与全县的乡镇/街道实时连线，开展困难救助情况会商研判。借助数字赋能，大大提升了救助帮扶的办理效率。

多方力量"协同服务"，丰富服务内容。坚持"四社联动"，整合社会组织服务中心、社区服务中心、社工服务站和社会企业救助联络中心共同参与各类救助事项，对政策已落实到位或不符合政策规定，但仍需社会帮扶的弱势群体开展共同帮扶。帮扶形式从"现金救助"向"生活帮扶、精神慰藉、健康咨询、能力提升、社会融入"等综合救助形式拓展。中心已孵化整合专业社会组织 12 个，培训专职社工 426 人。链接乡贤、商会资源，认领困难群众救助项目 38 个，惠及困难群众 3500 余人。大力弘扬

"救助、互助、自助"三助融合的常青树文化，引导教育困难群众形成自强自助、乐观向上的心态。设立"慈善超市"，救助对象可通过参加村社环境改造、交通引导、防汛防火、平安夜巡等志愿活动获取相应积分，在"慈善超市"兑换一定的生活物资，目前已兑换600余人次。

信息公开"透明服务"，推进阳光行政。中心开设救助帮扶信息公开平台，坚持每月更新相关数据，实现救助政策、救助对象、救助金额"三公开"。根据帮扶事项的推送路径，中心对"在办件"开展跟踪督办，随时掌握乡镇、部门及社会组织的帮扶情况。结合群众原诉求，部门团体的帮扶过程和结果，建立事后评估反馈机制。对救助帮扶效果展开评估，并将评估结果和群众满意度反馈给相关帮扶单位，方便后续工作的改进。

链接资源"跟进服务"，固化服务效果。中心努力延伸政务服务和救助帮扶链条，在"输血"救助帮扶的基础上，由政府或社会组织对接不同领域的资源，通过"提供就业机会、设置公益性岗位、金融扶贫、成人教育、产业帮扶"等措施，开展公益项目优先聘用、送"技"下乡等行动，为救助对象提供后续支持，固化前期帮扶效果。中心成立不到半年，共提供就业岗位269个，发放扶贫小额信贷990.8万元，实施"一户一增收"产业项目187个，为帮助救助对象从根本上摆脱生活困境探索出了更加长效的机制。

如果说维护社会平安可以看作是一种硬实力，那么做好社会服务则可以视为一种软实力。三门县社会救助制度的转型升级，只是台州市推进市域治理现代化过程中民生服务领域的一项具体举措。但正是政府部门这样一点一滴地改革完善，越来越多的基层民众才能够共享区域发展和时代进步的成果，从而过上更加幸福便捷的生活。

四 "法治+自治"的制度化：仙居县"守法贷"模式创新

仙居县以问题为导向，创新三大载体，在全国率先推出"守法贷"产品，以普法供给侧改革最大化释放法治红利，着力打造"普法也是生产力"品牌，释放普法服务三农红利，切实破解"普法一头热，受众一头冷"的困境，进一步提高普法效能，推动法治乡村、法治社会建设，夯实县域社会治理基础。

一是"守法贷"推动乡村自治。"让遵纪守法者扬眉吐气"。以"守法贷"服务法治乡村建设既是"七五"普法工作的点睛之笔，也是推进法治乡村建设的重要抓手。民主法治村创建、乡村法治人才培育是法治思维引领乡村治理的重要载体，"守法贷"是基于民主法治村创建、乡村法治人才培育成果的运用，也是对普法工作的赋能，提高了守法含金量，彰显了守法推动治理的作用，真正"贷"动形成全民尊法、学法、守法、用法的浓厚氛围。目前已发放低息贷款 2.75 亿元，为 1723 户村民节省利息 340 余万元。

二是"守法代"推动乡村法治。县内 7 个律师事务所、6 个法律服务所联合推出"守法代"服务，是一种以法律思维和法律方法解决问题的诉讼代理服务，让"守法者"能够享受到诉讼代理带来的优惠，从而引导群众办事依法、遇事找法、解决问题用法、化解矛盾靠法，最终在全社会营造依法治理的法律意识和法律素养。目前已办理"守法代"案件 53 件，节省代理费 15.2 万元。

三是"守法办"推动诉源治理。县公证处实施"公证前端预防，执行后端保障"的诉源治理新模式，推出"守法办"，以从源头上减少矛盾为导向，着力发挥公证服务在诉源治理中的基础性作用，实现矛盾纠纷源头化解，进一步固化普法成效。目前已办理"守法办"案件 6 件，节省公证费 1.1 万元。

五 "德治＋自治"促进乡村绿色发展：仙居淡竹乡"三绿"模式

党的十九大报告提出，实施乡村振兴战略总的要求是产业兴旺、生态宜居、乡风文明、治理有效、生活富裕，这几个方面共同构成不可分割的有机体。近年来各地以民宿接待为主的乡村旅游蓬勃发展，这正是城市反哺农村和乡村振兴的重要途径之一，也印证了习近平总书记所说的"绿水青山就是金山银山"。在发展乡村旅游、村民增收致富的同时，生态环境保护与旅游发展之间、经营性开发建设与村落风貌保护和文化传承之间、村民与村民之间、外来游客与本地村民之间、游客与经营业主之间的矛盾也在加剧，由此产生的各类社会纠纷也随着增加。如何平衡好多方关系并促进共赢成为乡村治理面临的新任务和新挑战。台州市仙居县淡竹乡具有鲜明特色的"三绿"治理模式就是有益探索和典型代表。

（一）实践背景

淡竹乡有独特的地理优势和绿水青山的资源禀赋。淡竹境内的河流具备一类水质，国家5A级神仙居景区就在淡竹境内，吸引了海内外游客。独特的生态压力要求实施最严格的生态保护。2015年，仙居县成为浙江省首个县域绿色治理现代化试点县。淡竹乡下叶村在当地政府的倾力整治改造下，打造成浙江省"千万工程"示范村，把一个传统的村落打造成一个景区。在此之后，下叶村面临着如何建立长效保持机制的问题，如何激发村民、游客、外来经营者等多方主体的内生动力、建立其行为规范以及化解相应纠纷矛盾的问题。淡竹乡从最初的"绿色十条"公约开始，不断发展完善形成了"绿色公约"、"绿色货币"和"绿色调解"的"三绿"治理模式。

（二）主要做法

一是"绿色公约"促进群众主动参与。在推进基层治理中逐渐形成生态环境要保护（严禁捕鱼、打猎、砍伐珍稀树种）、垃圾处置要分类、田头屋里要整洁、厕所厨房要干净、交通出行要有序、淳朴乡风要保持、矛盾纠纷要调解、邻里相处要和谐、绿色资产要维护、乡村产业要发展十条"绿色公约"。通过建立党员带头、多主体践行机制，推动"绿色公约"落地生根，有效约束规范了村民的生产生活行为，促使群众改变落后观念、革除陈规陋习、养成良好习惯，自觉参与基层治理；二是"绿色货币"促动公众长效践行。"绿色货币"是一项激励村民和游客践行绿色理念、倡导绿色生活方式的积分奖励制度，以实实在在的利益调动村民和游客参与乡村治理的积极性。通过"绿色货币"制度，能够有效引导村民和游客共建绿色乡村，能够打破乡村空心化背景下，仙居治理主体单一的困局，以自治实现共建共治共享的新格局，使村民和游客在维护绿色生活和保护生态环境方面形成利益共同体；三是"绿色调解"促进矛盾化解。"绿色调解"通过"五步五法"（五步即"积极受理找苗头、义务劳动做两工、调查取证四询问、过错罚种三棵树、协商和解握握手"；五法即"褒扬激励法、真情打动法、排忧解难法、公正评议法、乡贤领办法")将村民解决矛盾的固有传统、习惯做法与生态保护、绿色发展结合起来，潜移默化地化解纠纷，使乡村矛盾调解过程转化为村民自我教育过程和矛盾双方参与绿色发展的过程。

（三）经验意义

一是生态环境和传统村落保护与村民自治有机结合。以村规民约为自治抓手和切入口，把生态保护理念与村民生活习惯结合起来，以村民代表大会的形式把绿色公约固化下来，成为村民共同的行为规范。进而，再把有传统风貌价值的"绿色资产"（古树、老房等）列入有惩罚机制的绿色公约，留住乡愁记忆；二是负面约束和正向激励有机结合，把乡村治理扩展到新的利益相关方。如果说"绿色公约"是对村民行为的负面清单和强制性约束，那么用可以换取实际利益（土特产商品等）的"绿色货币"则是对游客（以及经营者）行为的正向激励和积极引导，以倡导环保新风尚的方式促进游客自觉尊重和爱护乡村环境；三是纠纷化解手段植根于地方传统习俗。"绿色调解"体现了对人的尊重和包容，也借鉴了解决民间纠纷不伤和气的地方传统习俗，在种树和参加义务劳动的过程中完成对过错方的柔性教育。目前"三绿"模式已经走出淡竹乡，在仙居全县进行推广并取得了良好效果。

六　社会力量参与基层矛盾化解：乡贤助调模式

台州市各区县推动乡贤助调制度的主要做法包括：首先，将乡贤调解定位为人民调解的一部分和助力政府工作的性质；其次，依托乡贤联谊会，建立和规范乡贤矛调队伍，将其融入县（区）和乡镇/街道的两级矛调中心平台；最后，通过借助以奖代补的方式，对部分乡贤调解员起到激励作用。

（一）仙居县的主要做法

仙居县在县乡两级社会矛盾纠纷调处化解中心首创设立"乡贤助调室"，截至目前，该县已有8个乡镇/街道建立了"乡贤助调室"，共有32名乡贤担任县级矛调中心的乡贤助调员、98名乡贤担任乡镇/街道的乡贤助调员。自"乡贤助调"模式运行以来，共参与调解各类社会矛盾纠纷287起。乡贤助调室的具体特点如下：

一是乡贤全面配置。一类乡镇/街道聘任进驻矛调中心的乡贤助调员10人以上；二类乡镇/街道聘任进驻矛调中心的乡贤助调员5人以上；三类乡镇聘任进驻矛调中心的乡贤助调员3人以上，每个行政村都确定1名村级乡贤助调员推进"乡贤助调室"工作。对于矛盾纠纷，按照轻重缓急和适宜情况移交至乡贤助调室，由乡贤助调委员会协商领办。

二是乡贤组团领办。成立了县乡两级"乡贤助调委员会"，配合协助社会矛盾纠纷调处化解中心统筹开展乡贤助调工作，乡贤助调委员会设立主任一名，副主任若干名，乡贤助调员作为"乡贤助调委员会"委员。独立或会同矛调中心相关工作人员组团成立乡贤助调"一案一领办"工作团队，调研走访相关当事人，了解矛盾纠纷的相关情况，座谈研判纠纷，深入有效开展调解。

三是乡贤限时化解。乡贤助调委员会按照一般纠纷、较难纠纷、疑难纠纷确定办结时限。一般纠纷原则上要求即时即调，最长不能超过1个月；较难纠纷助调时长原则上为3个月内，疑难纠纷助调时长原则上为6个月内。对于及时化解的案件，及时形成结案案卷，反馈至矛调中心；对于因客观因素导致一时无法办结的，及时由纠纷领办人上报乡贤助调委员会，由乡贤助调委员会与矛调中心分析有关原因再进行研判。

四是乡贤后续跟踪。乡贤后续跟办是一项实现矛盾纠纷长效化解，实现"善治安村""小事不出村、大事不出乡"必不可少的一项反馈跟进制度。乡贤助调室每个季度对助调的矛盾纠纷进行有效跟踪，动态跟踪办结成效，将成效作为乡贤助调员的年终评定依据。

（二）椒江区的主要做法

椒江区司法局深化社会治理创新，充分发挥乡贤反哺桑梓、泽被乡邻的"老娘舅"作用。今年以来，乡贤调解员参与调处化解各类矛盾纠纷300余件，乡贤调解在基层矛盾纠纷就地化解和诉调对接上成效明显。

一是明确制度引领，强化机制保障。联合区委统战部、区人民法院、区乡贤联谊会出台《关于发挥乡贤调解优势　推动基层治理现代化建设的实施意见》，进一步明确乡贤调解的指导思想、主要目标、主要内容、组织保障，实现乡贤调解工作运行更加制度化、规范化。建立常态化乡贤调解联席会议制度，推动全区各乡镇/街道广泛建立乡贤调解室，进一步发挥乡贤调解优势，助力构建富有活力和效率的新型基层社会治理体系。

二是立足队伍建设，夯实工作基础。整合资源，以品行优、威望高、口碑好为标准，通过"群众推荐、个人申请、乡贤会推荐"的方式选任乡贤调解员、组成乡贤调解团。吸纳各行业人才，特别是教师、民警、法官等充实新乡贤队伍。发挥本土文化优势，拓宽矛盾纠纷化解路径，乡贤调解员凭借"地熟、人熟、事熟"和为乡亲所信任的优势，通过用百姓的"法儿"，解决百姓的"事儿"，及时妥善地处理各类棘手问题，化解邻里纠纷、参与农村社会治理，形成"乡贤文化"和"法治建设"的新模式。

三是强化阵地建设，搭建调解平台。利用浙江省人民调解大数据平台和"浙里调"微信小程序，实现线上咨询、受理、调解的闭环管理，提高调解工作质效。发挥成员优势，以"成熟一个、发展一个"为原则，成立乡贤调解工作室，形成乡贤调解阵地。目前，海门街道的老陶、葭沚街道的小挺、前所街道的老王、翠华社区的姐妹均成立了个人品牌调解室。老王调解室的王善芽自调解室成立以来，成功化解矛盾纠纷500余起；老陶调解室的陶国才，总结出"四要"调解经验、四步调解法，案件调解成功率达100%。

四是发挥乡贤优势，助力破难攻坚。发挥乡贤调解员的人地资源优势，成为攻坚破难的"领头羊"、法规政策的"宣传员"和化解矛盾的"老娘舅"，高效化解纠纷，起到示范引领、促进和谐稳定的作用。如前所街道调委会在调处一起某眼镜厂员工电梯坠亡案件时，因双方对调解金额的要求相差甚大，局面僵持，调解难继，后经当地乡贤参与调解，使这起有涉诉涉访隐患的矛盾纠纷顺利化解。

第四节　小结与讨论

一　小结

城乡基层治理是国家长治久安的基础。基层治理体系与治理能力现代化必然要求在加强和创新基层党建的前提下，综合运用法治、自治、德治和智治相结合的手段，不断厘清政府、社会、企业与个人之间的权责边界，通过治理重心下移和向基层赋权增能，尽可能调动居民群众和社会各方参与基层治理的能动性，构建起多方共建共治的基层治理共同体，最终实现党的领导、政府管理、社会调节与居民自治的良性互动。

台州市高度重视城乡基层治理，把它作为市域社会治理现代化试点的工作重心和基础工程来抓，在以下几个方面进行了具有台州特色的创新探索。

第一，通过全科网格制度有效夯实了社会治理的微观基础，织密了台州市域社会治理这张大网的"网眼"，有效覆盖城乡。"3＋X＋Y"的全科网格制度细分了基层治理单元，充实了基层治理力量、明确了网格治理的责任，在综合治安和矛调体系中起到"第一道防线"的作用。把社会风险发现在萌芽状态，把矛盾纠纷化解在街头巷尾，把为民服务落实在百姓身边。从而发挥出基层治理"抓小抓早"的独特优势。

第二，把基层党建与网格化治理紧密地结合起来，挖掘出基层党建的政治优势并将其转换为实际的基层治理效能。基层治理必须在基层党建的引领之下，基层党建也必须为基层治理注入动能，两者不能成为"两张皮"，而必须紧密结合。台州在基层网格治理工作中重视发挥基层党组织的引领作用和基层党员的带头作用，通过党组织建在网格、"社区吹哨，党员报到"、"党员联系户"以及加强基层党组织的治理资源等方法，使得网格平台不仅仅是政府管理的"探头"和"触角"，也成为基层党组织密切联系群众、服务群众的"纽带"，成为普通党员和入党积极分子带头参与村庄社区事务的"舞台"。

第三，遵循"和合善治同心圆"理念，台州积极探索"以合求和"的基层社会治理之道。"合"是方法和路径，"和"是价值和目标，以各种资源、力量和手段在基层治理中的整合联合来实现社会关系的和睦和社会秩序的和谐。前者体现在基层党建的引领统合、治理资源的下沉集合、治理链条的完整闭合、分散信息的互通联合与社会力量的动员整合，后者体现在践行公正与法治理念、社会矛盾求和解，践行诚信与友善价值、社会关系求和睦，践行民主与自由价值、社会秩序求和谐等方面。

第四，把抽象的党建引领自治、法治、德治的"三治"融合具象化落实在基层实践中，使其成为基层治理中有规可循、奖惩分明的具体制度、日常生活中能切身感受的生动实践以及城乡群众见贤思齐的榜样模范。黄岩"三化十二制"具体体现并完善了基层党组织领导下的村民自治；三门"红榜颂道德"、仙居慈孝文化和天台"和合文化"等通过政策、活动、人物等各种载体把"以文化人"具体落实在基层治理的日常实践中，促进了"道德风尚化"和"文体体验化"；仙居"守法贷"制度促进了法治和自治的基层结合、"三绿"模式推动了自治和德治的基层结合和乡村绿色治理的创新；温岭民主恳谈制度使基层协商民主落实在"人皆能言"的自由表达和"众人的事由众人商量"的共商共治之中。

二　讨论

市域社会治理现代化试点工作中，台州在基层治理方面有不少创新举措，也取得了阶段性成效，但基层治理体系和治理能力现代化仍是一项任重道远的艰巨任务。在基层治理中，还普遍存在基层组织权责不对等和负担过重、群众性自治组织行政化色彩过强、自治载体缺乏创新且自治的形式大于实质、居民参与治理渠道不完善和社会活力不强等共性问题。台州市基层治理现代化的探索仍然要思考和回答以下几个重要问题。

一是要处理好自上而下与自下而上两条政治轨道建设之间的关系。自国家发起社区建设运动以来，我们可以清晰地看到一条自上而下的政治轨道不断加强和延伸的轨迹，社区日益被纳入体制之中，成为国家和城市治理体系的基石。党的十九届四中全会提出"完善群众参与基层社会治理的制度化渠道"、十九届五中全会提出"完善基层民主协商制度"，意味着自下而上轨道的制度性建设同样非常必要。从理论上讲，党组织具有打破科层上下和体制内外等既有组织边界和群体边界的独特优势，村庄社区的基层党建实际上同时承担着自上而下和自下而上两条政治轨道建设的重任。但在现实中，基层党建往往是靠行政化手段来推动，并没有充分发挥党的社会性、群众性和有机性优势来整合社会。

二是要处理好治理重心下移与为基层赋权增能的关系。随着各级党委政府高度重视基层治理工作，治理重心下移和资源下沉成为基层治理改革的普遍趋势。但是，在现行压力型体制和逐级向下传导机制下，作为属地管理主体的乡镇/街道有"责任无限扩张"的趋势，把责任和压力进一步向村居/传递成为其"理性选择"。城乡社区行政化问题随着治理重心下移反而变得更为突出，基层社区工作者负担过重，难以有效组织开展群众自治工作。因此，基层治理体系改革必须遵循权责对等的原则，在压实基层责任的同时必须着力为基层赋权增能，否则从长远来看，社区行政化趋势的加剧势必以自治能力的下降为代价。

三是要处理好提高行政效率与提升治理效能之间的关系。行政效率与治理效能既有联系又有所区别，前者强调党政各部门和基层组织为群众解决问题和提供服务的时效性和完成度，后者则更重视利益相关方的广泛度和参与度、社会内部横向联结的拓展以及参与主体认同感和归属感的培育等维度，内涵更为丰富。追求行政效率的同时不能以降低治理效能为代价。以基层协商民主的发展为例，高品质的协商民主必须以参与者的代表性、信息公开透明、充分表达和讨论等为前提。换言之，发展协商民主在某种程度上讲正是以必要的效率损失为代价换来的，即习总书记所说的"商量得越多越深入越好"。相应地，要处理好行政效率与治理效能的关系就必须深入改革作为基层治理"指挥棒"的现有绩效考核体系和机制。

第九章

基层网格治理探索

自新冠肺炎疫情突袭而至其防控常态化以来，中国社会过去三四十年来的高流动性受到了挑战，全国各地尤其是人口流动规模大、经贸活动繁荣、地域空间复杂的大中城市也面临着地方社会精细化治理的压力，无论是其日常治理实践还是突发公共事件的应急治理考验。

本章从台州市应对几次突发事件入手，对其网格治理体系的搭建和创新发展予以呈现，重点讨论以基层一线网格员群体为代表的社会力量在参与社会大规模协作中的角色定位、功能发挥及其优势与局限，具体内容包括网格治理体系的搭建、基层动员与网格治理之"和"、部门协作与网格治理之"合"，以及小结与讨论四部分。

整体上，在政府平台和资源的支持下，基层网格员作为嵌入基层社会的地方性社会力量和社会网络中介节点，由于其在地性、同质性和平衡性，故在基层社会网络中发挥一种弱关系下的强连通性，不仅能够较好地桥接基层社会的公共生活空间和行政空间，有助于形成一个信息通达、治理有序的基层治理场域，还具有撬动社会动员、促进社会参与、强化社会团结、重塑"熟人社会"的功能。

第一节　网格治理体系的搭建

一　提出背景

1986 年，德国社会学家乌尔里希·贝克（Ulrich Beck）提出了"风险社会"（risk society）的概念，用以形容与全球化结果联系在一起的各种恐惧、环境灾难的威胁、新技术和新公共产品潜在威胁等的不确定性。随着世界各国城市化、工业化、全球化进程的不断加快，人类的集聚方式和公共生活也较前现代社会出现了巨大的变化。2007 年，世界上居住在城市的人口数量首次超过了居住在农村的人口数量，这种转变使人们开始关注并且日益重视城乡公共生活的差异、城市公共空间和公共生活的互动，以及城市物理空间环境下的安全、健康和可持续发展议题。随着研究者和社会政策界对"风险社会"认识的深化和研究的推进，安全议题逐渐变成公共生活研究的一项中心议题（雅各布斯，2005）。

中国社会在经过前几十年的高速发展和快速转型之后，城镇化率不断提高，城乡经济活动、人口流动、公共空间、社会结构、生活形态和居住安排等也都发生了翻天覆地的变化，同时也日益步入风险社会。全国各地各类自然灾害、生产生活安全事故频发。以台州为例，过去十年台州各地也陆续发生了一些危害社会公共安全的重大事故，涉及环境安全、住房安全、生产安全、交通安全等多个方面。如 2011 年的路桥血铅超标事件、2014 年温岭"1·14"重大火灾事故、2017 年天台"2·5"重大火灾事故、2017 年玉环"9·25"重大民房火灾事故、2020 年"6·13"槽罐车重大爆炸事故……这些都严重影响了当地经济社会发展和民众生活的正常秩序，也带来了不少惨痛的教训。

在这样一个高风险时代，社会治理的基本目标之一就在于，努力为全体社会成员构筑一张安全网和一套风险防范与响应体系，以更好地预判问题、响应问题、解决问题。因为安全感不仅是人的基本功能性需求，也是一切社会活动的基础。最广义的安全是平安中国、平安城市建设的题中之义，更是从宏观到中观，再到微观层面的社会治理的基石。以此，一方面作为对现实社会问题的回应，另一方面出于社会建设和民生福祉的倒逼，地方施政者和治理者开始着眼全域范围，尤其是重点区域的小空间和微场景治理，提出更加精细化的基层社会治理要求以及各类专项整治行动，同时也开启了网格治理体系的建设。

二 从实践、理论到顶层设计

最初网格（grid）主要被用于地图上，以相对精准地标记地理坐标系统，也即通过按照一定的规则组织的、连续的、细密的网格单元来对地理空间进行呈现，从而更可控地把握空间中的不确定性因素，将其控制在相应的尺度范围内（万刚、曹雪峰，2016）。这一概念后来逐步延伸至生物学、信息学、管理学等多个领域。

从新兴网格技术或网格信息服务（GIS）技术的角度来看，网格主要是一种利用信息网络的支撑，对一定地理空间上广泛分布的各种资源进行集成和共享，以连成一个有机的逻辑整体，尽可能消除资源和信息"孤岛"，从而协同完成任务的机制。在中国城市信息化发展过程中，一些城市的管理者先行先试，依托数字化和信息化的手段，使用网格技术对城市社会管理进行创新，将行政管辖区按照一定的标准划分为若干个网格作为治理单元，通过细化和强化对单元网格内部各构成要件和日常事件的常规巡查，积极防范、发现并主动响应问题，不断提升地方政府的行政和治理效能。网格划分的标准基本上延续了属地化管理的思路，往往是在既有的村/社区的组织结构基础上，根据业务需求、工作标准和服务规模等来设置责任单位、工作载体和服务平台，并划定出不同的网格。中国网格治理的实践先于理论而发展，其最早源于 2005 年北京市东城区实施的"万米单元网格"，随后全国各地开始纷纷效仿，并逐步从城市社区不断推广应用到农村社区。

在网格治理实践的基础上，一些研究者分别从技术治理、政府提供公共服务和社会管理模式创新、政府管理流程突破和部门职能打通等的角度做了理论分析（郑士源、徐辉、王浣尘，2005；井西晓，2013；竺乾威，2012），认为网格治理或网格化管理对克服传统管理模式中的信息阻滞、多头管理、被动管理、职能交叉、条块分割、治理真空等具有明显优势（柯尊清，2013）。

2013 年，党的十八届三中全会提出，要创新社会治理体制、改进社会治理方式，强调要"以网格化管理、社会化服务为方向，健全基层综合服务管理平台，及时反映和协调人民群众各方面各层次利益诉求"，将网格治理技术和社会管理模式创新纳入了顶层设计。此后各地陆续发展、创新和提炼，形成了"支部网格""属地网格""服务网格"等多种理念，以及"一会一本一单""一格N员""N＋M""三位一体"等管理运行模式，不断推进服务型政府和社会治理创新的发展。

三 网格治理体系建设

台州市的网格治理探索始于2012年，最初是在浙江省的统一部署下，根据省委办公厅、省政府办公厅《关于深入推进"网格化管理、组团式服务"的意见》（浙委办〔2011〕107号）精神，以最大限度地整合基层管理服务资源为切入口，开始推行网格化管理。但在体系搭建初期，由于当时多是由党政机关公职人员或是村/社区干部和工作人员兼任网格员，网格的日常巡查、安全监督及问题发现等相关工作内容不仅日益行政化，而且无法与后端的问题响应、解决和处置相分离，实际上具体做事情和最后担责任都还是延续了属地管理单位责任制的一贯思路，存在基层工作资源分散、组织运行不畅、执法力量薄弱等问题（台州市社科联"改革开放40周年"课题组，2019）。这不仅造成了行政冗杂，加重了基层做台账的任务和考核上的负担，更多工作流于形式、收效不甚理想（张巧巧，2019），有时甚至出现了公共伦理偏移、有损于社会有机体团结等问题。

2014年，台州市以安全生产为突破口，重点针对涉及安全生产责任的企业和单位，划分不同的网格并明确每个网格的监管责任人，率先在全省实施基层安全生产网格化管理，以切实落实安全生产责任，强化安全生产意识，及时发现并整改安全生产隐患等问题，以区域和行业为切入口，不断提高安全生产管理效能。同年1~10月，台州全市共排查安全隐患2.55万项，整改率达98.8%，安全生产的三项指标同比也出现了全面下降。当地一些企业也投入数百万元，用于安全操作系统提档和安全生产隐患整改等。以基层安全生产为切入口，台州的网格治理和网格化管理运行机制得以落地，开始真正发挥从被动应对问题到主动发现问题的优势，网格的触角也开始深入基层的业务部门，有了真正的内容生产和服务数据。

2015年，浙江省社会管理综合治理委员办公室连同省委组织部等15家单位联合发布了《关于推进全省基层社会治理"一张网"建设 进一步深化"网格化治理、组团式服务"的通知》（浙综委办〔2015〕12号），其中从明确网格功能定位、科学合理划分网格、配齐配强网格员、强化网格工作保障、及时处理网格上报信息及实行网格事务准入制度六个方面提出网格治理的建设要求。在此基础上，2016年台州市率先探索发展"全科网格"，以改革导向、问题导向和效果导向为原则，将原来各个条线上的网格化管理兼职力量如基层的"七大员""八大员"等整合成专职的"全科网格员"，以此来构筑基层社会治理的"一网通"。在全面推进"全科网格"建设的过程中，台州着力编织了"天""地""人""和"四网，即通过横向推动平安建设信息网、12345政务咨询投诉举报热线、公安110指挥中心的系统平台三网融合共建共享，纵向加强市、区、乡镇/街道三级综治中心建设，点位上规范配备基本装备，借助"平安浙江"APP等应用程序搭建起一个"天网"工作平台；按照因地制宜、分步推进、分类建设等原则不断夯实基层社会的"地网"架构；通过整合专职人员，解决好网格员的选用标准、待遇保障以及网格员队伍建设管理等问题，以组建本地化的"人网"作为抓手，更好发挥地方小社会自治的内生优势；通过梳理界定网格员业务范围和工作职责、整合相关职能部门管理平台（如"食安通""流管通""智慧消防"等），明确网格员工作重点、共享网格信息、形成工作合力、实现问题清零，打造一个横向联通部门的"和网"。此后，台州的网格治理开始从重点领域、固定业务范围的内容生产向全社会、全方位、以治理为目标的平台建设推进，业务范围也向更广义的平安建设推进。

2017年，台州市委办公室、市政府办公室下发《关于加强网格员队伍建设　深化网格化管理工作的通知》（台市委办〔2017〕10号），开始在全市范围内城乡地区全面推进"全科网格"。针对"网格划分虚拟、网格人员虚名、网格工作虚化"等网格建设自身问题，以及"基层工作资源分散、工作力量薄弱、工作触角不深、工作机制不畅"等网格治理效能问题，台州市按照适度、实用、方便原则，根据村庄/社区的社情复杂程度和管理难度等实际情况，首先对辖区网格进行了优化调整，然后在固定的网格基本单元基础上，按照"先建后整"原则，结合网格事务准入制度，先行组建专职网格员队伍，再分步将党建、公安、民政、司法、人社、国土、环保、建设、食药、安监、综合执法、文广新、农业、林业、水利、消防等涉及基层社会治理的部门工作全部纳入网格，不断整合资源力量；同时不断明确网格员职责任务、规范网格员队伍建设，率先破解了基层网格划分怎么优、网格员队伍怎么建、网格员职责怎么定等难题。从 2016 年启动探索到 2017 年下半年，台州市级层面根据基层网格员的服务半径和业务内容等，持续对全市的网格数量进行优化，将初期的 14750 个网格调整为 7369 个网格；相关职能部门的基层工作任务也在经过厘定后逐步融入全市统一的"全科网格"，整合原有的各类基层协管员队伍，重新选聘专职的全科网格员，实现"一员多能"，有效破解了基层管理中力量分散、部门各自为战的问题。台州的网格治理在上下贯通的纵向治理架构基础上，不断强化部门联动的横向协同治理架构。

2018 年，台州市委办公室、市政府办公室印发了《关于进一步深化全科网格建设　创新发展新时代"枫桥经验"的若干意见》（台市委办〔2018〕5 号），其中明确提出要积极构建"党建引领、全民参与，乡村联动、多元共治，全科网格、责任捆绑，源头管事、就地了事"的基层社会治理模式，从提高思想认识、夯实网格基础、加强队伍建设、坚持责任捆绑、完善工作体系、落实工作保障六大方面 23 小点对深化市域全科网格建设做出部署，要求坚持问题导向，推动社会治理重心向基层下移，实现政府治理和社会调节、居民自治良性互动，努力打造全科网格建设的"台州样本"，积极探索基层社会治理体系和治理能力现代化建设新路径。

2019 年 3 ~ 4 月，台州市委办转发市委政法委《〈关于进一步规范网格责任捆绑运行的若干意见〉的通知》（〔2019〕83 号），市委组织部、政法委联合下发《关于实施"党建引领、党员入格"创新基层社会治理的十条意见》（台组通〔2019〕27 号），通过压实部门责任、推行党建网格等制度建设，不断夯实网格治理的制度支撑。同年 6 月，在前期网格建设制度探索的基础上，台州进一步研究并正式制定出台了《基层社会治理　全科网格管理规范》（DB 3310/T 55 – 2019）地方标准，形成了适用于台州县/市/区、乡镇/街道、村/居三级的"3 + X + Y"网格治理体系和责任捆绑制度，同时辅以推进"全科网格"提质拓面的一系列政策法规和制度规范，实现了"网格统一划分、资源统一整合、人员统一配备、信息统一采集、报酬统一筹措、业务统一培训、考评统一实施"的基层社会全科网格管理工作规范。至此，台州的网格治理工作跃上了新的台阶。

四 网格治理的特色亮点与保障机制

(一) 全科网格的"台州特色"

从"天、地、人、和"四网建设的最初立意来看，台州的全科网格探索从一开始就是一次建设撬动社会力量自治、发挥和合文化德治、依托政法体系法治、借助信息化技术智治、打通业务部门共治的基层社会治理体系的尝试。

首先，"3+X+Y"网格治理工作团队的人员设置就是一种发动自治、推动共治的体现。其中，"3"是指每个网格都配备网格长、网格指导员和专职网格员，网格长一般为村/社区主职干部，村/社区党支部书记必须担任网格长，网格指导员包括乡镇/街道的驻村、驻片干部和班子成员等，他们共同构成了网格内主要的工作力量；"X"是指网格业务指导员，即部门条线派驻在基层的干部，具体根据网格事项所涉的业务部门而定，主要包括公安、司法、卫健、市场监管、国土、环保等；"Y"主要是指村/社区"两委"的其他成员、平安志愿者、兼职网格员、中青妇幼力量等。同时，党建网格的发展也不断吸纳了一大批党员"红细胞"就地、就近充实到网格中，不断增强网格的服务和联合协作能力。"3+X+Y"网格治理体系自搭建之初就在有意地吸纳更多元化的利益相关方，包括作为属地化管理单位的村/社区责任人、负责具体业务的各职能部门，以及基层治理场域中的各类组织和社会力量。它本身就是一个融合了多元共治理念的治理体系，意在动员更多社会力量参与基层社会治理。

其次，专职网格员的选拔任用与全科网格事项的准入、退出制度强调基层的主体性地位。传统基层社会治理往往面临严重的层级内卷，人少事多、有责无权、资源紧缺、任务繁重，基层治理的主体性明显缺失。而在台州全科网格治理实践中，一方面，在地化的一线专职网格员选拔任用以及所依据的"三有两化一高"原则，即需要具备"有热心、有能力、有精力，本地化、半职业化，群众认可度高"等要求，就是治理重心和治理主体不断下沉的一种表现，目的在于更好地服务一方居民；另一方面，建立并实行网格事务准入制度也体现了对基层治理权责的进一步明晰。按照工作事项进村/社区准入制的要求，网格员的具体工作职责由各县/市/区根据实际情况确定；乡镇/街道及有关部门未经批准的业务和事项，不得安排网格员协助、代办有关工作事项，不得安排网格员从事其职责外的工作。这就明确了全科网格工作事项的职责边界，抑制了行政层级内卷对社会有效参与的挤压，保障了基层治理的主体地位以及资源、服务和管理的下沉。

再次，责任捆绑制度是保障在地化全科网格发挥基层"探头"作用、真正落实基层治理效能的核心制度。在传统条块分割之下，社会治理往往因为权责不对等等问题而面临工作部署和落实上的不衔接、不匹配问题；而"纵向到底、横向到边"的全链条捆绑体系、"条线齐抓、属地共管"的全层次责任体系却能在全科网格这个基层社会治理的功能实体之下做有效的破题。在2019年发布的《基层社会治理　全科网格管理规范》地方标准中，台州明确对网格的功能和目标、网格队伍构成和教育培训、网格管理事项和任务清单，以及责任捆绑的对象、内容、考核和倒查等做出了规范；在全科网格治理实践中，被纳入事项的相关部门也能给予资源、执法等方面的业务支撑。这种制度架构明显改变了基层无权限、无资源的工作格局，延长了基层社会治理的有效链条，使从问题发现、信息采集到问题解决、服务转化成为可能。

最后，全科网格在推动基层社会治理精细化和现代化上也不断发挥积极作用。虽然每一个网格员个体只是整个网格治理体系中的一个微小节点，但他们在联通整个网格，激活整个市域全网的全链条、全业务上担当了能量巨大的中介信使；他们取代原先各个条线各自设置的基层业务员"多人多头"对接的服务管理模式，明显提高了信息传递、对接和共享等方面的效率，压缩了中间环节，也大大减少了村/居民有问题不知向谁反映，或者是问题多头反映反而遭遇"断头"的基层服务和治理困境；在业务内容上，他们能完成跨部门的职能整合，在横向联动协作上也具备一定的技术可能和机制优势。

（二）台州网格治理的坚实保障

台州的全科网格建设不断推动基层社会治理"变后头为源头，变上浮为下沉，变临时为平时，变越级为本级，变少数为多数"。这"五变"的实现则主要依靠市级整体政策框架所提供的法律、机制、平台和技术等方面的网格工作保障。

一是法律保障。由台州市委政法委牵头，于 2019 年发布的《基层社会治理 全科网格管理规范》，作为浙江省首个网格化基层治理的地方标准，明确规定了基层社会治理全科网格管理的基本原则、网格基础、队伍建设、责任捆绑、硬件配备、工作保障等方面的具体要求，可谓台州网格治理体系建设法治化推进和基层治理现代化的一大标志，积极发挥了市域在顶层设计和制度规范方面的作用，而且也对全市的网格建设予以重要指导和法律保障。

二是机制保障。如前所述，在台州的全科网格基层社会治理体系建设中，"3 + X + Y"的人员配置和"三有两化一高"的人员选用机制，全科网格事项的准入和退出机制，全链条全层次的责任捆绑和考核倒查机制，专职网格员待遇动态调整、正常增长和激励机制及网格常态化管理事项业务"费随事转"机制等，目的都在于在联通部门的同时，向通过社会动员撬动全民参与、多元共治的基层社会治理实践提供坚实支撑。从工资收入来看，区财政正常保障网格员每人每年 3 万元的劳动报酬，乡镇/街道根据绩效按星级分每人每年 2 万元、1 万元进行奖励补贴，一些村里也可根据集体经济能力和网格员工作情况再行奖补，全市一线专职网格员的平均收入为 4 万元及以上。从发展空间来看，优秀网格员也有优先发展党员、优先录用编制外合同工、优先列入后备干部，以及优先列入村班子会列席人员等激励，这些无疑都是不断稳定和优化本地半职业化的网格员队伍的机制保障。

三是平台和技术保障。信息通达的数字化时代面临着一个基础问题，即各个地方的基础条件和技术环境并不在同一起点上，而台州的网格治理基本实现了平台的打通、多网的合作和多中心的一体运行，率先在全省把平台整合到"平安通"前端采集系统；专职网格员也统一配备"平安通"

手机，可将采集到的人口、房屋、组织、事件等信息一次性录入平安建设信息系统，及时分流处理。此外，自建设"全科网格"以来，网格员还在事项准入业务范围内协助公安、消防等部门进行了扫黑除恶、反诈宣传、消防安全等一系列行动，在技术治理的基础上构建了一道严密的"人网"。技术支持是一线网格员进行信息收集与高效对接的一大助力。

总而言之，在台州全市统筹、源头抓管、系统协作、权责明晰、上下贯通的纵向治理架构和"一中心四平台一网格"的体系中，网格治理体系担当了重要的一环，为社会动员、公众参与、基层自治、多元共治、社会协作提供了重要的通道和机制。

第二节　基层动员与网格治理之"和"

台州产业结构以制造业为主，多劳动密集型产业，故吸引了大量的中西部劳动力，人口流动规模大、外来人口多，高流动性和分化性是基层社会治理中面临的一大挑战。而台州市域治理的又一复杂之处在于：市级椒江、路桥、黄岩三区，北部天台、仙居和三门三县，以及临海、温岭、玉环三个县级市的山海地域空间和区位差异显著，经济社会发展、城乡人口构成、地方性文化资源禀赋，以及面临的社会现实和主要社会问题也都不尽相同，这就使台州市级统一的网格治理制度框架之下有了不同的治理面向和地方实践。本节从一线网格员的定位与选用角度出发，结合台州下辖不同县/市/区在城乡社区的网格治理实践与自主性创新案例，尝试对台州网格治理在基层动员与社会协作中体现出的社会团结与"和"文化共性进行呈现与分析。

一　"街头之眼"与公众参与

在城市规划和发展研究者眼中，一个成功的城市首先必须是安全的，即"当人们在街上身处陌生人之间时必须能感到人身安全，必须不会潜意识感觉受到陌生人的威胁"（雅各布斯，2005：30），然后才能获得安全感，继而生成信任。而城市公共区域的安宁则主要是"由一个互相关联的、非正式的网络来维持的，这是一个有着自觉的抑止手段和标准的网络，由人们自行产生，也由其强制执行"（雅各布斯，2005：32）。

这里所说的一个"互相关联的、非正式的网络"即我们通常意义上理解的熟人社会、稳定秩序当中的那些联结，也即生活在一定公共空间的那些人在真实的日常公共生活运转中所生成的社会关系网络、社会秩序运行机制。相应地，对那些不是犯罪的公共行为的监督"或多或少是通过一个由声誉、街谈巷议、赞许、反对和制止等行为构成的网络来运转的。如果大家互相熟悉，并且消息传达的渠道畅通，这样的方法很管用"。故越是在相对复杂的城市公共空间中，就越需要有这样一些"街头之眼"（eyes on the street）来"看到"那些隐患之处或不当行为。

台州全民参与的网格治理和本地化选用的网格员队伍，一定程度上就担当着这样的"街头之眼"和移动的"探头"。2016 年路桥区最早参与到台州的全科网格探索中，当地对网格员就有着如此理解："目前，路桥区活跃着 622 名专职网格员，每日走访在田间地头、街头巷尾，服务民生、调解矛盾纠纷、排查治安及安全隐患……他们像遍布城乡的'移动探头'，把基层情况及时传递给党委政府，为当地筑牢平安建设的第一道防线。"①

2018 年 7 月 6 日早晨，路桥区新桥镇新桥居专职网格员管保才在集市巡查过程中发现南街桥边围了一圈村民，听一男子用大喇叭宣传功能性养生壶，不少中老年居民轻信后纷纷开始抢购。管保才立即在网上搜索该养生壶的品牌和功能信息，但没有找到可靠的信息，便初步断定该男子可能在高价出售低端三无产品，他一边拍摄现场照片上报系统和工作群，一边联合周围部分相对理智的群众一起劝诚上当受骗的老人，一边还与发现苗头不对、准备撤离的团伙周旋，跟周围群众一起拖住他们，直到派出所民警赶到现场，拦截住了这个以销售功能性养生壶为名的涉嫌诈骗团伙。

---

① 《路桥区蓬街镇深化"网格百晓"，打造"熟人社会"暨全民参与社会治理》，《网格路桥》2019 年第 3 期。

正因遍布街头巷尾的网格员及时地看到网格内发生的涉及公共安全的大小事件、及时对不当行为做出预判和干预，才可能在第一时间扼杀隐患事件，维持公共空间、公共生活的安宁。

而在这样一双"街头之眼"的背后，就蕴含着网格员对公共空间的关注和一种公共参与的意识。调研过程中，我们在玉环市庆澜社区某新民小区就碰到了这样一位网格员 D 姐，她对周边环境的安全意识给调研组留下了深刻的印象。庆澜社区是玉环市人数较多的一个社区，本外地人口之比接近 1∶1，新民小区是庆澜社区一个外来人口集中居住小区。调研当天恰逢周末，新民小区很多小朋友都在家里，我们先去小区里面实地走访了一圈，然后到社区一间综合功能厅座谈，新民小区周围聚拢过来的小朋友也跟着一道去了功能厅，有的在图书角看书，有的在体验火灾 VR 逃生和安全教具，也有的在空场地上玩耍。其间，D 姐一边跟我们介绍情况一边上演"眼观六路、耳听八方"，随时都在留意小朋友在活动中是否有危险或紧急状况发生。当我们访谈结束准备离开时，到了楼下，D 姐依旧一边与我们交谈一边叮嘱马路边的小朋友要注意安全。而就在这档口，她一抬眼又发现了一起小事件，惊呼了起来，立即往那个方向移动，原来我们的司机开车转向出来时没注意到路旁的电线杆，差点撞上，所幸未出事。短短几分钟，她随时随地都在留意身边的人和事，这种对周边环境的关心和安全意识带来的是一双非常卓越的"街头之眼"，背后是她对公共区域的持续关注，是一种公共参与的意识。

二 网格治理之"和"：基层动员与协作

专职网格员每天要在自己的网格范围内固定巡查（见表 9-1），主要关注治安和安全隐患、矛盾纠纷、民生服务等方面存在的问题，也会对重点场所和人群进行走访，及时了解最新变化。此外，也要对网格内的基础信息，包括网格基础信息、网格成员基本信息、网格服务团队信息、网格企事业单位信息、网格办学机构信息、网格内家庭人员信息等进行摸底登记。

表 9 - 1　全科网格工作任务清单

类别	分类	工作任务
人员管理	常住人员	掌握网格内人员底数。
	外来人员	掌握底数，对符合居住证申办条件的人员进行告知。
	重点人员	掌握底数，帮教帮扶，宣传教育，及时上报下列信息： 1. 社区矫正对象、归正人员、吸毒人员、闲散青少年、易肇事肇祸精神病人、高危流动人口存在过激行为或其他动向； 2. 非法上访、非法聚集或有非法组党结社、集会人员活动及动向； 3. 涉邪教人员参与的邪教活动或非法大型宗教活动。
	特殊人员	掌握底数，及时上报下列信息： 1. 因矛盾纠纷化解不及时而易引发极端事件的人群动向； 2. 特殊利益诉求群体动向； 3. 其他人员。
案/事件	矛盾纠纷	主要是指婚姻家庭、社区邻里、村务管理、人身伤害、劳资、经济、征地拆迁、医疗、环保等方面矛盾纠纷的情况，尤其是群体性的矛盾纠纷信息。 本着"小事不出村、大事不出镇"的原则，网格工作团队要将矛盾纠纷尽量化解在当地、矛盾不上交，对确实需要上级部门化解的，引导当事人到县级矛盾纠纷调处化解中心或走法律程序解决。
	涉稳事件	发现下列情况，落实稳控措施并及时进行上报： 1. 因矛盾纠纷排查化解不及时，发生命案、个人极端事件或群体性事件； 2. 因教育转化稳控工作不落实，发生军队退役人员、网贷平台投资受损人员等重点人员失控漏管情况。
	安全生产事故	发现下列情况，及时进行上报： 1. 各类生产安全、消防安全事故； 2. 农业、林业、水利方面安全事故； 3. 公共场所、公路、铁路及沿线安全事故； 4. 各类灾情、疫情； 5. 其他相关安全生产事故。
	治安刑事案件	掌握底数，及时上报下列信息： 1. 盗窃、抢劫、诈骗等各类违法犯罪活动线索； 2. 违法犯罪可疑的人员、物品； 3. 黄、赌、毒等治安乱点和治安复杂场所。
隐患点	消防隐患	掌握底数，及时上报下列信息： 出租房、企业、学校、医院、新社会组织、特殊行业、车站、码头、电影院、商场市场、教堂庙宇、养老院、宾馆农家乐、酒店餐饮等重点场所的各类治安、消防、生产经营等安全隐患情况。
	安全隐患	
	环境污染	
	食药安全	

续表

类别	分类	工作任务
隐患点	治安隐患	掌握底数，及时上报下列信息： 网格内发生的各类刑事治安案件以及可能危及网格内治安的不良倾向或线索。
	其他	主要指网格内发生的出走、自杀、失踪、被拐卖、非正常死亡等事件以及网格员认为需要录入的动态信息，经网格工作团队核实后及时上报相关职能部门。

资料来源：台州市市场监督管理局 2019 年 6 月 24 发布的《基层社会治理　全科网格管理规范》附录 A（规范性附录）。

　　作为同在社区生活的一分子，网格员对所辖网格十分熟悉，经过一定的业务培训后，既有动力和意愿也有意识和能力来主动发现并及时上报相关信息，如公共设施损毁或安全隐患点、社区内存在的潜在危险或脆弱人群、困难人群等，而且在力所能及的情况下，他们也能第一时间参与化解邻里纠纷、夫妻吵架等大小矛盾。这使身着统一马甲的网格员开始在公共空间逐渐形成一种特殊的标志，而他们的存在也让居民逐渐形成一种"关注身边事"和"有事找网格员"的共识，居民也会通过网格员反映自己家里的问题，或发现的邻里问题和公共问题，并借助网格员背后的网格工作团队获得帮助。这样的"参与－回应"一方面有助于就地化解一些矛盾，另一方面也在潜移默化地激发普通民众参与公共空间、公共事务管理服务的积极性。

　　从这层意义来看，网格员不仅是"街头之眼"和"移动的探头"，而且以他们为基础力量的网格治理体系在某种程度上还能带动发挥重塑公共生活、重现社会信任、重拾社会秩序的效用，推动基层动员协作与全民参与网格治理。台州各县/市/区的网格治理实践当中也不乏以网格为纽带，将居民发动起来、达成互助和自治的案例，从黄岩区西城街道锦都社区的五级网格体系和微格邻里站的探索即可窥知。

　　锦都社区是一个典型城乡融合型新社区，下辖的锦都家园小区是台州全市最大的一个安置小区，集中安置了黄岩区东西南北城各乡镇/街道共 10 多个村居的拆迁户。72 幢安置楼总户数为 2859 户，有近 1/3 的房屋在出租，目前有常住人口 8154 人，其中外来流动人口 1000 多人。从年龄结构来看，居民中50岁以上的中老年人占比极高。老年人多、流动人员聚居、拆迁安置户来源复杂，这些都是锦都社区治理中的重难点。

面对居民人员构成复杂、相互之间不熟悉且尚未建立信任，对社区没有归属感等现实，仅靠5个专职网格员远远无法满足整个小区的管理服务需求。在此情况下，社区积极引导、网格员积极发动一批热心群众加入网格队伍，成立居民网格自治小组，建立以楼栋为经、以单元为纬的"微网格"，设立"社区总网格－区域网格员－物业－幢长－热心居民"的五级网格，融合社区网格治理与居民网格自治，通过"微自治、微单元、微力量"的模式，形成上下联动、全面覆盖的网格管理体系，并让居民主动参与到网格内的各项事务管理中来，打造"自我管理、自我服务、自我监督"的自治格局，增强群众的参与感、责任感和主人翁意识。

针对城乡混合、人员复杂的特点，自治网格从群众关心的点滴小事做起，围绕"油盐酱醋茶"和"衣食住行闲"，利用"微网格"制定社区"微服务"项目，发动居民互动互助；重点针对低保户、留守儿童、空巢老人、残障人士等困难弱势群体征集"微心愿"，发掘网格内热心公益的居民，根据其自身能力和特长为有需要的居民开展"一对一"帮扶活动，实现了"群众的事情有人管，大家的事情大家管"。针对出租屋管理，采取"网格＋"模式，根据物业登记到房管通系统的小区房屋出租信息，由专职网格员与房东、房客签订消防安全协议及承诺书，进行消防安全知识普及，从源头上跟进落实出租屋消防安全管理服务。针对社区参与，利用辖区单位资源组建专家微社团，发动居民骨干加入微社团，让更多居民成为治理社区的主角，从而推动社区自治力量的组织化。

经过三年多的不断磨合和完善，锦都社区已基本打造出了多元共治的网格服务管理模式，做到了在网格内第一时间感知防范隐患风险、第一时间发现处理矛盾纠纷、第一时间了解响应居民需求。而且通过不断发动更多居民参与社会公共事务和管理服务，持续健全了社区服务网络、激活了社区共享资源、夯实了社区治理基础，并在重建一个可信、可靠、有序的熟人社区的路上越走越远。①

台州的专职网格员并不是全时工作者,他们每天固定有4个小时的日常排查巡防,可以说,如果仅靠他们自己,只能是有限的视角、视线范围。而网格治理所撬动的民众对于公共事务的关注、对于邻里生活的关心,能够带动形成"人人肩上有担子、人人身上有责任"的意识,通过"全科网格"提升群众平安建设获得感的同时,不断吸引越来越多人参与其中,很大程度上自行织就了一张安全网,以更长久、更全面地发现问题、防范风险、预防犯罪。

台州的网格治理体系在多年的建设运转中,已日渐成为各级政府联通地方社会、撬动和培育基层自治、多元主体参与共治的一个功能实体和有效抓手。其中,一线的专兼职网格员和所有参与公共事务的志愿者、普通居民都在为网格治理系统贡献"街头之眼"的力量,他们不仅仅是在有限的物理空间内去看见、去发现,更是超越了有形的空间在重塑一种更加紧密的社会关系网络和更加有序的公共生活方式。

三 "和网"搭建的机制探索

(一)"熟人社会"基底

网格治理的一个要义在于细化管理单元基础之上的连通和集成。台州的全科网格从探索之初就注意到在地性、精细化、连通性、有效性等方面,在原有社会关联和社会秩序的基础上,逐渐走出了一条以"熟人社会"为基底的基层社会网格治理模式。

熟人社会在信息传播、邻里互助、纠纷化解、公共参与和社会团结等方面有很多传统生活方式和秩序规训下的优势,但进入现代社会,个体化、原子化的趋势日益加深,人们之间的联结在不断减弱,如何维持公共秩序、组织公共生活、理解个人的公共身份并确定个人位置,都成了新的问题。而这些问题恰与网格治理所强调的在地性、精细化、连通性等构成

---

① 黄岩区西城街道办选送案例《创新微格邻里站 打造锦都基层网格治理变"新"记》摘编。

了张力。面对这些挑战，台州的网格治理从网格员的选用和定位上就在有意尝试走一条"熟人社会"之路。①

> 我们的网格员深知自己双眼看到的是有限的视角、双脚走到的是有限的距离、双耳听到的也是有限的声音。建立熟人社会，让我们的网格员变"单兵"为"共治"。……通过将网格辖区再细分，建立起多个微格，由身体素质好、文化程度高的年轻党员担任微格长，构建起党员微格长－专职网格员－网格长（书记、主任）－网格指导员（部门驻村干部）的四级百晓联动机制。同时，以熟人社会为网络渠道，通过全村大家庭、消防志愿者、育龄妇女等多个微信群不断扩大兼职网格员队伍，一方面动员更多的社会成员参与共治，另一方面也帮助微格长、网格员更好地开展工作。借助百晓巡查手册、网格民情联系卡、百晓 APP 等媒介，有机整合各级各类资源，打造一支人熟、地熟、物熟、情况熟的专业网格百晓生，全面建立沟通渠道多、信息掌握灵、问题介入早、矛盾化解快的"熟人社会"基层治理模式。

可以看到，这种"熟人社会"及全民参与社会治理能够最大限度地激发来自社会的力量。在公共服务供给体系当中，就政府－市场－社会的分工而言，社会的作用就在于"参与"和"团结"。超越传统的反应式治理，转向参与式治理、协作式治理，就需要更多地关注和尊重民意，重视激发社会力量的主体作用，并将其中有意义的部分积极吸纳进治理议题和治理过程。台州网格治理体系正是基于这种居民主体、利益相关、信任和联结，通过社会动员和协作，实现了一种全民参与、多元共治和社会团结，潜在地培育了社区或地方社会的公共性。

（二）"有限责任"设置

"全科"是综合的、多能的，但不是全能的、高能的；"全民"是很多人一起参与，不是一些人承担全部。网格员的关系定位就是助手，某位镇

---

① 《路桥区蓬街镇深化"网格百晓"，打造"熟人社会"暨全民参与社会治理》，《网格路桥》2019 年第 3 期。

级综治办的管理人员就做过一个生动的比喻，形容村"两委"与网格员之间的关系类似于"医生和护士""民警和协警"，开处方药的还是医生，执法的还是民警，原有的责任主体依然没变，网格员只起到从旁协助的作用，工作职责更多就是平安知识宣传和信息采集，上报的信息相对业务部门而言也有不同的侧重点，具体包括基础信息采集、社情民意收集、安全隐患巡查、矛盾纠纷排查化解和公共安全、法律政策宣传等基本功能。

> 我们的网格员就是在排查中起到一个触角作用，他就像探头一样，我给你观察一下哪里有问题了。至于后面的调解和解决，（网格员）如果能力好的，他可以参与调解，直接结案；能力不够的，他也没法调解，就是移交到村里，还不能解决的就由村级往上推到镇里，看问题再分流到部门……所以我们很强调，我们网格员是有限的责任，一定是个辅助关系，不能说网格员有多大的能力，可以包揽。按我们的理解，网格员的存在就是为了让辖区内的安全隐患、矛盾纠纷这些发现得更加及时、能得到更及时的处理，让一些大小事件变得更加可控。[1]

另外，事项准入制度也是对厘定网格员工作职责范围的保障。"现在很多部门都想把它们的业务放到网格中，但是这有一个准入审核，业务部门需要先报给政法委，经过准入确认后才能分派给网格员，没有经过准入确认的事儿，网格员不用做。"在这种有限责任和相对清晰的事项管理制度保障之下，网格员这样一份工作就更有可能发挥社会的有效参与，避免过多地被行政吸纳。

同样，民众的参与也是在能力范围内量力而行，以横街镇份水村的全民平安巡防为例。份水村所在区域以前经常发生盗窃案件，村里不是很安全，为此，前任村书记提议成立夜间专人平安巡逻队，每天晚上11点到凌晨4点在全村两个网格六个区巡逻值守；后来，平安巡逻队发展为互助巡逻，除了专门的巡逻队员，每家每户也要出一个人，轮流跟着村里的巡逻

---

[1] 某镇综治办工作人员访谈资料。

队员一起巡逻，一年轮排下来全村每户每年就轮到一个晚上，少数人家可能会轮到两晚。所以他们提出了"我为大家守一夜，大家为我守一年"的口号，就这样坚持了近十年。

在份水村的平安互助行动中，每户人家作为集体的一员，都是维护公共安全的利益相关者和责任人，而每个人也都在能力范围内为维护这份平安在出力。这种有限责任体现了一种积极的众益、公益理念，即不一定要求"一个人做很多贡献"，而是更加强调"很多人都来贡献一点"。这样的众益维系就容易变得可持续；反过来，这种有限责任又带动了更多的公共参与，推动了日常生活实践中共同体的构建，更加织密了基层社会治理的"和网"。

第三节　部门协作与网格治理之"合"

在中国各地各级治理改革中，政府内部各层级关系的调整、条块之间关系的理顺，以及政府和社会的合作等，都是提升基层社会治理效能的关键方面。在台州的网格治理体系中，要让网格员这个"基层之腿"和"街头之眼"及其背后的公共参与网络真正发挥实效、切实提升基层社会网格治理的效能，还需要依靠业务流程后端的职能部门从具体业务上进行落实、给予支持。在台州各县/市/区的全科网格实践中，获得业务事项准入的部门也与各级网格有着不同的条块协作模式，业务交叉各部门之间也推出了不少创新性的联合行动举措。

一　连通性与治理网络

进入互联网信息时代，中国社会从人、事件到场景、平台都日益具有了高度连通性，普通人的市场活动已经高度数字化，但在基层社会治理领域，依旧存在信息沟通不畅、问题反馈不及时等突出问题。而这往往是因为"多头治理"之下出现了"治理真空"，比如我们经常可以看到：社区的工作人员、站所派驻人员、社工、党员志愿者、社会化服务机构等通过多渠道的日常走访和社区服务收集了众多信息、发现了不少问题，但这些从多头获取的信息和发现的问题往往无法及时进入业务经办流程，包括信息的汇总、共享和跨层级或跨部门传递，不能形成畅通、高效的信息通路，继而带动有效的、充分的资源匹配，以致居民需求有反馈、无响应，问题往往就会被搁置。

而网格技术应用于与社会治理的一大优势就是信息网络支撑之下的资源集成和共享，即通过连成一个有机的逻辑整体，尽可能消除资源和信息"孤岛"，从而协同完成任务。其中尤其需要注意网格治理的复杂性和连通性，而对于复杂群体的研究和治理，就必须引入对关系网络和节点、中介等的认识。"构成社会网络的条件是节点之间的连通性"，在节点的内生或外生属性影响下，节点间的连通性形塑了整个网络结构；反之，结构也会影响到连通性的变化（秦嘉威，2021）。从这层意义上来看，可以简单地将"3 + X + Y"中所有类型的网格力量都理解成治理体系中的一些重要节点，而他们之间按照自下而上（网格巡查业务）或自上而下（部门委派代办业务）或横向协作（部门交叉业务）等机制展开的互动就是对网络连通性的实现。

就台州的网格治理体系而言，从身处一线的网格员来看，他们基于"熟人社会"在地化的集体身份和参与公共事务的公共身份，在先天和后天上都具备与相应网格内一般社会成员之间的相似性和同质性，这就构成了网格员和他们之间连通性的起点，继而也会影响他们之间的互动机制，包括信息互通、急难互助等行为选择和信任维系。"讲实话，专业性社会组织的理念挺好，但是在入户调查这方面的效果不是特别好，情况不熟悉，而且流动性大，可能刚给他们这一批做过业务培训，入户时就换下一批人了"，反而不一定比人熟、地熟、情况熟的网格员好开展工作，"网格员在这方面是很有发言权的"[①]。再从业务事项准入的各相关部门来看，作为治理网络中的重要节点，他们的存在、他们与条线层级单位和其他部门之间的互动以及相互间连通性的获得，则更多是基于"3 + X + Y"与责任捆绑制度下治理网络结构平衡的影响，并在赋权的同时进行赋能。下文将结合具体资料加以呈现和分析。

---

① 来自某部门工作人员访谈资料。

二 治理之"合":部门联动与社会协作

基层社会治理中会经常面临管辖范围大、事务多、任务重、人手少等问题。在社会治理场域,包括地理空间、行政空间、经济空间、社会空间、文化空间、公共生活空间等的快速变化之下,这种治理困境也愈加凸显。此外,治理所涉的层级越多、中间人员越多、链条越长,办事流程和处理周期也就越长,越会损及效率和利益相关者的信任;与之相悖的是,现代社会人与人之间的信任感越来越弱、感情越来越淡漠,每个社会成员也越来越趋于原子化、个体化(田毅鹏,2021a)。这就迫切呼唤治理网络的连通性和部门、条块之间的互通协作。

在台州的全科网格治理实践中,除了基于"熟人社会"模式打造了一批有限责任的专兼职网格员以尽可能实现社会网络的连通性之外,还有一点非常成功之处就在于引入了相关业务部门作为责任捆绑单位,他们或者有资源,或者有执法和审判权限,或者能推动调解和问题的解决。"Y是什么呢?网格之外还需要对网格工作进行支撑的一些执法部门,包括派出所、包括综合执法的,包括市场监管的、消防的,等等。我们觉得需要把法定部门、法制力量纳入网格中。我们把它称为网格业务指导员,具体可能是网格警务指导员、网格市场监管指导员……"① 网格员发现问题只是网格治理的前端,能够实现回到源头、主动发现;而网格治理的顺利推进和成效在很大程度上还依赖于后端的响应与解决,这就要求各业务和职能部门的资源匹配、系统协作,以及必要时综合执法的保障。

> 网格员"看得见",社区民警"管得了",这正是路桥区创新社区警务与网格化管理大融合的实际成效。"社区民警一般的管辖范围要比网格大,警力少、任务重,成为基层综治的一个现实矛盾。"警力不足致使社区民警难以及时、全面地掌握辖区情况,而融合网格管理力量后,网格员能够随时发现各类隐患,作为基层民警的得力信息员,他们能够更加及时有效地化解矛盾纠纷、打击违法犯罪行为。

———————————

① 来自市政法委座谈资料。

"人房信息核查、情况线索摸排、安全检查宣传、矛盾纠纷化解、重点人员稳控、治安巡逻防控"融合后，网格员增加了辅助社区警务的六项工作职责，全区 600 多名专职网格员、5600 多名兼职网格员充分发挥了"人熟、地熟、情况熟"的优势，每天通过"扫村""扫街""扫楼"，及时掌握各类信息，有效延伸了基层综治和平安建设的灵敏"触角"。①

在大平安建设背景下，警务和网格的双网融合是非常有效的尝试。一方面，网格员作为"移动探头"，将发现的大小问题及时反馈到社区警务系统，明显弥补了基层警力不足、巡查不足的问题，推动部门的触角真正延伸到基层、业务服务真正惠及百姓；另一方面，警务力量融入网格，不仅有助于网格人员和涉事人员进一步提升相关安全意识，而且在警务人员执法过程中也能通过赋权带动赋能。台州全科网格通过对政治安全、社会治安、经济金融、公共安全（如生产安全、消防安全、道路交通安全、食品安全、疫情防控安全等）、矛盾纠纷、网络舆情、平安宣传、法制宣传、重点人群关照等常态化管理服务，努力打造一个横纵贯通的风险防控全周期链条，并在各地以不同的方面为切入口探索出不少网格治理部门联动、社会协作的创新案例。

例如，玉环市居住出租房屋"旅馆式"管理服务模式的提出，无疑是部门联动、社会协作之下的一项成功产出。"党政主导、公安牵头、部门协同、镇街主抓、村居实施、房东（出租人）主责、房客（承租人）履约。"这其中涉及的利益相关方面跨越了层级、跨越了部门，也联通了千万普通民众和基层工作者，在它背后，从制度、管理到服务的标准化，"网格化治理、组团式服务"的理念无疑起到了积极作用。而类似这样的"网格融合、部门联动、社会协作"的基层治理案例还有很多，诸如政法委和合调解团、和合法律服务团、妇联和合姐妹团、政协和合调解团、宣传部和合文化六进行动、三级信访代办、巡回智慧法庭、人民法院诉前调解、金融诈骗入网格、政协委员会客厅/室、地方立法市民库、新乡贤调

① 《路桥区创新社区警务与网格化管理大融合》，《网格路桥》2018 年第 4 期。

解等，都在为台州网格治理之"合"贡献力量。

三　"合网"织就的机制保障

（一）责任捆绑制度

自 2016 年台州开始探索全科网格之后，怎样在事项融入网格的同时，保证业务部门不缺位、不推诿，就成了网格治理体系建设需要面对的一个问题，尤其是当网格员在村里、社区里单兵作战时明显面临业务不精、资源不足、权限不够等困境时。为充分发挥全科网格在基层社会治理中的底座作用，台州市政法委连同各成员单位提出了网格工作责任人全链条捆绑，此后陆续又发布《台州市网格责任捆绑倒查项目清单（试行）》（台政法〔2018〕79 号）、《关于进一步规范网格责任捆绑运行的若干意见》（2019 年 3 月）、《关于进一步加强网格责任捆绑倒查工作的通知》（台政法〔2019〕48 号）等，从责任捆绑对象、内容、考核和追责方式、工作要求等方面不断加以制度化、体系化，明确清单和程序。

在网格员"有限责任"的设置下，责任的最终落实就对网格治理的成效至关重要了。因此，台州全科网格工作责任人全链条责任捆绑就可谓是基层社会治理真正抓落地的"杀手锏"。"责任捆绑主要是针对大的事情，一个原则就是，你村里不要出事情，要管控好；出了事情，比如说发生火灾，发生一些地方集体矛盾，就要受到相应的处分，这是我们网格责任捆绑的一个系统。以责任捆绑为纽带，就能破解我们网格员在村里单兵作战的困境。就像在村里，村主任、书记，还有我们村里的网格指导员，包括业务指导员，派出所、片警、司法所、工商所等等，大家能形成一个合力，是一个网格工作团队。应该说，网格的工作成绩一荣俱荣。如果这个网格管好了，大家的考核也都会明显有一个直接的体现。像我们这里，驻村干部 30% 的年底考核奖，村主职干部 50% 的年底绩效，都是直接体现在网格考核的责任捆绑之内的。除了考核，'微网格'的设置其实也是刚才讲的责任捆绑概念的延伸。像一个村可能划成 2 个网格，配 2 个专职网格员，但每个网格下面还会再细分成 3~4 个区，由三四个村干部日常再来具体联系，比如说到某一幢楼、某一条街，这样才能把工作做得更细。"①

责任捆绑制度推动了全科网格部门联动的真正落地，继而带动了部门业务支撑下的社会协作。

（二）自下而上的业务流程设置

除了事项准入和责任捆绑等制度之外，台州全科网格治理体系之所以能维持一个稳定的专职网格员队伍，并且能通过网格治理发动社会参与和协作，一个重要原因在于自下而上的业务流程设置，从这种自下而上的运作机制中又能看到台州网格治理体现出的清晰的权责和对社会主体的保护。

针对网格员的信息采集与问题上报，台州的网格治理体系从一开始就遵循一个合理、有效的逻辑进行业务流转：网格员上报到平安通系统后，如果是他能力范围内能够解决的案件，他可以现场自行处理并做结案；如果不能自行解决就会移交到村一级，由村一级的网格长、网格指导员即村书记、主任、驻村干部，连同其他相应工作人员等一起解决并做结案；如果村一级仍不能解决，就再向上移交到镇一级，如果报送信息所涉业务的归属部门很明确，比如消防安全隐患会直接转到消防部门去督查整改，而如果报送信息所涉业务的归属部门不明确或是多个部门存在交叉的，就会转入镇一级的综合信息指挥室，再由镇级会同各部门的职能和业务分工进入分派流程，或是在确定无法解决的情况下继续向上移交到市一级，再行协调处置。在清晰的权责界分下，作为网格治理主体的每一方都能守着自己的责任边界，并在自己的职责和权能范围内尽快解决问题，或是移交到上一级权责单位再行解决。

"网格员只是有限责任，他主要负责信息的采集和上报，不涉及对信息做分析和研判，能处理的问题就直接处理，不能处理就一级一级流转。这也是正常业务流转程序的一个逻辑。"② 正是在这样自下而上、权责清晰、系统有序的业务流转程序下，网格员才能据实完成自己的本职工作，而不受与村级负责人关系的影响、不受反向考核的影响。同时，作为反映社会问题和居民需求的"代言人"，网格员也才能在日常工作中处理好与

---

① 来自横街镇座谈资料。
② 来自某部门工作人员访谈资料。

居民的信任关系，带动居民对社会事务和公共生活的关注、参与和社会团结，才不会因为暴露问题而招致居民的反感、对抗，甚至导致社会撕裂。对于相关业务部门而言，由于网格员能及时发现并上报相关信息或问题，并能精准地分流推送至其部门，这就极大地节省了他们自己主动发现问题的人力和时间成本，提高了他们的工作效率和效度，达成了基层社会治理的合作双赢。合理、高效的业务流程设置与责任捆绑制度共同织就了台州网格治理的"合网"。

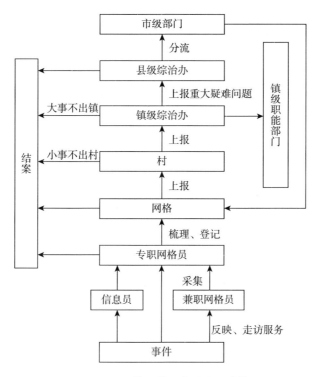

图9-1　网格系统业务流程示意①

第四节　小结与讨论

市域社会治理既需观照市级层面的制度统筹力、协调力和系统性，又

———————————

①　根据井头村网格信息上报流程图整理。

需观照地方各层级的实践灵活性、创新性。作为社会问题源头治理的重要场域，基层社会治理是市域社会治理的重要方面。台州的全科网格治理体系为台州从市域到基层的社会治理现代化均提供了重要的实践创新和理论探索，构筑了一张从基层动员到部门联动再到社会协作的网格治理的"和合"之网。

在政府平台搭建和资源下沉的支持下，基层网格员作为嵌入基层社会的地方性社会力量和社会网络中介节点，由于其本地化、同质性和平衡性，故而在基层社会网络中发挥一种弱关系下的强连通性，不仅能够较好地桥接基层社会的公共生活空间和行政空间，有助于形成一个信息通达、治理有序的基层治理场域，而且具有撬动社会动员、促进社会参与、强化社会团结、重塑"熟人社会"的功能。这是台州以全科网格带动的基层社会治理对"社会建设"维度的重视，在治理实践中推动政府与社会关系的重塑，在赋权中实现赋能的积极方面。

就当前台州全科网格阶段而言，未来发展中还需要继续思考更多的问题，诸如网格员的压力、激励与职业发展空间、全科业务准入等。

首先，网格员一方面面临责任定位上的行政渗透压力，他们与基层干部在实际工作中的协调配合与关系处理十分重要；另一方面也面临在地优势下的"明哲保身"压力，作为社情民意的收集人、调查人，网格员的本地工作优势有时却会变成伦理关系方面的劣势。这双重压力就要求网格员需要在工作网和关系网中不断求得平衡。

其次，网格员的激励与上升空间尚需深入研究并给予配套支持。在激励机制上，台州的网格员被定位为一份半职业化的工作，专职网格员队伍的兼职比例相当高，基本以本村/社区的中青年家庭妇女、外嫁进来的"本村媳妇"为主，从网格员队伍吸引力和稳定性来讲，存在进一步改善提升的空间。在职业发展上，台州网格员目前具有行政方向和专业方向的双重上升空间，但前者面临着关系处理等诸多方面的压力；而后者则面临着专业性上的明显短板，与网格员在社会性上的明显优势恰恰形成了反差，极大限制了他们专业方向的发展，需要专业培训、社会保障等方面更多的配套支持，正如玉环大麦屿街道 2019 年对辖区网格员组织化并成立了屿安社会工作服务中心所做的尝试那样。

最后，全科网格的业务范围拓展和服务转型的趋势与要求。目前台州的全科网格在事项准入上仍主要限于大平安建设与法治化推进的领域，其中既包含网格管理的内容，也包含公共服务和社会服务的层面；已有不少部门尤其是民生相关部门向政法委提出申请，希望能将各自部门的业务事项纳入网格准入清单，这其中服务嵌入的职能转型需求在不断提升，趋势也愈发明显。从服务的角度看社会治理，就要求那些深入居民生活场域的"移动探头"具备更加综合、更加专业的业务素养和服务关爱意识。这就对网格员自身的业务素养，业务指导部门的培训、协作和各项支持，以及相关部门的跨部门配合提出了更高要求。而事实上，台州网格治理方面的领导和管理人员已经注意到了一个现象，即"全人"视角下的"事件关联"，而如何进一步探索并深入实践，则是未来发展中值得继续深思的地方。

第十章

社会风险和矛盾纠纷的基层治理化解之道

党的十九大报告指出，要推动社会治理重心向基层下移。城乡社区作为基层社会治理的基本单元，其治理效果和水平事关基层和谐稳定。党的十九届四中全会上提出要坚持和完善共建共治共享的社会治理体制，保持社会稳定，维护国家安全。推进治理体系和治理能力的现代化重点和难点皆在基层。只有基层具备了内在动力和活力才能更好地利用外部资源，对抗外部风险。

市域处于国家治理的中观层面，既是国家有关社会治理大政方针的执行者和落实者，又是基层社会治理的指导者和推动者；既容易有重大风险和矛盾聚集，也最具备解决这些问题的资源能力。要让基层与市域之间起到相互助力的关系，一方面要及时在基层发现问题，发挥好新时代"枫桥经验"，将风险隐患化解在萌芽，从源头推进国家治理体系和治理能力的现代化；另一方面要利用市域的资源化解风险，建立防风险体系，防止单个风险演变为系统风险、局部风险演变为全局风险，助力巩固整个社会治理。很多时候，老百姓之间存在的矛盾，可能只是很小的一个问题，但如果没有及时处理，留下心结，容易造成刑事案件，甚至酿成大事件，出现威胁稳定的情况。

矛盾化解和平安建设是风险应对中的两大主题。本章分为矛盾化解与平安建设两个部分，分别从风险感知、资源调度、工作布局、多元参与等角度总结台州基层治理中的突出经验，分析其中的机制和原理，并提出一些需要解决的问题和应对这些问题的建议。

第一节　基层治理中的矛盾化解

进入新时代，治理理念逐渐从管理转向治理，除政府之外，社会和市场等多种社会力量都参与到这一过程中。政府应对社会问题的方式也逐渐从被动回应和事后解决问题，转变为主动疏导和在源头将可能出现的问题化解，争取将大事化小、小事化了。这对于降低上访的总量和次数，维护社会稳定有着至关重要的作用。从源头化解问题需要了解风险之所在，整合各种资源，调动多重力量解决问题，结合多种治理方式，在面对新现象、新问题和新考验时发挥创新精神，最终提升治理结果。

一　风险感知途径

对风险的感知是发现潜在问题的关键，台州市网格体系的建设有着重要作用，也是台州市治理的一大亮点。台州以"全科网格"为基本单元，打牢了市域综合治理的微观基础。

网格员体系是台州市域社会治理现代化中的一条重要经验。党的十九大报告指出，要加强社会治理体系建设，推动社会治理重心向基层下移，发挥社会组织作用，实现政府治理和社会调节、居民自治良性互动。深化网格建设，就是基层治理的具体实践。网格是在行政村以及城市社区以下划分的基层社会治理基本工作单元，是现有管理格局的合理延伸，具有明显的属地性特点，是形成县、乡、村三级事件处理网上网下联动体系中不可或缺的一环。

1. 全科网格：风险来源的全面感知

建立全科网格，要求网格员负责及时收集和传递治安、信访维稳、人力社保、环保、城市管理、文化市场、卫生计生、安全生产、食品药品安全、消防和流动人口、特殊人群、重点救助对象、社会组织等各类基本信息，以及与之相关的矛盾纠纷、安全隐患、环境污染、民生需求等实时动态信息，并力所能及地发挥政策宣传、矛盾调解、治安防范、隐患消除、为民服务、协助执法等作用。网格员的密度也很高，根据不同村落或者社区匹配不同人数。

2. 熟悉情况：风险信息的稳定掌控

为了更全面地收集信息，对网格员队伍的要求首先要做到人员数量齐备，队伍相对稳定，并且对信息掌握全面、深入。目前，首先是公开招聘网格员，以及通过尽量整合各类社区工作者和协辅人员等方式发展专职网格员队伍，确保人员数量充足；其次是（半）职业化和信息化，尽量保证队伍的稳定；最后是本地化，以农村为例，确保网格员对村里的人员构成和事件都比较熟悉，充分掌握村内安全隐患，实现日常的消防检查，以及对人员的管理。

在日常状态下，网格员对于一些风险可以做到及时发现与解决，如果解决不了则要上报村里，村里解决不了要上报市里。逐级解决的模式不仅保障了问题在最初就有人发现和重视，也确保了在问题解决不了的情况下，上一级政府可以汇集更多资源加以解决。在监控流动人口的问题上，属地化作业的安全网格员可以很好地进入并及早发现问题。没有条件的地方要物色村干部、村民小组长、村民代表、人民调解员、各类社会监督力量、志愿者等人员担任兼职网格员。要充分发挥党员在网格化管理服务中的先锋作用。要抓好网格员的集中培训，提升网格员的工作能力，加强网格员的队伍建设，明确奖惩措施，开展日常绩效考评和年终考核。

3. 源头治理：风险感知的"神经末梢"

作为风险感知的末端，网格员对信息十分敏感，他们的工作要求是"一中心两重点"，即以人员管理为中心，以案/事件、隐患点为重点。人员主要包括常住人员、外来人员、重点人员、特殊人员等。而人的性格、行为以及性别则是重要的甄别要素。

案例：椒江区某村网格员

有一个人性格比较孤僻，平时比较暴躁，家庭矛盾突出。后来因为借钱，6000元钱引致了一桩命案。（2021年3月13日访谈资料）

案例：三门县芦余村网格员

有一户人家女方从云南嫁入该村，虽然离婚了但仍和丈夫住在一起，但同时和许多人有同住关系。网格员认定其家庭结构异常并做了汇报，后来因为建房问题与别人发生争执。（2021年3月17日访谈资料）

因此，网格员的平时观察对发现高危人群有重要作用。一些重大案情的发生虽然从个案来看是独立的，但人员身上的要素可能很早就有所表现。除了人员的特殊性之外，一些事件也可能引发安全问题。按事件排查，主要包括矛盾纠纷、涉稳事件、安全生产事故、治安刑事案件等方面的排查。还有一项关键排查为排查隐患点，主要包括消防隐患、安全隐患、治安隐患、环境污染、食药安全等。早感知、早发现、早介入、早解决，力争第一时间发现网格内群众的诉求和存在的问题，并及时分派给有关职能部门处理，做到一网联动、限时办结，全面提升网上办事和服务群众的综合效能，实现"微事不出格、小事不出村、大事不出镇、矛盾不上交"。

4. 巾帼特色：化解风险的润滑剂

随着科技的应用和治安能力的增强，现在许多新型社会问题出现在家庭领域，如果不对此进行及时的干预，很容易酿成民转刑案件。然而一般力量很难进入家庭领域，台州市委创新的"网格＋妇联"治理模式在应对这一问题时有着突出的优势。在网格这个最小单元编织起妇女维权和家庭平安守护网，确保实现"微事不出格、小事不出村、大事不出镇""家庭矛盾解决在家庭"，全力打造新时代"平安家庭"台州样本。

基层妇联组织是推动网格自治的重要力量，巾帼先锋小组长可以充实到兼职网格员队伍中，担任巾帼网格员，协助网格长。巾帼网格员可以和全科网格员对接，成立网格妇联。这对解决家庭问题、未成年人性侵案件有着重要作用。

案例：三门县杨家村女子更夫队队长

父亲原是更夫队的重要成员，但因年龄大了，就把接力棒交给了女儿。2007 年成立了女子打更队，到 2021 年成员已经有 34 人，每位女性都有自己的位置。她们每天需要花两个小时在村里宣传消防知识，风雨无阻。村里和镇里的领导都对这支打更队非常重视。

发挥优秀女性社会组织的作用，例如女子打更队、女子戏剧协会、农村妇女美丽家，让妇女在网格工作中有更多的参与。

5. 未来发展：建立更加人性化的网格体系

总体来讲，网格员体系在基层矛盾化解的风险感知中发挥了重要作用。安全网格员是社会治安的最前端，虽然科技发展提供了很多电子监控设备，但人工的感知、发现、排查是对技术性风险感知系统的必要补充。这也确实防治了一些案件的发生。例如，椒江区自从有了安全网格员，安全事故断崖式下跌，道路网络事故和安全事故基本都是零，盗窃抢劫案件也下降了27%，异常人管控试点也取得不错的效果。在这些成功经验的背后，仍有一些问题需要注意。首先，网格员自身团队建设。第一，考核标准仍无法确定。虽然大部分乡镇/街道都对专职网格员、网格长、网格指导员、网格业务指导员有考核，但是标准不够统一，档次未拉开，没有明确分级。第二，奖励机制无法确定。由于考核机制存在不确定性，所以奖金发放大多没有真正兑现和落实。第三，任务压力过重。虽然网格员队伍建立的初衷是处理上报信息，发挥"浙江省平安建设信息系统"与"网格化管理、组团式服务""两网融合"的优势，但因为基层工作任务繁重，有时候网格员任务过于繁杂。第四，队伍不够稳定。虽然台州市网格员建设的目标是打造一支相对稳定的队伍，但由于任务繁杂，奖励机制不够明确，现在的队伍仍存在不稳定性。其次，针对网格员发挥的作用。目前，网格员更多是在发现问题和报送信息方面起作用，仍然是管控的角色。未来应该探索其工作模式的转变，把关注变成"关心"，将重点转变为对基层共同体的建设和培育。

二　资源整合路径

在风险化解的过程中，台州市不仅通过网格员的制度精准地发现了问题，而且在解决问题的过程中开创了资源整合的新路径。

（一）以专业资源下沉为重要路径，提升基层属地防范、化解矛盾纠纷的平台建设

条块化的政府管理体制成为当前基层治理面临的现实困境，按照科层制的专业分工与层级节制原则，基层治理的职能分散在不同层级和不同管理部门之间，形成了以"块"为单元的属地管理和以"条"为线的部门管

理两种分割的管理模式。在此背景下，基层治理承担了巨大的任务量，但缺乏资源和行动力。

台州矛盾调解的突出特点就是平台建设。市一级的矛盾调解中心虽然非常重要，但若想成为矛盾调解的"终点站"，则需要基层矛盾调解中心的保障。街镇、乡级的一站式矛盾调解中心是区级矛盾调解中心的微缩版。然而由于基层相对缺乏权限、资源、人力、信息和手段，所以需要上级的支持协助和外部资源的注入。为破解基层"看得见、管不了"的问题，台州矛盾调解平台有几大特点，在纵向和横向上都有一系列的设计。

1. 纵向系统的全覆盖

以黄岩区为例，经过三年多的建设，目前建成了占地达3300平方米、进驻20余个部门相关科室的县域矛盾纠纷化解终点站，在探索县级平台建设上走出了一条线下一站式、线上一体化，区、乡、村联动的特色之路，得到了省、市领导的高度肯定。在软件的打造上，黄岩区矛盾调解中心坚持源头治理，对照矛盾纠纷，梳理处置流程，完善了中心七大运行机制，出台了118条中心运行规则、中心案件质量管理办法等规定。同时，贯彻"和合"文化理念，提倡邻里之间和睦、同事之间和合。运用调解人才，在基层建立调解组织，把小事情或者微事情在村里就能得到解决和过滤。在收集系统里就可以把老百姓需要干部解决、乡镇解决、区里解决还是社会组织解决，或者是找乡贤能人解决的事规划清楚。如果在本村或本社区解决不了，才需要到乡镇。

2. 纵向信息的全收集

为了抑制民转刑案件的发生，平台发展了对异常人士的统一管控。首先，在基层建档，把基层日常工作中存在的问题和信息全部电子化并统一收集，包括矛盾纠纷。其次，实现了内部循环，把人、户、地的信息统一起来，分清权责，保障后续管理。再次，通过分色定级对不同事情采取不同的管理方式，更好地分配资源。最后，实现精准预警，针对当事人的性格、态度、行为和家庭情况进行标签式管控，对一级、二级等重点人员进行全新的智能管控，对高发地点、高发时段、高发类型、高发群体的要素进行趋势分析，提前预防。此外，还确立了奖惩机制，明确了各个环节的工作标准。

3. 横向多层面方法的应用

矛盾发生之后，通常有很多方式可以应对。首先是调解。相比之下，调解的成本最低、速度最快，且对共同体的利益伤害最小。因此老百姓之间如果有纠纷和矛盾，调解的方法是前置的第一道过滤。如果调解不成功，就会由一些组织，例如群团、工青妇、特殊身份中间层、行业协会等出面协调。如果还不能化解矛盾，就要争取一些职能部门的协助，通过信访、法院、行政复议、劳动仲裁等方式来化解矛盾。

（二）综合运用多元手段，提高基层治理中的"五治"融合水平

老百姓日常生活中矛盾纠纷的种类纷杂，信访案件的类型多样，因此在矛盾调解中需要全面运用情、理、法，做到政治、法治、德治、智治"五治"融合。其中，法治是社会治理的保障。没有规矩，不成方圆。基层社会治理要实现既定的目标，确保路径方法和目标任务朝着既定的方向迈进，法治是前提条件。德治是社会治理的根本。自治是社会治理的基础。在具体的矛盾调解或者社区矫正中，应体现刚性执法与柔性关爱相结合，实现两手抓。

1. 智治与法治的刚性治理

自 2019 年起，台州市综合行政执法局先后印发《关于开展城市管理执法基础信息大采集　全面推进城市街面治理的实施方案》《台州市综合行政执法局关于开展创建"和合街区"　进一步提升城市治理能力的意见》等一系列文件，对各项工作进行了系统性部署。根据重心下沉、服务前移、源头治理的原则，全面实施"片长/街长制"，实现"定岗、定人、定责、定奖惩"。以街面治理为突破口，按照全面覆盖、优化配置、重点突出的原则，优化基层中队设置、优化人员配置，将 85% 的执法力量下沉到基层一线。

从具体操作来看，目前全市实现建成区综合执法系统电子网格划分率达 100%，已划定街（片）网格 2151 个，明确街（片）长 1431 人。同时，在电子地图上建立与城市实体空间相对应的"城市建成区、街道辖区、片区、街区"四级电子网格，移动执法终端 APP 可查看当前位置的街长负责范围和联系方式等信息，解决了"看得见管不着，管得着看不见"的问

题。在此技术和制度基础上，综合行政执法部门用微信公众号开通群众"随手拍"上报街面问题，系统在 1 分钟内自动流转到对应的市政、园林、环卫和执法街（片）长和相关当事人，责任街（片）长在接到指令 5 分钟内迅速赶到现场，同时通知相关当事人自行纠正违法行为，如当事人拒不改正，则需要对其立案处罚，就流转到执法办案系统来处理。部门通过应用街面治理系统实施城市管理执法基础信息大采集和城市街面治理，并与智慧城管系统贯通，建立城市街面问题处置快速响应机制，精简了街面问题流转环节，城市街面问题直接点对点派发至街长，减少了中间层层传递，城市街面问题实现一键派单、一键反馈，执法处置速度提高了 80% 以上。2020 年，全市共采集临街服务对象基础信息 109888 条，建设街面治理系统管控模块，累计上报城市街面问题 443985 起，现场整改问题 433590 起，现场整改率达 97.66%。在培育"和合街长""随手拍"的基础上，综合行政执法局还在街区联合物业建立"和合驿站"，作为街长休息、街区矛盾纠纷化解、为民服务、民主恳谈的主要阵地。①

2. 自治、法治和德治的柔性治理

近年来，仙居县绿色农业、乡村旅游、民宿经济等美丽经济继续保持蓬勃发展态势。在乡村经济转型、生态资源环境再开发的过程中，新的多元的矛盾主体、矛盾纠纷类型也不断浮现。仙居县以浙江省首个县域绿色化发展改革试点县为契机，积极探索建立了以绿色公约、绿色货币、绿色调解为主要内容的美丽乡村绿色治理模式。

一是用"绿色公约"发动党员带头参与乡村自治。在推进"五治"融合乡村治理中，仙居县逐渐形成"绿色公约"，并将"绿色公约"写入全县"村规民约"样本，全县各村根据村庄特色，对"绿十条"详细内容做出相应调整，各村要求党员户带头执行，并实行党员责任网格制度，通过党员联户包干，推进"绿色公约"落地生根。二是用"绿色调解"解决村民矛盾，促进乡村法治。仙居首创"绿色调解"机制，通过"五步五法"工作机制，充分发挥村"法律明白人"、法律顾问、乡贤在调解过程中的作用，将化解矛盾运用的法治理念与生态保护、绿色发展相结合，融绿色

---

① 选自《创建"和合社区" 进一步提升市域社会治理能力》（台州市域治理征文）。

于无形，融和谐于无声。在调解纠纷的过程中，纠纷当事人参加投工投劳1200多个工，各个村绿地的树木也从一开始的寥寥无几增加到800多棵。三是用"绿色货币"引导游客自觉践行乡村德治。在乡风文明建设道路上，仙居县作为一个以绿色发展为理念的旅游城市，以"绿色货币"制度鼓励游客通过绿色文明旅游方式兑换绿色货币抵扣现金的模式，针对游客"食、住、行、娱、游"五个环节中的文明行为，制定《仙居县绿色生活清单》，游客可通过文明低碳行为换取绿色货币，绿色货币可在民宿、农家乐以等价人民币使用。在"绿币"理念推行以前，外地游客在仙居景区不文明现象屡见不鲜，推广"绿币"理念后，不抽烟、不酗酒、不剩菜、不乱扔、不骂人的"五个不"成为到仙居游玩的新时尚。

（三）以社会动员为撬动杠杆，完善多元社会力量参与矛盾调解的共治格局

1. "新乡贤"：本土民间权威的助力和"润滑"作用

20世纪80年代，就有全国优秀的村级基层人民调解组织。这一批人民调解队伍扎根基层，包括溪泉村、林溪村等，主要调解的是邻里矛盾。党的十八大以来，台州市利用传统资源，发扬调解优势，建立了"新乡贤"调解机制。例如，路桥区制定的《路桥区新乡贤调解工作规则（试行）》作为新乡贤调解范围、权利、职责、运行、保障等制度体系。该规则一是明确了新乡贤调解范围，主要包括婚姻家庭、继承、劳动争议、道路交通事故损害赔偿、人身损害赔偿、宅基地和相邻关系、房屋买卖、房屋使用权、房屋租赁合同等民事纠纷，以及可以通过协调化解的诉讼标的额较小或权利义务关系较为明确的纠纷、轻微刑事案件附带民事诉讼的民事赔偿纠纷、行政诉讼纠纷、执行和涉诉信访纠纷。二是明确了新乡贤调解权责，制定印发《路桥区新乡贤调解工作手册》，构建起新乡贤调解工作的系列工作机制、工作方法、工作案例，明确新乡贤调解员在引领乡风文明、宣讲法律政策、调处矛盾纠纷、反映社情民意、倡导移风易俗五个方面的职能职责；明确新乡贤调解服务团（小组）组织开展调解和服务调解的主体责任以及例会、学习、考评、业务登记、统计和档案等规定。三是明确了新乡贤调解流程，坚持"简单事直接调、复杂事按流程调，能调

尽调、以调促和"的原则，建立健全社会矛盾纠纷受理、主持调解、协议制作等调解运行机制和程序标准，形成当事人申请或有关部门、矛盾调解（综治）中心移送→新乡贤调解服团（小组）审核→受理→选定主持或参与调解的新乡贤→调查核实情况→拟订调解方案→调解疏导→达成并签订协议→引导司法确认→资料归档→回访的闭环式调解流程。四是明确了新乡贤调解保障，将新乡贤调解工作纳入区委对乡镇/街道、部门的年度党建工作考核，将工作经费纳入同级财政预算。司法行政部门将新乡贤调解员纳入人民调解员队伍，纳入人民调解员培训计划，纳入人民调解"以奖代补"范畴，参照人民调解员标准给予补贴发放、等级评定、表彰奖励。对于成绩显著、贡献突出的新乡贤调解服务团（小组）、新乡贤调解员和新乡贤调解室，由区委统战部、政法委、信访局、司法局给予年度联合表彰和奖励。自新乡贤调解入驻路桥矛盾纠纷调处化解中心以来，共化解矛盾纠纷 180 多起，一次性调解满意率达 90%，未发生因调解不及时、调解不合法而引发的"民转非""民转刑"案件。①

　　在人民调解领域，台州市各个县/市/区在积极探索矛盾纠纷多元化解工作机制，完善乡贤参与基层社会治理的制度化渠道，建立了乡贤理事会、乡贤联谊会等组织，充分发挥乡贤优势，引导其参与基层民主治理，助力乡村振兴。台州市路桥区针对改革进入攻坚期和深水期，基层社会矛盾纠纷多发、易发且主体多元化、诉求利益化、过程复杂化，与基层预防调处主体较单一、力量较薄弱、专业较欠缺、情理较浅化形成鲜明对比的实际，借助社会矛盾纠纷调处化解"最多跑一地"深入推进契机，出台《关于新乡贤助力社会矛盾纠纷调处化解"最多跑一地"工作的实施意见》。路桥区把新乡贤调解定位为人民调解的"精英"部分，遵循"法为上、礼为先、和为贵"理念，探索形成以新乡贤调解服务团（小组）、新乡贤调解室入驻区、镇、村三级社会矛盾纠纷调处化解中心为组织依托，统筹"定时轮驻、邀约随驻、线上云驻、专业援驻、走访续驻、基金义驻"六种新乡贤驻调的"1＋6"新乡贤多元化调处化解社会矛盾纠纷

---

① 《路桥区召开新乡贤助力社会矛盾纠纷调处化解工作推进会》，https://m.thepaper.cn/baijiahao_12303572，最后访问日期：2021 年 5 月 20 日。

模式。

在农村社区，乡贤一般指的是由村民自选出的威望高、办事公道、热心公益事业的村里的老干部、老党员以及各行业的成功人士等担当。台州部分有条件的村建立了乡贤参事会、乡贤调解工作室、"老娘舅服务站"等平台，关注"家长里短"问题，积极践行"枫桥经验"，把群众"小事"化解在村里（曹敏敏，2020）。例如，2020年8月，仙居县白塔镇依托社会矛盾纠纷调处化解中心设立了"乡贤助调室"，强化选贤、强贤、管贤、用贤"四贤"，推进乡贤助推"善治安村"。通过"群众推荐、个人申请、支部审查、报镇政府审批"的方式，白塔镇选调了10名优秀乡贤入驻白塔镇"乡贤助调室"，在实际操作过程中，优先考虑具有专业法律知识的权威人士，如乡贤助调员蒋武君是浙江省人民政府法律专家库成员、台州市律师协会常务理事、台州市"金牌律师"，首先把他编入乡贤助调员队伍，壮大乡贤调解的力量。同时筛选外出成功人士中有能力、有时间、有精力的履职者，如乡贤助调员朱志华就是白塔镇乡贤联谊会的副会长，有一定法律知识，能"管事"，会"管事"，有一定"管事"经验，俗称"场面上的人"，又如乡贤助调员吴才华是仙居县人民法院神仙居旅游法庭特聘调解员。乡贤助调委员会制作了"白塔镇矛盾纠纷三色预警地图"，在全镇范围内开展了家庭矛盾、婚姻纠纷、邻里纠纷等精准管控专项行动，将排查到的矛盾纠纷进行隐患评估、造册登记，由所在村的乡贤联谊分会协调村治保调解小组分析矛盾纠纷缘由、症结、有无可能激化和化解方式，根据评估情况，对矛盾纠纷按照"红、黄、绿"三色进行登记管理，做到分级分类预警管控，对排查出来的各类矛盾纠纷采取教育、协商、调解、疏导等人性化化解办法，从源头上化解矛盾纠纷症结，防范矛盾纠纷激化升级。

2. 村规民约和社区公约的自我规范与约束作用

在"五治"中，自治是最强调自下而上的治理方式，而村规民约在其中起到重要的作用。在传统社会，村规民约通常是不言自明的、老百姓普遍遵守的行为方式。而在现代社会，由于人口的流动，很多规则已被改变，不论是村落还是城市社区，居民在面对纠纷问题时都很难有统一的行为准则。这也是居民有时无法相互理解，在有纠纷时各执一词的原因。因此，重新推动村规民约的制订有着重要意义。

以仙居县白塔镇淡竹村为例，该村最早试行了"三绿"模式，而且收到了良好的效果。村规民约就在其中起到了重要的作用。因为淡竹处于国家公园的核心区，是升级的自然资源保护区，承担着重要的生态保护任务。最早的时候有老百姓上山打猎，去河里捕鱼，还会砍伐一些稀有树木。后来，旅游业的兴起带来了垃圾激增以及交通安全隐患，也引发了一些村民之间的纠纷。为了解决这些问题，并形成一个良性运行的长效机制，当地就整理出十条村规民约，并通过村民代表大会形式通过，这些也是绿色生态及绿色治理的重要组成部分。条款主要包括"生态环境要保护，严禁捕鱼，严禁去山上打猎，严禁去砍伐珍稀树种""垃圾处置要分类，废旧物品要利用，田间地头要清洁"，将生态理念与老百姓的生活习惯链接起来。

村规民约虽然不是刚性的要求，但因为其是村民自己制定出的行为准则，且与自己的生活紧密相连，所以有一定程度的约束性，村民慢慢会据此养成一种行为习惯。此外，村规民约也是化解矛盾的一个很好的参考依据。

3. 树立道德模范，探索激励机制

化解基层的矛盾，不仅需要规章制度和强硬的行政手段，还需要道德楷模的榜样作用和优秀道德观激励机制。以三门县为例，当地出台了红榜关爱制度，凡是家中有红榜人物，其子女便可以获得免费就学的待遇。例如有一位女性很年轻就去世了，后捐献了器官，于是孩子被安排在了城区的学校；还有一位见义勇为者成了植物人，各个部门通力合作，给予其治疗救助，一年后他苏醒了，当地还为其免费提供了闭路电视等，给予其个性化的关爱。

除此之外，2019年台州市妇联与中国建设银行台州分行及各县/市/区支行合作推出"好家庭信用贷"服务项目，面向全市范围内获得全国、省、市、县、镇、村六个级别的"五好家庭""文明家庭""最美家庭""绿色家庭"等荣誉的先进家庭成员，给予其免抵押信用贷款，最高额度30万元；在同等条件下，给予先进家庭市场最优惠利率。"好家庭信用贷"还可循环使用，随借随还。2020年6月台州市出台的《台州市企业信用促进条例》加快了社会诚信、个人诚信建设，围绕审批服务、行政监管、公共服务、公共资源交易、政务事务五大行政管理领域36个业务系统实施了

守信联合激励和失信联合惩戒各项措施。在市发改委、市中级人民法院的牵头下，在中国人民银行台州市中心支行的配合下，进一步开展"道德银行"和"诚信居民"项目具体试点工作，提高社会公众的诚信意识，增加守信、帮扶、榜样、自治红利。

其中，"守法贷"是 2020 年 7 月台州市仙居县司法局、县普法办与中国农业银行仙居县支行根据《中华人民共和国商业银行法》《贷款通则》及中国农业银行个人贷款相关规章制度和操作办法等规定进行战略合作而推出的金融服务项目，面向全县县级以上民主法治村的村民、"法律明白人"、学法用法模范户、农村法律顾问等发放个人贷款业务。2020 年度全县"守法贷"专项授信 15 亿元，对民主法治村的村民及全县"法律明白人"、学法用法模范户、农村法律顾问，实行分级优惠利率。民主法治村按国家级、省级、市级、县级执行，优惠利率为 3.2‰~5.5‰；"学法用法模范户"在优惠利率基础上再优惠 0.2‰；"法律明白人"和民主法治村法律顾问按上一档优惠利率执行。授信期限最长 3 年，一次授信循环使用，随借随还。申请人经村、乡两级审核后向中国农业银行仙居各支行提出申请，资信审核通过后与银行签订合同即可获得贷款。

这些举措虽然表面上没有直接服务于矛盾的调解，但仍然营造出了很好的道德氛围，减少了矛盾发生的可能性，让社会朝着良性的方向发展。

（四）社会组织的专业技能助力作用

基层社会调解中面临的情况复杂，离不开社会组织的参与。如何引导社会组织参与社会治理、协助社会治理，成为共建共治共享的关键因素。从广义上讲，这些社会组织包括企业、商会、协会、乡贤等。台州市尝试实行行政决策听证会、法律审判陪审团、乡贤助治、村企结对等措施，获得了一定的成功经验。另外，还有自发成立的民间组织，例如为了有效地防止溺水，仙居县居民自发成立了 6 支民间救援队，并将其纳入社会应急救援体系，对当地警力做了有效补充。还包括社工和志愿者，如玉环市芦浦镇经济发达，商业发展潜力大，当地成立了基于村社的联合工会；大麦屿街道不仅有当地的网格员，还有社会上的社工资源，这对基层而言是很好的补充。这些社会组织在充分发挥自我优势，广泛开展自我治理、自我创新，减少社会负担方面做出了积极的贡献。但社会群体参与的广度和深度，有待进一步提升。社会群体参与社会治理的广度和深度及其扮演的角色，直接关系到社会治理的成败。

三　矛盾化解的治理目标

老百姓日常生活中会面临各种各样的问题，由于利益的冲突或者观念的差异，如果问题得不到及时解决，可能会使矛盾升级，小则影响家庭关系、邻里关系，大则威胁到社会的和谐与稳定。因此，如何防控这些问题，将矛盾化解在最初阶段，是基层治理中要探索的重要议题。台州市在探索基层治理矛盾化解的过程中经历了几个重要阶段，不同阶段有不同的目标。

（一）方便有效率地解决老百姓面临的问题

矛盾调解中心建立的初衷是方便群众，让群众的生活更加便利。约束各个部门之间的相互推诿，精准定位问题发生的地方，并对问题解决过程进行监督。在真正运行的过程中，这些也确实起到了一定的效果，然而仅有便捷并不能完全解决实际问题，老百姓还追求内心的公平正义。

（二）满足老百姓对公平正义的追求

在实际操作过程中，基层工作人员发现虽然问题得到了处理，完成了指标或者任务，但并没有解决老百姓内心的不满或者不公平感。有时候，表面上问题的解决反而在老百姓心中埋下了更深的结。这可能会激发新的矛盾，或者引发更极端的行为。因此用基层工作人员的话说，要以"事心双解"为目标，"有道理的要解决到位，没道理的要解释到位"，促进基层矛盾化解标本兼治。

（三）寻求更普遍的公平正义

随着时代的快速发展和人们价值观的多元化，人们很难对公平正义形成一个统一的答案。因此一方面要贴近老百姓的生活，理解他们最真实的需求，另一方面要更多地为老百姓赋权，让他们获得更多处理问题和解决问题的资源与能力，促进老百姓自治与其他治理方式的融合，更全面、更广泛地满足老百姓的利益。

第二节　平安台州建设与基层新作为

一　市域社会治理现代化与更高水平的平安建设

（一）市域承接平安建设的新挑战：社会问题风险化

习近平总书记在党的十九届四中全会上强调：提出市域社会治理现代化的总体思路，推进城市安全发展。党的十九届五中全会审议通过的《中共中央关于制定国民经济和社会发展第十四个五年规划和二〇三五年远景目标的建议》指出，处理好发展和安全的关系，就统筹发展和安全、建设更高水平的平安中国提出明确要求、作出工作部署，对在复杂环境下更好推进我国经济社会发展具有重大指导意义。习近平总书记指出："安全是发展的前提，发展是安全的保障"，并明确提出"建设更高水平的平安中国"的要求。在当下，市域是重大矛盾风险的集聚地，更要成为重大矛盾风险的化解地。

当今世界已经进入风险社会。社会治安综合治理的至高境界，就是实现对各类风险预测预警预防。从当前全球社会发展演化的角度来看，现代化进程中"风险分配"的问题与冲突开始和"财富分配"的因素并行存在（Beck，1992）。即我们不仅生活在资源、财富短缺和社会公平分配的冲突之中，也生活在科技、城镇化发展，信息、物质、人口要素高度流动所生产的不确定性或风险所引发的问题与冲突之中。在现代化早期阶段，社会治理关注的"社会问题"，比如特定社会群体所面临的贫困、健康问题，因为其危害的承受主体相对明确，故可以被相对清晰地认知、控制和解决。相比较而言，社会风险意味着行动主体的范畴、因果溯源的依据、治理的边界呈现模糊性、复杂性、未知性、多变性和不确定性。

依据《浙江省重大决策社会风险评估实施办法》第五条规定，对社会稳定、公共安全等方面可能造成不利影响的重大决策事项均应纳入社会风险评估范围。这意味着，社会风险如政治风险、安全风险、治安风险、网络安全风险、生态安全风险等在本质上是概率性的存在，它与实质的或者潜在的危害、受害者之间的因果联系不能被确证。这也意味着，各个治理部门主体依据理性的原则，以科学和法律、规章制度为基础所建立起来的

"问题"感知、计算、控制的方法，以及科层制部门之间基于明确分工的协调合作的管理方法，已难以满足社会风险控制、新时代市域平安建设的需求。我国经济社会发展中出现的一些新情况、新问题往往最先在市域显现。当前，矛盾风险系统性、跨界性、传导性特点突出，市域越来越成为防范化解矛盾风险的关键层级。从社会风险视角来看，对不确定性问题的感知、界定、预警、防范和化解成为新时代平安建设、市域社会治理现代化的最大挑战。分析掌握市域矛盾风险的规律特点，有利于从总体上把握我国现阶段社会矛盾风险态势，提高防范化解风险的预见性、实效性。

（二）市域是风险防范、新时代更高水平平安建设的主阵地

目前，我国城镇发展正处于深度转型期，市域范围内人口、经济、制度结构变化剧烈，流动和变化是不确定性的主要来源，也是社会风险治理的关键。目前，一些最突出的矛盾和问题汇聚在市域，防范化解矛盾最坚实的力量支撑也在市域。市域是观察矛盾风险走向的晴雨表，也是守住安全、稳定底线的主阵地。我国学者庞金友（2020：79）指出，转型社会中的矛盾冲突层出不穷，相互交织……与此同时，市场经济的高速发展、信息通信的迅猛升级带来人员、资金、物资、技术的高速流动，矛盾冲突从酝酿到引发再到传导，时间更短、强度更大、涉及范围更广，后果和影响在无形中被无限放大，这使得传统以县域为中心的地方治理显得力不从心。市域社会风险的防控在治理体制、治理机制和治理手段上的创新为平安中国的建设提供了新的契机。市域的尺度比省域的尺度更贴近基层的情况，同时市域层面具有完备的社会治理体系，具有解决社会治理中重大矛盾问题的资源与能力。中央提出推进市域治理，完善社会治安防控体系，防控新型网络安全风险。在市域层面搭建好社会风险感知、防范、问题化解平台则可以更好地发展新时代"枫桥经验"，将安全风险隐患化解在萌芽状态，从源头上推进国家治理体系和治理能力现代化。

市域对上承担贯彻党中央决策部署的重要责任，对下指导基层一线工作，是推动基层治理的组织者、领导者。面对新时代平安建设的挑战，市域具有化解风险的优势。市域具有最优治理半径和最大政策边际效应，是社会矛盾风险化解的最直接、最有效的治理层级，故把风险化解在市域最

为高效。市域具有较完备的社会治理体系，具有解决重大风险的资源力量和统筹能力，可以在第一时间预警、研判、处置，故把风险化解在市域对社会的消极影响最小。市域是防止风险外溢扩散的重要关口，将重大矛盾风险化解在市域，可以防止单个风险演变为系统风险、局部风险演变为全局风险，助力巩固全国稳定"基本盘"。这迫切要求以市域为主阵地，充分发挥市域资源手段优势，从事前、事中、事后的整体视角进行防范，从源头、传导、转化的关键环节进行化解，防止矛盾风险向上传导、向外溢出。

二 风险防范视角下台州市域平安建设的新议题与策略

（一）台州市域平安建设的新议题

作为民营经济的主阵地，台州市"低、小、散"企业数量多，人员流动率高，外来流动人口比重高、车辆拥有率高，治安任务重。同时台州地理位置特殊，既靠山又靠海，作为浙江东部沿海的区域性中心城市和现代化港口城市，有多重的、传统的、新型的安全议题和探寻不同解决方案的需求。在经济和疫情等多重压力下，社会安全衍生风险不断显现。一些重大公共安全风险、治安风险事项（交通事故、医闹、溺水、网络诈骗、食品药品和环境污染、涉众经济纠纷、吸毒、海洋走私、海上安全、生态风险等）严重影响着社会稳定和群众的幸福感、安全感。公共安全风险如交通、溺水事故成因可能包括人、基础设施、车辆船只、天气因素等，而此类事故的受害者主要是老人和儿童，致贫、返贫的情况亦时有发生。

近年来，台州的安全治理已经有了非常显著的成绩，市域范围内传统的犯罪、治安、事故问题已大幅度下降。2019 年 1～11 月，全市刑事案件同比下降 28.23%，各类事故起数、死亡人数同比分别下降 41.8%、42.7%。渔业安全生产事故起数、死亡人数、经济损失数同比均下降 66.7%；道路交通事故死亡人数同比下降 22.04%。① 然而，仍有新的安全问题需要解决。

在此背景下，由台州市委政法委、市公安局牵头，各个部门联合开展了对社会治安防控体系工作布局及安全风险防控工作方法的全面、系统的

---

① 《全国公安工作会议一年来，台州为平安"提质"，为幸福"加码"》，https://m. thepaper. cn/baijiahao_7439040，最后访问日期：2021 年 5 月 20 日。

探索。针对市域内人民群众反映强烈的社会安全风险事项（交通事故、医患纠纷、溺水、服毒、网络安全等），台州市政法、公安部门牵头，依托市级相关主管部门，明确政府各部门平安建设职能，因地制宜组织开展了"平安交通""平安医院""平安校园""平安景区""平安市场"等一系列行业、系统平安建设活动。针对市域范围内典型的公共安全、治安、矛盾风险事项，由公安主抓，部门协同，基层乡镇/街道参与，在标准程序的基础上，针对评估风险事项的特殊性，对重点环节、重点群体、重点人员、重点部位的风险感知、排查、防范和控制进行了创新，积累了丰富的实践经验。针对不同的风险事项、风险类型，初步构建了纵贯部门、社区、乡镇/街道、市场、居民的多元主体协同参与的跨领域、跨区域的矛盾风险感知、认知、调度和治理网络。这种新的组织机制和实践方式既是台州市域社会风险防范协同治理的目标，也呈现为市域协同治理的核心策略。

（二）台州市域平安建设的新支撑与新作为

从市域的层面来看平安建设工作，既要维护国家的政治安全、大局稳定，又要深入人民群众，解决好广大人民群众最关切的公共安全、权益保障、公平正义等问题，切实增强城乡居民的获得感、幸福感、安全感。从风险防控的视角来看，依托市域社会治理现代化体系，建设更高水平的平安台州，不仅要在高层制度设计上把握，更要落实到基层。基于此，台州市将市域社会治理现代化工作（2020～2022）的主要目标定位为：切实增强市域社会治理统筹力，形成市级统筹协调、县级组织实施、乡镇/街道强基固本、村/居和网格协助落实的市域社会治理链条；切实增强市域社会治理聚合力，不断完善党委领导、政府负责、社会协同、公众参与的市域社会治理体制机制。乡镇/街道是市域社会治理的基本单元，只有把基层基础工作做实做强，提高风险感知、防范、化解、治本及转化积聚性、扩散性、流动性的社会安全风险的能力，便能打通市域社会治理的"神经末梢"，在市域社会治理的新格局下，夯实平安市域建设的基础。而强调风险系统化感知、防范，隐患排查和预防控制体系，上下联动的应急管理机制、资源调度机制，把服务下移到基层，把资源下沉到基层的治理体制和工作布局是台州市域社会治理现代化建设的一大亮点。

以警务模式的治理体制和工作布局改革为例，台州市公安会同应急管理局等部门，强调精密智巡、前端感知、全域智能防控体系的构建，侧重跨部门的协同、协作，动员群众参与，突破了市域与基层在传统条块分割体制下风险感知、防范和化解的局限。市域工作布局的改革首先在于建设完善的社会治安防控体系，该体系包含涵盖市域全域的线上支撑平台和线下支撑要素。线上的部分，台州市公安局自行研发了"情指行"一体化合成作战平台——"磐石"系统，该系统集情报研判、态势评估、指挥调度、请求服务、落地反馈等功能于一体，实现了全市"一点发起、全网响应、体系支撑、精准打防"。市公安局重点推进建设了一张汇集各个部门、多种类型数据的全要素本地时空图，以及三个支柱平台（智能调度平台、综合预警平台与决策支撑平台）。三平台融合本地历史警情、周边现发警情、重点人员分布、重点案件时空等数据，绘制案件热力图谱、发案趋势图谱、风险预测图谱，实时更新并动态展示，支撑领导决策，合理调整警务，精准实施勤务。线下的部分，首先包含全域智能感知场域建设。基于其发达的雪亮工程布局的基础上，台州着力开发了适用于市域的视频图像结构化应用，包括车辆识别、人像识别、视频特征分析等智能化应用。截至 2020 年底，围绕市、县两级党委政府 11 个核心区域，构建完善核心域三层感知防护圈。

在治理架构层面，台州市公安局积极探索建设市域与基层上下联动的网络化风险感知、防范平台与工作布局。2019 年 5 月，经台州市局党委专题讨论通过，投入建设合成作战中心。通过项目型组织管理和协调职能型组织，合成作战中心实现市域公安基础设施"共建共用"、资源手段"共享共赢"、研判预警"同频共振"，最大限度地体现合成作战的整体效能。在扁平的网状组织结构上，合成作战中心摒弃了以往单兵作战的理念，最大限度地召集情指、技侦、网侦、视侦、刑侦、治安、经侦、特警等诸警种共同参与、多警联动，形成市域"一点发起、多点响应"的新局面。

社会风险视角下平安建设治理架构的重要环节在基层。台州市将着力点放在构建区域联动、部门协作机制，以及基层网络化勤务的改革上。它首先指的是在协商、互信的基础上，依托平安建设协调机制，健全跨区域矛盾风险联动处置机制和工作预案；由全市、县主管部门牵头，健全相关部门紧密协作的跨领域矛盾风险综合治理机制；进而，台州市层面强调对乡镇/街道赋权，积极推进行政执法权限和资源、力量向基层延伸和下沉，逐步实现基层一支队伍管执法。具体来说，通过全面推进"基层警务室""权力下放""路长制"等新机制，台州市公安部门抓住了基层基础工作的落脚点和回归点。比如，台州市黄岩区自 2021 年起积极推动"社区警务"改革，以"联勤共治工作站"为抓手，创新打造"就近接警最小单元"，社区民警下沉工作站进行就地接处警。在警力紧张情况下，遇简单纠纷或普通求助等警情时，试行辅警协同工作站其他人员先期接处警机制，第一时间响应群众。目前，试点工作站就地处置化解警情已占分管辖区总警情的 12.5% 以上[①]。又如，2019 年 1 月台州市玉环市坎门派出所成为台州第一个高级侦查权限下放的基层派出所。最大限度下放高级侦查权限，满足了基层派出所"破小案"的需要，各专业警种在主动承担大案、要案的基础上，全力为基层提供技术专业支撑，做好配侦工作。在城乡接合地区，警力尤为稀缺，"交巡联勤、所队联治"工作模式应运而出。例如，玉环市大麦屿派出所与交警中队在违法处理、设卡夜查、纠纷化解、安全宣传等方面融合业务，发挥所队各自的专业能力。

总体来说，台州市公安治理由单一的垂直管理转向了上下贯通、左右协同的复杂性管理（何国俊，2020）。"线上"和"线下"，市域与基层联动的治安防控体系，共建共治共享的大平安统筹协调机制，使市域各个功能区块均能第一时间与合成作战中心发生连接、反映需求。各功能区块之间也可及时共享情报、互通有无，健全了市域与基层之间"监测、预警、处置、反馈"风险闭环管控机制。

三　高水平平安建设的实践探索与基层新作为

（一）公共安全风险防控，问题化解体系建设探索

1. 防溺水——全面布局、重点感知、协同教育、联合救援的工作布局

台州市仙居县地属浙南山区的一部分，县内山清水秀、风景如画，域

[①] 《台州市公安局黄岩分局以"联勤共治工作站"为抓手，打造基层社会治理永宁特色》，http://www.zj.xinhuanet.com/2021 - 07/13/c_1127651578.htm。

内有丰富多样的山塘水库，是夏季旅游纳凉的圣地，深受本地和外地游客的欢迎。举例来说，白塔镇前王水库是白塔镇主要饮用水源之一，水源清澈、水质优良；永安溪是仙居县的"母亲河"，横贯仙居全境，主流长141公里，流域面积2702平方公里，2017年被评为"中国最美家乡河"。每年5~10月，尤其是在6~8月的暑假时节，大量外来游客来到仙居游山玩水，其中五一和十一黄金周更是高峰时刻。但是，美丽的水库、溪流在向世人展示仙居风景、为游客带来享受的同时，也引发了极大的安全风险。

在原先非法采挖沙、偷游野泳、钓鱼人员较多的情况下，仙居县域内许多开放水面成为安全风险发生的重点场域。开放水域上的安全风险具有季节性、气候敏感性、时间敏感性等特征。溺水事故，尤其是涉及青少年的、群体性的溺水事故对群众的生命安全影响巨大，社会影响特别恶劣。此前每逢夏秋时节，都有美丽的生命在这里凋零。2010年，曾同一天内发生7名学生溺亡的重大安全事故。2015年的9月，6名学生前后两天内连续溺水身亡。[1] 如何防患于未然，减少溺水悲剧的发生，成为摆在仙居县基层干部面前的一道难题。

基于水域对仙居社会经济发展、人民生活质量、幸福感提升双刃剑的特点，仙居县领导班子认为，水域治理"宜疏不宜堵"，应在风险感知、评判，预防先于救援的思路下进行创新、狠下功夫。自2017年起，仙居县积极探索防溺水安全风险的工作布局、工作方法，2018年成为台州市试点项目，后在全市推广。仙居县人民政府办公室先后颁布了《仙居县预防溺水工作实施方案的通知》，确定了工作重点、工作方法。该专项工作由县委政法委牵头、组织协调18个相关职能部门和乡镇/街道，其工作成效被纳入社会治安综合治理、平安建设考核范畴。自此，防溺水工作在部门的引领下，强化了"风险感知"和"风险防范"的专业化；同时，在排查、救援、善后工作布局上压实了基层（块）部门责任和管理工作，积极鼓励多元主体参与救援。

2018年仙居县颁布的《关于加强重点水域溺水防控工作的通知》要求，水利专业职能部门会同基层治理主体，根据其发生溺水事故风险的概

---

[1] 仙居县公安局访谈资料（2021年3月18日）。

率，明确仙居县县域重点水域范围，并对其进行分级防控，细分为危险水域、高危水域、特殊水域。首先，在重点水域的风险要素排查工作布局上，按照属地和分级管理原则，辖区乡镇/街道、水务集团等单位的主体责任被明晰和压实。县水利局牵头负责全县范围内河流溪塘、山塘水库等重点水域的隐患排查，拟定重点水域溺水预防等级。各个基层政府主体（乡镇/街道）负责组织深层次的隐患排查，动态评估风险等级、明确重点水域的具体范围、落实管控责任、配置管控设施、组织常态巡访等工作，定期向水利部门反馈水域排查责任落实情况，提出重点水域风险隐患整改思路。其次，仙居县防溺水工作等级管控体现为，县水利局对全县的重点水域负总责，各个乡镇/街道对辖区内重点水域负属地管理责任。各个危险水域的实际经营、管理单位按照"谁经营、管理谁负责，谁批准经营、管理谁负责"的原则，承担管理主体责任。没有实际经营、管理单位的重点水域，由属地乡镇/街道承担管理主体责任。

在"事前"风险感知、防范教育，巡防、"事中"实时救援方面，几年来，仙居县持续、纵深地推进部门联动，不断巩固民间组织、社会力量与全民参与，织密织牢防溺水安全"防护网"。依托《全县预防溺水宣传工作方案》，县教育局、经信局、广播传媒集团、中小学、企业公司等分别承担了以"珍爱生命，预防溺水"为主题的系列宣传教育活动。其中具体方案如发放公开信、播放宣传片、进村入户宣传、开展重点宣讲、安全教育课，组织主题征文、画报比赛等。除了宣传普及防溺水知识，广泛提高群众，尤其是重点群体（学生、外来务工人员等）的安全意识，县委县政府还牵头推动了与当地通信公司（中国移动、联通、电信仙居分公司）的合作，在风险高发重点时期（每年的暑假、节假日），对风险防范重点对象（进入仙居通信服务的手机通信客户，尤其是外来游客、学生家长）发放公益短信，做到精准提醒，精准防范风险。

在巡查巡防方面，专业的职能部门如县水利局、教育局会同各乡镇/街道、各村/居干部、各支义务救援队联合开展水域巡查工作，同时，将河道防溺水巡查列为派出所日常巡逻重要内容，将危险水域列为必巡点和签到点，结合河道警长职责，常态化开展水域巡逻检查。仙居县通过建立巡查机制、成立专职巡防队、组建义务巡河队，全面加强重点水域、重点时段的人力巡防，对露营、烧烤、游泳集中区域，落实专门人员进行驻守防范，采取无人机常态巡逻、重点时段限制人流等措施，进行"死看硬守"。截至目前，全县共有 1300 多人参与防溺水日常巡查，其中河道警长 120 人、网格员 626 名、村干部和群众 600 多人。[①]

在保证实时、及时救援的环节，仙居县还将全县 6 支民间救援队纳入社会应急救援体系，建立由 110 应急联动指挥中心"统一接警、统一指挥、统一调度"，公安、医院、救援队共同处警的快速救援机制。同时，利用各支救援队每日游泳集训机会，采取"一线分散蹲点"的方式，在全县各个人员集聚水域开展义务巡逻和现场防溺水知识宣传，遇到警情，第一时间救援。目前，全县 6 支民间救援队有队员 320 余人，其中一线骨干搜救队员 145 人。在此风险防范的治理思路下，在县域职能部门、基层治理主体、社会力量与人民群众的共同努力下，仙居县实现溺水死亡人数持续下降、安全形势持续向好的目标。[②]

2. 管渔民、保渔船——党建引领、海陆联动下的风险感知－防范－治理联合体

台州市三门县海岸线总长 370 千米，海域面积 481.7 平方千米，黄金海岸线在健跳镇的行政管辖范围。全县海岛 67 座，渔船 541 艘、货车船 75 艘。在 2018 年之前，海上走私、斗殴，禁渔期非法捕捞、近海违规养殖等案件在三门县所辖海域时有发生。县辖海洋安全治理的传统组织架构为：以县公安局为中心，结合港航、渔政、海事、海警、边防等部门单兵作战。这些单一部门常常结构简单，人员、风险感知技术设备、船只资源有限，而海上安全风险具有季节性、气候敏感性、综合性等特征，水上安全、交通事故可能连带引发跨海事处辖区的海洋污染事故和国际海事争端。三门县公安机关深刻认识到，在原有的"海陆分离""各自为政"的组织模式下，单一的涉海部门自持的感知、通信技术、数据、信息等资源壁垒无法支撑"事前"全面的海上安全风险预案、预警。而在危险发生的

---

① 《现代警务巡礼④丨仙居：全域巡查、全力救援、全民行动坚决把溺水事故概率降到零！》，https://m. thepaper. cn/baijiahao_7853406，最后访问日期：2021 年 5 月 20 日。

② 《现代警务巡礼④丨仙居：全域巡查、全力救援、全民行动坚决把溺水事故概率降到零！》，https://m. thepaper. cn/baijiahao_7853406，最后访问日期：2021 年 5 月 20 日。

"事中"阶段，陆上公安机关与海警、海事、港航、海关、渔政等机关的人力、船只资源调度与协同方式亦无法实现及时、迅速地现场执法、风险控制及矛盾的闭环化解。

涉海业务量大于陆地业务量，是三门县健跳镇派出所及基层治理业务的典型特征。在此背景下，台州市三门县直机关工委、三门县公安局联合应急管理局、边检、海事、渔港管理站及乡镇部门等18家单位，在健跳派出所成立"蓝海红心"党建联盟，深入开展岛屿巡查、结对帮扶、渔港禁毒、渔民维权等治理工作跨部门协作。从事前风险感知、预警来说，该县建立完善的涉海部门联勤联动协作机制，聚合海上社会治理智慧，优化创新"海上网格化"海防治安管控模式。探索建立海防综合监管平台，整合共享各部门无人机、红外监视系统等监控资源，根据渔船作业区域、船只数量等元素，将海区划分为三大片区43个网格，全面核查海区船舶信息，并绘制海上作业风险防范地图。

健跳镇现有渔船276艘，本地及外来务工渔民大多从事远距离的远洋捕捞，出海作业周期长，其远洋作业期间航海保障、船舶和水上设施检验、安全风险防控难度较大。健跳镇派出所会同健跳镇、健跳渔港管理站等联合渔民党员16人，成立"船老大临时党支部"，进行了党建引领下的组织协作创新。海上临时党支部在出海前，相关职能部门充分摸清每艘渔船作业区域、作业方式和作业时间，实行动态编组生产制，由定额党员分组包干，每组联系固定渔船，落实专人轮班利用卫星电话、北斗定位系统和对讲机密切感知并关注所有渔船动态，保证了一旦发现异常，立即实施"事中"动态干预，确保所有渔船远离大轮航线。这样，在海上公共安全风险的界定上，职能部门、科学知识的垄断地位被打破了。其他对风险感知敏感的主体和受影响群体（比如渔嫂）的利益和观点，共同推动治理者去感知、识别、预警可能的风险。比如远洋渔船上人员流动性比较高、管控比较复杂、渔船上纠纷风险不确定性大，动员渔嫂参与风险感知，对规避风险起到积极的作用。

由健跳镇派出所牵头，推动了海陆跨部门资源整合、综合调度，化解各部门间的目标冲突、职能无缝对接、资源调配，避免推诿。公安部门牵头的优势在于，其权利和资源相对于其他部门来说有独有的优势，在特定的任务环境下，其他部门对公安部门的依赖较高，继而造就相互协调的行为方式。公安部门在海陆辖区中设置的感知点位多，具有相对充足的无人机等设备人员力量大，可以保证24小时内随时能拉出两组最小作战单元出警，打击能力相对强。而其他各个部门的资源优势各不相同，比如渔政部门拥有较大的船只，而海事拥有高精度的雷达设备，以及方便调配规模小、速度快的快艇。在既有资源有限的情况下，依托"蓝海红心"的联盟平台，成员单位可以通过微信及时联系，实现资源互惠。

从三门县沿海治安风险管理和沿海社区动员工作中，我们也能汲取许多经验，移植并用于市辖海岸线沿岸及任何一处海域中对人类活动的管理。这些经验包括：通过各种正式组织（如党支部），将条块上不同的部门及民众纳入其各类组织网络之中，制定机制以实现各部门、机构和各级政府的有效协调和协作；建立信任，促进利益相关方的参与，确保充分考虑各方意见，尤其是通常不参与管理过程的利益相关方；将包括渔民、渔嫂的传统知识在内的现有最佳知识融入管理，尤其是在海洋社会风险治理这样制度尚不完善的领域。

（二）社会治安风险防控和问题化解体系

1. 防医闹——"警医联勤"下的跨部门、多元主体联巡、联勤工作法

近年来，医院成为台州社会治安风险的高发地带和公安部门对社会风险防控的重点感知场域，案件一般从医患纠纷开始，引发连锁反应，造成不良社会影响。在警医分治的模式下防范安全风险的薄弱环节包括：医院作为特殊的"公共场所"，具有人员大量流动的特征；医院的安保经费、安保人员的能力有限；医院布设智慧安防设施需要大量资源投入，不符合医院产出的模型，故相对薄弱；医院自聘保安员对出入人员执行安检，搜查时缺乏法律依据。同时，由于缺乏组织上的协调，医院方缺乏主动联络公安的意识，风险预警滞后，联动效果不好，风险化解依靠公安部门的追查。2013年台州发生一起恶行杀医案件之后，全市一直做标准化、信息化的建设，保证医护人员的安全。2019年12月以来，台州于全市15家二级以上综合性医院创新医院安保警医联勤机制，推动形成党政领导、公安牵头、卫健协同、部门配合的医院安保工作新格局，探索"警医联勤"、民警和医院治理深度的融合。

"警医联勤"的实践首先强调事前的场域化感知。医院重点区域布设智能感知设备，对重点人员（潜在威胁）进行人像识别。当这类人员进入医院之后，短信将被发送到保安员及分管医院安保的副院长那里，他们在第一时间对可能风险进行研判，并安排一名保安跟随。同时，由市卫健委牵头，公安、市场监管等部门参与查处"号贩子""医托儿"和散发虚假医药印刷品广告等行为人，组织交警维护交通秩序，联合城管整治流动摊贩等治安问题，对医患纠纷和医院治安风险的源头事件进行系统的感知、界定和及时处置。在风险防范、转化的工作布局、资源整合层面，全市 15 家二级以上综合性医院对原先分散的警务室、保卫科、医患纠纷受理中心、调解室等办公场所进行就近整合，成立新的警医联勤办公区域，统一规范警务室外观标志标识并配备装备，逐步向其他治安复杂的医院延伸。目前，全市设立医院警长 36 名、专职民警 4 名、兼职民警 45 名、辅警 54 名，大大充实了警医联勤安保力量。① 联勤办公区域设置三级警长系统，由市、区派出所派驻警长，对医院的安保力量进行指导，保证周一到周五 24 小时警力可以第一时间到现场进行预判、处置治安事件。全市将二级以上医院纳入县级公安机关快速反应圈，辖区派出所不定期对医院周边治安秩序进行整治，一旦发生涉医紧急事件，医院警务室民警、协警带领医院保安处应急处理小组，3 分钟内到场，设立警戒线，控制事态；辖区派出所和巡特警大队警力在 8 分钟内赶赴现场增援。

在宣传教育、动员群众力量的层面，公安部门对《公安机关维护医疗机构治安秩序六条措施》（公治〔2014〕128 号）等文件精神进行总结、归纳，简化为老百姓可以认知的《严厉打击涉医违法犯罪"五个一律"规定》，进而实现对医院的治安氛围的改善和营造，从源头上提升社会大众对医院场域内治安风险防范和化解的社会期望和价值。对医患矛盾纠纷"事后"的转化与闭环处理，辖区派出所的上报到县区，县区指派到常驻地的派出所，跨县/市/区的案件，上报到市里，市里再派到其他的辖区，依托一图一网一机制，对衍生的矛盾纠纷进行跨区域调处。2020 年，全市

---

① 仙居县公安局访谈数据（2021 年 3 月 18 日）。

有效化解各类医患纠纷 1576 起，未发生重大医闹、伤医事件。[①]

2. 禁毒与服务——风险评估、精密智控、人防－事防有机结合工作法

台州的吸毒人员数量在浙江省排名第四，在册台州户籍的吸毒人员约 1.7 万，体量较大。吸毒人员作为社会治理中的特殊人员、特殊人员中的重点人员，具有独特的心理－行为特点。毒品犯罪的特点是重复率高，同时，由于毒品犯罪的隐蔽性，传统的全民举报的发生在娱乐场所的吸毒案件断崖式减少，毒品犯罪难以通过公开的线索防范控制，主要依靠专业特警。目前，存在的难题仍在于对重点人群的识别和统筹管理。作为重点社会治安风险事项，国家层面对禁毒的工作要求是"重点整治"，而基层则往往采取"任"着管的工作方式，对吸毒人员从严管理。在风险防范、社会治理现代化的思路下，台州公安部门认为，这种用大概率的思维来应对小概率风险的粗放式、强制式管理方式容易导致吸毒人员"不服管"，对治安风险防控起到相反效果。在精密智控的原则下，台州市公安局对吸毒人员的服务管理工作方法进行了改革，提出了"人管轻，事管实，风险清零"的新思路，以让吸毒人员服从管理、脱离毒品，减少社会风险为目标设计前端管控、服务场景。在责任面上，与基层乡镇公安和社会力量，在责任链上形成闭环。

"人管轻"强调前端感知，将风险防范、管理维度前移。公安部门创新吸毒人员智码管控机制，在前端进行全面的统筹，丰富了感知域、管理域和控制域：以传统的以身份证为代表的个体感知为基础，补充人像、虚拟身份的感知。通过融通公安网、互联网、政务网，完善进度社会服务平台和禁毒"苍穹"系统，完善吸毒人员智码管控机制，将感知对象从本地人扩展到全国 480 万吸毒人员群体。多元治理参与者也可以通过手机移动端 POI 数据管控，完善管控链上的防控，解决异地检测的认定。通过吸毒人员精益精密智控的一张网，在风险感知上实现全场景、全要素风险预警预测预处理。公安部门把相关高危人员出现的状态数据化，通过数据感知风险，在重要节点（娱乐场所）上做预警处置，做到全员、全域感知，形成吸毒人员"一张网"管控新格局，再进行分类处置。不断在个人、机

---

① 仙居县公安局访谈数据（2021 年 3 月 18 日）。

制、后台层面进行模型的优化，将管理数据化，实现禁毒数据的生态链。风险评估上，参照健康码的管理，对吸毒人员进行综合评估，实行"红黄蓝绿码"管理，并在全省推广应用。红码强调是严管严控，绿码强调标签化管理，给吸毒人员一个出口，总体实现吸毒人员"一码全省互认互管、一动全网即感即控"。在评估、监测、预警和预测环节，通过派出所、社工服务站形成治理体系。"事管实、风险清零"指的是风险事件事中实现实人、实事、实地处理。通过技术手段确保"人是本人""事是实事"，风险防范、排查、处置、转化全流程、全周期闭环管理。在吸毒"事后"，公安会同基层部门、社会力量，将吸毒人员视为违法者，更视为受害者和病人。长远的目标是通过购买社会服务，依靠乡镇的社工，建立专业心理干预团队，在 2021 年实现事后"帮得了"。

四　平安台州建设的新经验

（一）社会安全风险治理前置——多元、联动的感知、研判、防范模式

经由线上、线下安全感知、排查技术、防控平台和人员力量的建设，台州市系统的丰富了辐射市域范围内的多元安全风险感知系统。这些感知系统布局、针对对象各有不同，在社会安全风险治理格局体系建设上互为补充。体系完善架构后的风险感知类型包括：点位感知（如摄像头感知事故），领地化感知（如基层派出所、综合治理中心、矛盾调解中心感知纠纷；综合作战指挥中心感知触网的异常人员、异常要素），轨迹感知（如网格员巡逻、雷达感知船只轨迹、手机 locational based 数据轨迹），关联网络感知（如吸毒人员、信访人员及其伙伴），场域化重点、综合感知（重点风险事件如医闹、机场恐怖袭击，市域重点单位如医院，重点水域）等。

（一）联勤 - 共治模式下的治理资源调度和整合

经过系统的调研，我们发现，在市域治理现代化的框架下，台州市初步完成了以下调度整合公安、基层感知巡逻力量的机制安排，在既有的体制结构中，实现了不改体制改机制，将社会安全风险防范工作的及时、高效、满意地完成推上了新高度。其主要工作布局经验包括：①在治理者主

体实践层面的资源整合（如构建不同类型的联勤机制，如"警巡联勤"、"医警联勤"，将刑侦执法权更多地下放到基层，给交警、特警、巡警等多重身份，与基层治理力量在特定安全治理场域内保持高度链接和及时行动；不同类型的基层安全力量下沉，如全科网格员、调解员，对接多方主体、多个部门，实时上报平台等）；②在物理空间层面，打破治理空间边界，对治理单元边界，核心－边缘结构进行整合（如各个区县设置矛盾调解中心、社区综合服务中心、综合作战指挥中心，集合多个相关部门、社会组织、数据端口，调解、服务、研判、指挥诉求，实现"最多跑一地"）；③体制内外部门单元，通过党建引领、对不同基层治理主体、力量进行组织结构层面扁平化的整合（如"蓝海红心"海洋治理，通过党建协同，联合 18 家联盟单位，实现单位之间调度人力和重要海防船只信息、设备；乡贤调解员）。

（二）安全风险防范、化解、转化视角下的治理空间布局调整

在市域治理现代化的框架下，由台州市政法、公安部门牵头，协同相关部门及基层治理主体、社会力量，通过对治理空间布局调整，实现了社会安全风险的全域感知与高效化解、空间布局的调整，可以概括为：①属地风险感知与治理（村民、市民纠纷案件；小事不出村、大事不出镇）；②属人风险感知与治理（异常人员、标签化管理）；③关联社交网络式的风险感知与治理（渔民－渔嫂妇联；吸毒人员、信访人员群体关联治理）；④场域化的风险感知与治理（互联网场域、交通场域、开放水域）。

在社会安全风险防范的视角下，国内外局势、社会期望和价值对社会风险的界定有重大的影响，台州市公安、治安、应急、综治等部门的工作仍存在用大概率的思维模式应对小概率事件来界定、化解社会风险的问题。在此思路下，界定、防范、减少或者重新分配不确定性都需要消耗时间、人力、经济成本，而在此过程中，各个相关部门、社会机构、个人的权利和责任仍需要进一步明确，精准技术手段智控仍需进一步推进。线上的部分，公安部门上下层级、与其他部门之间平台之间的数据联通尚不完善，造成数据使用的效能打折扣，而数据共享本身也可能成为风险源头之一。继而，面对新型社会风险，如网络诈骗、电信诈骗，部门与基层投入

的警力很大，但打不胜打、防不胜防问题仍然存在，防范、打击、管控和转化难度仍然很大。

根据《中共中央　国务院关于加强基层治理体系和治理能力现代化建设的意见》的要求，增强乡镇/街道安全风险防范、应急管理能力，首先是强化乡镇/街道属地责任和相应职权，构建多方参与的社会动员响应体系。台州市域社会治理现代化建设中很好地强化了这一点。但为了健全基层应急管理组织体系，细化乡镇/街道应急预案，做好风险研判、预警、应对等工作，仍要加强人力、资源下沉和基层物资储备保障。目前，乡镇/街道层面、群团组织等社会力量在权限、财、物所获得的支持仍然有限，在满足应急状态下的治理需求的同时，仍然无法满足高水平平安建设的要求。

第十一章

流动性治理实践

改革开放以来，中国社会日益凸显出高流动性的特征，城市地区的流动性更为活跃。因此，城市社会治理必须直面流动性的挑战（吴越菲，2017）。而以官僚制为基础的传统治理体系，适应于静态社会的治理，对于流动社会的治理则存在较大的局限性（王阳、曹锦清，2017）。故有效治理流动性是当前社会治理指创新的关键（洪大用，2017）。社会学意义上的流动性有两层含义：一是指作为社会位移现象的流动性，涉及人在地理空间和社会空间中结构性位置的变化，主要包括居住流动性和阶层流动性；二是指社会结构生成的问题。从地理空间位移的角度来看，人的流动性包括流入和流出两个维度。人口的流入和流出均对城市的社会治理提出了挑战，因此相应的流动性治理也包括流入和流出两个维度。

流动性治理旨在处理流动社会来临背景下社会治理的两个关键问题：一是如何建立一套与人口地理流动和社会流动相匹配的地域治理模式，二是如何借由流动性本身来助力地域治理。建立其适应流动性的地域治理方案的基本行动策略包括（吴越菲，2019）：一是技术主义的行动路线，既包括信息、通信和交通等硬件基础设施建设，也包括治理技术等软件设施建设，特别是技术主义行动策略注重在新信息技术条件下，通过对网络数据资源的收集、调取运用和分配来拓展和改善特定地域回应社会流动性方面的治理能力的局限；二是合作主义的行动策略，仅仅依靠技术手段是不充分的，流动性治理的效率和有效性主要依赖于组织的结构和设计，强调优先推进组织模式的变革，通过广泛开放的社会合作来重组地域治理结构，弥补关联之组织在地域治理方面的机械性和封闭性；三是创能主义的行动策略，它是指从谋求系统控制转向激发社会和个人潜能的适应性行为，强调治理中的包容性和可持续性，改变强制管控的治理逻辑，强调以人为本的价值。

台州在回应社会的流动性方面已经有了诸多实践经验，这些实践经验在多大程度上有效回应了流动性的需求以及存在哪些局限性是本章探讨的主要问题。

第一节　外来人口社会治理的创新实践

社会流动是现代社会的重要特征，大规模的人口流动在带来市场红利的同时，也带来了社会治理难题的增加（王阳、曹锦清，2017）。据台州市公安部门统计，2020 年台州市登记流动人口为 235.89 万人，在浙江省排第六位，占全省流动人口的 8%。流动人口数量呈现逐年增加态势。同年，台州市户籍人口为 606.9 万人，户籍人口与流动人口之比为 257.31∶100。台州市流动人口分布具有区域性特征，主要分布在临海以南的四区三市，包括椒江区、黄岩区、路桥区和新区以及临海市、温岭市和玉环市。而三门、仙居、天台 3 个县的流动人口合计只有十六余万人。台州市的流动人口主要来自安徽、河南、江西、湖北等省。流动人口整体素质不高，相对来说受教育程度较低。流动人口中，小学及以下学历的占29.10%，初中学历的占 51.16%，高中学历的占 10.92%，大专及以上学历的占 4.12%。年龄结构呈现两头占比增加、中间占比减少的趋势，表现为 60 岁以上老年人口增加、儿童数量增加。① 这一方面可能是由于随着在台州打工时间的延长，一部分青壮年逐渐进入老年阶段，另一方面可能是由于流动人口家庭化迁移的趋势日益明显，随迁儿童数量增加，随之迁移照看孩子的老人数量也逐渐增加。

---

① 2021 年 3 月 16 日与台州市公安局座谈，由公安局同志提供相关数据。

一　人口流动带来的社会风险及治理

流动人口带来的社会风险是指，由于人口流动造成个体、家庭或群体损失的不确定性，或对城市的社会稳定秩序构成威胁或造成破坏的可能性（木永跃，2018）。流动人口带来的社会风险的来源一方面是流动行为本身可能带来的风险，另一方面是流动人口引发群体利益冲突和矛盾纠纷的可能性增加。流动人口带来的社会风险的形态，可以分为主体性风险和技术性风险。主体性风险可以从规制主体和行为主体两个方面进行分类。风险规制主体主要面临信息的采集、管理和服务体制的不完善。从风险行为主体来看，流动人口素质低及其对新环境的不熟悉，导致他们在对风险的感知和识别方面处于劣势地位，易产生社会风险，如工伤事故和意外伤害等。此外，农民工从传统社会"脱域"之后，传统社会规范面临失效问题，加上社会流动不足，加剧边缘化并难以融入当地社会，易产生社会失范的风险（木永跃，2018），这突出表现在家庭感情问题方面。技术性风险主要表现为流动人口信息管理相对落后，信息采集、分析的技术化水平低，不仅难以有效获取流动人口的基本情况，而且难以知晓其心理和社会态度的变化。接下来，我们重点围绕台州市流动人口的社会治理，对作为风险规制主体的政府在应对最为常见的风险类型（劳动纠纷和婚姻家庭纠纷）方面所采取的技术和组织制度方面的治理策略进行分析。因为我们从座谈和实地走访中了解到，劳动纠纷和婚姻家庭纠纷是流动人口面临的最为常见的社会风险类型。例如，我们在走访椒江区矛盾纠纷调解中心时了解到，过去一年前来进行法律咨询的人群中，农民工占比较高。从咨询的事项类型来看，排第一位的是劳动纠纷，排第二位的是婚姻家庭纠纷，排第三位的是损害赔偿问题。

（一）降低流动人口管理的技术性风险：流动人口信息管理系统＋网格化管理

对流动人口实现有效社会治理，首先要做到及时、准确、全面地掌握流动人口的信息，做到流动人口底数清、情况明。为此，台州市一方面借助现代信息技术，建立流动人口数据库；另一方面，采取"网格管理"的管理模式，对流动人口的信息进行及时登记和核销。

1. 流动人口信息管理系统：流动人口信息采集

台州市流动人口信息采集主要依托两大信息管理系统：一个是浙江省流动人口居住信息管理系统，它使用的 APP 为"流管通"；另一个是台州房管通信息管理平台，它使用的 APP 为"房管通"。前者是浙江省流动人口信息采集管理的主要系统，后者是台州市自主开发的出租房屋管理服务信息平台。除了使用的地域范围和网络路径不同外，"房管通"在功能上有所拓展，除了采集流动人口信息外，还增加了房屋安全检查和企业管理申报等功能。两大信息管理系统实现了数据互通。目前，"房管通"主要由网格员和流动人口专管员使用，用于采集流动人口信息和排查上报安全隐患。

流动人口信息的采集管理、分析与应用，要以流动人口管理服务的组织系统为依托。台州市从上到下建立了一套流动人口信息采集的组织管理体系，如图 11-1 所示。在市级层面，台州市公安局于 2015 年成立流动人口服务管理局，负责全市流动人口管理服务工作业务指导，具体承担流动人口登记管理工作，以及市流动人口管理服务工作领导小组办公室工作职能。在县/区级层面，县公安局治安（人口）大队承担流动人口登记管理工作，县流动人口服务中心（新居民事务中心）主要承担流动人口服务职能，配合做好流动人口登记管理工作。在乡镇/街道层面，派出所和流管所承担流动人口登记管理工作。在村/居等基层层面，派出所辅警、流动人口专管员、网格员负责具体的信息采集工作。传统的流动人口信息采集工作主要依靠流动人口专管员和辅警进行，存在力量不足、精力不够的问题，流动人口信息的登记率和准确率也难以保证。随着社区网格化管理模式的成熟和网格员队伍的充实，网格员在流动人口信息采集工作中发挥着越来越重要的作用，形成了"辅警＋网格员"和"流动人口专管员＋网格员"的流动人口信息采集模式。

2. 实现对流动人口的网格化管理

目前，流动人口基本信息的登记主要以常态化上门排查方式进行，对出租房屋、企业、工地等流动人口落脚点、集聚点区域开展拉网式、地毯式的滚动排查。网格治理模式的推广，为及时、精准掌握流动人口的基本

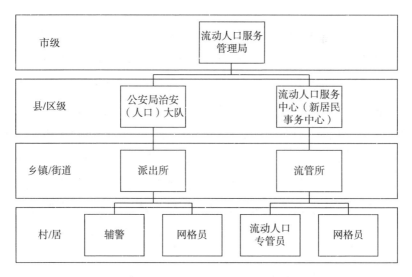

图 11 - 1　流动人口信息采集组织管理体系

信息提供了人力和组织保障。台州市根据流动人口的日常活动轨迹，建立健全社区网格和企业网格，并将流动人口治理纳入这两类网格，实现了流动人口信息采集的全覆盖。

　　玉环市根据流动人口的分布情况、职业特点和居住地点等情况，以同一流出地人员最为集中的村/居为中心，以地籍为纽带，科学划分"区域网格"和"领域网格"，实现了同一流出地流动人口的全覆盖。目前，玉环市已建立了9个"区域网格"和45个"工作领域网格"，在全市形成了横向到边、纵向到底，全面覆盖、无死角的流动人口网格化管理体系。①

　　路桥区工会探索出"三同"模式，推进工会组织融入社会治理，构建企业、政府、工会、社区协同治理的新格局。①构建工会网格融入全科网格体系，实现网格同建。建立企业网格员，协同开展基层社会治理。一是实施一企一网格员，搭建工会网格，形成以区总工会为统筹、乡镇/街道总工会为主体、企业工会网格为单元的组织体系，将工会网

---

① 玉环市政法委：《玉环市坚持党建引领打造流动人口领域基层治理体系》，2021，内部资料。

格与区级社会治理体系相联结，实现工作互动。二是推动专/兼职网格员对接。工会网格员具有知企、懂企、熟企的优势，定期或及时与专职网格员开展对接，既可以解决全科网格员入企难、知企难等问题，又可以帮助工会网格员对接全科网格员，通过乡镇/街道及时解决职工的问题。②构建维护职工权益体系，实现矛盾同解。通过加强企业自我管理，完善政府、工会、企业、社区共同参与的矛盾纠纷化解、集体协商等机制，共同维护职工合法权益，构建和谐劳动关系。③建立职工服务保障机制，实现服务同推，包括开展法律服务"点单式"双向互选、建立工会事项"一件事"办理体系、共筑普惠服务"智慧化"运行体系，加强职工实名录入信息库建设，打造集多种功能于一体的信息化工作服务平台。①

台州市通过流动人口信息系统建设和网格化管理模式，使治理的神经末梢延伸到每个出租屋及每个企业，有利于及时掌握每个村（社区）、片区，每个出租户及企业每个员工的情况，可以有效破解政府信息渠道不畅、信息不对称的难题；有利于及时掌握外来人口的思想动态和利益诉求，并及时进行疏导和解决，从而有效地实现从"事后处理"向"事前治理"转变。

（二）有效化解职业流动带来的风险

台州市民营经济发达，中小微企业众多，"低、小、散"的发展模式导致企业关停频繁、职工流动性大，进而导致劳动关系存续时间短和稳定性差的问题，也造成了大量劳动纠纷案件的产生。为了构建和谐的劳动关系，台州市创新了劳动纠纷调解方式和劳动关系治理模式。比如，黄岩区总工会首创的劳动争议巡回调解模式、台州市人力资源和社会保障局开展的"安薪工程"、台州市住房和城乡建设局开展的"智慧工地"项目、温岭市总工会推行的行业工资集体协商制度等，为预防和化解劳动纠纷提供了组织和技术支持。

---

① 路桥区总工会：《路桥区工会探索"三同"模式推进工会组织融入社会治理》，2021，内部资料。

1. 打通维权的"最后一公里":劳动争议巡回维权调解室①

2015 年,黄岩区总工会率先成立劳动争议巡回维权调解室,构建企业(行业)、村/居、乡镇/街道、区总工会四级递进的调解网络,采用"线上 + 线下"模式,组织工会、人社局、人民法院等单位经验丰富的调解专家巡回基层,开展直面职工群众的"巡回"服务,创建"调解零距离对接"模式,构建集普法宣传、业务指导、监督检查、维权调解于一体的维权调解帮扶体系,切实打通维权调解的"最后一公里"。

劳动争议巡回维权调解室成立五年来,全区建立了四级联网服务点 76 家,开展"巡回"服务 1543 家次,开设法律讲座 143 场次,培训职工 37500 多人,受理各类咨询 5849 人次,受理调处劳动争议案件 664 件次,劳动争议调处率达到 98% 以上。

2. 防患于未然:工资支付"安薪工程"

为进一步深入贯彻落实国务院通过的《保障农民工工资支付条例》,全面规范企业劳动用工管理,建立企业工资支付预警监控机制,切实保障劳动者的合法权益,使"互联网 + 监管"更好地为企业劳动用工管理提供服务,结合全省系统"对标争先改革创新"竞争性试点项目实际需要,台州市人社部门在全市积极推进"安薪工程",其主要内容是将浙江省工资支付平台在建筑业、制造业和服务业全面推广和应用。据悉,"安薪工程"建设是浙江省人社厅改革创新重点项目,工资支付监管平台由浙江华卫智能科技有限公司提供技术支持。该平台旨在通过数字化手段加强源头治理及事中事后监管,规范用工市场秩序,提高欠薪治理的精准性。② 实施"安薪工程",可以有效解决农民工工资拖欠的问题,避免集中讨薪现象的出现,减轻政府的压力,减少社会不稳定因素。

3. 规范建筑用工过程管理:"智慧工地"管理平台

建筑业是农民工较为集中的行业,也是"欠薪"风险较高的行业。台州市在全省率先启动了"智慧工地"管理平台建设。建设"智慧工地"管

---

① 黄岩区总工会:《黄岩区总工会首创劳动争议巡回调解模式》,2021,内部资料。

② 《积极推进省工资支付监管平台运行 浙江"安薪工程"建设工作成效显著》,搜狐网,https://www.sohu.com/a/444198651_120726221,最后访问日期:2021 年 7 月 4 日。

理平台既是整个行业发展的需要，也是部门管理的需要。"智慧工地"管理平台有十个子系统，其中与建设行业流动人口社会治理息息相关的是第二个子系统，即务工人员的管理。据有关负责人介绍，以往年底总会遇到农民工讨薪的问题，此时管理部门遇到的困难是"来了好多人都说欠钱，我们不知道是真欠钱还是假欠钱？每年都会出现假欠钱的拿到钱的情况"。这个问题的根源在于施工工地管理过程的不规范。

使用"智慧工地"管理平台后，每日进出工地的工人都要刷脸，同时该平台具备考勤功能。这样就能避免出现没有在该工地干活的人年底到行业主管部门讨薪的情况。对于维护工人的合法权益来说，"智慧工地"管理平台有一个预警系统，如果每个月工人的工资没有发放到位，那么行业主管部门就会警示工地项目经理和项目部并要求其进行整改。"智慧工地"管理平台的运行，加上劳动合同更加规范，建筑行业的劳动纠纷就大大减少。据相关干部介绍，"以前劳动纠纷比较多，基本上大年二十九、大年三十都没有饭吃，就被他们围着，这些年比原先好很多"。

4. 从源头上预防劳动纠纷：行业工资集体协商制度的温岭实践

劳动纠纷大多源自工资纠纷，工资纠纷的预防与化解是社会治理的重要内容。温岭市以行业协会为基础推行的行业工资集体协商制度探索出一条预防工资纠纷的可行之路。

温岭市对行业工资集体协商制度的探索起源于2002年，主要集中在羊毛衫行业。当时新和镇的一个村有羊毛衫企业116家，都是属于家庭作坊式的私营企业。员工有12000多人，80%以上都是外省的。2002年羊毛衫行业出现一个大问题，就是民工上访停工、罢工的情况不断出现。当年上访次数达到100多次，上访的人数将近1000人。上访的主要原因是老板不支付工资。老板不支付工资的原因是，羊毛衫行业有个不成文的规定：一年支付一次工资，平时老板只给工人发放生活费。但是经常会出现工人做不满一年就跳槽的情况，老板就以影响生产任务为由不支付给工人全额工资。这样工人就会到政府或者劳动人事部门上访。工人跳槽的主要原因是生产羊毛衫的企业众多且工价不统一，而员工自然是哪里工资高去哪里工作。因此，如何来统一工价并及时足额发放工资，就成为解决工人频繁跳槽和减少劳动纠纷的关键。为此，新和镇党委政府委派新和镇工会负责解决员工停工上访的问题。在镇党委政府的支持下，新和镇工会先后组织了企业主大会和员工大会来讨论每道工序的工价，最终制定了双方都认可接受的工价，而且还制定了该行业的最低工资标准。并且规定，员工工资按月发放，不能拖欠。这样一来，员工高兴，老板也欢迎，做到了双赢。通过集体协商工资，劳动纠纷大大减少。2003年刚开始推行工资集体协商制度时，上访人次为120人次，2004年有17人次，到2005年只有3人次。截至2020年底，羊毛衫行业每年都在进行工资集体协商。这一做法得到了国家领导人的认可与批示，也引起了国际社会的关注。目前温岭市有16个行业建立了行业工会，开展了工资集体协商制度，如贸易、水保、美容等行业涵盖的企业有9000多家，惠及员工50万人。开展工资集体协商制度以后，劳动纠纷显著减少，对社会的安定团结起到了很大的作用。

（三）家庭流动带来的风险及治理

流动人口尤其是农民工离开原生的生活环境，将自己从熟人社会的网络剥离，一方面，其传统的社会约束没有了，容易发生婚姻家庭矛盾纠纷，如2016年发生的来温岭打工的湖北女子遭丈夫割鼻的恶性事件①；另一方面，其发生意外事故后，也得不到原生社区和家庭或者家族的及时帮助，容易陷入困境，如流动儿童因贫困辍学、"老漂族"问题等。为了应对这些风险，台州市建立了异常家庭识别预警机制，同时动员多方主体参与针对流动人口的扶危济困问题。

1. 异常家庭识别预警机制的建立

家庭和谐是社会和谐安定的基石。近年来，婚姻家庭矛盾纠纷引发的刑事案件时有发生。这类案件备受社会关注，挑战着社会大众的家庭伦理底线，造成了恶劣的社会影响，扰乱了社会治安秩序。为了防范"民转刑"婚姻家庭类案件的发生，推进社会治理现代化，台州市较早进行了异常家庭识别预警机制建设，并为其他市/县/区建立相关机制树立了榜样。

（1）整合力量，健全组织体系

一是实行多部门联动，实现运作实体化。在市级层面成立专项工作领

---

① 温岭市政法委：《深化异常家庭管理、夯实社会治里基础：温岭市异常家庭识别预警工作案例》，2021，内部资料。

导小组，并下设办公室进行实体化运行。在乡镇/街道层面成立了以党政主要领导为负责人的领导小组，并下设办公室，由综治办负责统筹协调，妇联负责日常管理，党政办、流管所、司法所等基层站所按照各自职责抓好落实。每月召开工作例会，研判异常家庭管理相关工作。二是多方排查，建立立体式异常家庭信息排查体系。组织由网格员团队、派出所、妇联组织、学校、村/居委员会、企业、外来人口协会等力量，组建家情传递队伍。针对流动人口普遍面临的、易引发不稳定因素的问题，公安机关审核筛选有影响力的外来人员，建立流动人口协会，提高对流动人口异常家庭的信息收集能力，并在处理异常家庭突发事件或矛盾纠纷调解时发挥积极作用。三是整合多方资源，深化家庭调解机制。整合妇联、公安、司法等各类调解组织，成立异常家庭人员调解委员会，分别在乡镇/街道、派出所、综治中心建立矛盾纠纷调解室，并将调解工作分级分类、规范调解程序，增强调解工作的效力。同时，建立了家庭辅导员跟踪指导机制，成立了19支家庭辅导员队伍，对异常家庭开展一对一调解、动态跟踪和定期回访，有效遏制了"民转刑"事件的发生。

（2）建立异常家庭闭环处置体系

一是开展全面排查，建立异常家庭大数据库，实施"一人一档、一家一策"。要求网格员结合重点人员走访等内容，定期排查走访网格内的异常家庭，分类梳理并将异常家庭线索上报至浙江省平安信息建设系统；要求企业加强对员工的家庭纠纷摸排，规定企业要落实联络员制度，有较大规模员工宿舍的企业要常态化开展矛盾纠纷摸排和化解工作；派出所对异常家庭实行专项梳理，落实专人和场地负责调处，并及时将信息汇总至浙江省平安信息建设系统。二是实行"四色管理"，分级调解处置。按照信息（事件）的紧急程度、发展态势和可能造成的危害程度将信息分为一般、较大、重大、特别重大四级，实行"蓝、黄、橙、红"四色管理。对于一般的矛盾纠纷（蓝色），实行跟踪观察、教育稳控；对于较大的矛盾纠纷（黄色），实行属地调解、及时化解矛盾，确保矛盾得到有效控制；对于重大的矛盾纠纷（橙色），要求派出所第一时间出警处置，落实包案领导和责任单位，确保事态不进一步恶化；对于特别重大的矛盾纠纷（红色），要求乡镇/街道相关领导和派出所民警第一时间到现场处置，控制当事人，及时调处化解矛盾，并建立跟踪机制。

尽管异常家庭识别预警机制是针对辖区内所有人员的，但是在异常家庭中，流动人口占比较大。

2. 建立流动人口困难家庭帮扶机制

由于遭遇意外事故等原因导致流动人口及其家庭陷入困境的案例时有发生，如果陷入困境的个人和家庭得不到及时有效的帮助，那么会对社会秩序和社会风气造成不良影响。在流动人口困难家庭的发现和救助方面，社会组织、流动人口自组织、政府相关部门都应发挥各自的作用。

> 2020年，大麦屿街道网格员在走访过程中发现了两个失学儿童，她们是两姐妹，成绩非常好，但是家里没钱供她们上学。屿安社会工作服务中心主动链接社会资源，与企业对接，进行一对一结对帮扶，帮助两个流动儿童复学。（访谈资料，20210318）

> 贵州籍学生陈某，在校学习成绩非常好。父亲患有肝癌，玉城街道流动党员党总支多次发动流动党员捐款给陈某父亲治病，但是终因医治无效而去世。陈某的母亲身体不好，上学的费用成了难题。流动党员党总支考虑到陈某家庭经济困难的实际情况，为了能让陈某继续读书，专门召开会议讨论解决问题的方案。开饮食小店的外来党员巫某及时伸出援助之手，每月给予陈某300元的生活费资助，让陈某安心地继续走进玉城中学读书。（访谈资料，20210318）

另外一个风险较高的特殊群体是上了一定年纪又没有成家的"老漂族"。他们在外打工时间较长，很少和家乡联系，而且在家乡也没有特别亲近的人，因此他们生病或者发生意外死亡时往往得不到及时有效的处理。在访谈过程中我们了解到，安徽阜阳的流动党支部在救助孤寡老人方面做了很多公益工作，同时暴露出这方面的问题。

> 有一位孤寡老人在玉环医院治疗了一个多月，没有治愈的希望。家里也没有近亲属来帮忙。流动党支部想尽一切办法帮助他，给他出车费、买车票，派人把他送回老家。流动党支部书记介绍说："我们

后期安排把他送回家的时候，他什么话都不会说了。我抓住他的手说你放心，我是咱家乡在这里的党支部书记。我会想尽一切办法把你送回老家的。他没有说话，闭上眼睛，眼泪流了出来。越到这个时候，他越想回家，但是他没有这种能力，所以我们帮助他完成他人生最后的愿望，把他送回家乡，这是个温暖的问题。"另外一个案例是，一个非正常死亡的单身汉，50多岁。他去世后，邻居没有报警，而是第一时间打电话给流动党支部书记。因为他与家乡长期没有联系，也没有兄弟姐妹在玉环。后来他的弟弟姐妹都不来，派出所也没有办法。流动党支部通过老乡了解到死者在老家还有一个弟弟，但是多年没有走动。党支部书记进行了耐心的动员和教育后，死者的弟弟才将其运回家乡安葬。（访谈资料，20210318）

台州市对流动人口家庭风险的治理实践，取得了一定的成绩、积累了一些经验，但也表现出一些需要进一步思考的问题。例如，对异常家庭的管理，涉及社会治理的边界问题。以往家庭事务通常被认为是私人领域的事务，公权力不宜介入，因此也不被纳入社会治理尤其是社会管控的范围。基层社会管理往往只重视对重点人员、重点地区的管控，但是异常家庭的矛盾纠纷如果不能早发现、早处理，就极易升级为治安案件甚至是刑事案件，对维护社会秩序稳定和公序良俗造成恶劣影响。所以，公权力在向私人生活领域渗透过程中的边界问题值得进一步讨论。流动人口家庭的脆弱性使其陷入贫困的风险增加，他们在流入地获得政府社会救助的权利还没有得到保障，需要流入地政府、流出地政府和社会组织开展更为广泛的协作，解决他们遇到的"急难"问题。

二　以基本公共服务均等化，促进流动人口社会融合

安全有保障的住房和子女的教育是流动人口最为需要的基本公共服务。台州市在保障流动人口住房安全、改善住房条件方面的特色工作是居住出租房屋"旅馆式"管理；在流动人口随迁子女就学方面，积分制入学是其主要的政策创新。

（一）居住出租房屋"旅馆式"管理：安居乐业

流动人口居有其屋、安居乐业是保持社会安定团结、完善社会治理、形成良好社会秩序、构建安定有序和谐社会的重要方面。在流动人口住房供给方面，台州市充分发挥政府、市场、企业和社区（村）在住房供给方面的作用，通过多种渠道提供房源。例如，玉环市加快推进新玉环人安居工程建设，2018～2020年，新建新民小区、企业职工宿舍、保障房32.16万平方米。截至2020年底，玉环市有新民小区17家，企业职工宿舍25家，入住1.3万余人。①流动人口进入城市工作，其岗位具有分散性的特点，基本处于小范围人群集中、大范围人群分散状态。解决居住需求，主要依靠租赁私房。加强对租赁市场的规范和管理，对解决流动人口的住房需求和维护流动人口的合法权益具有重要的现实意义。玉环市对出租屋进行"旅馆式"管理，是一种有益的创新和探索。

2020年玉环市常住人口43.18万人，流动人口32.9万人，其中居住在出租屋的有2.93万户。消防安全隐患整改难、社会治安管理难和流动人口登记难是玉环市在出租屋管理方面面临的三大难题。为了破解上述管理难题，解决好出租屋的管理问题，玉环市首创居住出租房屋"旅馆式"管理模式，并取得了显著成效。其主要做法是：第一，建立一套管理机制，按照"党政主导、公安牵头、部门协同、镇街主抓、村居实施、房东主责、房客履约"的方针，通过"建立一个房东协会、设立一个智能总台、执行一套星级标准、完善一张治安防控网络、建立一支教导队伍"的五个一措施，形成了政府部门、村/居委会、房东协会、网格员等多方联合、层级清晰、分工明确、责任到人的自雇管理格局；第二，严格出租房出租资格准入标准，一方面严格规范房屋安全准入、消防合格准入、房东资格准入标准，从源头上杜绝存在严重安全隐患的居住出租屋进入租赁市场，另一方面对不符合要求的出租屋房东进行处罚并责令整改，维护管理有序的租房市场；第三，依托信息技术，规范租房流程，实现智能管理。

经过多年实践，居住出租房屋"旅馆式"管理模式取得了明显成效。

---

① 玉环市政法委：《玉环市坚持党建引领打造流动人口领域基层治理体系》，2021，内部资料。

首先，安全隐患得到了有效解决。与同期相比，2020年火灾和火警数明显下降，且无人员伤亡。其次，社会治安得到了有效控制，治安更加向好。2020年刑事和治安警情、入室盗窃和电动车盗窃的情况明显减少。最后，流动人口信息掌握更加及时准确，通过"房管通"平台可以及时、有效、全面地采集流动人口信息，实现分级分类管控，形成"以房找人、以人找房、查房知人、查人知房"的工作格局。2020年流动人口登记率为96.4%，流动人口管理的基础得到进一步夯实。疫情期间，依托居住出租房屋"旅馆式"管理模式和全市"旅馆"总台，发挥网格员和流动党员等的先锋模范作用，为疫情防控和解决返玉人员租房难、助力企业复工复产发挥了重要作用。

尽管居住出租房屋"旅馆式"管理取得了明显成效，但是也暴露出一些问题。一是安全隐患难以得到根治。按照目前的管理模式，对照《居住出租房屋旅馆式管理规范》，网格员和村干部发现安全隐患后，便要求房东进行整改，如果不整改就要扣村干部的消防安全评分，但是整改的难度在于：一是有时找不到房东；二是安全隐患的反弹问题，一方面是整改不到位，另一方面是整改后没有持续进行管理，造成工作上的被动；三是只注重房屋内部安全隐患的排除，而不注重小区生活环境的改善。为了进一步完善居住出租房屋"旅馆式"管理，切实提高出租屋的居住质量，让新居民住得舒适、留得下来，大麦屿街道成立的屿安社会工作服务中心计划把部分出租屋承包下来，按照消防标准统一进行整改，打造"温馨、宜居、安全"的家。其目的在于彻底打消房东的顾虑，实现基层平安治理，同时提高社工待遇。由网格员社工组织进行出租屋管理的优势在于，能够把出租屋管理和流动人口排查结合起来。此外还有助于进一步完善流动人口的信息采集登记，更好地与企业的用工需求相对接，为企业提供人力资源信息，为租客提供就业信息。在调查时，屿安社会工作服务中心计划在流动人口集中的大麦屿五一村下斗门片区开展试点工作。① 这将是对居住出租房屋"旅馆式"管理的新探索，其效果有待进一步观察。

---

① 大麦屿街道办事处：《玉环成立网格员社会组织推进社会治理现代化》，2021，内部资料。

（二）流动人口随迁子女积分入学：幼有所教

据教育部门提供的数据，台州市目前有义务教育阶段随迁子女共13.49万人，其中在公办学校就读的人数为8.74万人（小学6.67万人，初中2.07万人），在民办学校就读的人数为4.75万人（小学4万人，初中0.75万人）。从接收随迁子女入学的学校类型来看，公办学校共165所（小学125所，初中32所，九年一贯制8所），民办随迁子女学校共70所（小学36所，初中2所，九年一贯制32所）。全市符合条件（在流入地有稳定工作，领取浙江省居住证并缴纳社保满一年）的随迁子女100%就读公办学校，在公办学校就读的随迁子女占总就读人数的64.78%。但是，与浙江省教育厅要求的随迁子女公办学校入学比例达80%的要求还有距离。①

台州市满足流动人口随迁子女义务教育需求的主要做法包括以下几个方面。一是明确职责，落实义务教育"两为主"的政策。出台多项具有针对性的政策，如《关于进一步做好进城落户转移人员及进城务工人员随迁子女义务教育工作的通知》《台州市高层次人才子女入学实施办法》等。二是拓宽资源，增加学位供给。针对公办随迁子女教育资源不足的情况，台州市通过引进优质民办教育资源、扩大公办教育资源、政府购买服务等方式多渠道增加教育资源供给。三是强化保障，减轻学校接纳随迁子女的压力和负担，包括随迁子女的课本费和作业本费由财政负担、随迁子女学籍实行弹性制管理、减免符合规定的随迁子女的杂费、将家庭经济困难的随迁子女纳入中小学教育救助系统、鼓励民办学校上等级规范发展五项具体措施。四是加强管理，提升办学水平。成立随迁子女学校协会，以规范办学行为，促进相互学习、相互监督；开展优质公办学校与随迁子女学校"共进体"建设，实现公办、民办学校之间的资源共享；建立随迁子女学校督学制度。

尽管台州市流动人口随迁子女在义务教育阶段的需求得到了比较好的保障，但是离家长们的期望还有一定的距离，家长们更希望子女能够在教

---

① 台州市教育局：《进城务工人员随迁子女教育工作汇报》，2021，内部资料。

育质量更好的公办学校就读，总体上还是存在公办学校学位供给不足的问题。为了解决这一矛盾，台州各市/县/区普遍采取了流动人口随迁子女积分入学的办法，即积分累计达到一定分值的流动人口，其符合入学条件的适龄子女可申请享受义务教育阶段入读公办学校待遇（仅限于小学一年级、初中一年级新生入学）。主要的做法：①县政府根据各乡镇/街道教育资源的分布情况，每年提供一定数量的公办学校入读名额（以下称"入学指标数"），用于安排积分达到一定分值的流动人口随迁子女入学；②需要享受义务教育阶段子女入读公办学校待遇的流动人口，须在子女入读前的上一年9月至当年6月15日前向居住地所在乡镇/街道提出申请；③县流动人口服务管理委员会办公室按乡镇/街道上报的申请人所得积分高低进行排名，并将公示后的排名情况提交县教育局，县教育局根据公布的入学指标数和流动人口积分排名情况，统筹安排入读公办学校，不服从安排者，原则上不再享受此项待遇。① 通过积分制的方法，部分流动人口随迁子女获得了在公办学校就读的机会，不符合条件的则通过在民办学校就读的方法来解决。

　　流动人口及其子女的流动性，也给教育部门的管理和服务工作带来很大挑战。一是公办学校教育资源总体供给不足，资源分配不均。随着户籍制度改革落地和城镇化进程加快，流动人口聚集效应增强，总体上会加剧公办学校学位供应的压力。经济相对发达的三区三市，随迁子女较多，民办随迁子女学校也较多，公办学校学位扩容压力大，而三县则没有类似问题。二是学生流动频繁，给教育管理工作带来了困难。流动人口的就业相对不稳定，常常更换工作单位，导致随迁子女频繁转学。随迁子女学校学生的变动率均在30%以上（包括转入和转出）。随迁子女流动性较大且难以预测，给各地教育发展计划的制订、教学人员编制的落实、教育设施设备的投入带来诸多不确定性。三是学生教育管理上的困难。随迁子女多来自农村和偏远山区，父母文化程度低，工作强度大，无法顾及子女教育。随迁子女普遍存在学习习惯不好、学习基础薄弱、纪律意识淡薄、缺少学

---

① 玉环市政法委：《玉环县人民政府办公室关于印发玉环县流动人口积分制管理实施细则的通知》（玉政办发〔2016〕6号），2021，内部资料。

习兴趣、缺乏信心等问题。四是随迁子女面临着较大的安全隐患。随迁子女在家缺少家长看护，容易发生安全意外事故；家长教育缺失，导致学生容易出现心理问题；民办随迁子女学校多租赁村办公用房或闲置厂房办学，建筑质量存在一定的风险，如消防通道和楼道拥堵等；民办随迁子女学校伙食质量差、营养低，饮食结构不合理。为了从根本上解决流动人口随迁子女入学问题，台州市教育局办公室印发了《台州市进城务工人员随迁子女义务教育工作提升三年行动计划（2021—2023年)》的通知，通过做好学校布局规划，增加公办学位供给等措施，切实保障随迁子女接受义务教育的权利。

关于随迁子女积分入学的实践效果，形成了两种不同的观点。一种观点主要强调正面效应，认为该办法体现了权责对等的原则，使入学政策更加公平合理，同时是现有资源约束条件下的最优政策选择；另外一种观点强调负面效应，认为它实行差异赋权，造成新的教育权利差序（杨富平，2018）。因此，在从"人才争夺战"到如今的"人力争夺战"的背景下，如何确保教育政策既能满足本地吸引人才的需要，又能保障一般流动人口随迁子女义务教育阶段平等受教育的权利，成为考验政府治理能力的重要课题（王洛忠等，2020）。

三　社会参与平台的建设：党建引领、群团参与、新居民自治

社会的流动性和多样性给基层社会治理带来了更高的管理和协调成本。发达地区（比如上海）的经验表明，基层政府积极推动社会的再组织化，有助于减少和分散社会治理的组织成本及治理风险，并实现与流动个体的有效衔接，进而实现"规模治理"（王阳、曹锦清，2017）。推动流动人口的再组织化，有助于重构社会资本，降低社会的管理成本并形成有效的社会管理（李行等，2014）。因此，流动人口再组织化成为实现流动性治理的重要策略。实现流动人口的再组织化，可以根据社会人口特征，如性别等；可以根据政治身份属性，如党员；也可以根据共同的社会需求，如文化娱乐等；还可以根据流动人口的职业属性。具体的策略，既可以是政府主动引导创设社会组织，也可以以流动人口已经形成的自组织为基础，并积极将流动人口的自组织纳入群团组织中。

1. 新居民妇联组织助力社会治理

新居民妇联组织可以联结两头，既可以协助当地政府动员、联络和管理外来的新居民，也可以协助新居民利用本地政府的资源解决其面临的问题。玉环市有两个新居民妇联组织，其中之一就是大麦屿街道的尤蒙岙新居民妇联组织。

新居民妇联组织每个月都有针对流动儿童的趣味课堂，"读书吧"每个星期也都会开放。这样既可以让孩子们更好地学习和成长，也可以帮助家长们照顾孩子，解除他们的后顾之忧。疫情期间，新居民妇联组织发挥了地方政府和新居民之间的桥梁纽带作用。

> 新居民妇联组织的主席顾某 2020 年疫情期间没有回乡。后来开始复工复产，老乡陆续回来，很多老乡一开始都觉得健康码的申领很复杂。顾某在这个辖区内开了一家卖菜的小店面。我们就通过她的老乡群，告诉大家如何申领健康码。有一个贵州老乡的孩子因为当时交通限制而不能回家报名读书，老乡很着急。顾某就把这个情况反馈到街道，在街道协调和客运中心的帮助下，这个孩子最终顺利回到老家就读。（访谈资料，20210320）

此外，社区妇联组织依托儿童之家，并根据新市民的需求，把儿童保护和安全教育等活动包含在内，如"女童防性侵"等，提升新居民的安全意识。在服务过程中，新居民妇联组织和本地村/社妇联组织的互动也比较多，增进了彼此的了解，促进了妇女间的融合。

2. 小支部、大作用：流动党员再组织化

我国传统的党员管理方式是将党员固定在一个党支部内，这是与党员工作岗位固定、居住地点固定、社会身份固定的状况相适应的。然而，随着市场经济的建立和城乡二元体制的松动，一方面，党内出现了一个工作岗位不固定、居住地点不固定、社会身份也相对不固定的党员群体，即流动党员。现行的党员组织设置很难对他们进行有效管理，需要创新党员的组织模式（李树明，2013）。另一方面，社会融入难、合法化组织缺失是农民工面临的现实困境。加强流动人口的党建工作，发挥流动党支部在促进外来人口社会融合和维护社会稳定方面的作用，是提升社会治理水平的重要路径之一（鲁可荣、杨亮承，2011）。流动党员的优势在于，他们的政治觉悟高，组织性和纪律性较强。在联系同乡、化解矛盾方面，流动党员还具有联乡音、懂乡情的优势。

玉环市在流动党员的再组织化和流动党支部的建设方面积累了丰富的经验，取得了显著的成效。玉环市的主要经验是坚持党建引领，创新流动党支部的覆盖方式，凝聚流动人口参与基层社会治理的合力。在市级层面，玉环市成立了外来流动人口综合党委，吸收流动人口服务中心、组织部、公安、卫健等相关部门负责人和流动党员代表为委员，建立联动工作机制，统筹领导协调流动党员相关工作。在基层党组织层面，根据"健全城乡一体、流入地党组织为主、流出地党组织配合的流动党员教育管理服务工作制度"要求，实施流动党员"安家工程"，摸排出流动党员1900名。在9个流动党员人数超过50人的乡镇，建立外来流动党员服务站党总支。对流动党员人数较多的重点流出县市，按照同一户籍地组建29个地缘型外来流动党员服务站及支部，覆盖全国26个省份、73个市/县/区。抓党员队伍管理，紧抓"头雁"队伍建设不放松，通过设立综合党委经常性联系走访机制、制定书记年度责任清单、开展书记年度述职等，落实书记职责。以"三好"服务型流动人口党组织创建为抓手，通过绩效考核、评星定级，将考核结果与表彰奖励、经费补助挂钩，提高党支部书记工作的积极性和主动性。创设村社"兼职委员"，按照政治素质好、当地情况熟悉、治理能力强、各方认可度高的标准，以"不占支委职数、不转组织关系、不受户籍限制、党员直接选举"模式，推选出33名流动党员到流动人口集中居住的村/居任兼职委员。在实际工作中推行"支部联两地、支委联网格、党员联群众"的流动人口"三联"工作法，推动流动人口党组织的作用从"事后处理"向"事前治理"转变。

玉环市以流动党员党建为抓手，采取"三联"工作法，以党员的再组织化带动群众的再组织化，形成了流动人口自治、共管、互助、融合的良好氛围。吸纳有影响力的、政治素质高的流动党员担任义务调解员，打造以外和外的调解新模式，化解各类矛盾纠纷5600多件，10多年来玉环市未发生一起因流动人口矛盾纠纷而引发的群体性事件。同时，依托流动党支部，实现便民服务的再组织化。建立流入地和流出地政府双向协作机制，提供便民惠民服务，减少群众办事跑两地的次数和费用，促进流动人口更好地融入玉环。

3. 丰富流动人口的精神文化生活——"新黄岩人"文化礼堂

台州市首个建成的外来务工人员文化礼堂——"新黄岩人"文化礼堂，位于台州市黄岩区北城街道长塘村。它由安徽籍务工人员徐守魁牵头筹建，黄岩区委宣传部、区文广新局等部门批准成立。最初创始人徐守魁在调研中发现一些外来务工人员集中的城郊接合部、工业园区、民工公寓的职工文化活动设施严重不足，许多外来务工人员业余时间无处可去，少数外来务工人员还发生打架斗殴、酗酒滋事、赌博偷窃等违法案件，影响了社会治安和职工队伍的稳定。因此，2009年，徐守魁自己出资在北城街道长塘村租下1000多平方米场地，试点建设黄岩区外来务工人员服务中心，为丰富外来务工人员的业余文化生活提供活动场地，免费对外开放。2014年外来务工人员服务中心改名为"新黄岩人"文化礼堂。文化礼堂的建立，使外来务工人员在工作之余有书读、有歌唱、有舞跳、有球打、有网上，深受外来务工人员的欢迎。

除了做好常规服务外，"新黄岩人"文化礼堂还根据外来务工人员的实际需要来设置服务项目。一是创新外来务工人员的文化活动载体，比如利用传统节日筹划举办各类小型外来务工人员文艺演出、展演专场；组建"新黄岩人"文化艺术团，坚持各地文化巡演；举办首届"新黄岩人"文化艺术节，春节期间举办慈善年夜饭以及外来务工人员相亲大会。二是丰富服务的内容，除了文化活动外，还提供儿童照料、教育培训、维权助困等服务。每年暑期，针对外来务工人员子弟的情况，"新黄岩人"文化礼堂与相关政府机构、高校开展共建合作，打造"小候鸟"托养班、文化阳光工程、春暖行动等平台，为外来务工人员提供课业辅导、免费文艺培训等系统化的教育服务；针对外来务工人员的实际情况，将维权调解、技能培训和劳务介绍、爱心超市、敬老助困等内容结合起来，帮助外来务工人员处理劳动纠纷、工伤事故、意外伤害等事件。

在组织管理方面，成立"新黄岩人"义工协会，引入志愿服务，建立了志愿者服务团队，由志愿者轮流担任管理员，实行民主参与、自治管理。

在政府的指导下，自主管理活动设施、组织开展活动、培训文艺骨干，锻炼和培养了"新黄岩人"的服务意识和组织能力，有效地激发了"新黄岩人"实现自我价值、服务社会的公益精神。

新居民的再组织化可以减少政府治理成本，降低治理风险，提高治理能力。一是弥补基层政府力量的不足，以降低弥散的社会风险。二是可以分散政策执行过程中的风险，有效分担政府的无限责任，为政府的弹性治理提供空间（王阳、曹锦清，2017）。新居民的再组织化大大减少了政府直接面对的管理对象，同时政府可以通过新居民组织更为高效、及时地为新居民提供相关服务。从台州新居民再组织化案例中，我们可以看出，以党建带动的再组织模式仍然是覆盖流动人口范围最广、影响最大的组织模式。流动人口的再组织化，离不开具有一定觉悟和能力且具有奉献精神的能人的带动。流动人口社会组织必须提供满足流动人口需求的服务才能吸引流动人口参与。在流动人口再组织化及治理中，女性发挥了非常重要的作用。

四　关于流动人口治理的问题与建议

1. 对流动人口的居留、迁移方式和作用的再认识

我国与流动人口相关的政策体系，最初是建立在流动人口频繁流动并最终会返乡的假设之上的，因此自然地体现出"重就业、轻服务""重经济、轻保障"等特征（段成荣，2015），而且对流动人口迁移模式的认识也是建立在单身外出打工的基础上的。这些特征在台州的流动人口管理服务方面也带有明显的印记。比如，尽管新居民小区有很多出租屋，但是出租屋的面积很小，多为十几平方米的适合单身职工居住的房子，不适合已婚家庭居住。在访谈和座谈过程中我们明显地感受到，一方面，流动人口家庭式迁移的趋势日益明显；另一方面，对于大多数流动人口来说，不流动是常态，流动往往是短期行为。另外，随着人口红利的减少，我国很多大城市之间的竞争已经从过去的人才资源竞争转为人力资源竞争。疫情期间，台州出现招工难的现象也说明了这一点。随着经济条件的改善、社会治理能力的提升、社会环境的改善和流动人口自身素质的提升，传统的治安犯罪和群体性事件大量减少，政府应将社会治理的重点放在如何留人和

引人方面，为经济的提质增效做出贡献。对此，政府要转变观念，在对流动人口迁移的新趋势和流动人口作用进行正确认识的基础上，制定更多体现对外来人口友好的政策取向，特别是要把家庭的视角纳入相关政策的制定中（徐晓新、张秀兰，2016），在住房和子女教育方面能够有效回应流动人口的需求。

2. 住房和随迁子女教育问题仍是今后公共服务均等化的着力点

调查发现，随着"三拆一改"政策的推进和居住出租房屋"旅馆式"管理模式的推行，虽然流动人口的居住环境和住房安全保障得到了较大提升，但也带来了低价出租屋供给减少和租房价格上升的问题，增加了中低收入流动人口的住房负担。流动人口携带子女随迁的住房需求与低价出租房，特别是新居民小区住房面积狭小之间的矛盾也比较突出，不利于随迁儿童和青少年的健康成长。座谈中，流动党支部书记提到，"普通打工者的居住条件太差。我们有的小孩都十几岁了，还和父母居住在一间屋子里。按照常理来讲，小孩到一定年龄应该和家长分床睡、分房睡。一家人住在一个房间里，小孩的学习能好吗？他没有一个自己的空间，怎么去学习？怎么跟城里的学生竞争？家长怎么能教育出优秀的孩子？现在我们说住得苦，不能在出租屋烧饭是小事，真正的问题在于给我们后代的健康成长产生了严重影响"。居住的环境影响到流动人口子女人力资本的培育和积累，也可能会造成贫困的代际传递。这与党中央、国务院提出建立解决相对贫困的长效机制的战略是不相符的。政府应在提供廉租房和公租房方面，更大力度地向新台州人倾斜，同时在规划建设新居民小区以及廉租房、公租房时要更多考虑流动人口"举家迁移"的居住需求。

关于流动人口积分制，尤其是积分入学，尽管带来了管理上的便利，也切实为很多流动人口带来了实惠，但是其中的教育权利公平问题有待解决，且对吸引年轻人创业就业也是不利的。因为积分制是以吸引和留住人才为导向的，很多普通劳动者，或者是非正规就业劳动者，以及来台时间还不够长的务工者，他们的子女无法通过积分制就读公办学校。而大多民办学校的教学质量不高，且费用比较高，无形中增加了他们的负担，不利于吸引和留住年轻人。因此，政府应增加义务教育阶段公办学位的供给，加大力度实施"义务教育三年行动计划"。此外，对教育的需求伴随着随迁子女生命历程的不同发展阶段，虽然目前在义务教育阶段的教育需求基本得到了满足，但是学前教育和后义务教育阶段的需求尚没有得到很好的保障，这是政府在下一段流动人口教育服务方面需要重点解决的问题。

解决好流动人口随迁子女的教育问题，既是履行政府保障流动人口随迁子女受教育权的基本职责，也是留住外来人口的重要策略。很多流动儿童都生于台州、长于台州，对台州产生了很强的认同感和归属感。我们询问居住在玉环一个新居民社区的一位上小学二年级的小姑娘"喜欢这里还是喜欢老家"，她认真回答说"喜欢这里，这里不冷不热，还有很多小朋友一起玩""江西（妈妈老家）夏天太热，河南（爸爸老家）冬天下雪很冷，没有小朋友一起玩"。可见，除了小姑娘的伙伴在本地社区居住外，一年中最美好的季节她都在本地度过，回到家乡的时间比较有限，以至于对家乡的生活有不好的体验。小姑娘的爸爸是数控车床的技工，爸爸介绍说早期有很多老乡在这里打工，现在他们都回老家了，在老家也能挣到差不多的工资。问他没有离开台州的原因，他说孩子在这里上学，无论如何都得等到孩子上完学再说，总是转学对孩子不好。

3. 在社会参与方面，拓宽流动人口的政治参与渠道，增加参与机会

尽管党委政府和群团组织搭建了很多社会参与平台，但是多数还是以服务政府管理控制流动人口为主要目的。流动人口社会组织及精英在矛盾纠纷化解、服务政府中心工作、扶贫济困和志愿服务方面参与的相对比较多，而在涉及他们利益的重大决策方面发声的机会比较有限。因此，各级政府应在"两代表一委员"中适当提高流动人口代表的比例。

4. 逐步推进流动人口信息登记模式转型升级

一是大力推广流动人口线上自主申报、管理员后台审核登记管理模式。通过"房管通""台州码"等平台线上申报和到期提醒功能，督促流动人口及时申报登记信息，网格员根据申报信息与企业主、房东、流动人口本人核实后，直接在后台登记。营造社会氛围，实施申报激励机制，提升用人单位、房东、流动人口主动申报的积极性，推动自主申报登记成为社会共识。二是推进数据赋能。充分利用现有数据资源和人脸识别、手机MAC 地址等感知类数据，分析挖掘疑似未登记流动人口信息，建立疑似未登记流动人口比对分析平台，并推送至基层开展落地核查补登工作，实现

数据比对精准补缺。

第二节　流动性与乡村治理

流动性的关键在于人的流动，而人的流动既包括外地人流入本地，也包括本地人流出到外地，尤其是农村人口由农村向城市、由山区向平原、由本地到外地的流动。本地人口的流动尤其是乡村人口的外流对原有的结构化治理提出了挑战（向玉琼，2021）。人口外流相对极端的现象就是空心村的产生。空心村的社会治理是社会治理的难点，也是学术研究的热点（姜绍静、罗泮，2014）。有学者提出空心村的本质是人力资本的空心化，人力资本的空心化导致管理干部和生产队伍的老化或瓦解，进而导致农村社会管理和农业生产的退化、农村公共产品供给失灵和农民生活困难。由此进一步提出空心村治理的目标是引进外部人力资本来解决空心村的社会管理和农业生产问题，解决养老问题、留守儿童的看护和教育问题（许彦彬，2012）。我们认同该学者对空心村的本质的判断，但是并不认同他关于空心村治理的目标或者策略。台州的社会治理实践表明，对空心村的治理不仅要引进外部资源，还要对已有的内部资源进行整合重组，使其发挥"1＋1＞2"的作用。只有内外结合，引导居民实现再组织化，才能实现"规模治理"的效果。所谓"规模治理"，是指通过将分散的主体进行单元化、组织化，以转移政府的治理成本和风险责任的过程（王阳、曹锦清，2017）。台州在回应空心村的治理需求方面有很多特色鲜明的实践活动，以下展示的是几个典型案例，以求达到"管中窥豹"的效果。

一　以老养老、社会助力：解决空心社区的养老服务问题

鲜叠社区坐落在玉环市的南面，地形三面环山，面临大海。鲜叠社区是一个历史性纯渔业社区。渔业是本地的主要产业。20世纪90年代，这里人丁兴旺、经济发达，是一个建制镇的驻地，有"小温州"之称。社区居住面积仅为0.25平方公里，在社区兴旺之时，它是全市居住人口密度最大的社区。但是随着工业化、城市化进程的推进和海洋渔业资源的衰退，村民们陆续离开故土，社区成为名副其实的空心村。据社区干部介绍，截

至调研时（2021年3月19日），社区户籍人口虽然有3180多人（其中老年人口900多人，老龄化比例很高），但是常住人口只有五六百人，而且基本上都是老年人。社区有低保户41户、60多人，残疾人100多人。社区干部和社工共有5人，最年轻的副书记也已经41岁了。所以，服务好留守老人成了社区干部的主要工作内容。

据社区副书记介绍，"老年人有大清早跑我家的，有中午跑我家的，电视弄不来、水电不会弄、手机弄不来都会来找，就我一个年轻人住在这里"。诸如这些生活上的小事，老年人都会找社区干部帮忙解决。老年人信任社区干部，社区干部也认为既然在这里工作，就要把社区的老年人服务好。

在照顾失能老年人方面，邻里互助发挥了一定的作用，提供了一些非专业的看护服务。据社区干部介绍，社区里有两户人家专门帮助照顾不能自理的老年人，有一些则帮忙上门探视生活困难的老年人。社区还成立了老年协会，自己办食堂，给那些需要帮助的老年人提供送餐服务。

一些特困老人和高龄的退伍军人，则由民政部门采取政府购买社会组织服务的方式来提供一些相对专业的服务。据社区干部介绍，社会组织每个月都会提供剪头发、洗衣服和打扫卫生等服务。天宜社会工作服务社承接着鲜叠社区的这项服务。他们首次到社区提供服务时，社区干部会为他们找到需要服务的对象。每次服务结束后，社会组织要扫二维码打卡。

社区干部尽职尽责、老年人互帮互助和专业社会组织参与服务，使这样一个以老年人为主的社区得以维持和运行。

二 "书记联合体"：破解村干部能力不强、组织涣散的难题

汇溪镇位于临海市的最北端，与三门市交界。汇溪镇是一个典型的山区乡镇，共有15个村，其中山上村有7个，平原村有8个。户籍总人口20913人，但常住人口只有9065人。一半以上人口外出务工经商，主要分布在宁波。所以，汇溪镇村庄空心化现象比较突出，尤其是山上村。由此带来的社会治理难题包括：一是难以选拔出高素质村干部，造成农村社区基层组织领导力和执行力不足；二是重点项目推进缓慢、脱贫攻坚策略少。为了破解这些难题，汇溪镇首创了"书记联合体"模式，即将相关行

政村和企业组成一个资源共享、协同并进的固定合作团体。汇溪镇在"书记联合体"的组合模式、运行模式和评价激励方面进行了大胆创新。

①组合模式多元化。"书记联合体"的创建，坚持区域相邻、人文相亲的原则，突出共同的需求和任务目标。比如，以党委政府重点项目涉及村为对象组建"书记联合体"，或者根据发展集体经济的共同需求建立"书记联合体"，或者以党建为核心组建"书记联合体"，而且在组建"书记联合体"的同时，成立"驻村干部联合体"。活动任务的计划部署通常由"驻村干部联合体"具体策划，再由村干部落实开展。

②强化制度建设，规范组织运行。一是制定了《书记联合体章程》，明确参与人员的职责。二是完善运行机制，建立"一月一轮值"制度。由联合体内各村党支部书记每月轮值担任"轮值书记"，具体负责组织开展活动；明确要求"书记联合体"每月至少召开一次工作例会、同办一次主题党日活动、组织一场竞赛活动。三是强化考核激励，出台《书记联合体考核评价标准》，对工作业绩突出的村主职干部进行奖励。

"书记联合体"在重点项目推进、治安维稳和集体经济发展等不同层面均有显著成效。山河村、山下岩村、安坑村①联合体通过发展集体经济，实现了"造血式"脱贫。据介绍，三个村合计有1160人，三分之二都外出务工；三个村合计有1000多亩土地，近四成土地抛荒。为了实现以集体经济带动脱贫的目标，三个村组成"书记联合体"。书记们积极动员走出去的"乡贤"，为振兴家乡做贡献。最终，宁波沧海集团300亩花卉基地、100亩番薯基地成功落户三个村。该项目预计能给三个村带来20余万元的村集体经济收入。这是"书记联合体"动员"乡贤"产业回归、助力集体经济发展的一个成功案例。②

"书记联合体"的创立，对乡村治理的意义在于以下几个方面。一是突破了行政藩篱，使不同行政村之间形成更为紧密的协作关系。二是实现了资源共享、力量互融。"书记联合体"通过书记层面的互帮互补、资源

---

① 2019年三个村合并为山安村。
② 《汇溪："书记联合体"攥指成拳促发展》，《台州日报》2019年6月30日，http://paper.taizhou.com.cn/taizhou/tzrb/pc/content/201906/30/content_35267.html，最后访问日期：2021年6月6日。

共享、力量互融来有效推进乡村振兴战略。三是探索出联合区域联调联治的乡村治理模式。书记们通过"一起上门调解、一起排查整治"在基层社会治理中发挥出强大作用。四是在对人口大量外流的空心村的治理方面，"书记联合体"具有特殊的意义和价值，弥补了村庄人才外流导致的治理能力不足，发挥了资源整合的作用。

这种模式的局限性与不足之处在于：其得以有效运行的基础是"驻村干部联合体"引导下的"书记联合体"，驻村干部和本村干部的双向联合，加深了合作的广度和深度，但是村里主职干部的能动性和创造性发挥不够。这可能既与他们自身的能力和素质有关，也与具体的运行和激励考核制度有关。

三 新乡贤助力乡村治理：为农村社区治理寻找"领头雁"

新乡贤是乡村社会的精英、发展的能人、乡风文明的引领者，社会威信高、影响力大。他们是推进基层社会治理的重要力量之一。新乡贤在不同类型的乡村社区社会治理中扮演的角色和发挥的作用不同。对于处于平原地区且工业发达的农村社区来说，新乡贤更多发挥着矛盾调解作用，将各类风险消灭在萌芽状态。这也是政府和社会所期待的。例如，椒江区已经建立健全了各级乡贤会组织，区级、乡镇/街道级乡贤会实现全覆盖，村级乡贤会成立35家，三级乡贤会共吸纳新乡贤2600多人。2020年以来，各级新乡贤调解室解决了村民矛盾630余起。[①] 但是，以农业为主、经济相对落后的地区则更希望新乡贤能够发挥"领头雁"作用，能够带领村民发展经济，为村庄的发展出谋划策。临海市涌泉镇以大山村为典型探索了"乡贤＋协商民主＋项目"农村治理新模式，值得借鉴推广。[②]

为破解基层社会治理难题，近年来涌泉镇积极探索实施"乡贤＋协商民主＋项目"农村治理新模式，以基层民主协商议事会为平台，以知名乡贤为纽带，以各类项目为载体，不断引导各方力量正确发声，充分发挥了

---

① 椒江区委统战部：《发挥新乡贤调解优势，助力乡村治理现代化的实践与探索》，2021，内部资料。
② 涌泉镇镇政府：《涌泉镇关于"协商民主＋乡贤＋项目"农村治理新模式的实践与思考》，2021，内部资料。

乡贤的示范引领作用。首先，将新乡贤纳入民主协商议事会名单，解决新乡贤的名额资格问题。涌泉镇制定了村级民主协商工作实施方案。议事会成员由组织推荐、群众举荐和个人自荐相结合的方式产生。组织推荐对象重点为在外乡贤人士，人数控制在 5~8 人；群众举荐对象为生活在市内的村民代表，按照每 15~20 户推选 1 人的标准进行举荐。经认真筛选，大山村民主协商议事会成员共 38 人。其次，在协商内容的确定方面，征求新乡贤的意见。大山村围绕集体经济发展和矛盾纠纷化解两条主线产生协商议题，协商议题经整理后，先征求各位乡贤的意见和建议，再向群众公示。最后，规范协商的程序，保障乡贤参与协商的机会。协商前，先拟定参会人员名单，并确保有 1~2 名乡贤参加，再提前 3 天通过书面或电话形式告知他们，让他们有充足的时间深入征求意见，对议题进行调研和思考；协商时，与会人员就议题充分发表看法，请乡贤代表充分有效发言，切实提高协商质量。协商后，大山村党支部对协商结果进行审核把关，并通过村务公开栏等及时向全体村民公开。

大山村吸引乡贤参与乡村治理的主要成就和经验包括以下几个方面。一是乡贤引领，做带动乡村发展的"火车头"。针对大山村村干部战斗力不强的问题，吸引在外乡贤回村担任主职干部，充实干部队伍。二是乡贤善治是化解矛盾纠纷的"稳压器"。大山公路是大山人多年来翘首以盼的民生工程，2012 年 10 月开工以来，因为种种原因，一直修修停停。2017 年 5 月 27 日，涌泉镇牵头召开民主协商议事会议，邀请大山村和岩园村的主职干部、大山公路施工方代表以及有关乡贤等 20 余人参会。2017 年 6 月初，大山公路顺利重启。截至 2021 年初，大山公路路基部分已全线贯通。在这期间，大山村多次将协商议事会议搬到了施工现场，累计化解矛盾纠纷 30 余起。三是乡贤参谋，做推动项目落地的"智囊团"。为加快大山旅游开发项目建设，2017 年 8 月 5 日，涌泉镇召开民主协商议事会议，镇领导、大山村"两委"班子、开发商代表、镇区片乡贤等近 40 人参加会议。会上，村干部和乡贤代表认真审读了开发方案，提出大山村的开发必须要解决村民的后顾之忧，要把开发商的利益和村民的利益结合起来，要求开发商对原开发方案进行优化，并会同村里将原协议中的村民受益部分再细化，切实维护了村民的利益。

在外新乡贤有自身的优势，或者是经济资本优势，或者是社会资本优势，抑或是文化资本优势。根据他们的身份属性，户籍仍在村里的，有可能直接参与乡村治理，担任村里的主职干部；户籍虽然不在村里，但是仍关心乡村发展、与乡村感情深厚的，可以借助自己的资本优势和专业优势为村庄的发展出谋划策。

四 "农联合"：提供综合性生产型基本公共服务，助力乡村振兴

涌泉镇柑橘资源丰富，是远近闻名的橘乡。2020 年，全镇柑橘种植面积达 6 万亩，年产量 7 万多吨，柑橘销售额近 6 亿元。这些成绩的取得，与镇党委政府高度重视、全力培育柑橘产业密切相关，其政策创新之一是成立了具有综合性服务功能的农村合作经济组织联合会（简称"农联合"）。2016 年 3 月，涌泉镇将辖区内 168 家新型农业经营主体、为农服务组织和涉农企事业单位组织起来成立了"农联合"。"农联合"成立后的主要做法和取得的成效包括以下几个方面。①

一是健全生产服务功能，为优质高效农业护航。经过不断探索和发展，逐渐形成了生产指导、技能培训、产品深加工等全方位生产合作，涌现出生产基地型、产业观光型、技术服务型、出口连结型等新型生产合作模式，搭建了庄稼医院、检测中心、协同创新中心等合作服务特色平台。特别是 2015 年 7 月，由临海市人民政府与中科院、省柑所三方合作成立的协同创新中心落户涌泉镇，它主要承担柑橘产业科学试验、技术研究、技术推广，新品种、新技术的引进试验与示范推广工作，及时为涌泉镇"农联合"会员提供柑橘生产技术培训、咨询与服务。

二是强化供销服务功能，以品质品牌引领市场。镇"农联合"成立后，强化供销合作，引导会员以品质赢市场、以品牌促效益，并积极创新供销模式，集中发展"一超市二服务"合作模式（即农资超市、线上和线下服务）。全镇现有农资超市 40 家，辐射全镇 32 个行政村，形成了以台农总店为龙头、镇区店为骨干、村级店为基础的农村现代农资流通新体系。

---

① 涌泉镇镇政府：《发挥农合联引领作用打造乡村振兴"助推器"》，2021，内部资料。

线上服务是指建设了 6 个村级电商服务点，方便各电商户和普通村民寄、存、取快递。线下服务是指由协创中心牵头，通过"农资超市＋合作社＋农民"三级体系，统一生产流程，统一产品标准，统一施肥用药，并开展田头讲堂、测土配方等一系列服务。同时为会员提供各种形式的产销服务，具体包括承担农产品质量安全追溯体系建设，组织推荐会员参加各级各类农博会、农产品展销会、商贸洽谈等活动，帮助会员做好品牌营销，实现产销对接、农超对接、农企对接，从而提高知名度，拓宽销售渠道。

三是提升信用服务功能，打造农村金融新型体系。镇"农联合"与农信机构建立战略协作关系，不断创新扶农助农农村金融产品和服务，推进以普惠金融为主体、合作金融为补充的信用服务体系建设。首创了"一卡一点一服务"，开办了全国第一家"农村小微金融便利店"，开创了全省支农第一卡"丰收小额贷款卡"。开展农民专业合作社信用评级，破解经营主体贷款难题。探索合作金融发展，成立全省首家农村资金互助社，助推农户做强做优农业，促进生产发展。

与一般农业合作社的创建相比，涌泉镇"农联合"的创建是在更大范围和更多内容方面的合作，具有多维度、综合性合作的属性，类似于日本、韩国和我国台湾地区的综合农协，为农业产业的发展提供了全方位的服务，为小农户对接大市场提供了桥梁和纽带，同时为减少市场风险提供了保证。

五　小结

对以人口流出为主的空心村的社会治理，关键是通过合作的方式，实现各类资源要素（人力、物力和财力）的再组织化，发挥不同主体的优势，调动不同主体的积极性，实现资源的优化配置，着力解决空心村面临的社会管理失灵、社会服务供给不足和生产效率低下的问题，进而达到和合善治的目的。台州的实践经验表明，根据不同空心村（社区）的类型，以不同的问题为导向，以共同的需求和利益为纽带，实现农村社区多元主体的再组织化是流动性背景下实现对空心村好的治理的关键。

以提供社区生活型基本公共服务为纽带进行合作，鲜叠社区的为老服务最为典型。社区社工、社会组织和老年人的互助组织以及老年人之间非正式的互助，提供了满足社区老年人基本生活需求的各项服务。以提升社区公共治理能力和治理效能为目标的合作，临海市汇溪镇"书记联合体"的建设，以及临海市涌泉镇吸引新乡贤参政议政的实践，都是这方面的典范。以提供生产型服务为主进行的合作，临海市涌泉镇打造集生产、销售和多功能于一体的服务型合作组织的建设最为典型。

总之，将村庄内外资源进行整合、形成合力是台州空心村治理的关键。这种整合与再组织化具有明显的超越社区边界的特征，而且呈现网络化的特点。

第四部分

智治支撑：推动市域社会治理方式现代化

|第十二章|

智治支撑：定位、布局与特征

台州在市域社会治理现代化建设试点的探索中，除了充分发挥如前所述的各类传统治理要素的重要作用外，还高度重视新一代信息技术在市域社会治理现代化建设中的支撑作用，明确将"智治"作为治理方式现代化建设的重要内容，作为推动市域社会治理现代化建设的新力量。这既是对国家政策的积极响应和认真贯彻，也是结合浙江省和台州市的经济社会发展实际所做出的重要选择。

2019 年，党的十九届四中全会在社会治理格局中增加了"科技支撑"这一提法，首次明确了科技对社会治理的支撑作用，具有里程碑式的意义。2020 年，党的十九届五中全会指出"加强和创新社会治理，完善社会治理体系，构建网格化管理、精细化服务、信息化支撑、开放共享的基层管理服务平台；加强数字社会、数字政府建设，提升公共服务、社会治理等数字化智能化水平"，进一步强调了以数字技术为代表的信息科技对社会治理特别是基层社会治理的重要支撑作用。国家层面对新一代信息技术在完善社会治理体系、推进社会治理能力现代化中作用的强调，为地方政府的改革特别是市域社会治理的改革指明了方向。

2021 年 3 月 1 日，中共浙江省委全面深化改革委员会印发《浙江省数字化改革总体方案》，加快推进全省范围内的数字化改革，以数字化改革带动各领域、各方面改革。而社会治理的数字化改革就是其中一个重要的方面。根据这一总体方案的布局，浙江省数字化改革的重点聚焦于五个方面：一是党政机关，二是数字政府，三是数字经济，四是数字社会，五是数字法治。实际上，这五个方面都与市域社会治理的现代化息息相关。因此，市域社会治理正在经历一场数字化改革。

在这样的大背景下，台州的市域社会治理现代化建设始终高度重视新一代信息技术的重要作用，《台州市市域社会治理现代化计划书（2020—2022年）》就明确将"发挥智治支撑作用"作为治理方式现代化的核心要素之一。

第一节　智治支撑与市域社会治理现代化建设

在台州的市域社会治理现代化建设体系中，智治扮演着重要角色。台州是如何理解这种角色的，如何在市域社会治理体系中对其进行定位？智治与市域社会治理其他要素之间是什么关系？这些都是理解台州实践必须要回答的重要问题。

一　鲜明的问题导向

党的十九届四中全会指出，坚持解放思想、实事求是，坚持改革创新，突出坚持和完善支撑中国特色社会主义制度的根本制度、基本制度、重要制度，着力固根基、扬优势、补短板、强弱项，构建系统完备、科学规范、运行有效的制度体系，加强系统治理、依法治理、综合治理、源头治理，把我国制度优势更好转化为国家治理效能，为实现"两个一百年"奋斗目标、实现中华民族伟大复兴的中国梦提供有力保证。其中，系统治理、综合治理、源头治理在传统市域社会治理中显得尤为不足，而智治就是针对这些问题的一个重要改进方式。

从台州的实践来看，智治支撑具有鲜明的问题导向。

1. 智治面对的是传统治理的老大难问题

智治直接面对的是那些亟待解决但传统治理手段难以解决的痛点和难点问题，特别是系统治理、综合治理、源头治理不足的问题，如政府部门之间的信息孤岛问题、部门协作缺乏有效的机制、民众办事要跑很多部门、应急管理能力不足、预测预防各类社会风险的手段缺乏等难题。这些问题在传统的市域社会治理中一直存在，并不是新问题，却是困扰政府已久的痛点和难点问题，迫切需要全新的理念、方式和手段来推动社会治理的转型。

第一，台州的市域社会治理数字化改革，是一个全方位、整体性的转型，包括数字政府、数字经济、数字社会、数字法治的方方面面。凡是涉及市域社会安全、稳定的问题，无论是来自政治领域、经济领域、社会领域、文化领域还是生态领域，都是市域社会治理必须面对的问题，这就需要有能够应对全系统问题的手段。智能支撑可以通过构建全方位的数字治理体系来提升系统治理的水平。"一屏观全局""全域智慧治理"是台州实践的重要特征，体现在各个领域、各个层级，有利于提升系统治理的水平。

第二，台州的市域社会治理数字化改革，是一个整合政府、市场、社会等各方面资源的过程。它既可以发挥各方面资源的独特作用，又可以增强不同资源之间的互补和协同，实现整体效能的最大化。《台州市市域社会治理现代化计划书（2020—2022 年）》注重市域数字化改革统筹设计。传统的组织和制度手段在激励和约束多元主体的行为和互动方面存在一些难以克服的局限。智治支撑可以促进政府部门的资源整合，重构政府运作流程和机制，拉近政府与社会之间的距离，加强对全流程、各环节的精细化激励和约束机制设计，解决传统治理方式中普遍存在的"九龙治水"、部门之间相互"踢皮球"的治理难题，有利于提升综合治理的水平。

第三，台州的市域社会治理数字化改革是聚焦源头问题、不断精细化的过程。深度利用、开发和创新浙食链、阳光厨房等数字产品，可以对治理对象、治理主体的行为等进行痕迹化，对各个环节的流程进行全程记录，明确责任主体，避免各种矛盾纠纷的发生，有助于实现可追溯性强、证据链确凿的精细化治理，改变传统治理中普遍存在的末端治理问题，并将治理的重心向前移，提升源头治理的水平。浙食链的技术产品在食品流通和食品安全领域的应用，就是一个典型的例子。浙食链通过区块链技术等可以实现可追溯、不可篡改的全流程治理，显著提升了食品安全领域的源头治理水平。

2. 智治面对的是数字社会的各种新问题

新一轮科技革命给全球和中国社会带来了一次新的转型，也带来了新的治理问题。伴随着新一代信息技术的广泛应用，全社会的生产方式、消费方式、工作方式、生活方式等都发生了巨大的变化，无论是个体还是组织，都进入没有时空边界的数字世界中，这就带来了很多传统治理中没有的问题，如网络诈骗、赌博、金融欺诈、窃取个人和公共信息等各种网络违法犯罪增加，网络舆情、网络意识形态等网络安全，网络经济纠纷的处理等痛点问题。

第一，传统违法犯罪行为进入网络世界，网络违法犯罪案件占比迅速上升，网络安全出现新的特征和态势，带来了新的治理挑战。从台州的治理实践来看，直接接触性的违法犯罪案件占比已经大为下降，不足 40%；大量的违法犯罪活动转向虚拟空间，占比 60% 以上。很多诈骗手段花样不断翻新，给普通民众的生活带来了负面影响。传统的治理方式、治理工具、治理手段在数字化的网络世界中不再完全适用，治理对象和治理主体之间的信息不对称，迫切需要开发新的治理工具，建立专业化的治理人才队伍。台州市公安部门在建设"智慧公安"的同时，借助全国层面的互联网平台参与和开展数据共享、技术交流和案情研判，打造了"台州公安云战三星工作室""台州慧眼"等一系列数字化改革特色品牌。

第二，技术迭代创新的速度很快，出现了大量的新型应用场景，现有规则体系的响应和更新速度跟不上，容易出现异步困境。随着新一代信息技术的迅速发展和创新迭代，经济社会领域中的"互联网＋"应用场景越来越多，电子商务、社交平台、搜索引擎、短视频、直播、互联网金融、金融科技、人工智能、无人驾驶、生物技术等各种各样的创新将更大范围的民众引入数字世界，社会行为、互动方式、关系、结构出现很多新的变化，原有的法律、规范、伦理等制度体系无法界定，亟须弥合技术发展与规则演进之间的距离。台州的数字化改革，正在各层级、各领域、各场景中构建新的规则体系。例如，浙江安迅应急救援科技有限公司正通过"互联网＋交通应急救援"的技术创新，为社会化救援构建一套新的流程、标准和规则，成为社会协同治理创新的亮点。

第三，数字世界的治理问题高度复杂，呈现出跨区域性、跨领域性、高传染性、涌现性等特征，对党委政府的治理能力现代化提出了新的要求。数字化时代的重要特征是，经济社会的运行突破了时间和空间边界的限制，不同区域、不同领域之间的交叉和融合程度提升，个体之间、群体之间的相互影响在网络世界中更加容易出现，网络舆论容易出现极化的现象，金融风险、谣言、多元观点等的传染性更高、传播路径更复杂，在宏观层面上常常出现一些意想不到的网络事件，使传统以属地管理为主的治理模式在数字化时代面临着巨大的挑战。台州在不断开放中进行数字化改革，以超人像识别联盟等系列数字化创新为代表，积极参与全国、全省范围内跨区域的联合治理，通过跨区域的数据共享、技术交流和问题研判，提升应对复杂治理问题的能力。

二　智治的三重角色

从台州实践来看，智治在市域社会治理体系中扮演着三个重要的角色。第一，智治是一种手段，在社会治理的各个场景中都有广泛的应用，即运用新一代信息技术提升社会治理的专业化、精细化和智能化水平。第二，智治是一种基础。随着新一代信息技术的广泛应用，数字化转型成为经济、社会各个领域发展的整体趋势，个体、组织和区域的方方面面都已经进入数字化时代，智治已经成为包括社会治理在内的国家治理的新的基础。第三，智治是一种能力、理念、效能，是国家治理能力、理念、效能的重要组成部分，在万物皆数、数即万物的技术革新思想之下，运用新一代信息技术认识、分析、预测和应对社会治理问题，成为一种新的被社会广为接受的理念，成为社会治理现代化的一种重要表征。

（一）智治是一种手段

智治支撑在台州市域社会治理体系中的结构性位置表现在，它是治理方式现代化的核心内容之一。台州明确将市域社会治理的方式概括为“五智”，即政治、法治、德治、自治和智治。其中，政治、法治、德治和自治是相对传统的治理方式，主要聚焦于组织、制度和文化层面，在社会治理中发挥着关键作用。相对于这四个方面而言，智治是一个新的要素，是数字化时代社会治理的新手段，其核心是加强移动互联网、物联网、大数据、云计算、人工智能、区块链等新一代信息技术在社会治理中的应用，通过不断的场景创新和技术迭代，为社会治理的精细化、专业化和智能化提供技术手段。台州的市域社会治理现代化建设实践，一方面强调五个方面的分工关系，即各个方面都发挥着不同的作用，聚焦于不同的重点和侧面；另一方面强调五个方面的协同关系，智治发挥着科技支撑的作用，可以为其他四个方面的作用发挥提供重要支撑，但智治并不是单独发挥作用的，而是要与其他四个方面融合起来，才能真正有效地发挥作用，实现整体治理效能最大化。

（二）智治是一种基础

智治是整体的数字化改革，而不仅仅是一种手段，换言之，要在数字化改革中理解智治的问题。从浙江省的数字化改革和台州的市域社会治理现代化建设实践中可以看出，智治在社会治理中的作用不仅仅是一种手段，它已经成为渗透政府、市场、社会等各个领域的一种基础，正在构建市域社会的新的基础环境。作为一种基础，智治包含着多个层次。第一，数字化的感知体系，摄像头、传感器、电子标签、射屏识别技术等一系列技术产品的应用，形成了一套智能化的感知体系，可以对图像、语音、各类标签、生物信息等进行感知，并对其进行收集、传输和汇集，这是数字化的重要基础。第二，一体化的大数据平台。浙江正在全省范围内构建一体化的政务大数据平台，以"浙政钉"和"浙里办"为应用端，背后就是大量数据的归集，包括政府各部门数据、"雪亮工程"数据等。第三，统一的分析、指挥和综合调度中心。在数据的应用层面，各个层面都以智治为统领，形成了相应的分析、指挥和综合调度中心。

（三）智治是一种能力、理念、效能

在推进国家治理体系和治理能力现代化的过程中，信息化、智能化和专业化是重要的发展方向。智治不仅是一种手段、一种基础，而且是市域社会治理现代化建设的核心内涵之一，有助于解决社会治理体系传统要素（如党委、政府、社会、公众、法治、民主协商等）难以有效解决的问题。例如，智慧警务的建设，提高了公安部门对公共空间的可视化能力，可以对违法犯罪行为进行及时发现和精准识别，有助于提高打击违法犯罪的治理能力，提升社会治安水平；"浙里办"等公共服务系统的开发，可以在普通民众和政府部门之间建立直接的联系，可以整合多个部门的行政资源，提高行政事项的办理速度，减少普通民众的时间和精力消耗，提升民众对政府服务的满意度。市域社会治理在多层级的社会治理体系中处于承上启下的关键位置，市级层面拥有县/区、乡镇所没有的立法权、专业资源等，能够在市域社会治理的智治方面发挥不可替代的作用，所以智治是市域社会治理现代化建设的重要内涵，也是台州市域社会治理现代化建设的重要方面。

第二节　台州市域社会治理智治建设的总体布局

2020 年 8 月 18 日，台州市域社会治理现代化试点工作动员部署会召开。市委书记李跃旗在会上强调，各地各部门要深入学习贯彻落实党的十九届四中全会精神和中央、省委、市委关于加快推进市域社会治理现代化的决策部署，全面加强社会治理领域的创新和实践，抢开局、破难题、促落实，变试点为亮点，变样本为样板，着力将台州打造成全国市域社会治理标杆市和平安中国示范城。

台州市委、市政府以制定《台州市市域社会治理现代化计划书（2020—2022 年）》为契机，对市域社会治理的数字化改革进行了总体布局，包括推进智能治理基础建设、推进智能治理深度应用和推进智能安全风险防控三大方面，涉及基础大数据管理平台建设，"雪亮工程"建设，政法干部信息化、智能化能力培养，"城市大脑"通用平台建设，"基层治理四平台"建设，智慧法院、智慧检务、智慧公安、智慧司法行政等建设，网络生态"瞭望哨"建设，市级社会治理综合指挥中心（综治中心）信息化建设等系统化的建设方案。

一　推进智能治理基础建设①

（一）完善市域智能化建设制度

台州市积极推动现代科技与市域社会治理深度融合，旨在将新一代信息

---

① 本部分内容来源于《台州市市域社会治理现代化计划书（2020—2022 年）》，内部资料，第 59~61 页。

技术与市域社会治理的传统要素深度融合起来。台州市要求将社会治理要素数据化、治理数据标准化、推进社会治理多网融合等作为基础建设的重要内容，纳入经济社会发展和城乡规划。通过紧密结合"智慧城市"建设，明确市级层面统数据、管数据、保安全的主责。在市级或以上层面执行统一标准，利用区块链等技术，打通地方、部门、企事业单位之间的信息壁垒，构建覆盖全域、统筹利用、统一接入、灵活服务的数据资源共享体系，实现社会治理有关数据跨部门、跨区域共同维护和利用，促进业务协同办理。

从 2020 年 8 月开始，台州市委市政府高度重视市域智能治理基础建设，按照浙江省政府数字化转型各项要求和"四横三纵"体系架构模型，积极推进基础大数据管理平台建设，深化数据共享平台建设，推动现代科技与市域社会治理深度融合，逐步夯实智能治理信息化基础。截至 2021 年 4 月，台州市共梳理了 95 个市级自建系统、140 亿多条存量数据，编制了 1227 个资源目录、300 类可开放数据资源，有序推进数据开放，打通了地方、部门、企事业单位和公众之间的数据壁垒。其中，2019 年"无证明城市"数据支撑平台建设、全市公安数据资源池建设等有序推进。

台州市委市政府在进一步推动数字化改革的基础建设方面的布局，主要包括五个方面的内容。第一，坚持规划引领。遵循浙江省顶层设计，编制和落实台州市政府数字化转型"十四五"发展规划，强化制度建设，优化要素配置，完善配套设施，夯实智治基础。第二，推进台州市公共数据平台建设，构建统一、高效、联动的省市公共数据平台体系，进一步完善数据资源共享体系。第三，推进台州市城市大脑建设。按照"互联网 + 现代治理"思维，整合汇集政府、企业和社会数据，构建平台型人工智能中枢，推动城市大脑在城市治理领域的融合计算。第四，增强全域智能感知数据融合。加快数据传输网络设施建设，建立跨部门协同机制，规范数据联网流程，健全"数据异常—处置—反馈"闭环工作机制，确保数据全量、实时接入。第五，助推政府管理、社会治理、民生服务等信息化项目申报落地，完善市域智能化建设。

（二）进一步推进"雪亮工程"建设

公共安全领域是台州市域社会治理数字化改革的核心领域之一。公共安全领域的数字化改革是市域社会治理数字化改革的重要基础，可以为其他各个方面提供有力的支撑。台州市积极加强全市范围内城乡公共安全视频监控建设与联网，着重运用物联网、5G、大数据等新一代信息技术提升重点单位、要害部位的技防设施建设水平。同时，在新建小区和老旧小区改造过程中，推进"智安小区"等建设，推动新一代信息技术与社区治理深度融合。

截至 2021 年 4 月，台州全市已经设有"雪亮工程"视频监控摄像头8.5 万个，并将按照"圈块格线点"布局建设，对市、县两级政府核心区域进行定制化防控圈打造。台州全市的视频平台共享和联网以及"智安小区"试点建设已完成。

台州市在进一步推进"雪亮工程"建设方面做出了重要的布局。第一，在 2020 年完成全市"雪亮工程"深化提升工程方案建设规划的全市视频监控新建任务的基础上，推动县级"智安小区"平台建设，实现公安视频平台软硬件扩容升级和"智安小区"建设全覆盖。第二，完成市、县两级政府核心区域防控圈建设。第三，完成智慧城市、智慧交通、智慧警务建设，数据融合共享，探索人工智能 AI、5G 等新技术引入使用。加强"智安小区"深化应用，构建设施智能、服务便捷、管理精细、环境宜居的智慧社区。

（三）提升政法干部的信息化、智能化能力

市域社会治理的数字化改革离不开一支高素质的人才队伍，只有政法干部的数字素养提升了，才能真正推动新一代信息技术在市域社会治理中的深度应用。为此，台州市积极完善应用人才队伍引进、培养、激励、管理机制，探索智能技术合作开发机制。

目前，台州市各级政法单位都高度重视政法工作信息化建设，注重对政法干警信息化、智能化能力的培养，把信息化、智能化业务纳入政法领导干部和政法干警集中培训、业务培训重要内容，广泛开展业务技能、岗位练兵比赛等，多渠道提升政法干警的信息化、智能化能力。注重人才队伍建设，建立人才库，积极探索建立专业技术人才招录、引进、培养、激励和管理机制。与此同时，台州市注重加强与高校、高新企业的合作，大力加强政法大数据应用和执法办案信息化建设，执法办案一体化全面落实，基层治理"四平台"建设、"雪亮工程"建设高效推进，社会治安管理、执法司法智能化应用能力和水平明显提升。

未来，台州市将从三个方面着手提升政法干部的数字素养。第一，加强与高校的合作，建立和完善政法干警信息化、智能化业务能力培训机制，多渠道、多形式不断提升政法干警的信息化能力素养，以适应信息化时代政法工作要求。第二，加强政法信息化人才队伍建设，完善专业技术人才引进、培养、激励和管理机制，实现人才队伍质和量的双提升。第三，加强政法大数据应用开发，打破部门界限，以政法一体化办案系统为牵引，探索政法各部门之间的基于实务需求的智能技术联合开发机制，实现资源、技术和人才的优势互补。

二 推进智能治理深度应用①

（一）台州市级层面的社会治理智能化系统建设

统筹推进台州市域范围内的社会治理数字化改革，需要在市级层面形成统一的数据收集、数据存储、数据共享、数据整合、数据使用、数据分析等系统化的数字治理功能。为此，台州市积极依托市域跨部门大数据中心平台，在市级层面建设大整合、高共享、深应用统一的社会治理智能化系统。具体而言，要针对不同场景，优化相应算法规则和工作流程，不断拓展基于大数据分析的智辅决策、智能监管、智能服务、公众参与等应用模块。建设社会治理线上协同指挥通道，提升市县乡村综治中心（综合服务管理平台）的实战效能，并向网格员等一线人员延伸，实现对各类事件实时监测、分流处置和跟踪问效。

目前，台州市各类市域跨部门大数据中心平台建设正在分头有序推进，2019 年 12 月已完成基层治理综合信息平台建设，浙江省和台州市两级平台数据对接，基本实现数据通道互联互通、现代科技与市域社会治理深度融合，智能治理信息化基础更加夯实。台州市内部各个层级和各个部门之间的数据对接正在进行。

在建设市级层面的社会治理智能化系统方面，台州主要布局了四个方

① 本部分内容来源于《台州市市域社会治理现代化计划书（2020—2022 年）》，内部资料，第 61~62 页。

面的重要内容。第一，推进"城市大脑"通用平台建设，为基层治理综合信息平台、统一执法平台、"雪亮工程"等社会治理项目提供支撑，实现多部门数据融合后的能力反哺，提升基于社会治理实务需求的智能感知、宏观决策、预测预警等智治能力。第二，建立基层治理主题库，推进基层治理数据的本地化归集共享。第三，深化"基层治理四平台"建设，推动台州市基层治理综合信息平台架构优化和功能升级，加快推进"基层治理四平台"与"雪亮工程"等系统融合应用，推广"多通融合"。第四，完成网格地图绘制和标准地址库建设工作。

（二）台州市政法系统的智慧化建设

市域社会治理的数字化改革，不仅需要市级层面统一的大数据平台建设，还需要政法系统的智慧化建设，尤其需要新一代信息技术在各个部门、各个领域根据实际业务特征和业务场景进行深度应用。台州市积极推进智慧法院、智慧检务、智慧公安、智慧司法行政等的建设，打造政法机关跨部门大数据办案平台。

台州市政法机关一体化办案系统是政法数字化协同工程的一号示范项目，由浙江省统一部署。目前，台州全市的公安、检察院、法院等政法系统数据已实现互联互通，已开通逮捕、移诉、审判、执行、涉案财物、调查评估协同。

台州市委市政府在全市政法系统各部门智慧化建设方面的布局要点体现在七个方面。第一，紧盯逮捕、起诉、审判、执行等协同指标，持续推进换押、立案监督、减刑假释、矫正终止等协同工作，全力做好"提质拓面"工作。第二，完成台州市政法一体化大容量文件共享平台的搭建。第三，推广应用单轨制协同办案模式，在台州全市推开。第四，利用"互联网＋"思维，探索利用网络拍卖（变卖）推动涉案财物处置工作。第五，开展行政案件全数字化办理的试点工作，实现案件管理中心和行政执法机关间案件接收、补充移送、结果反馈等业务的网上协同。第六，研究制定政法机关一体化办案系统电子卷宗管理办法，全面提升刑事案件单轨制协同办案的覆盖面和案件占比，优化共享平台的安全管理及使用。第七，2022年完善和优化刑事案件单轨制协同办案模式，探索尝试各类智慧辅助办案系统的研发，提高刑事案件办理的质效。

三 推进智能安全风险防控①

新一代信息技术在市域社会治理中的广泛和深度应用，一方面有助于提升治理效率，另一方面也可能带来新的风险。因此，台州在市域社会治理的数字化改革中，积极加强对社会治理领域信息化产品开发与应用的全流程监管，建立安全防控体系，特别是加强对新一代信息技术可能带来的安全风险进行深入研判，研究制定智能治理有关法规政策和标准体系，加强技术运用过程中对个人隐私等的保护，提升安全风险防范应对能力。

目前，市域社会治理领域信息化产品开发应用较为活跃，而且技术产品的研发者、运营者多数都是企业，这使市域社会治理的安全风险问题变得至关重要。台州市各有关部门正在就加强安全防控、风险防范、制度保障等方面工作进行积极探索研究，但仍存在安全防护标准不统一、数据信息易泄露、要素保障不到位等问题。

台州市委市政府在推进智能安全风险防控方面做了以下五个方面的重要部署。第一，加强和创新网络综合治理体系建设，建立宣传网信部门统筹、职能部门协同、线上线下联动的属地监管模式。第二，实施网络内容提质工程，探索"分业监管、联合执法"模式，推进网络生态"瞭望哨"建设。第三，以新一代公安信息网建设为载体，按照网络、数据、云平台、安全、运维"五位一体"的思想开展安全防控体系建设，加强网络数据安全管理，完善隐私保护和安全管理机制。第四，基本完成本地数据中心汇聚节点和用户汇聚节点，以及相关运维平台等硬件建设，完成重要信息系统迁移等。第五，完成重要信息系统的应用改造。

四 加强市级社会治理综合指挥中心的信息化建设和应用

（一）推广应用社会矛盾纠纷调处化解线上平台

矛盾纠纷调处化解是社会治理中的重要领域，市域社会治理的数字化改

---

① 本部分内容来源于《台州市市域社会治理现代化计划书（2020—2022年）》，内部资料，第62页。

革需要直面这一关键领域。台州市积极推广应用浙江省主导开发的社会矛盾纠纷调处化解线上统一平台，逐步构建业务协同、数据共享、功能集成模型，实现场景化多业务协同应用。在推进数字化改革的过程中，台州市始终积极对接浙江省级层面专班的相关工作，并提前做好社会矛盾纠纷调处化解线上平台上线后的部署推进工作，确保系统上线后能第一时间投入使用。

台州市在社会矛盾纠纷调处化解线上平台的推广应用方面，做了四个方面的工作布局。第一，积极做好前期系统落地相关部署工作，包括组织架构确认、人员配备、基础信息准备、资料收集等。第二，系统上线后，立即着手部署实施，进行安装调试、数据录入、运行情况检查、制定操作手册、开展培训。第三，定期分析研判、整理反馈，结合各部门的使用情况和存在的问题，进行上报调整、优化。第四，基于"基层治理四平台"和浙江省主导开发的社会矛盾纠纷调处化解线上统一平台，建立纠纷调处数据库，对平台受理的所有事项进行数据分层分析；探索研发矛盾纠纷的大数据模型，对可能产生严重后果的矛盾纠纷和人员信息进行预测预警。在此过程中，台州市公安机关已经着手开发异常人员模型，并将数据分析结果主动推送到"基层治理四平台"进行事件流转和人员管控。

（二）强化县级社会矛盾纠纷调处化解中心的线上指挥调度功能

市域社会治理数字化改革，尤其需要发挥县/区级在社会矛盾纠纷调处化解中的重要作用，提升县/区级社会矛盾纠纷调处化解中心的数字化水平。台州市积极强化县级社会矛盾纠纷调处化解中心的社会治理综合指挥功能，承接乡镇/街道"基层治理四平台"线上协调调度指挥业务，健全落实县级相关部门协调联动工作机制。

目前，台州全市9个市/县/区已经积极探索建立了联席会议、通办受理、分流引导、分级办理、会商联调、分析研判、管理考核等工作机制，并就如何发挥好中心的社会治理综合智慧功能进行深入研究，确保做到指挥协同、信息协同、专业协同、标准协同、社会协同、运转协同、打击协同、全域协同。

为了进一步强化县级社会矛盾纠纷调处化解中心的线上指挥调度功能，台州市在三个方面做出了重要部署。第一，按照省级建设标准加强区县级社会矛盾纠纷调处化解中心的系统化建设，完善机构设置、硬件设施、软件配备，做到部门齐全、人员到位。第二，不断深入总结大型公共安全事件、防疫防台工作、应急联动、紧急事态管控等工作经验，经常性开展模拟演练和桌面推演，进一步理顺调度机制，做到指挥及时、高效、准确。第三，建立健全县/区级社会矛盾纠纷调处化解中心联席会议制度，定期协调召开各部门问题分析汇报会，充分发挥维护社会稳定、创建平安城市的作战应急联合指挥中心功效。

（三）深化"基层治理四平台"数字化建设

市域社会治理的数字化改革，离不开乡镇/街道一级的数字化建设，这是数字化建设的基础性环节。台州市积极推进"基层治理四平台"信息系统与相关部门数据共享、业务协同，逐步实现网格员和群众上报事件自动流传派单。

台州市委市政府扎实推进"基层治理四平台"数字化建设进程，着力在三级基层治理综合信息平台架构优化和功能升级上下功夫，加快"多通融合"和归集数据共享。

为了更好地深化"基层治理四平台"数字化建设，台州市做出了三个方面的重要部署。第一，按照浙江省数字化建设安排表进度，实现"基层治理四平台"数字化建设的早谋划、早对接、早跟进、早落实。第二，不断推动"基层治理四平台"向基层延伸，拓宽拓广实际运用场景，探索构建多元共治、多方参与的格局。第三，做好网格基础事项库的改造升级，以及部门专业标签的梳理规范工作，为数字化系统对事件的"自动派单"打好基础。

第三节　台州市域社会治理智治建设的结构特征

一　纵向一体化：自上而下的顶层设计与自下而上的场景应用创新相结合

台州市域社会治理的智治建设，是政府主导下的探索创新，呈现出纵向一体化的特征，实现了自上而下的顶层设计与自下而上的场景应用创新有效结合。

（一）一体化

一体化是指台州将市域社会治理对上融入全省的数字化改革整体框架之中，对下统筹安排、多级联动，在省、市、县、乡等多层级政府之间正在进行的一体谋划、一体部署、一体推进的数字化改革中，整体性、系统性地运用新一代信息技术来支撑社会治理的现代化建设，而不是各层级各部门分散式、没有布局、没有规则的创新。开展一体化的数字建设，主要有两个方面的原因。一方面，一体化的数字建设有助于提高智治建设的效率，避免政府多层级、多部门之间的重复建设，避免不必要的资源浪费。另一方面，智治建设不同于传统方面的建设，涉及对专业性的要求，不同层级政府的专业能力差别很大，特别是越到基层，专业性越低，因此，一体化的数字建设有助于克服专业能力上的差异，充分发挥上级政府在专业化方面的优势。

（二）纵向一体化

纵向一体化并不完全是自上而下的权威指令，而是自上而下的顶层设计与自下而上的场景应用创新相结合。自上而下的顶层设计有助于为各个层级、各个部门搭建标准化的数字化框架，提供可以实现数据分类、数据汇集、数据共享的基础结构，提高数据分析、挖掘、利用、存储的效率，为社会治理现代化提供最为基础的信息来源和处理能力。自下而上的场景应用创新有助于发挥基层的在地优势，为新一代信息技术在社会治理中的应用提供更多的场景信息，这是上级政府相对欠缺的。因为上级政府的专业能力虽然比较强，但是对基层社会治理中的需求、痛点和难点、可能的创新突破口等缺乏了解，因此要在自上而下进行顶层设计的同时，为基层的探索留下适当的空间，鼓励基层结合地方的实际情况开展自下而上的创新。上级政府只需要在统一的平台系统上为基层政府的创新应用留下接口，同时为基层提供相应的数据、算法和算力的支持即可。

二　全域数字化：空间（海陆）、领域、多层创新与多点创新

台州市域社会治理的智治建设，涉及社会治理体系的方方面面，呈现

出一种全域数字化改革的趋势和特征，涉及公安、司法、信访、交通、应急管理等70多个政府部门和市、县、镇、村四个层级，包括矛盾纠纷调处化解、社会治安防控、公共安全、基层社会治理等关系百姓安居乐业、社会安定有序和国家长治久安的领域。下面我们对主要领域的智治建设进行简要概括，后续还将进行细致的介绍。

（一）矛盾纠纷调处化解是市域社会治理的重点内容

台州的9个市/县/区都建立了矛盾纠纷调处化解中心。台州市将"最多跑一地"改革作为一项重要的政治任务和为民服务的民生实事来抓，通过矛盾纠纷调处化解中心整合多个政府部门资源、群团组织、社工机构和志愿者团队等，汇集多方线上线下平台，打通线上线下的矛盾纠纷调处化解通道。不仅依托全科网格全面摸排、上报、化解线下问题隐患，而且打通县/区内部的社会治理综合指挥平台、平安建设信息系统、统一政务咨询投诉举报平台系统、"雪亮工程"系列视频监控系统等数十个部门的联结通道，打通数据壁垒，综合集成省平安建设信息系统等多个信息化资源，实现县/区级矛盾纠纷调处化解中心联动平安、综治、消防、交通、食品、环保等群众关心的20个领域、50余个场景的应用，形成线上线下一体贯通、动态管理的数字化、智能化综合调处体系，为社会治理提供大数据支撑，全面发挥平台应急指挥、重大矛盾联合调处、重要敏感时点稳控的作用，同时建立"在线矛盾纠纷多元化解平台（ODR）分流至中心，中心二次分流至调节机构"的模式，实现了矛盾纠纷调处化解中心内外受理事件处置的有效对接。①

（二）社会治安防控是市域社会治理的重中之重

台州社会治安防控的数字化程度在市域社会治理各个领域中走在前列，无论是市/县/区，还是乡镇/街道，公安系统的智治建设都取得了突出成就。例如，路桥区/县就建立了"空地一体"全域智慧防控体系，即以打造空地联勤指挥中心为龙头，构建了高空有固定翼无人机常态巡航、中空有多旋翼无人机随警出动、低空有视频监控全域覆盖、地面有巡处力

---

① 参见《台州市椒江区社会矛盾纠纷调处化解中心资料汇编》，2021，内部资料，第2~4页。

量就近调度、后台有联勤指挥合成作战的五层联动全域防控体系架构，全面提升警务效能和社会治安掌控能力。公安系统通过在市域公共空间布设智慧防控体系，可以对物理空间可见的各类违法犯罪分子和行为进行精确的信息采集、识别、分析和研判，特别是无人机、鹰眼和重要区域的视频监控，可以通过人脸图像的采集和后台的人脸识别系统对重点人群进行精准识别，公安平台的大数据系统、分析模型以及科技公司的算法算力为智能化的社会治安防控提供了强有力的技术支撑。目前，台州全域的物理空间接触式违法犯罪案件比例已经降到40%以下，其中一个原因就是社会治安领域的智治建设水平正在不断提高，可见数字技术在社会治安防控中的作用已越来越重要。

（三）应急管理等公共安全领域是市域社会治理现代化建设亟待加强的领域

台州市域社会治理的智治建设，在应急管理领域做出了不少创新探索。聚焦自然灾害和安全生产两个方面，防台防汛、海上应急、交通安全等多个重要领域，台州市加大了数字化改革的力度。例如，台州市级层面研究开发了台州市防汛防台应急指挥协同应用系统。它是台州城市大脑的主要应用之一，包括专题数据库、预警监测应用体系、指挥救援应用体系和辅助决策应用体系，实现防汛防台期间整个流程、整个指挥动作都在系统上进行，实现全市范围内的防御责任全覆盖，在一定程度上达到了精准研判、高效部署、精准测算、及时避险、精细管理、强化协同、精准监控、数据共享等目标。同时，台州市政府交通管理部门推动了智能交通的数字化改革，树立"科技＋安全"理念，运用车辆动态监控系统和智能视频防碰撞系统，对相关车辆、人员等进行实时监控，特别是对司机的疲劳驾驶、危险驾驶等进行适时监管。此外，2019年台州还开展了渔港通试点，在市级和县级建立了渔港通综合协同应用系统（简称"渔港通"），依托"渔港通"系统，可以实现渔船动态管理、应急管理、渔业资源管理和环境管理等。

（四）基层社会治理是市域社会治理的基础

台州在市域社会治理现代化建设中，尤其注重基层社会治理的智治支撑。第一，乡镇/街道层面都在大力推进智慧化治理平台的建设，加强对辖区内各方面治理信息的收集，通过广泛覆盖的摄像头等传感器，实现对公共区域、重点部位的监控和观测，确保基层社会治安的维持和社会秩序的稳定。第二，为了提升城乡社区居民享受公共服务的便捷性，乡镇/街道层面开发出不少地方性的网站、论坛、公众号、APP等，为社区居民提供数字化的公共服务窗口，增强了社区居民之间、社区居民与村/居委会之间，以及与乡镇/街道的政府部门之间的联系，扩大了民意表达的机会空间，促进了政府、社区和居民之间的良性互动。第三，县/区层面各个部门在不断向基层提供下沉服务的同时，通过数字化改革创新，为基层提供更多、更为便捷的智能化服务。比如，法院系统通过数字化改革，创新了基层的智慧法庭，使纠纷调解、民事诉讼的很多程序通过在线完成；司法所在社区矫正方面探索出很多数字化的创新方式，通过VR警示教育、行动轨迹追踪等数字技术方案的应用，有效提升社区矫正的效能。

三 主体多元化：多方力量协同推进数字化改革

台州市域社会治理的智治建设，是党委、政府、企业、社区、公众等多方主体共同参与的过程，不同主体在智治建设中发挥着不同的作用，扮演着不同的角色，围绕各种各样的社会治理场景，共同绘制市域社会治理现代化的精彩画卷。

（一）党委在智治建设中发挥着引领作用

从省级层面来看，《浙江省数字化改革总体方案》是在中共浙江省委全面深化改革委员会的引领下制定、发布和推进实施的。相应地，中共台州市委在推进市域数字化改革方面也发挥着统筹引领的核心作用。在市域社会治理领域，台州市委政法委发挥着重要引领作用。专业大数据处负责对台州市域社会治理数字化改革方面的设计、统筹、推进、协调和督导，在推动智治建设亮点打造、协调多方主体关系、建设政府一体化大数据平台、指导智治建设的实践方向等方面发挥着不可替代的作用。

（二）政府在智治建设中发挥着主导作用

在台州市域社会治理的智治建设中，政府在一些核心领域和关键环节发挥着主导作用。第一，数字政府建设是智治建设的重要内容。台州市政府在市级层面整合多个政府部门的资源，建立统一的大数据平台，由市大数据局负责数据的汇集、存储、提取、分析、应用等相关工作的协调；以"浙政钉"等政务平台和网络的运用，重构政府部门的运行机制，实现绝大部分工作的准确留痕、全程追溯和不可篡改，加强对政府运行的监督。第二，数字社会建设是智治建设的核心内容。为了建立起与社会之间的数字化桥梁，政府部门在矛盾纠纷调处化解、社会治安防控、公共安全、基层社会治理方面搭建了统一的政务服务平台、大数据平台以及调控智慧中心，对核心领域和关键环节的数字化改革承担了主要职责，构建了坚实的硬件、软件、数据、技术、人才等基础。

（三）企业在智治建设中发挥着协同作用

在数字化时代，企业是各方面数字技术研发和应用创新的关键主体。企业一方面拥有移动互联网、大数据、云计算、人工智能、区块链等方面的技术优势，掌握着大量的用户数据资源；另一方面对经济运行和社会领域的真实需求有着敏锐的嗅觉，因此常常能够推出各式各样的智能化技术创新产品，有利于更加精准地解决社会治理中的痛点和难点问题。在台州的智治建设实践中，企业扮演着重要的角色，是关键的技术提供者。例如，阿里等互联网平台企业，为各方面大数据平台的建设和算力算法的需求提供了有力的支撑；传感器、摄像头、人脸识别技术等领域的企业，为智慧警务、综治平台的运行，提供了硬件和软件方面的支持和服务；安迅应急救援产业互联网平台等互联网科技公司，开发了应急救援的产业互联网平台，在参与高速公路和城市交通的应急救援中，有效地解决了传统应急救援方式难以处理的问题。

（四）社区为智治建设提供基础的信息来源

城乡社区是社会治理的基本单元，社区治理是否能走向智治，关系到市域社会治理智治建设的成效。从台州的实践来看，城乡社区为智治建设提供了基础的信息来源。第一，城乡社区的网格化治理将每个社区分为多个全科网格，每个网格都会设置网格员，网格员会通过智能手机、网络平台等将收集的社区一线信息上传到社会治安综合治理的数据平台，从而实现信息采集、上传和汇集的数字化，提高网格化治理的效率。第二，城乡社区本身的智慧建设在迅速推进。台州城乡社区的公共区域和关键节点，基本实现了摄像头的全覆盖，乡镇/街道一级的派出所、综治中心等能够对辖区进行智慧管理，有效地降低了偷窃等各类违法犯罪案件的发生率。同时，社区民警与网格化管理的结合，也是台州基层社会治理中的重要创新，通过警网融合，派出所建立了自己的智慧管理平台和微信公众号平台，社区民警与居民建立微信群，使辖区的各类治安隐患等信息能够快速收集和传递，促进了警民融合和智慧社区建设。

（五）公众参与为智治建设构建了坚实的社会基础

在台州市域社会治理的智治建设中，公众的参与度较高，为新一代信息技术的深度应用构建了坚实的社会基础。一方面，如上所述，在城乡社区治理中，社区居民普遍采用智能终端、社区论坛、公众号、微信群等方式表达诉求、采集信息、发布信息、传递信息和实现沟通，使基层社会治理的很多内容和过程从线下转移到线上。另一方面，台州地处海边，在渔业领域的应急救援场景中，管理部门推动构建了"渔港通"的互联网管理平台，同时每只渔船都配有相应的卫星电话，实现了管理部门、渔船、渔民和家属之间的互联互通，当渔船出海遇到紧急情况时，各方都能够在第一时间获知信息、保持通信和开展应急救援。海上应急救援的数字化是台州市域社会治理智治建设的一个特色。

四 目标精细化：围绕源头治理、综合治理、系统治理开展数字化改革创新

台州市域社会治理的智治建设，体现了治理理念和治理方式的转变。新一代信息技术的应用，有助于解决传统治理面临的痛点和难点问题。台州市域社会治理的智治建设，体现了党的十九届四中全会提供的源头治理、综合治理、系统治理的治理理念和方式的变革。

（一）源头治理

社会治理各个领域的问题，都有其产生和发展的源头。传统治理方式之所以在源头治理方面存在不足，主要是因为信息获取和分析能力不足。

台州市域社会治理的智治建设在各个领域都体现出源头治理理念，通过新一代信息技术的应用，不断提升政府、市场和社会等多方主体的信息获取和分析能力，提升追本溯源的治理效能。例如，台州在食品安全领域做出了重要探索。台州市农港城是台州市"菜篮子"民生工程，是台州规模最大、综合性最强的农副产品批发市场，由台州市农副产品集配中心有限公司管理和运营。近年来，公司树立源头治理的理念，通过智慧管控的方式，探索食品安全的治理方式创新，借助区块链技术，开发"智慧农港城"食品安全可追溯系统，并与浙江省食用农产品风险智控系统（"浙食链"）融合，实现"一品一码"可追溯，全力保障"田头到舌头"的食品安全。① 源头治理的理念和方式体现在台州市域社会治理智治建设的方方面面，是新一代信息技术应用带来的重要变化。

（二）系统治理

社会治理之所以高度复杂，牵一发而动全身，是因为社会本身是一个系统，不同主体之间的互动复杂，各种利益相互交织，各种因素相互联系、相互影响。台州市域社会治理的智治建设，很好地贯彻和体现了系统治理的理念。例如，台州公安系统的智治建设就是系统治理的典型案例。第一，属地治理中的系统治理。从台州市公安局，到各个县/区的公安分局，再到乡镇/街道的派出所，对属地辖区都能实现全局化、系统化、多层次的治安防控，采用无人机、摄像头、地面巡警、指挥平台等多方面技术手段实现对物理可视化空间内的系统治理，而且与各种公共场所的经营主体建立合作关系，将社会化的视频监控系统资源整合纳入公安系统，提高公安部门对社会治安重点部位的了解和把控能力。第二，大数据库中的系统治理。台州在实践中不断探索智慧公安的新模式、新方法，其中的一个重要特征，就是建立了包含海量数据的大数据系统，同时能够运用互联网平台企业提供的算法和算力，进行人脸识别、数据分析、数据挖掘等技术操作。从台州的实践中可以看出，凡是涉及社会治安的治理对象，在智慧公安的系统中都不是孤立存在的，而是系统中的一个节点。公安系统通

---

① 参见《推进市场现代化综合治理打造平安农港城》，2021，内部资料，第1~2页。

过智治建设，可以对不同的治理对象建立不同的标签化属性，分析治理对象之间的关联性；可以在社会治安场景和企业的平台技术之间建立沟通桥梁，以自身独特的建模能力，提高对各种复杂案件的分析研判能力。

（三）综合治理

社会治理的难点还在于多元主体之间的共建、共治和共享如何实现的问题，特别是政府多部门之间、政府与社会力量之间如何真正实现协同治理的问题。从台州的实践探索来看，市域社会治理的现代化建设正在向更深层次的综合治理迈进。台州市域社会治理的智治建设，力图通过新一代信息技术来打破政府部门之间的信息孤岛，建立各个层面的综合治理平台，最大限度地整合部门之间的数据，同时为多部门的协同治理提供一种流程化的运行机制。例如，台州市通过强化数字赋能，有力地推动了应急管理领域的智能化水平，提升了综合治理的能力。台州市建成防汛防台应急指挥协同应用系统、应急指挥可视化调度指挥系统，到 2021 年 3 月，已经切实整合 14 个部门、110 类、3275 条数据，研发运用风险识别、人员转移、部门协同等智能模型，确保市、县两级应急指挥平台与事故灾害现场调度指挥连通率、30 分钟响应率、连线质量达标率都为 100%，有效提升了应急指挥能力，该系统被列入浙江省多业务协同应用"观星台"优秀项目。① 又如，台州市通过数字化改革，在政府的主导下，充分调动市场和社会的各种力量，扶持了安迅应急救援产业互联网平台等互联网科技公司的发展，培育开发了应急救援产业互联网平台等一系列技术创新应用，推动了交通应急救援领域的智慧化创新，有效提升了交通紧急事故隐患综合治理的实际效能。

---

① 参见《台州市防汛防台应急指挥协同应用介绍》，内部资料，第 1 页。

第十三章

智治建设：场景、技术与效果

坚持和完善共建共治共享的社会治理制度，保持社会稳定、维护国家安全，是中央的明确要求。具体而言，党的十九届四中全会的决定着重强调了社会治理五大方面的内容，即"完善正确处理新形势下人民内部矛盾有效机制，完善社会治安防控体系，健全公共安全体制机制，构建基层社会治理新格局，完善国家安全体系"。市域社会治理的现代化建设，需要聚焦于这五大方面，从整体上提升治理效能。

2020年，党的十九届五中全会指出，"统筹发展和安全，建设更高水平的平安中国。坚持总体国家安全观，实施国家安全战略，维护和塑造国家安全，统筹传统安全和非传统安全，把安全发展贯穿国家发展各领域和全过程，防范和化解影响我国现代化进程的各种风险，筑牢国家安全屏障"，这一论述强调了加强国家安全体系和能力建设、确保国家经济安全、保障人民生命安全、维护社会稳定和安全等方面。

台州市域社会治理现代化的智治建设，紧扣党的十九届四中和五中全会精神，贯穿在矛盾纠纷化解、社会治安防控、公共安全、基层社会治理、国家安全等五大方面之中，呈现一种全域数字化改革的趋势和特征，涉及公安、司法、信访、交通、应急管理等70多个政府部门，贯通市、县、镇、村四个层级。凡是与矛盾纠纷化解、社会治安防控、公共安全、基层社会治理、国家安全等关系百姓安居乐业、社会安定有序和国家长治久安的领域，都是台州智治建设需要而且正在大力创新探索之处。台州市域社会治理的智治建设，开展了大量的创新探索，不少探索卓有成效，展现了科技支持市域社会治理的光明前景。

第一节　智治支撑矛盾纠纷化解

　　矛盾纠纷化解是市域社会治理的重点内容。台州市积极贯彻落实中央和浙江省委关于推进市域社会治理现代化的决策部署，坚持以人民为中心的发展理念，以"最多跑一地"改革为牵引，聚焦基层治理的核心领域，不断完善社会矛盾纠纷多元化解体系，加强新一代信息技术在矛盾纠纷化解中的广泛和深度应用，提升社会治理的精准化和精细化水平。

一　矛盾纠纷调处化解中心的智慧化

案例场景：矛盾纠纷调处化解的智治建设

　　台州市的9个县市区都建立了矛盾纠纷调处化解中心（以下简称矛调中心）。台州市将"最多跑一地"改革作为一项重要的政治任务和一项为民服务的民生实事，通过矛调中心整合多个政府部门资源、群团组织、社工机构和志愿者团队等，汇集多方的线上线下平台，打通线上线下的矛盾纠纷化解通道。不仅依托全科网格全面摸排、上报、化解线下问题隐患，而且打通区县内部的社会治理综合指挥平台、平安建设信息系统、统一政务咨询投诉举报平台系统、雪亮工程系列视频监控系统等数十个部门的连接通道，打通数据壁垒，综合集成省平安建设信息系统等多个信息化资源，实现区、县级矛调中心联动平安、综治、消防、交通、食品、环保等群众关心的20个领域、50余个场景的应用，形成线上线下一体贯通、动态管理的数字化、智能化综合调处体系。为社会治理提供大数据支撑，全面发挥平台应急指挥、重大矛盾联合调处、重要敏感时点稳控的作用，同时建立"在线矛盾纠纷多元化解平台（ODR）分流至中心，中心二次分流至调节机构"的模式，实现矛调中心内外受理事件处置的有效对接。[①]

---

　　① 参见《台州市椒江区社会矛盾纠纷调处化解中心资料汇编》，2021年3月。

1. 技术：新一代信息技术下的精准治理

台州市各个区县的矛盾纠纷调处化解中心，在发挥党委领导、政府负责、社会协同、居民参与、法制保障、民主协商等各方面要素作用的同时，充分发挥信息技术的支撑作用，引导矛盾纠纷线上反映、线上受理、线上处置、线上答复，推动社会治理向智慧化转变。这种以信息技术为支撑的智慧化精准治理体现在几个方面。

第一，畅通渠道一键"掌上办"。以黄岩区矛盾纠纷调处化解中心为代表，利用互联网、大数据、云计算等新一代信息技术，自主研发"善治永宁"信息系统，开辟移动手机端，协同"四平台"、微法院、掌上非诉等载体，为群众提供信访、诉讼、报案、投诉等20项服务，群众足不出户就可以表达诉求，获得权利救济，推动"最多跑一地"向"一次不用跑"升级。

第二，贯通数据归集"线上调"。打破各单位"信息孤岛"，建立社会治理大数据中心，接入综治"四平台"、信访12345、公安110、法院ODR、司法调解平台、人社劳动争议等数据，通过"四平台"直接联动乡镇综治中心，并将事件信息流转至相关单位及村居、网格。以诉求响应及时性和办件评价满意度为指标，完善村居排查化解、乡镇街道联动化解、区级法定途径处置、信访处置"四大闭环"，全面提升社会治理效能。

第三，动态分析事态"网上控"。依托"善治永宁"系统，整合公安、法院、信访、民政等11个涉及处理矛盾纠纷的单位信息数据，围绕精准治理、矛盾热点、决策评估等八大模块打造"智慧大脑"，日均处理指令达200条以上，实现对矛盾纠纷的全程跟踪和动态预警。

第四，通过社会治理大数据中心（指挥平台），整合公安、法院、信访、民政等多领域涉及处理矛盾纠纷的信息数据，全程跟踪监察，实时分析研判，动态预警预测，推动基层治理决策更加科学化、治理方式更加精细化。[1]

2. 效果：线上一体化的矛盾纠纷调处化解

台州市矛盾纠纷调处化解中心的建立和运行，充分发挥了与民方便、

---

[1] 参见《黄岩区社会矛盾纠纷调处化解"最多跑一地"改革工作情况汇报》，黄岩区社会矛盾纠纷调处化解中心，2021年3月。

解民之忧的社会治理功能，其中，新一代信息技术的应用，提升了矛盾纠纷调处化解的效率，推动市域社会治理的精准化和精细化水平不断提高。

第一，真正为老百姓带来了便利和公正的服务。矛盾纠纷调处化解中心通过运用移动互联网、大数据等新一代信息技术，建立了移动端诉求表达机制，涉及诉讼、信访、复议、信息公开、报案、控告等20项几乎全类型诉求通道的公开，可以让老百姓足不出户就可以获得公平正义的服务供给，有力地推动了社会治理的智慧化进程。

第二，提高了政府各个部门之间的协同水平。矛盾纠纷调处化解中心通过建立社会治理大数据指挥平台，有效地动员了各个相关部门的数据共享，推动了各个部门围绕矛盾纠纷开展协同治理，重构了部门之间的互动过程和工作机制，记录了工作流程的各个步骤和环节，有利于提高效率，推动矛盾纠纷化解工作的效能提升。

第三，形成了联动监督的工作机制。通过进驻社会矛盾纠纷调处化解中心的纪委、监察、检察、行政执法监督、信访督查等职能，系统派单或大数据分析中发现有违法违纪或不作为等情形的线索时，系统会分流至相关监督部门，启动监督程序，这有利于保证社会治理的绩效和方向，不断增加人民群众的获得感。

在浙江省数字化改革的大背景下，台州市矛盾纠纷调处化解中心的各方面工作积极推进，取得了重要的进展，产生了明显的社会效应。以黄岩区社会矛盾纠纷调处化解中心为例，2020年共接待群众12311人次，受理各类诉求8546件，成功调解案事件5817件，其中重大疑难群体性案事件42件，法院民商事案事件6589件、行政案事件79件，同比下降3.78%、26.8%。信访（国家、省、市、区）的四级来访共359批次944人次，与2019年相比分别下降28.5%和22%，在社会治理中发挥着越来越重要的作用。黄岩区在探索县级社会矛盾纠纷调处化解平台建设上走出了一条"线下一站式、线上一体化、区乡村联动"的特色之路。

二　巡回智慧法庭的智慧服务

案例场景：乡镇层级的智慧法庭①

作为民营经济繁荣活跃的地区，台州基层调解和诉讼服务的需求较强。据统计，台州市共有 129 个乡镇/街道，但人民法庭只有 20 家，无法有效覆盖每个乡镇。为实现法庭工作全覆盖，深化诉源治理，达到"小事不出村、大事不出镇、矛盾不上交"的目标，台州法院创新性地在不增编的情况下，按照"一镇一庭"的模式在乡镇综治中心内部设立巡回智慧法庭，以达到优化司法资源，推进多元化解，方便群众诉讼的目的。

2019 年 9 月，黄岩区法院率先利用全区乡镇/街道综治中心蓬勃发展的优势，充分依托日臻完善的浙江移动微法院、浙江 ODR 平台、浙江法院网等信息化建设的成果，于院桥镇设立全国首家立足乡镇综治中心、依托信息化技术、实现全流程司法服务的巡回智慧法庭。除数字基础设施建设之外，院桥镇巡回智慧法庭还大力投入调解及诉讼服务的队伍建设：镇综治中心资深人民调解员每日坐班巡回智慧法庭办公室的同时，配备年轻文书人员从事辅助事务，完成智能化在线操作，另外每村设置由村干部、乡贤组成 5 名至 9 名村级人民调解员，针对调解员、网格员关注的法律问题，现已经组织线上线下专题法律培训 15 次，形成巡回智慧法庭对接镇综治中心，中心调解员对接村级调解员的三级联动模式。巡回智慧法庭团队除周五定点提供便民咨询服务外，在其余工作日，通过线上的方式为乡镇矛调分中心提供调解、司法确认、开庭审理等司法服务。

目前，台州法院巡回智慧法庭工作基本流程如图 13 - 1 所示。

1. 技术：ODR 诉前调解与移动微法院小程序

按照巡回智慧法庭的工作流程规定，矛盾纠纷进入巡回智慧法庭后，先由法庭将适合调解的案件进行分拣，通过平台将案件资料传送至综治

---

① 资料来源：访谈记录整理，2021 年 3 月 21 日。

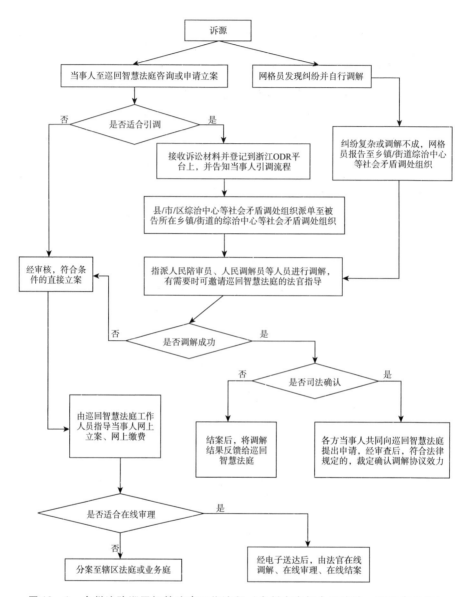

图13-1 台州法院巡回智慧法庭工作流程（台州市中级人民法院，2019年9月）

办，再由综治办依被告住所地或侵权行为地分配至各调解组织和各网格，如调解成功，当事人提出司法确认申请，符合法律规定的，即可裁定确认调解协议的效力。其中使用的核心技术就是自2017年以来浙江省全面建设和推广的ODR技术机制。

ODR（Online Dispute Resolution）即在线矛盾纠纷解决机制。根据美

国联邦贸易委员会、欧盟、OECD 以及全球电子商务论坛（GBDE）的定义，是指"网络上由非法庭但公正的第三人，解决企业和消费者之间因网络电子商务契约发生争执的所有方式。"社会的快速变革带来纷繁多样的矛盾纠纷，仅靠传统纠纷解决模式，制约条件诸多，耗时费力的同时，效果却十分不理想。随着互联网渗透到社会经济生活的各个领域，创造更高智慧的纠纷解决模式成为大势所趋。ODR 逐渐发展成为中立第三方利用网络信息技术在虚拟空间协助当事人解决各种纠纷的平台，包括：在线协商、在线预判评估、在线调解、在线仲裁以及内部设立的"纠纷在线处理程序"及在线诉讼等方式。平台基于递进式漏斗模型设计，从法律咨询开始到网上诉讼层层解决用户法律问题，使诉讼纠纷通过在线漏斗不断被过滤和分流，最终真正走诉讼程序的案件只是一小部分。

ODR 在线纠纷解决非常符合社会化、法治化、智能化、专业化的需求，通过在线平台去整合社会化的资源，使更多的人参与到这个纠纷化解过程当中，更好地发挥纠纷化解的过滤与漏斗效应，社会问题社会解决，专业问题专业人士解决，线下问题线上解决，引导当事人选择适当的纠纷解决方式，合理配置纠纷解决的社会资源，完善和解、调解、仲裁与诉讼有机衔接、相互协调的多元化纠纷解决机制；充分发挥司法在多元化纠纷解决机制建设中的引领、推动和保障作用，为促进经济社会持续健康发展、全面建成小康社会提供有力的司法保障。

借助 ODR 机制，巡回智慧法庭实现了得以将司法服务介入纠纷的结点前移。一方面，巡回智慧法庭的值班法官经常受邀参与到辖区内的纠纷化解中，为各方提供法律意见，保障纠纷各方在法治框架内寻求理性的解决方案，这一设置将矛盾纠纷调解的成功率提高至 35.8%。另一方面，ODR机制鼓励和放开居民上报无法自行完成调解的矛盾纠纷，有利于减轻矛盾在底层积压，而通过后续的分流、过滤和预处理，则减轻了诉讼服务系统的不必要的工作量，有助于充分发挥多元调解的优势。

另外值得一提的是，根据巡回智慧法庭的工作流程，如不符合未能在规定期限内成功调处，将会终止调解，递交移动微法院在线智能平台及时立案。为了方便居民使用，尽管全面数字化改革正稳步推进，但部分居民仍被隔离在数字鸿沟对岸。在巡回智慧法庭的建设中，基于这一事实，开发移动微法院平台微信小程序，并向社区居民发布详细而平实的使用指南，帮助居民实现"微信立案"，帮助居民在平台快速进行"身份认证""申请立案""查询案件""财产保全""发表质证意见""签署调解协议"等基本操作。此外，巡回智慧法庭还根据当地的数字教育普及状况准备了补充方案，例如，对于部分有需要的居民开放钉钉诉讼前台，供他们随时通过视频问询；对于一些无法使用智能手机的居民或是失能人士，则派出社区工作人员入户提供帮助。

2. 效果：科技支撑一站式、全覆盖的智慧多元调解①

巡回智慧法庭的建设和建成是人工智能时代应运而生的创新治理工具，在疫情期间的基层矛盾纠纷调解工作中取得了卓越的社会效应。目前，巡回智慧法庭不仅方便了人民的生活，满足了经济活动和日常生活中的矛盾调解需求，而且深化了乡镇层级调解和诉讼的衔接，更推动了法庭工作的减量提效。数据表明，2020 年，黄岩法院继续坚持源头治理、调解优先的理念，派驻各乡镇的巡回智慧法庭全年参与诉前民商事纠纷 1895件，调解成功 678 件，司法确认 527 件，调解成功率达 35.8%，收案数同比下降 14.83%。此外巡回智慧法庭是多元化解和诉讼服务从区县层面向乡镇层面下沉的直接成果，也是让人民法庭服务与 105 家巡回智慧法庭与全市 7300 多个全科网格对接融合的重要接口。

除社会效应之外，巡回智慧法庭还在多个方面体现出机制上的开创性，产生制度建设上的正面效应，为数字化时代的政务服务建设提供了优秀的思路。

首先，巡回智慧法庭是基层法治建设的核心阵地，旨在提供以人民需求为本的"一站式便捷服务"，力求在科技的支撑下以最低成本、最快速度、最优服务全方位满足乡镇/街道层级的调解与诉讼需求。借助 ODR 技术平台和浙江移动微法院的建设成果，巡回智慧法庭完善了司法调解、指导调解、司法确认、引导分流、在线办案、诉讼服务、法治宣传、参与基层社会治理八大职能，基本保证乡镇一般矛盾纠纷和传统民事案件及时处

---

① 参见《台州黄岩法院巡回智慧法庭上线》，2019，浙江法院网（http://www.zjsfgkw.cn/art/2019/10/12/art_56_18557.html）。

置、及时化解，促使矛盾不出乡镇、就地化解。

其次，在已有信息化建设成果的基础上，巡回智慧法庭着力打造、凸显和推广其"智慧服务"的特色，取得了一定的成效。调研中我们了解到，巡回智慧法庭是集自助立案、自助查阅、在线送达、在线调解、在线审判、在线执行、在线咨询、在线培训八大功能于一体的现代化新型法庭。如果居民有矛盾纠纷，可线上申请立案，随后启动诉前调解流程，由智慧法庭的值班法官作为调解员在线调解和指导，提供专业的法律支持。如果诉前调解成功，可申请在线司法确认；如果调解不成功，法院的驻点巡回法官在线或驻点指导制作简单文书，指导当事人通过浙江移动微法院小程序进入诉讼程序，实现立案到执行全流程在线流转。智慧服务能够在线满足群众一站式诉讼需求，实现司法资源高效配置。新冠肺炎疫情期间，智慧法庭更是以其"智慧"——便捷、迅速以及打破时空条件束缚的独特优势，成为及时调解民间矛盾、满足诉讼需求的重要手段。

最后，与人民调解深度融合，就地化解纠纷是巡回智慧法庭的重要使命，"诉前调解"是巡回智慧法庭的工作特色之一。黄岩法院以院桥镇巡回智慧法庭为中心点，继续强化就地预防化解矛盾纠纷功能，主动融入基层纠纷解决网络建设，发挥法院职能作用，为非诉讼方式解决纠纷提供司法保障。在巡回智慧法庭中，庭长同时担任人民调解指导员，这大大增强了化解疑难复杂纠纷和行业性、专业性矛盾纠纷的专项指导力度，提高了调解成功率，取得了卓越的治理成果。

第二节　智治支撑社会治安防控

社会治安防控是市域社会治理的重中之重，台州社会治安防控的数字化程度在市域社会治理各个领域中走在前列。目前，台州全域范围内的物理空间接触式违法犯罪案件以及降到40%以下，其中一个原因就是社会治安领域的智治建设水平正在不断提高，数字技术在社会治安防控中的作用越来越重要。

一 全域社会治安智慧防控

案例场景：路桥区全域智慧防控体系[1]

路桥区县就建立了"空地一体"全域智慧防控体系，即以打造空地联勤指挥中心为龙头，构建了高空有固定翼无人机常态巡航、中空有多旋翼无人机随警出动、低空有视频监控全域覆盖、地面有巡处力量就近调度、后台有联勤指挥合成作战的五层联动全域防控体系架构，全面提升警务效能和社会治安掌控能力。

公安系统通过在市域公共空间布设智慧防控体系，可以对物理空间可见的各类违法犯罪分子和行为进行精确的信息采集、识别、分析和研判，特别是无人机、鹰眼和重要区域的视频监控，可以通过人脸图像的采集和后台的人像识别系统对重点人群进行精准识别，公安平台的大数据系统、分析模型以及科技公司的算法算力为智能化的社会治安防控提供了强有力的技术支撑。

目前，台州全域范围内的物理空间接触式违法犯罪案件以及降到40%以下，其中一个原因就是社会治安领域的智治建设水平正在不断提高，数字技术在社会治安防控中的作用越来越重要。

1. 技术：基于"人机合作"的空地联勤[2]

路桥五层联动"空地一体"全域防控具体表现在智慧防控的数据收集、数据传输、行动反馈三大环节，在传统警务工作中的这三个环节是先后发生的。现在，路桥区公安局在市情报指挥中心、特警支队等部门的精心指导下，专班化运作、项目化推进，积极打造五层联动的"空地一体"全域防控体系。数据收集、传输和反馈的进程得到飞跃般的提升，通常可以在警情发生之后的几分钟甚至几十秒内完成从发生地到警务后台的传

---

[1] 参见《扛起使命担当提升五种能力助力台州如期创成全国首批试点城市》，中共台州市路桥区委台州市路桥区人民政府，2021年2月。

[2] 资料来源：《路桥区"空地一体"全域智慧防控体系：路桥区社会治理资料汇编》，以及访谈记录整理，2021年3月22日；《路桥："空地一体"，打造现代警务路桥样板》，ht-tps://new.qq.com/omn/20200618/20200618A0GWE600.html。

递。对于正在发生的、可能对群众的生命财产、公共安全构成严重危害的重大或紧急警情，无人机快速出动，在地面警力到达之前先期到达现场，将现场实时画面第一时间传输至指挥大厅，便于统筹调配警力。同时，研判结果发送至处警民警，使民警在处警前掌握现场情况，对于提前掌控警情动态、保障群众和处警民警的安全、成功处置警情，都提供了有效保障。

"空地一体"全域防控体系的建成是基于路桥公安对相关硬件和软件设施的投入和建设，优良的技术设备与高素质人才的配合，为体系建设奠定坚实基础。

为织密地面网络，路桥区在"雪亮工程"的建设中投资 4500 万元，安装人脸识别监控 1503 个，MAC 系统 2379 套，社会视频监控 2.6 万个，总监控数 3.6 万个，每平方公里监控数 132 个，同时配备 16 支警力屯警网格，动态巡逻，就近出警。雪亮工程与网格警力的紧密联合极大提高了治安防控的力度和效率，牢牢把握社会治安防控的主动权。

为拓展防控的维度，积极攻破部分急难险重警情或大区域作战任务等问题，路桥区投资 300 万元购置 2 台固定翼无人机，分东西两片对全区重点部位进行高空常态巡逻。另有 30 台多旋翼无人机，分配派出所和业务警种，全面应用于警情处置、大型安保、追踪抓捕等场景。与此同时，路桥公安加大了对民警的培训力度。目前已有 36 名民警取得警用无人机驾驶证，166 名民辅警取得无人机操作证。民警研发的"无人机 MAC 采集、单兵侦测模型""无人机在现场勘察中的应用"等成果多次在全市比赛中获奖。

为实现有效空地联动，路桥区斥资 1300 万元为情报中心配备大屏显示系统、无人机操控平台等设备，设置了 9 个功能区和 31 个工位，打造空地联勤智慧中心，实现前端后台联动，确保运行流畅高效。同时，优化后台管理机制，制定指挥调度规范和警情应急处置预案。实现全程可视化、智慧扁平化、联动一体化、处置规范化，确保出警的安全和高效。

2. 效果

首先，"空地一体"全域防控体系打破了传统的办案时空限制，实现了对一线民警的充分赋能，是安全防控领域的一项重要突围。2019 年，路桥分局实施社会监控联网工程之后，全区盗窃、两抢、电诈三项警情分别下降54.7%、70%和5.7%，总降幅46.5%，居全市第一，本地现发案件破案率上升至41.6%。

其次，这一项目建设激发了全民参与全域智慧防控的热情。在相关部门的积极争取下，路桥区委区政府将社会视频监控联网纳入十大民生工程，通过由公安负责确定点位，提供技术参数，以"村居为主、社会参与、政府兜底"模式，筹集资金3140万元，用于建设社会视频监控，基本实现了"全覆盖、全联网、直接调、可巡防"的管控目标。政府通过积极宣传智慧防控的理念和成效，充分调动了民众与市场对此的关注，争取到了宝贵的支持和更多的资金。赢得广泛的民众参与帮助公安系统在智慧防控中突破"政府监控可能涉及居民隐私问题"这一难点。

二 智慧公安建设

案例场景：黄岩公安"翁燕敏人工智能工作室"[①]

随着现代科技的不断发展与完善，以人脸识别为典型代表的人工智能技术融入社会生活的各个领域。与此同时，公安工作大数据时代的到来也为人脸识别技术应用于侦查工作提供了有利契机。人脸识别技术能够精确捕捉图像中人脸特征，并与数据库中的人脸信息进行比对和匹配，通过"计算"得到匹配的相似度结果。相对于传统的依靠基层警务工作者的记忆力和"眼力"比对和识别人像，这一技术不仅可以提高任务的准确率，而且能大幅度提高破案的速度。

2018年，党的十九大明确提出加快全面数字化改革。2020年，党的十九届四中全会提出"建立健全运用互联网、大数据、人工智能等技术手段进行行政管理的制度规则"的重要任务，指明了信息革命时代背景下借助数字技术等科技手段赋能政府治理体系和治理能力现代化的改革方向。2021年3月发布的《浙江省数字化改革总体方案》明确了浙江省数字化改革的基本特征和着力点，聚焦数字法治，推动法治建设重要领域体制机制、组织架构、业务流程的系统性重塑，以期

---

① 资料来源：访谈记录整理，2021年3月21日。

达到对法制系统实现全方位一体化数字赋能的效果。

浙江省台州市作为数字化改革的前沿阵地，积极跟进公安法治系统的智能化建设。在智慧公安建设的过程中，组织培养出了以台州市公安局黄岩分局基层民警翁燕敏为首的一批既具备一线办案经验，又具备人工智能知识储备与实践技能的智慧警务人才。2018年，"黄岩公安人工智能工作室"暨翁燕敏人工智能工作室正式挂牌，工作室属于台州市公安局黄岩分局刑侦大队科，是通过人工智能技术对无线通信、视频天网中的图像进行分析，并将识别结果应用于抓捕逃犯、打击拐卖、"灯塔工程"（帮助流浪人员回家）等基层警务和民生工作之中。工作室使用翁燕敏警官带头自主研发的人工智能技术平台，靠着"比AI更懂警务，比警察更懂AI"的优势，获得了喜人的侦破成果：工作室成立至今，参与打击拐卖110余起，抓获各类案犯600余人，破获案件1000余起。在一些历史久远的重要案件中也发挥了关键的作用。由于其杰出的表现，翁燕敏人工智能工作室先后被评为"浙江省二级视频侦查室""台州公安云战三星工作室"。目前，工作室致力于将这一指数含量高、实用性强、精准指向警务工作需求的平台推广到省内其他公安单位，力求与其他单位共同建设，实现跨省市的图像数据库，实现更加高效的案件侦破。

1. 技术：结合一线警务实践的人像识别技术创新[①]

近年来，多家人工智能公司推出可供第三方购买并使用的人脸识别技术服务，这也是大部分将这一技术引入社会治理案例的第一选择。翁燕敏人工智能工作室在初期借助商用人脸比对服务后，发现了这种做法在智慧公安场景下的关键缺陷：首先，应用的出品方和使用方行动逻辑不匹配。人工智能开发公司是从算法本身出发设计了平台的运行逻辑，而基层民警在办案时一般从案件侦破出发，这导致民警在使用商业人像比对服务的过程中遇到诸多技术障碍和不便。其次，商业性质的图像识别在设计之初往往没有特定的目标对象，其训练使用的数据集是广泛但缺乏特性的，这导

---

① 资料来源：《翁燕敏工作室"台州慧眼"宣传册》以及访谈记录整理，2021年3月23日。

致他们充分利用特定任务中出现的综合数据集，经常出现数据处理的错误。最后，由于商业性质的图像识别对图像本身的质量有较高的要求，但在基层警务的实际场景中通常难以满足这样的图像条件，实际采集到的是大量监控拍摄下的模糊图像、图像主体严重形变的图像等，因此比对结果往往不尽如人意。

针对商用平台的这些问题，翁燕敏警官凭借对基层警务需求的理解和对人工智能技术的钻研，于2018年带领工作室其他民警，协同台州市技术研究院共同搭建出高度贴合办案实际的人像识别技术平台——"台州慧眼"。这一平台从基层警务工作需要入手，借用人工智能公司的算法接口，自主搭建专攻案件侦破问题的人像比对与人像滤镜两大实用模型，展现出"比算法公司更懂应用，比基层民警更懂算法"的复合优势。相对于传统的人像识别应用平台，工作室自主搭建的人像比对模型不仅可以在训练中逐渐学习地方图像数据的特点并不断自我修正，提高识别的准确度，还能对案件侦查中常用的元素如罪犯人像与图片捕捉到的车辆外形进行整合并"打包识别"。此外，工作室搭建的人像滤镜更是打破了商用人像比对的"输入图像—全数据集比对"的简单逻辑，选取图像捕捉地点与主体活动范围、案件性质与主体犯罪前科等成对变量，在庞大的数据量中有效筛选出具有高关联度的人像，再比对所获图像与筛选结果的匹配程度。这样一来，比对的工作量大大减少，比对结果的精确度提高，从而降低了案件侦破的难度，提升了公安决策的水平。

目前，"台州慧眼"技术平台开发基本完成，并于2019年成功申报国家专利，广泛投入台州公安的实际警务工作中，受到基层民警的一致好评。工作室成立至今，主导破获各类疑难案件1000余起，命案积案23起，抓获各类案犯600余人。借助"台州慧眼"，台州市公安局不仅大大提高了普通警务工作的效率，还接连侦破多起陈年旧案、悬案，得到来自社会各界的高度瞩目。由于其杰出的表现，翁燕敏人工智能工作室先后被评为"浙江省二级视频侦查室""台州公安云战三星工作室"。近期，工作室致力于将这一指数含量高、实用性强、精准指向警务工作需求的平台推广到全国其他公安单位，建设全国性质的超级识别者联盟，力求通过调动跨省市的图像数据库，实现更加高效的案件侦破。①

2. 效果："翁燕敏人工智能工作室"的社会效应

"翁燕敏人工智能工作室"将人像识别技术和大数据开发技术全面应用于公安工作，在黄岩公安和更广泛的社会治理工作中发挥了重要的影响。

首先，智慧公安建设从根本上革新了办案方式，帮助基层民警有效攻破侦查工作的难点。过去民警凭借办案经验和案件记录完成识别和侦查工作，现在则可以利用"台州慧眼"精准识别和高效比对人像。目前，黄岩公安凭借技术平台将多名逃逸数十年的通缉犯捉拿归网，其中包括公安部 A 级通缉犯 1 名，B 级通缉犯 1 名，系列杀人犯 3 名。可见，"台州慧眼"技术平台在极大程度上为一线民警赋能，提高了侦查和缉拿的效率，同时，工作室自主研发的平台比外包服务更贴合办案需求，有效保障人员信息和数据的安全，从而更好地保障了社会治安稳定。

基于这一功能强大、数据充足的平台，黄岩公安在打击拐卖、智慧寻亲、失能人员防走失等与民生相关的警务工作中取得了出色的成绩。"翁燕敏人工智能工作室"基于数据和技术，打造"灯塔工程"的寻亲救助品牌，与全省 26 个救助站协作开展社会救助寻亲，已帮助 108 个家庭实现团圆。工作室应用化归解构的思维视角，借助公益寻亲和侦查破案在技术任务性质上的相似，对库内信息进行重拟和灵活调动，盘活了数据，用活了技术。因此，工作室得以以较低的成本同时为社会服务和刑侦工作等多项工作提供有力的技术支持。这不仅体现了新时代公安"民生为旨，主动作为"的理念，而且推动科技在社会治理中进一步发挥全方位、深层次的作用，具有深远的意义。

最后，"台州慧眼"及其技术论坛为全国多地的一线民警提供了交流和参与的平台，激发基层治理对技术应用的想象力和创造力，为各地人工智能支撑社会治理的模式提供经验和标杆。智慧公安平台的建设离不开扎实的数据基础，已有多地公安部门使用"翁燕敏人工智能工作室"研发的人像识别技术平台，强化多地人像数据和联动，进一步充实了全国公安数据系统。与此同时，一线民警的实战经验和使用反馈正帮助智慧公安平台高

---

① 资料来源：访谈记录整理，2021 年 3 月 21 日。

效修复技术漏洞,优化技术支撑基层治理的效果,拓宽技术赋能的限度。[①]

第三节 智治支撑公共安全维护

应急管理等公共安全领域是市域社会治理现代化建设亟待加强的领域。台州市域社会治理的智治建设,在应急管理领域做出了不少创新探索。聚焦自然灾害和安全生产两个方面,防台防汛、海上应急、交通安全等多个重要领域,台州加强了数字化改革的力度。例如,台州市级层面研究开发了一个台州市防汛防灾的应急指挥系统,即台州市防台应急指挥协同系统,是台州城市大脑的主要应用之一,包括专题数据库、预警监测应用体系、指挥救援应用体系和辅助决策应用体系,实现整个防汛防台期间整个流程、整个指挥的动作都是在系统上进行,实现全市范围内的防御责任全覆盖,一定程度上达到了精准研判、高效部署、精准测算、及时避险、精细管理、强化协同、精准监控、数据共享等目标。同时,台州市政府交通管理部门推动了智能交通的数字化改革,树立"科技 + 安全"理念,运用车辆动态监控系统和智能视频防碰撞系统,对相关车辆、人员等进行实时监控,特别是对司机的疲劳驾驶、危险驾驶等进行适时监管。此外,2019 年台州开展渔港通试点,在市级和县级建立了渔港通综合协同应用系统,简称渔港通,依托渔港通系统,可以实现对渔船动态管理、应急管理、渔业资源管理、环境管理,还有公安部门海防船员的协同管理等等。

一 应急领域的智治建设

案例场景:防汛防台全流程应急指挥系统

台州地处浙江东南沿海,历来受台风暴雨灾害影响严重,新中国成立以来,登陆浙江的台风有 4 0% 在台州登陆,防汛防台工作任务

---

① 参见《翁燕敏:"人脸识别仪"帮助流浪者回家》,2018,《人民公安报》第 5 版,https://www.sohu.com/a/230458446_259620;《翁燕敏:行走的"人脸识别仪"》,2019,黄岩新闻。

重、压力大。近年来，台州市紧紧围绕防汛防台"一个目标、三个不怕"总要求，坚决贯彻落实习近平总书记关于防灾减灾救灾有关重要指示精神，充分运用数字化手段，着力打造市、县、镇、村纵向贯通、部门横向协同的防汛防台应急指挥系统，在 2020 年防御"黑格比"等台风过程中充分发挥了核心牵引作用，实现人员零伤亡。

台州市级层面研究开发了一个台州市防汛防灾的应急指挥系统，即台州市防台应急指挥协同应用，整个系统作为台州城市大脑目前的22 个应用之一。系统承建方是中国移动台州分公司以及阿里云计算机技术有限公司，该项目入选了浙江省数字化转型高新产业优秀项目。整个系统建设内容主要分为四块：一是数据的专题库，二是预警监测的应用体系，三是指挥救援的应用体系，四是辅助决策的应用体系。这四块内容是全面贯穿于整个系统，但是在系统里根据省里面的数字化的要求，主要是打造灾前、灾后一体化的路程，同时要结合台州市防汛防台应急预案以及各县市区相应的预案，实现整个防汛防台期间整个流程、整个指挥的动作都是在系统上进行。截至 2021 年 3 月，台州市防台应急指挥协同系统接入了相关部门数据 6700 多万条，包括监控 1000 多个，配置 4000 个乡村，实现全市范围内的防御责任全覆盖。在防汛防台风过程中起到不少作用，达到了精准研判、高效部署、精准测算、及时避险、精细管理、强化协同、精准监控、数据共享等目标。①

1. 技术：协同化的应急指挥系统②

（1）资源一图汇尽，风险尽收眼底。系统依托政务"一朵云"，汇集应急、气象、水利、渔业等 15 个部门 3750 余万条数据，涵盖避灾安置场所、水利工程、地质灾害、城镇危旧房等 110 类 18356 条数据指标，接入高空瞭望、内涝监测等监控视频 1400 余个，用户可根据实际需要分屏展示

---

① 参见《台州市防汛防台应急指挥应用介绍》，台州市应急管理局。
② 《数字赋能精密智控台州市打造防汛防台全流程应急指挥系统》，台州市应急管理局，2020 年 12 月。

或自由切换数据要素，并依权限在高清 GIS 地图上实时查看。同时，系统通过建立风力、雨量、海浪潮位等数值计算模型，对"利奇马"等台风防御期间 124 个真实灾险情案例进行分析校核，研发灾情指数计算模型，用以研判防御对象发生灾险情概率，及时发布预警、转移等系统指令。对以乡镇为最细颗粒的区域风险，系统结合监测、实测数据运用风险识别五色图智能算法以红、橙、黄、蓝、绿五色进行标绘，进一步明确防御重点。"黑格比"期间，五色图显示玉环鸡山、黄岩富山等 8 个乡镇区域风险为"红色"，市防指立即开展在线调度，预置抢险队伍 20 余支 1000 余人、强排泵车 15 辆至重点乡镇，比台风登陆时间提前 11 个小时，为后期抢险救援赢得宝贵时间。

（2）预案结构解析，任务一键派单。将防汛应急预案、防指工作规程、响应操作手册等各项工作机制作为系统预制条件，梳理汇集"市、县、镇、村"四级 4300 多个防汛防台预案，并按照"预案模块化、模块指令化、指令数字化"工作路径，对预案内容进行结构化解析，建立全市应急预案库。当外部影响达到响应启动条件时，原统自动判定并生成应急响应等级。一键启动响应后，系统关联匹配应急预案，形成工作清单，指挥部确认后将工作任务"派单"至 40 个防指成员单位并通过 AI 智能电话（关联成员单位值班室）、短信、钉钉等进行提醒，成员单位根据系统提示逐项开展防御工作。系统对于进度滞后单位实时督促提醒，形成闭环管理。"黑格比"防御期间，系统一键启动防台响应 4 次，派单 260 余个，下发风险提示单 10 次、防指指令 8 次，并全部通过系统上报，形成电子报表 300 余份，有效提升了工作效率。

（3）"码"上精准转移，避险科学有序。充分运用"浙江安全码"等省级研发成果并突出台州特色功能，研发"台州应急"APP，与支付宝"健康码"人员号码信息相匹配，对于无手机人员配发安全码卡，实现转移人员信息的全覆盖。当某区域灾情指数达到转移标准后，该区域所有人员安全码显示为红码。系统向所有红码人员发送短信预警并拨通 AI 电话提醒，通过应急广播和无人机系统对区域进行全覆盖广播预警。红码人员投亲靠友或扫码进入避灾安置场所后，红码转为绿码。转移责任人根据移动端实时监测红码人员转移情况，并根据系统提示对擅入危险区域人员进行劝返。"黑格比"防御期间，系统预警全市 14 个小流域、地质灾害隐患点灾情指数较高，黄岩、仙居、温岭、玉环等地在建工地及旅游景区达到关闭标准，向各级责任人发送预警短信 1200 多万条，科学指导转移人员 13.9 万人。经测算，系统发出预警和转移指令时间比灾险情实际发生时间平均提早 12 小时和 8 小时，有力保障了人员安全。

（4）抢险在线调度，指挥运筹帷幄。针对突发防汛防台应急事件，依托市应急指挥中心进行远程集中指挥调度。可在线指挥调度全市各级 736 支专业抢险队 31500 人及 31 支社会救援队 3548 人，5 分钟可实现在线协同会商，15 分钟自动生成初步抢险方案，30 分钟可接通现场抢险画面。系统配备 10 台卫星便携站、300 部 370M 数字集群对讲机，以应对极端天气造成的电力、通信中断等情况。"黑格比"防御期间，通过系统监控发现关闭定位设备的三艘外籍船只在玉环披山岛海域出险，市防指第一时间联系"东海救 115"前往救援，并实时追踪抢险动态，同时联系附近熟悉披山水域的相关人员一对一连线 3 艘出险船只人员进行指导，全体船员集中到驾驶台，穿好救生衣，检查救生筏，最终三艘船只及船上人员全部获救，成功避免了一起重大事故。

（5）四大功能模块，协同应急救援。通过以上的方案构建和设计，台州的防汛防灾的应急指挥系统形成了四大功能模块，呈现出一系列的技术创新和亮点。第一，防汛防台应急数据专题库。充分考虑应急管理机构改革，实现消防救援、水利、气象、自然资源、行政执法、建设、交通等相关政府部门、企业防汛防台信息（包括与防汛防台应急相关的基础信息、监测信息、预测预报信息及预警信息等）资源整合与共享，以符合业务发展为目标，采用改良的维度建模方法，可保持公共数据层的稳定性以及数据处理的性能，为上层业务提供稳固的数据底盘，加速业务效果的产出，建设台州市级防汛防台应急统一数据专题库，以支撑上层算法引擎和业务的数据需求。第二，预警监测应用体系。实现雨水情、台风、气象预报、渔船等和防汛防台相关要素综合接入展示大屏，通过风险一张图，呈现台州市台风灾害方面信息的实时在线监测与预警分析结果，预警信息可按人员角色分不同专题自动推送给各级领导和应急相关工作人员。第三，指挥救援应用体系。实现各级防指和各级防指成员单位之间一键启动、结合值班值守、预案结构化、防指指令、风险提示单、动态信息、灾情简报、复盘评估等信息协同贯通，实现雨情、水情、人员转移、抢险救援、灾后重建等数据实时监控，实现救灾物资、风险管控、管控对象等资源一张图展示。第四，辅助决策应用体系。充分利用现有防汛防台灾害事件专业预测预警的科技基础，基于大数据分析、灾害预测模拟模型的集成、复合及叠加分析等人工智能技术，研发风险识别五色图算法、灾情指数算法、靶向精准发布预警信息、救援最佳路线等智能模型。

2. **效果**

通过该项目建设，打造科学、高效、安全的台州市防汛防台减灾决策支撑体系，全面提升台州市抗灾能力和政府防汛防台减灾管理的智慧化水平，为台州市社会经济安全提供安全保障。第一，解决防汛防台应急相关数据共享难问题，通过资源、系统的高效的整合，为事件处置提供信息化支撑。第二，解决台风汛涝的全面综合防控监测需求，有效地发现和消除隐患降低灾害事件的发生。第三，解决对台风汛涝灾害的综合研判、预测预警需求，加强对台风可能引发的次生衍生事件及事态发展趋势预测能力，有效遏制事态的发展，及提前采取应对措施。第四，解决灾害发展态势快速处置决策缺乏辅助决策手段问题，提供有效、快速的辅助决策支撑手段，不能根据灾害发展态势快速做出处置决策和部署。第五，解决市与县/市/区之间、市级部门之间有效的互联互通和资源共享机制和手段问题，加强部门联动能力，加强处理突发事件的协作。

台州市防汛防灾应急指挥系统在防御 2020 年第 4 号台风"黑格比"过程中充分发挥了核心牵引作用，实现全市人员零伤亡。主要表现在以下几个方面。

一是精准研判，超前部署。运用风险识别五色图智能算法，对以乡镇为最细颗粒的区域风险大小进行分析研判。

二是精确测算，及时避险。运用灾情指数计算模型，对单个隐患点发生灾险情概率进行测算，及时发布预警、转移等系统指令。

三是精细管理，强化协同。强化市、县、乡镇、村四级防汛体系建设，精细管理，着力打造"横向到边、纵向到底"的应急指挥网络，实现应急响应一键启动，工作任务一键派单，有效提升了工作效率。

四是精密监控，决胜千里。充分运用线上视频监控配合线下实地巡查，进一步加强防汛防台风险管控能力。

二 食品安全领域的智治建设

案例场景：技术支撑农港域的治理现代化

台州（中国）农港城是省重点建设项目，是台州市"菜篮子"民生工程，是台州市目前规模最大、综合性最强的农副产品批发市场。农港城由浙江省兴合集团与台州市供销合作社等共同出资成立，旨在打造台州市规模最大、档次最高、综合性最强、覆盖面最广的现代农业城市综合体。

市场总占地 278 亩，总建筑面积 36.3 万平方米，项目分二期实施。项目一期占地 146 亩，18.5 万平方米已全部投运，一期有蔬菜、水果、粮油、副食品（进口食品）市场及电商产业园。市场 2020 年实现市场交易额 26.64 亿元，年交易量 42.86 万吨。项目二期占地 132 亩，总建筑面积 17.8 万平方米，总投资 10 亿元，主要功能为"三场一库"，包括肉类冻品市场、粮油市场、蔬菜市场及 3 万吨级冷库。二期交易区部分将于今年 7 月投运。市场现有固定经营户 683 家，其中外地经营户 375 家，本地经营户 308 家，临时摊位 200 家，市场总从业人员近 5000 人。

农港城位于台州商贸核心区——洪家板块，拥有成熟的专业市场集聚区。项目周边的路泽太一级公路、东环大道、海城路，路宽均达到 50 米，符合农产品大进大出的要求。凭借自身完善的冷链物流体系，能够辐射到台州 120 公里范围，并通过农产品电子商务园区，促进农产品物联网与互联网的协同发展。

农港城拥有副食品市场、水果市场、蔬菜市场、肉类市场、水产市场，集信息发布、展示展销、检测检验、电子商务、加工配送、仓储冷链、配套服务等多项功能，得以形成集农副产品一站式采购中心、专业合作社展示展销中心、信息收集发布中心、价格形成中心、检测检验中心、加工配送中心于一体的城市农业综合体。在全国各大省会城市和直辖市，也会陆续建立"农港城"的分市场，为台州的农产品建立更广阔的销售渠道，替台州农民和台州农业打开更大的市场，切实解决农民的卖货难问题。

农港城市场经营面积大、业态杂、车辆多、从业人员多，市场综合治理环境复杂。且绝大部分经营户都是农民出身的农产品经纪人，教育程度参差不齐，部分经营户法制观念淡薄，经常以武力等简单粗暴的方式解决问题，给市场管理带来了一定难度。市场开业之初，因货运、食品安全、邻里经营、采购等发生的矛盾与纠纷频发。为营造良好的营商环境，使市场交易平稳有序，本着"公平公正、文明经营、和谐发展"的基本方针，公司立足"法、情、智"，构建"一中网格、四平台"综合治理体系，促进共建共治共享社会治理体系建设，有力提升市场综合治理能力，化解市场纠纷矛盾，确保"大事化小，小事化了，矛盾解决在围墙内，矛盾不出围墙"。①

1. 技术：智慧管控系紧安全纽带

公司秉承"食为人天、农为正本"的企业宗旨，坚持以人民为中心，借助区块链技术，积极探索食品安全管理新途径，全力保障"田头到舌头"的安全。公司自2019年12月开始利用区块链技术探索开发"智慧农港城"食品安全可追溯系统，并与全省食用农产品风险智控系统（简称"浙食链"）融合，初见成效，实现"一品一码"可追溯。2020年12月1日，农港城市场顺利召开"浙江省农批市场食品安全规范化建设现场推进会"。2021年3月，市场试点应用浙食链系统，通过浙食链系统做到"样样赋码""件件扫码"，实现食品安全可追溯。公司设检测室，强化检验检测，2020年市场农产品总检测量为55136批次（其中对外开放检测7768批次），平均每日151批次。总不合格13批次，合格率为99.9%。同时，公司健全了经营户信用管理体系。依据经营户在诚信经营、消费维权、门前三包、公平交易等方面的综合表现，对各经营户进行信用打分，并将信用情况每星期在公众平台进行公布。市场先后被评为浙江省三星级市场、

---

① 参见《浙江兴合集团重点项目中国·农港城全面启动营销与招商工作》，中国供销合作网。

全省"放心消费"示范区，省级首批 AA 级食品安全规范化建设单位，28 家店铺被评为全省"放心消费"示范店。营造了"公平、公正、和谐"的市场环境、市场自治，打造安全窗口。公司成立以董事长为组长，总经理、副总经理为副组长，各部门负责人为成员的"市场综合治理"领导小组。领导小组下设办公室，负责"综合治理"日常工作及部门协调。确保综合治理日常工作有人抓，有人管，有部署，有落实。强化宣传，充分利用 LBD 显示屏、宣传标语、座谈会、横幅、公众号、微信群等深入广泛宣传，全力做好"社会综治"宣传工作，营造良好的社会综治氛围。依托市场现有的"指挥调度中心"和"智慧安保系统"两大平台，加强对市场治安进行全方位监控，发现问题及时解决。对经营户进行全面梳理，将人员信息录入"房管通"，与公安系统联动管理。结合企业实际情况，制定《治安管理制度》《反恐防暴应急预案》等制度。设置网格管理员，组建安全巡逻队，每日巡查，消除安全隐患，并做好相关记录与台账。建立总值班制度，将社会综治工作列入每日必检内容。公司还设立 12315 消费维权办公室，配备专业的消费调解专员，杜绝强买强卖、假冒伪劣现象发生，维护消费者合法权益。多举措确保市场安全，增强经营户及员工的幸福感、安全感，着力打造专业市场综合治理新标杆，保障市场稳健发展。①

2. 效果：新技术应用取得多重社会效益

第一，化解矛盾纠纷。在应用了上述科技支撑社会治理的具体手段之后，市场内矛盾纠纷和治安纠纷类事件发生率明显降低，矛盾化解率显著提升。自实施以来，市场纠纷内部总化解率达 78.78%。2018 年各类治安纠纷 95 起，化解 75 件，占比 78.95%；2019 年各类治安纠纷 81 起，化解 60 件，占比 74.07%；2020 年各类治安纠纷 69 起，化解 58 件，占比 84.06%。

第二，维护食品安全。农港城应用的种种科技手段能够切实维护食品安全，利用区块链技术实现农产品的风险质控，由人工防控转向技术防控，传统防控转向数字化防控，封闭链转向全产业链的食品安全监察。科

---

① 参见《推进市场现代化综合治理打造平安农港城》，台州市农副产品集配中心有限公司，2021 年 3 月 13 日。

技手段实现了食品流动全产业链内各环节的信息互联、互通、互动，做到从田头到舌头全过程监控，切实保障了老百姓的食品安全。其中浙食链系统就有效结合了审查食品安全，进口食品溯源，以及各环节二维码追踪等食品安全监控功能。

第三，解决商户痛点。农港城对现代科技的应用也解决了众多商户面临的痛点和难点，能够帮助个体经营者扩大生产，提升收入，拓宽市场等等。其中引入的金融系统能够帮助商户获得贷款，解决商户的经济问题。

第四，应对突发事件。新技术的应用极大地提升了农港城应对突发性事件的能力，包括应对舆论发酵，化解不实谣言，等等。这集合了网格员、派出所、法院、司法办事处的力量，依托于电子平台搭建处理突发事件系统和应急机制，集合发现—应对—处理三个阶段为一体进行统合安排。

第四节　智治支撑社会治理新格局

基层社会治理是市域社会治理的基础。台州在市域社会治理现代化建设中，尤其注重基层社会治理的智治支撑。第一，乡镇/街道层面都在大力推进智慧化治理平台的建设，加强对于辖区内各方面治理信息的收集，通过广泛覆盖的摄像头等传感器，实现对公共区域、重点部位的监控和观测，确保基层社会治安的维持和社会秩序的稳定。第二，为了提升城乡社区居民享受公共服务的便捷性，乡镇/街道层面开发出了不少地方性的网站、论坛、公众号、APP 等，为社区居民提供数字化的公共服务窗口，增强了社区居民之间、社区居民与村委会、居委会之间，以及与乡镇/街道的政府部门之间的联系，扩大了民意表达的机会空间，促进了政府、社区、居民之间的良性互动。第三，区县层面各个部门在不断向基层提供下沉服务的同事，也通过数字化改革创新，为基层提供更多更为便捷的智能化服务，比如法院系统通过数字化改革，创新了基层的智慧法庭，使得纠纷调解、民事诉讼的不少程序可以通过在线完成；司法所在社区矫正方面也探索了很多数字化的创新方式，通过 VR 警示教育、行动轨迹追踪等数字技术方案的应用，有效提升社区矫正的效能。

一　社区网格建设"精细化"的治理需求

案例场景：路桥派出所"警网联勤"工作站[①]

随着基层全科网格建设稳步前进，社区网格工作的内容和范畴得到细化，这要求着更加"精细"的管理和服务。2017年，台州市在社区层级的"全科网格·清网治格"行动中要求将社区警务融入全区网格化管理工作，以加强社区网格安全防控。在实际工作中，借助网格员"人熟、地熟、情况熟"的工作优势，充分发挥网格员对社区警务工作的重要辅助作用。同时，社区民警对网格员的业务指导、支撑、监管作用。这一"警网联勤"机制实现了社区民警与网格员在日常巡查走访、基础信息采集、防范预警宣传、不安定因素排查、矛盾纠纷化解、安全隐患整改等工作方面的优势互补，达到信息共享、警民互动、警务前移、资源整合的目的，形成"信息化支撑、动态化应用、网格化管理、社会化服务"的社区警务新格局。

侦查网格警情、调解群众矛盾是社区民警的主要工作任务，尽可能高效、全面地收集信息和及时响应警情是网格工作精细化背景下社区警务的痛点。路桥派出所以创建"枫桥式公安派出所"为契机，探索践行在城市广场设立"警网联勤"工作站，建立矛盾纠纷调解室，落实专门警力常驻办公，由物业主要负责人担任站长，社区民警担任副站长。此外，为整合社区干部、网格员、义警、保安员以及物业工作人员等群防群治力量，社区建立居民、物业、民警共同参与的即时响应平台，及时收集和处理网格警情，以做好风险事件的预前和预后工作。建立完善勤务机制，把警情处置、矛盾化解、防范宣传等治安管控工作靠前服务，通过多元信息渠道主动排查收集各类矛盾纠纷和安全隐患。

1. 技术："人防"与"技防"齐头并进

对于辖区内网格广泛而细致的把控无疑需要扎实的信息基础，从这一点出发，路桥派出所积极建设居民信赖、操作便捷的实时"警网联勤"方

---

① 资料来源：访谈记录整理，2021年3月20日。

式。2019年以来，路桥分局依托微信平台，要求每个社区民警申请若干"片警小号"，广泛添加辖区群众为好友，强化日常沟通交流，宣传防范知识，目前开辟"片警小号"141个，添加群众好友33万余人。这样的方式随看起来比较烦琐，对于民警来说也意味着可观的工作量，但是对于辖区内相对年长的居民来讲，却意味着容易操作，双方响应和回复都更加及时和准确，也为网格工作信息化增添了人文关怀色彩。

在此基础上，派出所民警自主开发和应用实时上报矛盾和警情的平台，平台使用者包括社区居民、居委会和派出所民警。当比较激烈的矛盾冲突发生时，社区居民往往首先想到通过微信或平台上报片区民警，这时警方将在平台上收到提醒，通过居民对问题的描述，平台当值民警可以判断事件的性质，并决定予以调解或是出警。实际上，平台的作用远不止供三方及时交流以实现"警网联勤"。经过技术开发，平台能够对公共服务施行监督和管理：当平台上居民或网格员上报的事件没有被及时处理，平台将会持续提醒，如果长时间未被处理，平台会将此记录并追责。

由路桥派出所"警网联勤"的案例不难看出，在现代社会治理中，"人防"与"技防"的结合将是至关重要的。智慧治理在社区网格层面的难点往往不在于人如何开发和或用某种技术，而是如何利用"人"来理解居民的真正需求，再用以方便居民使用为宗旨的"技"满足这样的需求。在这一技术助力治理的案例中，平台同时还通过对技术过程的自动监督，促进了"人防"的质量和效率，降低了管理成本。

2. 效果："警网联勤"工作站信息建设的社会效应

"警网联勤"工作站辖区内社会治安状况得到显著改善。河西社区属于路桥区路桥街道，拥有全区最繁华的商业街区和最大的城市综合体——中盛城市广场。2019年，中盛城市广场一带警情超过500起，占比全区发案总量超过6%。在"警网联勤"工作站的部署和辖区居民的配合下，2020年上半年，河西社区警情同比去年下降5%，其中刑事警情下降33%，纠纷警情下降19%，黄赌警情下降19%，电信网络诈骗警情下降21%。尤其是中盛城市广场一带，警情同比下降40%，其中刑事警情下降57%，纠纷警情下降24%。

通过线上线下齐头并进的方式，社区民警和居民们联手降低预防犯罪和各类安全风险。警民双方不仅在维护社区治安方面共同取得成效，而且在密切的联络与合作关系中建立了深厚的情谊和坚实的信任。此外，把服务过程搬上技术平台的做法，为科技支撑监督和管理提供契机，具有制度建设上的借鉴意义。

二　老龄化背景下的智治需求

案例场景：临海市智慧养老服务架构

20世纪90年代以来，中国的老龄化进程加快。65岁及以上老年人口从1990年的6299万增加到2000年的8811万，占总人口的比例由5.57%上升为6.96%，目前中国人口已经进入老年型。性别间的死亡差异使女性老年人成为老年人口中的绝大多数。预计到2040年，65岁及以上老年人口占总人口的比例将超过20%。同时，老年人口高龄化趋势日益明显：80岁及以上高龄老人正以每年5%的速度增加，到2040年将增加到7400多万人。

迅速发展的人口老龄化趋势，与人口生育率和出生率下降，以及死亡率下降、预期寿命提高密切相关。目前中国的生育率已经降到更替水平以下，人口预期寿命和死亡率也接近发达国家水平。随着20世纪中期出生高峰的人口陆续进入老年，可以预见，21世纪前期将是中国人口老龄化发展最快的时期。

中国政府高度重视和解决人口老龄化问题，积极发展老龄事业，初步形成了政府主导、社会参与、全民关怀的发展老龄事业的工作格局。国家成立了全国老龄工作委员会，确定了老龄工作的目标、任务和基本政策；颁布了《中华人民共和国老年人权益保障法》，制定了《中国老龄事业发展"十五"计划纲要》，把老龄事业明确纳入了经济社会发展的总体规划和可持续发展战略。

临海市为了深入贯彻落实相关政策，积极开发了智慧养老产业。一是坚持系统谋划，高度重视养老问题。临海市第一时间成立了智慧养老工作领导小组，落实保障经费，全力开展试点工作。组织相关部门赴上海调研学习智慧养老建设的模式和经验，走访各街镇养老机构，调研为老服务工作实际情况，听取基层的意见建议，排摸养老机构、养老企业老人需求，理清工作思路。二是坚持试点先行，探索创新服务模式。精心筛选了市老年乐园、江南街道颐兴园老年公寓、杜桥镇康馨颐养院、古城街道居家养老服务中心和江南街道贺家社区居家养老服务照料中心 5 家单位率先开展试点，共计投入 40 万元用于改造阳光厨房和智慧消防，购入智慧用电设备 66 套，手环联动及找 TA 定位器 26 个。试点期间，临海市多次牵头召开智慧养老平台建设协调会，及时总结试点经验，完善下步措施。三是坚持以点带面，整体铺开智慧平台。5 家试点单位试点成功后，临海市组织召开智慧养老平台建设业务培训会，及时将全市机构和照料中心的相关信息智慧消防、智慧用电、阳光厨房及防盗探头、手环、人脸识别、"一键通"等相关数据全部整合到平台上，实现资源共享。截至目前，临海居家养老数据大平台上为老人提供各类便民生活服务和相关的信息咨询服务近 37 万人次。

1. 技术：临海市智慧养老大数据平台①

结合台州市智慧养老试点这一契机，临海投入 1000 多万元财政资金用于为老服务设施建设、养老信息化建设和购买专业化服务等方面，初步形成了"一个平台、二个端口、六大机构、多项服务"的临海市智慧养老服务架构。

"一个平台"指临海市养老大数据平台。盘活辖区内机构、社区各养老服务设施的存量资源，通过实地摸排标签化政府服务补贴的老年人，根据需求形成定制化的服务套餐并匹配服务人员，形成大数据平台的基础数据库。并对接移动端的服务入口，即时动态显示各项服务数据，形成前台数据的全面展示和后台服务的集中监管功能。

"二个端口"指供需服务的入口，即用户需求端口和服务供应端口。以"台州养老在线"移动端小程序为用户需求入口，精准匹配后台各类养老服务资源，让养老服务可知可选可及可用，同时根据用户的个性化需求

---

① 参见《服务"温度＋精度"，打通"线上＋线下"，实现"智慧＋养老"全面提升临海养老服务发展质量》。

实时优化和配置各类养老服务资源，实现养老服务的双向互通。同时对于各类服务进行派单，通过移动端服务小程序按时就近完成各项服务，并实时反馈动态服务数据，形成用户需求、机构服务、政府监管的互联互通。

"六大机构"为目前已建成运营的智慧养老功能载体机构，包括养老服务综合体、居家养老服务中心、示范型照料中心、社区居家养老服务照料中心、社区食堂（含家宴厨房）、养老机构。形成点面结合、布局均衡、功能差异化、20分钟可达可及的为老服务圈。

"多项服务"则是指最终全面、高效地为全市老年人提供所亟须的生活照料、紧急救援、医疗护理、康复保健、精神慰藉、文化娱乐、法律维权、便民服务等服务项目。由专业化企业与社会组织运营管理，并通过"一个平台""二个端口"的构建得以联通。

2. 效果：推动养老服务的精准化和精细化

临海市智慧养老服务架构的初步搭建实现了个人、家庭、社区、机构和智慧养老的有效对接和优化配置，主要功能有：一是服务更加精准。居家养老服务公司上门服务流程实现标准化，服务人员定位与老人位置系统可以进行实时比对，有效减少服务造假，切实保障老年人权益。照料中心活动管理实现自动化，摄像头智能人脸识别，自动统计人流量，节省人工时间成本，更好地为老年人提供服务。二是查询更加精确。智慧平台的建设，为老年人及家属提供了在线查找、预约养老服务以及服务评价的渠道，为投资养老事业的企业或个人提供了投资参考指引。各镇（街道）工作人员可实现巡检督查记录信息化，巡检结果实时同步到养老机构系统，方便高效。三是管理更加精细。智慧平台信息化助推养老机构精细化管理，出入院管理、收费管理、护理服务等日常相关数据实时自动汇聚到监管中心，方便监管的同时可为决策提供数据支撑，最终达到资源配置合理化，业务改进持续化。

临海市智慧养老服务构架落实后，取得了积极的社会效益。其中具体的成果包括：第一，智慧养老服务和监管平台。临海市智慧养老服务和监管平台是一个让养老服务"可查、可选、可评、可监管、可分析"的数字化智慧养老平台，群众和企业可通过PC端、养老在线手机端和"967890"养老热线电话端，监管部门通过专门账号一键登录巡检平台，发挥老人寻找养老机构、企业申办养老服务机构、政府监管养老服务机构、社会提供为老服务无障碍等功能，实现一部手机通办养老服务事项，一个平台管理全市养老服务、一组大数据支撑养老服务决策、一张地图展示养老资源信息。第二，临海市老年乐园。临海市老年乐园位于大洋街道双桥村，为二类事业法人单位，实行企业化管理，市场化运作。由一栋综合楼、四栋休养楼和一栋附属用房组成，总建筑面积 43493 平方米，总床位数 875 张，总投资 2 亿元，是一家集养老、医疗、护理、健身、娱乐为一体的公建公营公医公益的养老服务机构。为了满足老人多元服务需求，内设临海市第一人民医院老年乐园护理院，在台州市率先引入公立医疗资源，积极推进台州市首个公建公营养老机构"医养融合"项目。

三　交通安全领域的智治建设需求

案例场景：临海安迅科技公司的社会化应急救援

截至 2019 年，我国公路及高速公路飞速发展，公路总里程达 501 万公里，其中高速公路 14.96 万公里。伴随着公路及高速公路的发展，交通事故也成了重要的安全隐患，仅 2018 年全国发生交通事故 244937 起，死亡人数为 63194 人；造成直接财产损失为 13845.9 万元。交通事故量在 2019 年、2020 年依然在持续增长中。其中，在交通事故中，还有一种危害巨大的事故——"危化品交通事故"。例如在 2020 年 6 月 13 日在浙江温岭发生的"油罐车爆炸"事故。交通事故及危化品交通事故一旦发生，将会给社会安全、经济发展和家庭幸福都带来巨大的负面影响。公路及高速公路围绕道路管理和事故应急救援需要创新一种新的方法和系统，在道路运输参与人、车辆和公路之间进行事前分析与预判；在司乘、承运人及运输环节加强事中监管和在发生事故后快速应急救援和清障保畅。"安迅应急救援产业互联网运营与服务平台项目"是致力于降低公路事故和事故快速救援而立项的互联网项目，对提高公路运输安全具有很高价值与意义。

当前我国安全生产形势严峻，各类事故死亡人数居高不下，重特大事故不断发生，给国家经济、社会发展造成了严重影响。导致我国事故频发，伤亡后果严重的重要原因之一，就是应急体系不够完善。

安迅汽车公司建立起一个科学、有效、运转良好的体系，这样就能把各类灾害应急以及应急过程中的各个环节联系组织起来，实现有效控制事态，确保人员生命、财产安全和尽快恢复重建这个目标。

公安部与卫计委已联合建立起交通事故快速抢救机制，实现"110""122"与"120"急救信息服务通报和反馈制度，切实提高交通事故信息传递、现场急救和急救转运等综合反应能力。但同时这一应急系统也存在诸多问题：我国道路交通事故在事前、事中和事后的处置上面临着"安监""公安""交通运输""质检""卫生""环保"等诸多职能部门的多头管理，以及道路穿过省市县乡的区域等客观的约束与限制。2018年成立中华人民共和国应急管理部及相关组织后，组织层面的问题在逐步解决，但各部门信息分散且孤岛严重，这继续导致公路运输事前管理和事后应急救援部门的联勤联动协同不足，应急救援的整体机制与发达国家存在较大的差距。

1. 技术：互联网+社会化应急救援①

在互联网与移动互联网飞速发展的今天，互联网应用技术已经深入应用到消费互联网，正在进入产业互联网时代。云计算技术已经形成了基础性突破的优势。如果应用在应急救援产业领域，我国公路及运输管理和应急救援模式将会有极大改善。

在这一方向上，安迅汽车做出了开创性的尝试。具体研发内容包括：第一，数字化组织系统。建立实体组织机构脱离实际物理空间限制的数字化组织系统，让围绕公路及运输管理和应急救援相关的政府部门、企业、道路和装置、个人和车辆等都拥有数字化的形态，让物理世界的资源能够进入互联网世界，为实现业务互动奠定基础。第二，相关产业聚集系统。分析产业及产业经济活动的特征，形成适合公路及运输管理和应急救援等产业实体及个人能够聚合，让所有参与公路管理、运输、救援、清障等产业经济活动的主体都能围绕共同的目标开展工作。第三，业务跨组织流动系统。根据事前监管、事中控制和事后救援的应急救援业务流程，必须保

---

① 参见《安迅应急救援产业互联网运营与服务平台项目可行性报告》，2021年4月。

障一个指令在强关系型的政府及相关组织中流程，在非常长的组织流程中要准确的传递指令和反馈信息，确保应急救援这一件严肃、严谨和严格的业务万无一失。第四，数字经济商业模式。作为营利性企业组织建设系统，不仅要考虑业务功能的实现，还要考虑商业模型，考虑盈利模式的实现。充分利用互联网支付技术，在政府、企业实体和收费主体间建立合法合规又科学人性的商业关系。第五，指挥调度与运营和服务体系。建立承接国家指挥调度，为实施监管和救援的主体提供运营和服务支撑线上与线下体系，形成智慧高效的线上模式和身临其境的线下模式一体化，大幅提高应急救援产业联动效率和效益。第六，技术、运营和体验中心建设。在北京建立技术中心，在杭州建立运营中心，在临海建立体验中心，三位一体，立足临海、走向全国。

具体实施方案包括：第一，以台州世凯集团产业业务为原型，产业链全体成员联合支撑开发，形成长产业链业务原型；第二，以世凯通达救援承接的459公里浙高运台州地区高速公路为基础，作为产业业务入口，通过应急救援预案、施救规范、标准作业等形成规范化的互联网应急救援规范；第三，以通达公司分布在459公里上的29个施救驻点入驻平台，形成资源及装备入驻，形成核心业务的支撑；第四，以世凯汽车、东风汽车、东福物流、世强维修、海龙维修等产业配套组织入驻平台，形成围绕核心业务的产业互联网支撑；第五，建设高速一级政府指挥调度的二级承接运营与服务中，形成接处警、调度、快速施救的业务闭环；第六，实现接处警、施救、支付与结算，财务数据同世凯内成打通和收入分配的收支闭环；第七，完成临海体验中心大楼建设，实现业务的完整闭环；第八，通过建设杭州运营中心，开展大规模应用推广。

通过以上的具体实施方案，临海安迅汽车公司实现了以下几点重要创新：第一，根组织。即创新产品的核心引擎，彻底解决在互联网应用中的组织、人员和权限问题，是实现强关系型组织应用的根本解决之道。第二，业务创新引擎。互联网时代的业务变化频繁是主要特征，为满足变化而生的引擎，解决了业务零代码随需而变，结合根组织，更是能形成准确和便利的跨组织业务流程建立。第三，块企业。基于区块链技术，解决企业组织的身份与经济活动可信问题，支撑电子协议、电子支付、数字货币、电子发票等基于数字形态的业务交易，是企业线下交易方式改变为线上交易方式的安全保障。第四，连接引擎。配合业务创新引擎，对企业内部信息孤岛业务系统、银行、证券和物流等金融物流机构，以及其他服务组织平台数据、智能硬件和软件等，形成一个容易接入的入口，实现连接。第五，移动中心。基于移动互联网的应用会成为人的器官感官，移动中心将个人感兴趣和关注的企业内部与外部信息全面集合展现在移动端，彻底实现工作方式的改变。第六，门户设计引擎。同业务创新引擎和连接引擎结合，为任何得到认证的人提供 PC 端和移动端的页面和数据源定义，且无须代码实现，掌控由心。第七，运营中心。为产品运营团队、生态合伙人、增值服务提供商等提供各类产业产品及服务的定价、上架、活动、管理、收费与结算等经营管理的平台。

2. **效果**

在具体应用中，安迅应急救援产业互联网运营与服务平台已经产生了较好的社会效益，目前已经主要在两个方面获得认可。

第一，高速公路应急救援现状分析。通过卫星手段、电子技术监管状态，通过灵活科学的管理手段对日常车辆数据进行分析、监管，从而实现变被动为主动、从不可控到可控的管理机制。通过寻找事故规律、科学采集数据、定量计算企业安全生产风险等级，并通过地理信息系统在地图上可视化展示，不仅促进了政府监管的精细化和企业风险管理的精准化，也大大提高了政府监管和社会监督的效率。借助大数据资源，实现风险层层研判，全过程全覆盖监管，进一步压实责任，构建一个全链条研判管控机制。

第二，危化品运输管理现状分析。整合目前危化品安全运输管理现状，安迅公司看到通过平台的搭建，借助系统的全面性、功能性、科学性，可以找到突破，即将分散在不同的危化品企业组织、政府监管组织和不同软件系统里的各种不同数据与信息，在同一时间将危化品产业业务所有的信息汇聚（生产信息、危化品指标信息、贮存信息、罐装信息、承运人是否达标信息、承运司机及车辆违法违规信息、发运地和目的地及路径信息、交通运输审批信息、路途司机状态信息等）。这些"大数据"信息经过危化品"防控救管"规范标准比对和安全模型算法处理后，再通过平台将预警信息、预防信息和禁止指令在第一时间协同给所有相关单位，对源头防管、过程控制、事故救援和事后分析数据形成统一调度，将危险隐患系数降低到最低。例如，就温岭爆炸的液化石油气槽罐车事例而言，发货方在承接运输任务时，通过研发的系统是可以让风险看得见、摸得着、管得住的。如果实时查询到该槽罐车被处罚过 10 次的信息，发货方就会在源头杜绝充装和发运；一经上路即被交管局自动预警和禁止接单，这就从承运公司源头堵住了漏洞，可能将一个事故苗头扼杀在萌芽状态。因此，安迅公司提出：利用互联网化的一体化模式系统优势，助力安全运输管理体制建设。这将有利于实现档案电子化、运营工作系统化管理，有利于实现行政主管部门一键监管，也有利于掌握运输流通过程中真实情况动态。

第十四章

智治建设：支撑条件与发展趋势

2021 年 3 月发布的《中华人民共和国国民经济和社会发展第十四个五年规划和 2035 年远景目标纲要》指出，加快数字化发展，建设数字中国，不仅需要打造数字经济新优势，还需要提高数字政府的建设水平，并营造良好的数字生态。数字政府的建设和数字生态的晚上是数字中国发展的重要支撑条件之一。具体而言，这不仅需要政府加强公共数据开放共享，推动政务信息化共建共用，并提高数字化政务服务效能，还需要建立健全数据要素市场规则，并营造规范有序的政策环境。

同年 2 月，浙江省召开了"全省数字化改革大会"，全面部署数字化改革工作。会上省委书记袁家军提出加快构建"1 + 5 + 2"工作体系，其中的"2"强调了建设数字化改革的理论体系和制度规范体系，也即"5"个综合应用的支撑条件，由此构建起数字化改革的长效机制。会上还强调，要研究出台政府引导、支持和激励数字经济综合应用平台的政策，发挥企业积极性、主动性、创造性，让更多市场主体参与进来。浙江省召开的"全省数字化改革大会"为数字化改革任务提出了明确的时间表，到 2021 年年底，初步构建一体化智能化公共数据平台，5 个综合应用实现功能全上线、省市县全贯通。这同时也是对各级地方政府支撑条件建设的重要考验。

对于地方的实践来说，更重要的是将方针政策与本地的实际发展模式相结合。台州市域社会治理的智治建设之所以能够涌现出许多鲜活的案例，离不开台州市为智治建设提供的支持条件，并由此形成了台州市的发展路径。本章将重点围绕台州市域社会治理智治建设取得成效和继续深入的支撑条件问题进行分析,从三个部分讨论智治建设的支撑条件:由地方政府主导的配套组织机制;发挥技术优势结合社会应用场景的人机耦合机制;以及动员多主体参与的社会协同机制。在本章的最后,结合台州市市域社会治理智治建设的丰富经验,讨论后续的发展趋势。

第一节　配套组织机制

智治建设首要的支撑条件政府内部的配套组织机制,特别是围绕数字技术形成的组织机制建设,由此形成政府的数字治理能力和治理空间,并通过数据流的方式重构各部门之间的关系,打造智治建设中的关键主轴。基于台州市政府配套组织创新的实践案例,本节通过三个关键词展开对配套组织机制创新的讨论:数据互通、数据碰撞和数据延展。

一　"数据互通"串联部门关系

数据孤岛无法充分发挥数据的真正价值,只有将数据汇集至统一的平台才能通过数据的整合发现新的治理空间。为此,地方政府首先要形成数据支撑的配套组织机制,才能适应地方政府治理时的数据需求。

2020年6月,浙江省政府办公厅发布了《浙江省公共数据开放与安全管理暂行办法》,其中强调了"公共数据开放主体应当通过省、设区的市公共数据平台开放数据""设区的市公共数据平台负责开放本级有关部门以及设区的市公共数据主管部门获得、归集的公共数据和其他特色数据"。这份文件确认了地方数据统筹的主体为省、市一级,并明确了市级公共数据主管部门公共数据和其他特色数据的归集责任,这为市级大数据局归集数据行为提供了政策支持,市级大数据局从原先的数据管道转变为了数据平台的组织者,形成了市级数据支撑的底座。浙江省召开了"全省数字化改革大会"之后,更进一步确认了市级数据平台建设的重要任务。

在上述制度的支持下,台州市政府迅速展开了数字平台的建设工作。台州市大数据局是政府数据支撑部门,2021年数字化改革工作中也承担城市建设公共数据共享平台,为部门提供数据共享支撑。政府部门诸如水利、气象、自然资源、建设交通等数据，都首先由台州市大数据局统一汇集，然后为市县各部门提供数据调用的接口。目前台州市大数据局的建设取得的丰硕的成果：一是建成市级公共数据平台，通过数据汇集，全市范围内目前已经归集数据 83 亿多条，申请审批接口 2310 余个，大数据空间 23 个；二是建成城市大脑公共平台，在数据底座的基础上，由大数据局和企业合作，为各部门提供便捷且界面友好的应用程序，目前接入了防汛防台、小微金融监测等应用；三是建成了公共安全视频图像共享平台，通过与公安部门合作，协助汇集、存储和分析公安部门的视频录像，目前已经处理分析公安视频 8.7 万部，综合治理平台监控视频 2.3 万部，并同时为多个部门提供视频监控，进一步汇集数据。四是配合各部门的实际工作场景需要提供政务优化，比如 2020 年为配合抗疫防疫工作，专门推出了老年机健康码的识别等场景的应用。今年大数据局还进一步从软件集成、应用扩展、基础设施、制度建设和信息安全等领域展开主要工作。

上述实践表明，在新制度环境的支持下，与过去向省里要数据，审批流程长达三四个星期相比，台州市大数据局已经从数据管道转变为政府部门数据应用的支点，通过政府内部的数据汇集、条块部门的数据整合、日常政务的应用开发和特殊场景的定制设计四类工作，串联了政府各部门之间的关系，同时也串联了政府数据与政府工作场景。在浙江省层面，还在进一步推动"数据回家"项目，以更快捷甚至实时数据的方式，从省级层面返回本应属于市一级治理领域，但市一级难以搜集到的数据，未来有望以大数据局这一新兴的政府部门为支点，逐渐构建重构政府各部门、上下级的数据关系，以匹配数据技术的发展。

二　"数据碰撞"重构治理空间

当数据完成了市一级的汇集之后，数据产生的治理效能并不是简单的"1 + 1 = 2"，只要使用得当，完全有可能成倍地放大增值。"数据碰撞"是治理空间扩展和治理效能提升的重要途径，通过将原先分立地存储在不同部门服务器中的数据交叉比对，解决过去孤立数据无法处理的老问题，发现孤立数据无法识别的新问题，预防孤立数据无法推论的潜在问题。

2019 年，台州市检察机关办理了一件服刑人员违规领取养老金的公益诉讼案件。按照法律规定，违法犯罪人员被判刑之后，相应养老金应该停止发放。可是在实践当中，由于法院判决的犯罪人员相关信息没有和社保机构信息对接，社保机构不掌握这个信息，此类案件的偶发性通常在政府部门中得到的重视十分有限，而对实情的了解又常常掌握在基层网格员的信息搜集过程中，网格员既无动力也无必要向检察院和社保机构汇报这类事件。当此类案件被发现并上报到台州市检察院后，台州市检察院首先借助行政公益诉讼，向政府社保相关部门发出检察建议，检察院牵头和法院、社保一起出台了一个规范性文件，将法院服刑人员的数据信息和社保机构信息对接，把养老金名单系统信息和法院服刑人员的两个信息进行"数据碰撞"，交叉之后发现哪些服刑人员还在社保机构的系统里面。通过检察院、法院和社保机构的联动和数据汇集，快速地识别出原先数据孤岛时代难以识别的治理问题。

在市级公共平台的支持下，各个部门均展开了大量的"数据碰撞"实践。在智治建设特别是数字治理中，"数据碰撞"带来了三个重要变化：首先，数据碰撞解决了原先数据孤岛困境，在数据应用层面上发现新的治理问题，原先"残缺不全"的数据在碰撞的过程中逐渐完整与清晰；其次，数据碰撞加强了不同政府部门之间的合作关系，形成了政府各部门间数据合作的基础文本规则，为智治建设中的政府协调机制提供了基础；最后，数据碰撞越过了传统需要基层干部核查的行政过程，避免了基层工作中人际关系运作，为政府部门的实际工作提供了更多的制度便利，治理问题的处理走上了快车道。由此，数据碰撞重构了政府治理过程中的数据逻辑、部门关系和上下级关系，生发了更适合智治建设的数据行政空间。

三 "数据延展"反哺政府治理

若政府的数据囿于政府的数据围栏中，则数据的价值完全依赖于各级政府各自的数据处理能力，数据分析人才的缺失也使得新算法、新模型和新思路无法进入到政府的治理活动中。自贵州省2019年举办了开放数据大赛后，全国各地先后有多个省份举办了数据开放大赛，即通过将政府某个领域的全部或部分数据公开给参赛者的方式，设定比赛目标或由参赛者自由探索，形成对政府治理模式的改进方案，从而反哺政府治理的能力。

浙江是数字经济大省，也是数字化转型先发之地，省委、省政府多次提出"要在公共数据开放和应用创新上取得重大突破"。2020年5月11日，由省大数据局、省网信办、省经信厅联合主办的2020浙江数据开放创新应用大赛正式启动。大赛官方网站（odic.zjzwfw.gov.cn）同时上线并启动线上报名通道。本次大赛以"开放数据力·提升数治力·畅享数生活"为主题，围绕百姓欢迎、社会迫切需要的普惠金融、交通出行、社会服务、市场监管和医疗健康5大领域数据，新增开放1500个数据集、5000个以上数据项，依托浙江省公共数据平台和开放数据，积极探索数字政府、数字经济和数字社会所急需的创新应用，真正让数据"来之于民，用于之民"，让数据活起来、跑起来、用起来，形成数字应用良好生态，丰富数据应用场景，打造数据供应产业链。在本次比赛中，台州的金融治理、能源电网等项目获得了优秀的成绩。

更为重要的是，通过本次比赛，在浙江省层面形成了"浙江·数据开放"平台，其中收录了省市级层面不同类型的数据集3176份，其中台州市提供了412份数据集，仅次于宁波（469份）、温州（432份）和杭州（425份），也印证了台州市数据基础设施建设的丰硕成果。与此同时，台州市数据开放平台也于2020年上线，提供了1066份数据集和同等量级的API接口，实现了6亿个开放数据量、平台访问次数140万次、下载次数168万次，已形成了44个应用成果。

原先被锁在政府"仓库"中的一系列数据，通过比赛交给了不同社会主体使用，这看似消耗的是政府的"资产"，但与此同时，却为政府带来了"资产"。这也是数据的一个重要特性，他人使用数据通常并不会影响数据的价值，将政府数据开放给社会主体使用，政府反而收获了大量治理场景的应用，这样的"数据延展"过程，不仅延展了政府数据的价值，还延展了政府的治理空间。

案例

台州市大数据发展中心贯彻"群众少跑，数据多跑"这一理念，于2019年2月底启动"无证明城市"创建工作，经过3个月的紧张实施平台于2019年6月1日开始正式上线运行。

一、建设情况

（一）打造统一平台。使用台州市政务云搭建"无证明城市"数据支撑平台，规范数据标准，实现数据交换和数据清洗，并将数据以服务的方式提供给各部门应用系统使用。梳理"无证明城市"相关事项清单，结合审批事项、服务事项到各试点部门进行需求调研、事项梳理、证明材料梳理、电子证件模板制作和数据对接，将证件信息封装后以微服务的形式向第三方提供服务。同时，为了保证信息的合法访问，建立了统一的用户认证网关和授权管理。

（二）实现政务数据共享。从"供、需"两方面逐一分析梳理数据共享需求，部署了事项共享模块，从台州市公共数据共享平台和本地各部门的相应业务系统，获取人口户籍信息、流动人口信息、车辆信息、住房公积金信息等数据，取消了公安局、住房公积金管理中心、自然资源规划局、教育局、人社局等部门的相关证明。

（三）关联事项证明。以"一证一码"为导引，通过数据接口和在线协查等形式关联事项证明，全面打通数据堵点，提高了办事效率。

二、特色亮点

"无证明城市"数据支撑平台实现了数据互换、共享、关联和共用，实现了审批服务减材料、减环节、减时间的要求，大幅减少了纸质材料的收取和部门间烦琐证明的开具过程。

从建设模式上，使用CA认证（实现身份识别和电子信息加密的数字证书）、电子签章、数据脱敏、日志审计等技术手段，确保个人信息安全，实现了数据认证、留痕，职责清晰；按需单条共享数据，解决数据共享的部门协调问题；实时关联事项相关证件，保障数据的准确性；通过证件信息共享机制，解决群众办事的"证明多""证明难"的痛点。

从工作方法上，项目采用市、县统筹部署的一体化模式建设，有利于统一规划、节约成本。纵向上采用条线联动的工作方式，市、县分别成立数据专班，有利于点面结合、全面推进；横向上采用各级联动工作方式，同时召集数据提供部门和需求部门面对面讨论、直接沟通解决数据对接问题，有利于提升沟通效率和沟通质量。

三、实施效果

（一）提高了行政审批服务效能。通过"无证明城市"数据支撑平台，做到了数据互换、共享共用，一个数据用到底，达到了行政审批服务减材料、减环节、减时间的改革目标，全市办理事项精简各类证明材料 70% 以上，办事速度效率提高 20% 以上。

（二）提高了"最多跑一次"改革的实现率和满意率。2019 年 2 月"无证明城市"数据支撑平台推广以来，部署事项 295 个，全市共计取消证明 54 类，证明材料 7285 件，目前共梳理部署全市"无证明"共享加协查事项 1657 项，全年群众免予提交证明材料 350 万件次。不断推动"减证便民"向"无证利民"转变，持续优化营商环境，助力我市民营经济更好发展。

（三）提升了群众办事效率。通过将"无证明城市"数据支撑系统部署到银行网点，实现了群众在银行网点即可完成公积金、社保等事项的办理。如：原先办理公积金的个体工商户、自由职业者住房公积金缴存登记，群众必须到行政服务中心排队办理，现在就近到银行窗口即可完成办理。便民利民的同时，又减轻了行政服务中心的前台压力。

（四）实现了群众"全城通办"的美好愿望。通过"无证明城市"支撑平台的建设和相关证照的共享公用，切实打通行政审批服务"最后一公里"，通过掌办、自助办等形式，实现行政服务事项就近能办、同城通办、异地可办，有效延长服务时间，形成线上线下相融合的政务服务新模式。①

第二节　人机耦合机制

智治建设的关键是处理治理主体（人）和治理技术（机）之间的关系，智治建设不仅仅是需要先进的技术，还需要技术应用的场景，需要技

---

① 资料来源：访谈记录整理，2021 年 3 月 15 日。

术推动治理主体的实际工作，还需要懂得技术特征和场景内容的人才。在治理主体与治理技术这对关系中，常常会出现三类问题影响治理的效能：第一类，"有人无机"，在实际治理过程中有明确的应用场景，但却没有合适的治理技术来解决上述问题，人就维持原先的低效运作模式；第二类，"有机无人"，即形成了一个治理技术，但是没有形成较好的技术融合场景的机制，难以找到合适的使用主体，导致技术沦为花瓶摆设无人问津；第三类，"有机有人"，但是没有整合机制，这种情况是指有成熟的治理技术，也有应用技术的治理主体，但是却没有合适的技术人才组织将治理技术与治理主体整合起来。面对上述治理困境，台州市政府逐渐探索出了一套人机耦合机制来推动智治建设。

一　以场景数据解决有人无机问题

在地方政府的治理过程中，常常面对不同的治理场景，此时，试图为不同的治理场景寻求一条统一的治理路径十分困难：不仅展开治理活动的主体不尽相同，待治理的问题也千差万变。而在智治建设的过程中，此类有人无机问题能够一定程度上得到解决。

首先，智治建设要求尽量充分地搜集各种类型的场景数据。2015 年，国家发展和改革委员会发布了《关于加强公共安全视频监控建设联网应用的若干意见》，在全国推广"雪亮工程"。意见中提出目标，即到 2020 年基本实现"全域覆盖、全网共享、全时可用、全程可控"的公共安全视频监控建设联网应用，以加强治安防控、优化交通出行、服务城市管理、创新社会治理等方面。在雪亮工程开展的过程中，各级政府积累了大量的场景数据，包括人脸数据、卡口数据、视频流等，遍布几乎所有的公共领域。雪亮工程建设存储的大量数据成了地方智治建设的基础数据。

其次，大量的场景数据为进一步的治理技术嵌入提供了良好的数据土壤。当不同类型的场景都被数据标准化之后，差异性的治理技术就可以根据不同场景面临的治理问题有的放矢。2020 年新冠肺炎疫情期间，根据疫情防控和复工复产"两手都要硬、两战都要赢"的要求，针对建筑施工项目数量多、人员来源地广和流动性大的特点，台州市建设局紧急组织台州移动、海康威视和浙江标点信息等公司，对原有的智慧工地管理平台的实名制考勤管理系统成功升级，推进企业复工复产。升级后的智慧工地管理平台充分利用区块链技术，自动对接台州健康码大数据，通过一卡两码管理机制，实现"实名制＋健康码＋通行码"三合一，保障返岗人员安心复工，助推工程项目高效复产。通过智慧工地管理平台，台州市迅速排查出红黄码作业人员4000余人，并对该批作业人员在全市的施工项目实行考勤通道闸机禁入。同时，对所有经过考勤通道人员进行后台实时自动核查，确保无红黄码作业人员进入施工现场。疫情管理场景的数据化和施工场景的数据化，两者的快速整合确保了台州市疫情期间施工的有序进展。

最后，治理技术的嵌入又提供了更多场景数据，为其他治理问题提供解决方案。数字技术的应用生成更多数据，更多的数据成为另一类治理问题的数据土壤，最终形成一个良性的数字技术反馈环，助力智治建设。为防止疫情传播而迅速推开的智慧工地项目也为其他治理问题提供了治理方案：在工地发生讨薪行为时，开发商或包工头可能存在少记录工人上工时间的情况，工人在讨薪过程中为了获得更多的报酬，也可能会找老乡冒名顶替充当工人，有引发群体性事件的隐患。智慧工地项目推开之后，开发商或包工头的瞒报行为和工人的冒名顶替行为可以通过人脸识别和后台数据比对快速核验，解决了原先潜在的社会治理风险。

数据并不天然地能够为后续的技术治理铺平道路，更为关键的是与治理场景直接联系的场景数据，这些数据为后续新的治理技术的使用拓宽空间。台州的实践经验表明，只有场景数据的采集先行，才能为智治建设方案生根发芽提供土壤，才能更进一步搜集其他类型的数据，最终形成场景数据搜集与使用的有效闭环。

二　以智慧赋能解决有机无人问题

智治建设中应用的治理技术的主要服务对象是治理主体，因此最重要的是为治理主体智慧赋能，适配治理主体的日常工作活动。在台州市街道层面的治理活动中，由于近两年椒江区前所街道发展速度比较快，外来人口激增，也相应地要求街道有更快的对突发应急事件处理速度的要求。如果按照传统街道人员巡检的方式，不仅无法做到事前干预，也无法第一时间做到事后管理，导致街道工作成本高效率低。以前所街道的智治建设实践为例，通过三个技术模块完成对街道工作人员的智慧赋能：

第一，将数据以图形的形式呈现，便于街道工作人员识别与判断，具体应用即街道"一张图"，通过一张地图呈现前所街道的实时状态。基于三维实景的建模，街道工作人员在平台上可以很直观地看到街道的三维场景。一旦发生突发事件或有潜在突发事件发生的可能，派出所或者公安机关就可以通过平台直观看到突发事件发生点的空间布局，形成对警力人员调度的估计。数据平台直接和辖区内所有在线的摄像头连接，工作人员只需要通过点击即可查看街道各个区域的监控画面，随时了解街道辖区内的状况。

第二，通过算法为治理工具赋能，使得在大量的治理场景中，数据平台可以快速辅助治理主体进行决策，甚至自动完成治理工作。通过后台的AI研判算法分析，监控可以自动上报辖区内违章停车事件、人员聚集事件甚至垃圾桶被填满的信息给相关治理主体，对辖区内较危险的区域，譬如河道两边的安全防护也可以做到自动预警。当有人员过于接近河道时，周围的喇叭会先自动触发安全预警，并上报消息给相关工作人员，从而做到后台自动处理日常治理细节，提前预判潜在治理事件。

第三，通过后台汇集数据作为长期决策的数据支持。前端数据采集后不仅可以通过平台图形化地展现，也可以通过平台进行预处理和分析，并成为后续治理的数据历史。相关工作人员可以随时调用历史问题数据和处理信息，同时，数据平台的数据也可以反应至上级管理部门，通过数据集合和展现，不仅为基层工作人员提供了数据驾驶舱，也成了上级管理部门的数据智囊团。通过数据驾驶舱的数据分析，为基层和上级决策以及后续工作安排都提供了支持。

智治建设中的技术应用并不是试图将原先的治理活动复杂化，智治建设中的技术应用应该围绕简化原先的办事流程、匹配原先的工作模式、实现原先的工作期待为主。因此，在智治建设中，新的治理技术扮演的并不是领跑者，而是赋能者，不是远远地跑在实际工作之前，而是为原先治理场景中的主体赋能，在用新技术解决老问题的基础上发现新问题。

三 以关键人才解决人机协作问题

虽然通过技术设计能够一定程度上缓解数字技术人才的需求问题，但是智治建设的长久发展还是需要依靠大量的专业技术人才。这些专业人才不仅影响了智治建设中的技术选择路径，还影响了智治建设中技术使用的上限。台州市公安局是台州市智治建设的最前线，不仅面临的治理问题负责，而且有大量的数字治理的基础，为解决人机协作问题，台州市公安局首先在人才队伍上投入了大量精力。

台州市公安局新建了应用新技术的合成作战中心，实行"7×24小时"全天候运作，打破了公安事务以往传统的边界，把公安局所有相关业务都在合成作战中心进行了复制，连接了25个业务部门和其他相关部门。为了保证合成作战中心的有效运转，在人才队伍建设上，台州市公安局一共安排了约150人在合成作战中心办公，主力民警均以80后、90后的年轻优秀的民警为主，民警的平均年龄在35周岁以下。与此同时，台州市公安局还聘请了省市级专家共21人，形成了年轻队伍加专业团队的创新型人才结构，实际的工作场景由一线民警把握，技术支持咨询专业团队，后续技术应用能够快速在年轻的民警队伍中铺开。正是这样一支队伍作为台州市公安局社会治理现代化的强大基石。

在这样一支人才队伍的基础上，台州市公安局展开了技术硬件的建设，打造合成作战中心最前沿的作战硬件。通过考察全国各地较先进的13家合成作战中心，对接120余家细分领域的专业公司，开展50多人小组评测，台州市公安局搭建了拥有11大子系统30个子模块的分布式架构信息系统。在后续的治理过程中，系统子模块可以升级迭代，确保整个硬件先进性。这样的硬件基础结合年轻化的工作团队，成为台州市公安局各类智治建设的软硬件基础。在合成作战中心的工作中，除了搜集智治建设中较为典型的感知类的设备数据，如视频监控、人脸识别、基站数据和闸口数据之外，台州市公安局还建立了自己的云上数据库，总计汇集2400亿条数据支撑合成作战中心的运转。无人机的应用也成了台州市公安局展开综合治理的重要工具。在上述硬件体系的支持下，台州市公安局在维稳安保、应急处置、打击诈骗、治安防控和队伍管理上，都围绕合作作战中心展开系列业务工作。

在社会治理的场景中，指引治理技术发展方向的必须是一支懂技术、用技术的实践人才队伍，这些智治建设的关键人才能够从根本上解决人机协作的问题。首先，基于实际工作中的场景数据来选择合适的技术手段，以解决有人无机问题；其次，适度改造技术的应用的方式和路径，匹配实际工作的需要，以解决有机无人问题；最后，作为技术应用的中坚力量，这一只技术人才队伍发挥着技术学习、传播和扩散的关键作用，成为智治建设的全面发展的核心成员。

案例

2020 年，台州市渔船安全事故有 3 起，死亡 3 人，死亡人数同比下降 66.7%，低于省控指标 83.3%。全市未发生境外疫情输入事件，未发生较大以上安全事故，渔业安全生产形势稳中向好。台州"依港管理"模式取得了丰硕的成果，该模式得到农业农村部副部长于康震和省长郑栅洁的高度肯定，"船港通"被评为浙江省政府"观星台"优秀项目。"船港通"的有效应用离不开四张网："组织网"、"数字网"、"防控网"和"工作网"。数字网的发展与本节的讨论紧密结合。

如果织精"数字网"呢？这就需要推动渔船安全管理数字化。数字治船是渔船安全治理的关键一招。台州市把握"数字治理"新趋势，以"船港通"为支撑，加强与城市大脑无缝对接，建成与渔船安全管理相适应的智慧渔业网络架构，不断构建起渔船安全管理网上网下同心圆。

一是聚焦精密智控，研发"船港通"系统。融合海洋渔船安全救助信息系统、中国渔政管理指挥系统、中国渔业船员管理系统等现有数据，率先开发"船港通"系统，系统具备进出港报告、定人联船、动态干预、资源总量、安全记分、闭环管理、渔船审验、应急管理、环境管理、信息服务等功能，打造服务渔业、渔船、渔区发展的基础性、功能性、创新性数据平台。

二是聚焦数字赋能，创新安全数字治理。将"船港通"系统作为改革试点的"大数据中心"，率先开展渔船进出港电子报告、动态干预、动态编组、应急救援等安全"实招"落地，强化高危渔船、超海区作业、敏感水域等监管，全程推进数字化治理。全市"船港通"使用全覆盖，累计推送应急信息 139 万条（次），动态干预 36153 艘（次），安全终端在线率 99.6% 以上，渔船动态编组有效率 92.5% 以上，渔船进出港报告率、渔船动态掌控率、渔船编组生产落实率均 100%，居全国首位。"船港通"在全市推行以来，相关部门接处应急事件 122 起，帮助 284 名渔民脱离险境。

三是聚焦整体智治，实现安全闭环管理。注重数据共享、协同应用，打破渔船检验、渔民培训、渔政执法、行政审批等环节"信息壁垒"，形成渔船监管合力，实现渔船全天候、全时段、全区域管控。如对未按要求履行进出港报告的渔船实施必查，对问题渔船实施安全记分管理，对扣分满 12 分的实施联合惩戒，在证书换发、渔船改造、生产补贴等方面予以限制。实施以来，累计记分 1738 起，停航违规渔船 69 艘，246 名船东船长被列入黑名单，实现"一处违法（规）、处处受制"。

第三节　社会协同机制

虽然智治建设的主体是政府，但在智治建设的实际运作过程中，不能仅靠自上而下的层级推进，不能光靠政府为主体开展，更需要的是广泛动员社会的力量，因此，构建一套有效的社会协同机制是智治建设扎根社会需求的基础，这就需要政府开放途径协同技术共治，为市场主体提供进入智治建设的条件，进一步优化流程激活存量资源，广泛动员原先的基层自治力量参与到智治建设中。如果能创新机制助推社会参与，就能够形成智治建设的良好内生动力。

一　开放途径协同技术共治

无论政府的技术应用能力多优秀，都会面临智治建设鞭长莫及的情况，市场主体在发现治理缺口和形成长效机制上常常有更强的能力。优秀互联网企业的技术能力也能够快速为各级地方政府解决当下治理问题提供一体化解决方案，加速地方智治建设的进度，优化地方政府的资源调配。

本地企业在发现地方治理缺口是往往较为敏锐，在智治建设过程中，充分吸收本地市场主体有助于智治建设的全面发展。道路交通的应急救援问题是地方政府管理道路安全中的重要一环。在临海，浙江安迅应急救援科技有限公司自发形成专业力量在高速公路应急救援工作上，创造了台州乃至浙江省的高速公路清障施救的典范，形成了一系列的专业预案、救援标准和救援体系。不仅如此，浙江安迅应急救援科技有限公司还开发了一套互联网的应急救援管理模式和平台。该平台不仅可以对道路行驶的货车车辆实时状态进行监控，还能够智能识别司机的专注程度，并在发生事故后第一时间通过互联网平台调配应急救援车辆。这一模式将资源聚集、事前事中监管、事故接处警、救援、清障、后处理等产业链环节打通，不仅可以作为一种市场模式推广，而且还能对危化品等车辆进行有效的监管。台州市政府在发现这一模式后，对接了道路交通专线用于提高事故处理的效率，后续还将进一步探讨这一模式和公共服务整合的可能。

另一方面，浙江省的数字发展为本省乃至全国培养了大量知名的互联网企业，政府数字技术应用的能力也十分优秀。近年来，浙江主动适应万物互联时代趋势，把推进政府数字化转型作为深化"最多跑一次"改革、构建高质量发展体制机制、打造最佳营商环境的着力点。围绕打造"掌上办公、掌上办事"之省，浙江建设了全省统一的公共数据平台，与阿里巴巴合作，推广掌上办公软件"浙政钉"、掌上办事软件"浙里办"等，运用"互联网＋督查""互联网＋监管"等技术，有力地促进了政府部门高效协同、服务转型升级，引领全社会数字化转型。与此同时，台州市的智治建设中也充分借助浙江省互联网转型的浪潮，引领本地智治建设方向与全省级应用深度融合，构建通用的数据通道。

无论是本地的安迅科技还是全国知名的阿里巴巴集团，在台州本地智治建设中均扮演了极为重要的角色。本地企业熟悉当地的应用场景，不仅能够为本地智治建设量身定制技术解决方案，也能够在后续的发展中反哺本地的科技创新环境。相比而言，知名科技企业则能够为地方智治建设铺平技术应用的路径，将地方治理纳入更大的技术协同体系中。

二　优化流程激活存量资源

在智治建设过程中，需要注意与原先的治理体系的结合，特别是网格管理过程中形成了网格员、片警、乡贤等基层治理中的重要角色。网格员有三熟——"人熟、地熟、街道熟"，这三熟是以网格员为代表的典型治理体系的社会基础。智治建设要落实到基层，就必须与原先的网格治理体系相匹配。结合台州的实践经验，这一匹配可以体现在以下三个方面：

首先，充分发挥网格员在技术应用过程中的宣传、管控和排查作用。如在疫情期间，为提高疫情相关技术的应用接受程度，往往需要网格员入户发送材料，在社区或村里劝退违规行为，组织筛查与疫苗接种、上门安装监控等。网格员承担了智治建设的初始技术进入基层场景的推广员角色。

其次，充分发挥网格员对基层社区的信息优势，赋予一定的技术主动性。任何一个技术模型的应用与基层的实际治理问题都会存在一定的差距，特别是当需要抓取特定个体的社会属性时，往往会出现偏差或数据缺失。而网格员的"三熟"特征可以有效地弥补这一技术应用的缝隙。因此，赋予网格员为数据标记特定标签的技术权力，将会有助于数据搜集过程中社会属性的积累，使得技术治理的运作更加契合实际的社会治理场景。

最后，充分发挥网格员智治建设中的技术应用主体地位，引导技术发展匹配网格员的实际工作。网格员最接近社会治理的实际场景，也往往是智治建设的终端主体。比如，台州市禁止电瓶车进入楼道内，为了防止有人私自将电瓶车推入楼道进而引发火灾，一些社区安装了识别摄像头，一旦有人将电动车推入楼道，网格员就会收到短信通知，并明确告知时间地点。在这一治理场景中，网格员不仅作为智治建设中的重要一环，也是智慧治理的实际执行者。

在智治建设过程中，台州市特别强调了"两智融合"，即人工智能加人民智慧。智治建设不能完全靠数字技术，当数据基础不完善的时候，网格员或者办案人员的智慧更能发挥作用，当数字技术日臻成熟时，网格员和办案人员仍旧是大量智治建设场景中的实际执行者。

三　创新机制助推社会参与

在智治建设的过程中，如果仅通过政府部门推动智治建设的发展，但其他社区主体对智治建设并未形成有效地需求，那么智慧治理的推广速度和运作效率都会大打折扣。因此在展开智治建设时，还需要考虑到其他社会主体的需求，促使其他社会主体主动参与到智治建设中。临海市公安局在为企业解决用工问题的基础上，拓宽了自身的智治空间：

对于规模大、有厂区的企业来说，厂区的员工管理比较困难，首先是人员流动性，依靠雇用的保安完全无法分辨哪些是厂区的在职员工，哪些是社会上的流动人员的。厂服厂牌的身份识别方式也会带来一些冒穿、冒戴、冒领工作服的厂外人士的进入，一些离职员工也往往能随意出入，甚至老赖、犯罪分子等人员都有可能出现在使用传统厂区管理的企业中。其次是存在一些技术使用限制，企业通常只能使用指纹识别的方式来考勤和管理，但是一旦厂区工作以劳动密集型产业为主，流水线上的油渍会比较多，会导致员工上下班指纹无法识别的情况，给员工自己生活、工作带来困扰。指纹膜是可以在购物网站上进行购买的，因此仍会出现那种代打卡的情况。最后是对员工既往身份的识别，由于缺失公安部门的相关数据，企业无法甄别逃犯或老赖这类可能会对企业员工安全和经济发展带来损害的人群。

企业要想解决此类问题，必须求助于当地的公安局，对于临海市公安局来说，数据库中如果能多添加厂区员工的相关信息，也能够为后续智治建设服务。因此企业最终选择购买另外一家企业的人脸识别系统，并将数据接入当地公安数据库中。通过数据库比对，能够快速识别人证不一的情况，新入职员工的公安系统记录能够在一到两分钟内返回，发现老赖或逃犯后会直接将信息发送到管理该区域的片警手中。由于数据是全国联网的，大大降低了企业招收到有损自身安全和发展的员工的概率。临海市公安局不仅为新员工提供实时的比对，还会对老员工进行一月一次的比对。通过这一方法，许多企业主动接入公安局的网络，保证企业的发展安全，而临海市公安局也因此获得了更多的数据，有助于辖区内智治建设的发展。

在上述案例中，临海市公安局并未通过指令要求企业提供数据，而是通过提供专业技术解决方案的方式，将企业的相关数据纳入整体的管理体系之中。临海市公安局的实践经验表明，数据规模和管理范围的扩大并不一定需要通过行政指令的方式完成，相关部门更应该考虑充分发挥智慧治理技术的优势，创新管理机制，以满足各类主体服务需求的方式，助推不同市场、社会主体主动进入智治建设之中。

案例

近年来，天台县委深入贯彻落实习近平总书记关于网络强国的重要思想，以建设更高水平"平安天台"为统领，深化网络综合治理，全面防范化解网络意识形态风险，积极探索县域网络生态"瞭望哨"工程，将人防与技防、线上与线下、政府"智治"与群众"自治"相结合，打造具有天台辨识度的"重要窗口"网信标志性成果，确保天台网络生态平安。

一是突出标准统领，实现规范化建设"一盘棋"。县委把"瞭望哨"工程作为推进社会治理现代化的重要抓手，制定县域建设标准，搭建好"瞭望哨"工程的"四梁八柱"。一是架构县乡村指挥体系。建立县"瞭望哨"指挥中心、乡镇（街道）和部门指挥室、村社和企业工作室，推行"标准配置＋个性化选配"，在规范哨点硬件配置标准的同时，一点一品牌、一点一特色，建成示范点 20 余个，形成"横向到边、纵向到底"的指挥网。二是构建全流程工作闭环。分级制定舆情处置、网络引导、队伍管理工作规程，规范舆情发现、研判、报送、处置、反馈各环节的工作要求，画好流程图，实现事事有标准可依、人人按标准履职。三是健全奖惩式工作机制。出台"回音壁"制度，建立政治荣誉、物质保障、考核约束、责任追究机制，将"瞭望哨"工作纳入意识形态责任制考核，细化分值、按季排名、末位约谈，推动网信工作化虚为实、虚功实做。

二是开发云上平台，实现智能化管控"一张网"。精心研发"云瞭望"平台，设置雷达哨、群圈管理等十二大板块，涵盖信息发现、处置、引导等六方面功能，形成完整的管网用网体系。一是一键直达。各类哨点收集的网络民意和舆情信息，通过"云瞭望"移动端直报县指挥中心，实现舆情早知道、动态全了解。2021 年以来，全县 765 个哨点及时发现敏感舆情 3183 条，为快速应对赢得了时间。二是一体处置。对直报的舆情信息，按照分类分级处理原则，通过"云瞭望"平台抄告至涉事单位,第一时间指挥处置,如遇重大敏感网络舆情,通过平台视频会商功能,协同相关部门联动处置,做到"化解在前端、处置在萌芽"。三是一网共享。创设"初心云讲堂"宣讲平台,建立短视频制作基地,通过"云瞭望"平台共享、转发精选作品,开展常态化网络引导,弘扬主旋律、传播正能量。"初心云讲堂"线上理论宣讲模式得到朱国贤部长的批示肯定。2021 年以来,已编发作品230 余件,覆盖微信群圈 470 余个。

三是建强哨兵队伍,实现实战化运行"一股劲"。坚持把队伍建设放在重中之重,建立网络"理事长"、核心网评员、重点企业哨兵等队伍,打好"选育管用"组合拳,提升哨兵综合素养。一是创设特色型岗哨。从村社、学校、重点企业中,选拔一批政治坚定、素质过硬、熟悉网络的骨干,担任基层网络哨兵,精心打造村企哨、部门固定哨、党员先锋哨、公益民情哨,推动关口前移、力量下沉。二是推行积分制管理。对哨兵队伍实行积分制考核,按月排名赋分,每月评选"哨兵之星",作为年度评先评优的重要依据,激励网络哨兵主动发声,推动正面正向声音入圈入群,打通正能量传播的"最后一纳米"。三是提升实战化水平。组织全媒体舆论引导培训,建立网络哨兵"半月谈"制度,开展应急演练,提高处置能力,全力锻造"看得清、喊得响、叫得动、打得赢"的哨兵队伍。[①]

第四节 未来发展方向

一 政府组织机制创新

在台州市域社会治理智治建设的实践经验中,我们首先看到的是政府在智治建设的支撑机制中发挥了重要的组织和创新角色,这是台州智治建设取得了丰硕的成果的基础,也为后续的治理技术发展提供了极大的想象

---

① 资料来源:访谈记录整理,2021 年 3 月 17 日。

空间。因此，在未来的发展方向当中，应该继续坚持政府组织机制的创新。具体体现在以下三个方面：

一是保持政府在技术创新中的主导地位。应该坚持在技术创新当中，由政府主导治理技术创新的应用，保证新技术能够有效地进入治理场景的使用中。特别是政府的治理技术应充分考虑到社会关系和社会情境，如保障民众的隐私等，理清治理技术应用的边界，构建民众对新技术的信任，从而为新技术在更多的应用场景当中发挥作用提供制度基础。

二是保持政府在技术创新中的敏捷姿态。在技术创新不断迸发的时代。政府在使用治理技术时，应该首先保持开放的心态，积极地了解技术发展的逻辑和技术应用的逻辑，进而在后续的组织发展当中考虑如何与政府组织机制相匹配，由此形成了政府组织创新的技术路径和新治理技术应用的组织支持。目前，政府内部条块协同不足、部门之间信息共享不足等现象依然存在，未来需要通过政府组织机制创新来为技术应用深度的拓展提供配套支持。

三是保持政府在技术创新中的试错精神。在技术创新的应用当中难免会遇到新技术使用不畅或组织机制匹配运作不畅的情况。此时特别需要各级政府在技术应用的过程当中，允许不同的治理主体试错，在试错的基础上才能找到治理技术应用的场景条件和组织边界，为后续治理技术的有效使用提供制度保障。

二　技术服务社会场景

对于市域社会治理现代化而言，治理技术的应用并不是为了发展技术本身，应坚持技术应服务于特定的社会场景，并形成治理方案的优化。因此在使用新的治理技术时，应该首先提供新技术进入到社会场景的路径，并充分地总结过去治理实践当中的丰富经验，最终达到治理技术与社会场景的互嵌。具体体现在以下三个方面：

一是进一步抽离治理场景的技术信息。新的治理技术想要进入一个特定的社会场景。必须首先使得社会场景数据化，为新技术进入提供数据通道。因此在发展技术服务于社会场景的过程当中，因首先形成足够多的社会场景数据，这种要求政府主导更多类型的数据收集过程，以及政府内部数据流通和数据公开的机制。这些技术信息成为治理场景可被技术化的基础。

二是进一步总结治理实践的日常经验。智治建设并不是推翻已有的治理实践另起炉灶。而是在已有的治理实践基础上，找到新技术可进入的途径和治理缺口。因此，在应用新的治理技术时，应首先总结已有的治理实践中的丰富经验，总结已有治理实践当中可被技术化的治理场景，并形成各级部门的治理案例库，在已有的治理案例库上形成新的治理技术的社会应用场景。

三是进一步发扬治理主体的能动作用。智治建设也不是"机器换人"的全面技术化过程。台州的经验充分的表明，基层工作人员是智治建设中的重要主体，他们不仅更熟悉实际治理场景当中的各类具体事件。而且大量的技术环节必须要由各级各部门的工作人员的参与。因此，在后续的发展当中，应该进一步发扬各级治理主体的能动作用，由实际工作者倒逼技术的创新，这不仅包括了对治理主体工作经验的总结，还包括了在新技术应用的环境下，形成一种新的权力分配结构，充分地调动各级治理主体的能动作用，将他们培养为新技术治理的创新参与者，而不是技术执行者。

三　多元主体参与共治

智治建设的参与主体不仅有政府，更需要发动社会多元主体参与到智治建设中，在台州市域社会治理的智治建设经验中我们看到，要想形成良好的智治建设机制，必须充分发动不同类型的主体"各显神通"，共同打造智治建设的技术支持、场景匹配和长效机制。

一是继续创新市场主体的参与途径。继续鼓励行业龙头企业、科技企业等熟悉技术应用和场景需求的企业参与到政府的制度建设当中。这就需要政府首先形成一个能够得到共识的多主体参与路径，其中包括了数据、代码所有权产权等一系列的问题，需要有成熟的政策文件支持，市场主体的参与是智治建设能够得到有效的技术支持和常态化的关键。

二是继续优化社会主体的共治模式。继续优化学校、银行等扎根治理场景的组织参与到各层级治理中的共治模式。此类组织由于长期在治理场景当中展开业务，往往可以得到一些政府部门难以获得的信息。将这些主体纳入智治建设的共治模式当中，有助于拓宽政府收集数据的途径，提高政府可调配的社会资源。

三是继续激发基层民众的自治意愿。治理对象同样也可以转变为治理的主体。在新技术的应用当中，应该充分关注基层民众的自治意愿。通过组织设计来激发基层民众自我管理的能力。并通过新技术的应用，为基层民众的自治行为提供平台支撑。

四 警惕技术应用风险

智治建设一方面可以提升社会治理的效能，另一方面也正在重构国家、市场、社会和个人之间的边界和互动关系，可能带来一些新的风险隐患。因此，市域社会治理现代化的智治建设，在充分发挥新一代信息技术的治理支撑作用时，还需要尽早摸排和发现技术应用的各类风险隐患，谋划和制定对于技术应用风险的应对方案，加快构建系统化的风险防范机制。具体包括以下三个方面：

一是分析研判智治建设中的技术应用风险。技术应用风险包括多种类型，如个人隐私信息的泄露、公共和私人边界的模糊、平台企业的数据垄断和操控、技术系统漏洞导致的公共信息安全等。未来的智治建设，要不断提高对于技术应用风险的重视程度，确立风险防范化解的指导方针，充分借助和发挥专家学者的作用，建立市域社会治理智治建设的风险研判团队，对智治建设的各个场景中的技术应用风险进行摸排和分析，对各种各样的风险隐患进行分级，同时确保风险摸排和分析的动态更新，提升对于技术应用风险的识别能力。

二是谋划制定对于技术应用风险的应对方案。技术应用风险的重要特征是系统性和场景性。对于技术应用风险的系统性特征，需要着重自上而下的顶层设计，制定整体性的应对方案；对于技术应用风险的场景性特征，需要结合改革场景的具体特征，制定对于不同类型、不同级别技术应用风险的分类治理方案。应对方案需要明确技术应用风险的核心症结、防范原则、化解方式、工作进度、资源配备、责任单位以及相应的激励和约束安排。

三是加快构建系统化的技术应用风险防范机制。技术应用风险防范是个全局性的工作，因此需要在党委领导下，整合政府、市场、社会的多种资源，发挥多元主体的协同作用，构建系统化的风险防范机制。从市域角度来看，要构建纵向到底、横向到边的技术应用风险防范组织和工作体系，特别是要注重地方立法、行业规范、正式合约、专家咨询、企业自律、社会监督等多方面技术应用风险防范机制的构建，扎实推进对于重点领域和关键环节的风险防范化解工作，确保智治建设始终在安全、合理的边界内进行。

参考文献

埃利诺·奥斯特罗姆，2000，《公共事务的治理之道：集体行动制度的演进》，余逊达、陈旭东译，上海译文出版社。

曹海军、鲍操，2020，《系统集成与部门协同：基层社会矛盾纠纷化解的流程再造与治理效能——以浙江省 A 县"矛调中心"为例》，《天津行政学院学报》第 6 期。

曹海军、王梦，2021，《制度、资源与技术：社会矛盾调处化解综合治理之路——以衢州"主"字型矛调模式为例》，《中共天津市委党校学报》第 3 期。

陈成文、陈静、陈建平，2020，《市域社会治理现代化：理论建构与实践路径》，《江苏社会科学》第 1 期。

陈东升、王春，2021，《诉源治理的浙江实践》，《浙江人大》第 4 期。

陈家刚，2005，《协商民主：概念、要素与价值》，《中共天津市委党校学报》第 3 期。

陈杰，2016，《经济新常态下的中国城镇化发展模式转型》，《城市规划学刊》第 3 期。

陈一新，2018，《推进新时代市域社会治理现代化》，《公民与法》（综合版）第 8 期。

成伯清，2019，《市域社会治理：取向与路径》，《南京社会科学》第 11 期。

戴昕，2019，《理解社会信用体系建设的整体视角：法治分散、德治集中与规制强化》，《中外法学》第 6 期。

丁元竹，2016，《推进社会治理现代化的基本思路》，《北京师范大学学报》

（社会科学版）第 1 期。

董李锋，2019，《县域集成改革与治理现代化研究——以江苏省江阴市集成改革为例》，《成都行政学院学报》第 5 期。

段成荣，2015，《我国流动和留守儿童的几个基本问题》，《中国农业大学学报》（社会科学版）第 1 期。

费孝通，2009，《乡土重建》，载《费孝通全集》（第五卷），内蒙古人民出版社。

费孝通，2006，《中国绅士》，惠海鸣译，中国社会科学出版社。

高辰旭、沈敏一，2020，《助力复工复产百佳案例（第一辑 浙江干部培训教材）》，浙江人民出版社。

高德强、陈琳，2020，《县域社会治理创新的动力机制分析》，《领导科学》第 6 期。

何包钢、王春光，2007，《中国乡村协商民主：个案研究》，《社会学研究》第 3 期。

洪大用，2017，《社会治理的关键是治理流动性》，《社会治理》第 6 期。

黄晗，2021，《新时代文明实践创新县域社会治理现代化研究——基于厦门市海沧区的实证调研》，《农村经济与科技》第 13 期。

黄新华、石术，2020，《从县域社会治理到市域社会治理——场域转换中治理重心和治理政策的转变》，《中共福建省委党校（福建行政学院）学报》第 4 期。

简·雅各布斯，2005，《美国大城市的死与生》，金衡山译，译林出版社。

姜绍静、罗泮，2014，《空心村问题研究进展与成果综述》，《中国人口·资源与环境》第 6 期。

李成，2017，《关于广东国有企业功能定位的思考》，《广东经济》第 11 期。

李传喜，2020，《以和合善治"同心圆"打造市域社会治理"台州样板"》，《决策研究参阅》第 12 期。

李树明，2013，《"流动党员网络管理平台"该怎么建?》，《党的生活（黑龙江）》第 5 期。

李文祥，2015，《企业社会自认的治理功能研究》，《社会科学战线》第 1 期。

李行、杨帅、温铁军，2014，《城市社区治理的再组织化——基于对杭州市社区治理经验的分析》，《中共中央党校学报》第 2 期。

李豫黔，2015，《我国未成年人犯罪现状剖析及预防重新犯罪对策思考》，《预防青少年犯罪研究》第 1 期。

刘佳，2016，《去行政化：共青团改革发展的关键点》，《中国青年社会科学》第 35 期。

刘开君、卢芳霞，2019，《再组织化与基层社会治理创新——以"枫桥经验"为分析案例》，《治理研究》第 5 期。

鲁可荣、杨亮承，2011，《外来农民工流动党支部建设的重要作用及基本途径——以浙江省玉环县为例》，《理论导刊》第 5 期。

陆益龙，2013，《快速转型期城市社会易发矛盾纠纷及其化解机制》，《人文杂志》第 12 期。

毛思洁，2020，《从"最多跑一次"到"最多跑一地"宁波深化县级矛盾纠纷调处化解中心建设》，《宁波通讯》第 18 期。

木永跃，2018，《超大城市流动人口社会风险及其治理》，《新视野》第 6 期。

庞金友，2020，《"中国之治"的市域之维新时代市域治理现代化的逻辑与方略》，《人民论坛》第 4 期。

皮艺军，2010，《中国少年司法理念与实践的对接》，《青少年犯罪问题》第 6 期。

渠敬东、周飞舟、应星，2009，《从总体支配到技术治理——基于中国 30 年改革经验的社会学分析》，《中国社会科学》第 6 期。

让－皮埃尔·戈丹，2010，《何谓治理》，钟震宇译，社会科学文献出版社。

孙伟、狄贵梅，2014，《企业履行社会责任的动因及保障机制研》，《科技与管理》第 1 期。

孙瑜，2012，《国外企业社会责任综述》，《合作经济与科技》第 2 期。

台州市社科联"改革开放 40 周年"课题组，2019，《台州基层社会治理亮点纷呈》，《台州日报》1 月 30 日，第 5 版。

陶建群、张莉、李富强、高洪远、魏飞，2020，《新时代县域社会治理创新的"达川实践"》，《人民论坛》第 18 期。

陶希东，2021，《市域社会治理：特征、内涵及体制创新路径》，《理论与现代化》第 2 期。

田毅鹏，2021a，《"单位研究" 70 年》，《社会科学战线》第 2 期。

田毅鹏，2021b，《网格化管理的形态转换与基层治理升级》，《学术月刊》第 3 期。

王春光，2006，《农村流动人口 "半城市化" 问题研究》，《社会学研究》第 5 期。

王洛忠、徐敬杰、闫倩倩，2020，《流动人口随迁子女义务教育阶段就学政策研究》，《学习与探索》第 3 期。

王伟，2021，《论社会信用法的立法模式选择》，《中国法学》第 3 期。

王向民，2015，《重塑群团：国家社会组织治理体系与治理能力现代化的制度定型》，《工会理论研究》（上海工会管理职业学院学报）第 4 期。

王晓杰、陈晓运，2016，《建构协同：共青团参与社会治理的地方实践——以广州市为例》，《中国青年研究》第 9 期。

王阳、曹锦清，2017，《基层代理人与规模治理：基层政府的社会组织化逻辑——基于上海市的治理经验》，《上海行政学院学报》第 3 期。

王勇，2018，《民营企业参与社会治理：路径、限度与规引》，《地方治理研究》第 1 期。

维克托·迈尔舍恩伯格、肯尼思·库克耶，2012，《大数据时代：生活、工作与思维的大变革》，周涛译，浙江人民出版社。

吴炳芳，2020，《县级矛调中心建设的三项举措》，《政策瞭望》第 9 期。

吴越菲，2017，《地域性治理还是流动性治理？城市社会治理的论争及其超越》，《华东师范大学学报》（哲学社会科学版）第 6 期。

吴越菲，2019，《迈向流动性治理：新地域空间的理论重构及其行动策略》，《学术月刊》第 2 期。

习近平，2021a，《坚定不移走中国特色社会主义法治道路　为全面建设社会主义现代化国家提供有力法治保障》，《求是》第 5 期。

习近平，2021b，《习近平重要讲话单行本（2020 年合订本）》，人民出版社。

习近平，2017，《习近平关于社会主义社会建设论述摘编》，人民出版社。

夏文星，2020，《紧紧抓住矛盾纠纷调处化解中心这一 "牛鼻子" 奋力争当推进基层治理现代化先行地排头兵》，《公安学刊》（浙江警察学院学报）第 6 期。

向玉琼，2021，《走向网络治理：流动性背景下的乡村治理变革》，《学习论坛》第 2 期。

项飚，2010，《普通人的"国家理论"》，《开放时代》第 10 期。

肖林，2017，《协商致"公"：基层协商民主与公共性的重建》，《江苏行政学院学报》第 4 期。

徐林，2020，《化解社会矛盾纠纷要注重"治病于未病"》，《国家治理》第 40 期。

徐晓新、张秀兰，2016，《将家庭视角纳入公共政策——基于流动儿童义务教育政策演进的分析》，《中国社会科学》第 6 期。

许彦彬，2012，《人口学视角下的空心村治理研究》，《西北人口》第 5 期。

许义平，2013，《从组织化到再组织化：宁波基层社会治理在变革》，《中国社会组织》第 1 期。

杨富平，2018，《流动儿童居住证积分入学政策的运作逻辑与实践效应》，《城市学刊》第 1 期。

游正林，2015，《私营企业"类单位化"：党和政府软性调控劳资关系的一种综合性后果》，《学海》第 1 期。

俞可平，2014，《论国家治理现代化》，社会科学文献出版社。

郁建兴，2015，《新常态下的社会治理现代化》，《今日浙江》第 7 期。

詹姆斯·C. 斯科特，2012，《国家的视角：那些试图改善人类状况的项目是如何失败的》，王晓毅译，社会科学文献出版社。

詹姆斯·罗西瑙主编，2001，《没有政府的治理》，张胜军、刘小林等译，江西人民出版社。

张巧巧，2019，《地方政府制度再生产的内部机制张巧巧，以台州市全科网格管理为例》，《西部学刊》第 9 期。

赵鼎新，2016，《国家合法性和国家社会关系》，《学术月刊》第 48 期。

赵晓峰，2017，《"双轨政治"的理论贡献、诠释限度及现代内涵》，《社会建设》第 5 期。

浙江干部培训教材编审指导委员会编，2020，《助力复工复产百佳案例（第 1

辑)》，浙江人民出版社。

中共台州市委组织部、中共台州市委政法委员会、中共台州市委党校主
　　编，2020，《台州市基层社会治理专题研讨班案例汇编》第 10 期。

中共中央、国务院，2021，《关于加强基层治理体系和治理能力现代化建
　　设的意见》。

朱圣明，2007，《民生决策中的公民参与：一个地方乡村治理的新技能与
　　新策略》，《公共管理学报》第 3 期。

邹毅，2016，《现阶段我国县域治理问题研究》，博士学位论文，中共中央
　　党校。

Beck U. 1992. *Risk Society*：*Towards a New Modernity*. SAGE.

Maslow，A. H. 1943. "A Theory of Human Motivation." *Psychological Review*
　　50 (4).

Mike Davis. 1990. *City of Quartz*：*Excavating the Future in Los Angeles*. Verso
　　Books.

Patrick Emmenegger，Silja Hausermann，Bruno Palier，Martin Seeleib－Kai-
　　ser. 2012. *The Age of Dualization*：*the Changing Face of Inequality in Dein-
　　dustrializing Societies.* New York：Oxford University Press.

后　记

　　2020 年，台州被中央政法委列为我国市域社会治理现代化建设试点，虽然时间不长，但是在体制机制、政策体系、组织体系、基层治理格局塑造以及硬件设施等方面的建设上都取得了很大的进展，产生了一定的效果，形成了一些有价值的案例和经验。当然，先前的治理业绩是重要的基础和保证，首先中央在确定试点的时候对条件是有要求的，没有一定的治理基础，是不可能被确定为试点的。台州市之所以被确定为试点，说明台州在社会治理现代化上已经有了很大的业绩，而试点建设又为台州市域社会治理现代化提供了更好的支持，于是台州有了更快的发展。所以，我们在讨论台州市域社会治理现代化试点建设进程的时候不能不将试点前后当作整体来一并展开讨论。

　　市域社会治理现代化建设的必要性、重要性和可行性源于实践的需求：一方面，随着经济发展、基础设施改善、科技进步以及社会生活需求的增多，人们的活动空间在不断扩大，地域性阻隔在弱化，社会流动性出现前所未有的加强，这在台州这么发达的沿海地区表现得尤为明显；另一方面，原有的治理制度、方式、布局以及理念已经不适应社会流动性的变化。因此，在更大区域空间上重塑社会治理机制，就成为社会治理现代化建设的新课题。在总结台州市域社会治理现代化建设取得的进展之前，首先要再次明确社会治理现代化的内涵。社会治理现代化是在从社会治理理念、主体到机制、手段、效果等的所有方面和维度上表现出规范性、专业性、合理性、公平性、系统性、开放性、预见性、有效性、快捷性和可持续性。由此，我们可以对台州市域社会治理现代化建设进展做出如下判断。

第一，初步构筑了市域社会治理现代化的体制机制，形成了工作布局和治理方式。党委领导、政府负责、社会协同、公众参与、法治保障以及技术支撑的市域社会治理体制基本形成，在具体实施上，构筑了市政法委牵头、各个部门参与、社会组织协同、协商民主助力、民众参与、地方法规体系完善、先进科技应用等协同合作的机制。在工作布局方面，已经形成市级统筹协调、县级组织实施、乡镇/街道强基固本、村/居和网格协助落实的市域社会治理链条，特别是以县/区矛盾纠纷处置调解中心为枢纽的工作布局得以形成。在这个过程中产生了一些新的治理方法（比如全科网格治理方法、民主协商等），发挥政治引领、法治保障、德治教化、自治强基、智治支撑的作用。

第二，实现了社会治理现代化理念的"本土化"、"日常生活化"和"实践化"，提出了融入地方优秀文化传统和生活智慧的"和合善治同心圆"的社会治理理念。天台山是中国"和合"文化的诞生地，和合文化不仅是中国传统文化的精华，而且影响到东亚各国。这种文化在台州当地已经普遍融入人们日常生活的各个方面（如百年和合、和气生财、以和为贵等）。"和合"是对国家社会治理现代化建设的和谐目标的深化，彼此有着高度的契合性。与此同时，"和合"又是一种治理方法，融入社会治理的政策设计以及实施过程，即采用"和合手段"，追求"和合"结果。"善治"则是现代社会治理理论提出的治理方法和最高目标。因此，"和合"与"善治"有着异曲同工的作用，不过善治更强调规则和机制的重要性。质言之，"和合"和"善治"构成了台州市域社会治理现代化的优秀传统智慧与现代理念有机融合的两翼，背后体现了在市域社会治理现代化建设中党政与社会、社会各个主体之间达成的共商、共建、共享关系。

第三，在破除机制壁垒，建构融合机制，实现资源整合，提升社会治理的系统性、整体性和效率等方面，台州市社会治理现代化建设取得了明显的进展。首先，构建和完善矛盾纠纷调处化解中心机制，破除社会治理中的党政、群团、司法、人大、政协等各部门之间的机制壁垒，不仅朝着实现"一次最多跑一地"的服务承诺方向努力，而且更重要的是，实现各个部门在解决问题、纠纷和矛盾上的协作和支持，旨在解决扯皮推诿问题，解决政策、法规之间不衔接、模糊不清问题，提升矛盾化解的公信力。同时，针对人员不接地、触角不灵敏、资源难整合、机制不畅通等问题，率先开始探索发展"全科网格"，以改革导向、问题导向和效果导向为原则，将原来各个条线上的网格化管理兼职力量（如基层的"七大员""八大员"等）整合成了专职的"全科网格员"，通过在地化的选拔专职网格员并赋予他们"一员多能"，以此构筑了基层社会治理的"一网通"，有效地破解了基层管理中力量分散、部门各自为战的难题，不断强化网格治理体系中部门联动的横向协同治理架构，实现了信息共享，形成了全方位、实时性的动态治理，努力解决"最后一公里"、纵向和横向信息不对称等问题。特别是台州市域社会治理中引入数字化技术和改革，至少在矛盾纠纷化解、社会治安防控、公共安全、基层社会治理、国家安全五大方面，贯通了公安、司法、信访、交通、应急管理等 70 多个政府部门以及市、县、镇、村四个层级，出现不少创新探索，涌现出一批创新性的智治建设场景，提高了台州市社会治理的系统性、协同性和溯源性水平。

第四，激活了多元主体参与社会治理的积极性和创新力，夯实了市域社会治理现代化建设的社会基础。围绕着市域社会治理现代化，台州市社会组织得到快速发展。群团组织以枢纽的属性积极参与社会组织的培育和社会服务的供给；作为市场主体的企业、公司把参与社会治理作为其发展的空间和机会；社区、村庄从日常生活实践需求出发形成了一些很有价值的治理案例，司法系统更是把和合精神和理念融入依法治理，更好地服务于社会经济发展。在这样的过程中，台州市域社会治理初步形成了政治、法治、德治、自治、智治"五治"融合的格局，特别是社会自治能力得到了很大提升。

当然，台州市域社会治理现代化建设示范，取得的进展是多方面的，但是都还处于初步阶段。市域社会治理现代化是一个不断完善和发展的过程，不可能一步到位。原因有很多，至少有这些因素发挥作用：社会经济在不断发展和变化，人们的生活需求和观念也会变化，科技也在不断进步。如何适应社会变迁以及应对由此带来的不确定性、风险和满足人们不断变化的需求，是检验市域社会治理现代化成功与否的试金石。台州市域社会治理现代化建设在现有的基础上，需要打造能够主动适应社会变迁的完善的治理体系和较高的治理能力，关键有以下几点值得进一步考虑。

第一，在市域社会治理现代化体系中需要在社会各个主体之间构筑更加平等、更高质量、更加紧密的分工、合作和协调关系与机制。从目前来看，政府包揽的事务太多，承担太多的工作和责任，相对于其他社会主体的强势地位还相当明显，而对它们参与社会治理以及对社会治理的需求没有详细和合理的回应和安排。这就有可能抑制其他社会主体参与社会治理的主体性和主动性，反而强化它们对政府的依赖、观望和服从，从而不能充分调动更多社会资源参与和促进社会治理现代化。与此同时，另一个负面结果是，社会自治能力得不到有效的开发和挖掘，反过来强化了政府在社会治理中的"无限责任"和"无限职能"，不利于政府集中资源做好其应该承担的事务。

第二，与第一方面相关的是政府治理的可持续性能力有待进一步提高。由于目前绝大多数社会治理主体是靠政府的政治、经济动员机制来发动的，所以，政府就成为理所当然的购买者。市域社会治理现代化建设是需要成本的，从人员数量、专业化水平、组织运行、科技投入以及协调整合等方面来看，比以前需要更多的投入，甚至是成倍地增加投入，而如此多的投入绝大部分是由政府来承担的。政府的财力是有限的，特别是当经济发展速度出现减缓的时候，政府的财力就更受影响。另一个可持续性问题是新机制、新平台的构建还需要相应的法律支持和长期的政治支持，防止短期的形式主义行为和对功利主义的政绩追求。尤其是，无论是在技术监控的发展还是在全科网格系统、调解系统的建立上都花费了大量的资源和成本，但是可借鉴性不强，因此，关键还是要探索如何激发老百姓的凝聚力，加强他们之间的相互理解和沟通，促进互惠关系的形成和共同体的建设，只有这样，才有更为长远的意义。

第三，台州市域社会治理现代化建设在资源下沉、人员下沉、基层资源整合等方面成绩显著，但是在市级层面的功能定位以及组织建构、跨县/区以及市、县/区、乡镇/街道、村/居之间的协作上还有很多建设任务和工作。具体地说，市级的功能和作用还有很大的挖掘空间和潜力，县/区合作和协调机制还不是很明显，村/居任务多、资源少、能力弱、没有职权等问题依然突出。

第四，进一步强化和重视民众从市域社会治理现代化建设方面获得的公平正义，达成事心双解，提升幸福感，树立符合新时代发展的社会公平观、正义观以及价值观。在新时代，民众有着更高的精神追求，有更多样的价值诉求，社会治理现代化建设理应呼应和满足这样的需求，只有这样，才能积极调动民众配合和参与，从而获得普遍的认可。

总而言之，台州市域社会治理现代化建设起步早，有很好的初始基础，在短短的时间内初步构筑了现代化机制，形成了工作布局和工作方式，取得了明显的工作效果和社会效果，尤其是调动了全社会的积极性。当然，社会治理现代化建设不是短时内能完成的，而是一个不断完善和创新的过程，需要全社会的广泛参与和支持，尤其要改善社会关系，构筑和合的、合理的现代社会结构，实现高质量的社会发展。台州市域社会治理现代化建设也将为其他地区提供一些可以借鉴的经验和做法，带动全国社会治理现代化建设。

本研究得到台州市委领导的高度重视，台州市政法委领导为此次调研的顺利开展，做了大量周到的安排，与此同时，我们得到了所有接受调查的单位、部门、企业、村/居、社会组织、个人的大力支持。本课题也得到中国社会科学院社会学研究所领导和同事的大力支持。中国社会科学院大学社会学院部分硕士生、博士生参与了调查，表现不错。在此，我们课题组全体成员一并对所有为本课题顺利开展做出贡献的单位和朋友，深表感谢，心存感恩。

本书各章作者分别是：

第一章　王春光

第二章　单丽卿

第三章　向凌铁

第四章　折　曦　张世玉　姜　瀚　张芝梅

第五章　曹　玲

第六章　梁　晨

第七章　王　晶

第八章　肖　林　史云桐

第九章　张文博　王　雪

第十章　刘怡然　高晓雪

第十一章　李振刚

第十二章　吕　鹏　向静林　刘翰韬

第十三章　向静林　吕　鹏　牛泽宁

第十四章　张樹沁　吕　鹏　向静林

后　　记　王春光

图书在版编目（CIP）数据

市域社会治理现代化的台州探索 / 王春光等著. --
北京：社会科学文献出版社，2021.10
ISBN 978 - 7 - 5201 - 9080 - 0

Ⅰ.①市… Ⅱ.①王… Ⅲ.①社会管理 - 现代化管理
- 研究 - 台州 Ⅳ.①D676.53

中国版本图书馆 CIP 数据核字（2021）第 194210 号

市域社会治理现代化的台州探索

著　　者／王春光 等

出 版 人／王利民
责任编辑／胡庆英　谢蕊芬　张小菲　李明锋
文稿编辑／庄士龙　孟宁宁　孙　瑜
责任印制／王京美

出　　版／社会科学文献出版社·群学出版分社（010）59366453
　　　　　地址：北京市北三环中路甲 29 号院华龙大厦　邮编：100029
　　　　　网址：www.ssap.com.cn
发　　行／市场营销中心（010）59367081　59367083
印　　装／三河市龙林印务有限公司

规　　格／开 本：787mm×1092mm　1/16
　　　　　印 张：25　字 数：388 千字
版　　次／2021 年 10 月第 1 版　2021 年 10 月第 1 次印刷
书　　号／ISBN 978 - 7 - 5201 - 9080 - 0
定　　价／158.00 元